Vahlens Handbücher
der Wirtschafts- und Sozialwissenschaften

Prozessorganisation

Entwicklung, Ansätze und Programme
des Managements von Geschäftsprozessen

von

Dr. Michael Gaitanides

Professor für Betriebswirtschaftslehre
Helmut-Schmidt-Universität
Universität der Bundeswehr Hamburg

3., vollständig überarbeitete Auflage

Verlag Franz Vahlen München

ISBN 978 3 8006 4217-5

© 2012 Verlag Franz Vahlen GmbH,
Wilhelmstr. 9, 80801 München

Satz: Fotosatz Buck
Zweikirchener Str. 7, 84036 Kumhausen

Druck und Bindung: Beltz Bad Langensalza GmbH
Neustädter Str. 1–4, 99947 Bad Langensalza

Gedruckt auf säurefreiem, alterungsbeständigem Papier

(hergestellt aus chlorfrei gebleichtem Zellstoff)

Vorwort

Der Titel des vorliegenden Buches lautet „Prozessorganisation" und nicht wie in vielen anderen Publikationen „Prozessmanagement"! Mit Beginn der Arbeiten an der 3. Auflage kam mir auch der Gedanke einer Titeländerung. Doch ich habe ihn schnell wieder verworfen. Dafür gibt es mehrere Gründe: Die Organisationslehre hat mit ihrem Aufbau-Ablauf-Konzept den Grundstein für das Prozessparadigma gelegt. Bei den zur Anwendung gebrachten Praktiken des Prozessmanagements handelt es sich aber nach wie vor um organisatorische Verbesserungsmaßnahmen. Da es beim Prozessmanagement immer auch um Effektivität und Effizienz geht, sind die Bedingungen von Eingriffen in soziale Systeme zu reflektieren und ihre Wirkungen zu klären. Genau hier hilft uns ein tiefergehendes Verständnis weiter, das uns Organisationstheorien vermitteln können. Die Blaupause eines „Soll-Konzepts", dem sich der „Ist-Zustand" zu unterwerfen hat, wird immer auch nicht intendierte Wirkungen des Reorganisationsprozesses hervorrufen. Schließlich umfasst die Organisationstheorie auch die Managementtheorie. Nachhaltige Wettbewerbsvorteile resultieren aus organisatorischen Strukturen und Prozessen, die erst die vorhandenen Mitarbeiterpotenziale zur Entfaltung bringen können. Es gilt daher immer auch: Strategy follows process!

Natürlich sind Entwurf, Modellierung, Implementierung und gegebenenfalls Verbesserung von Geschäftsprozessen eine Führungs- und Managementaufgabe. Deshalb werden diese Aktivitäten in meinem Buch auch als solche behandelt. Letzthin geht es aber immer um die Suche nach einer den jeweiligen Bedingungen angemessenen Struktur- bzw. Kooperationsform. Da es dabei keine einfachen Lösungen geben kann, versteht sich das vorliegende Buch als ein Grundlagenwerk, das der Komplexität realer Reorganisationsprozesse gerecht werden will. Die vielschichtigen Facetten des Managements von Geschäftsprozessen werden aufgegriffen, um die komplexen Wirkungen organisatorischer Eingriffe und Gestaltungsmaßnahmen aufzuzeigen. Hier offenbart sich nicht nur die Vielschichtigkeit des Geschäftsprozessmanagements, die von der Teamtheorie bis zu Algorithmen der einschlägigen Softwaretools reicht. Es umfasst die stetige Weiterentwicklung des Konzepts vom organisatorischen Design zu einem Wettbewerbsvorteile generierenden Wissenspool. Das vorliegende Buch will einen Bogen von den ablauforganisatorischen Wurzeln des Prozessmanagements bis zu den unternehmensübergreifenden Geschäftsprozessnetzwerken spannen.

Das Buch will die Prozessorganisation in der betriebswirtschaftlichen Forschung ebenso wie in den einschlägigen universitären Curricula etablieren. Dort gebührt ihr ein fester Platz! Die Praxis hat das schon längst erkannt. Es ist vornehme Aufgabe der Wissenschaft, sich mit den in der Praxis virulenten Problemen auseinanderzusetzen. Ließen wir die Praxis mit ihren Problemen alleine, lieferten wir sie den falschen Propheten aus!

Meiner Frau Charlotte Gaitanides, die meinen Formulierungskünsten gerne kritisch begegnet, sei – wie so oft – für die „Entschärfung" des Manuskripts gedankt. Inzwischen ist Sie sogar eine Anhängerin der Prozessorganisation geworden. Ihr und unserer Tochter Anastasia ist dieses Buch gewidmet.

Hamburg im Sommer 2012   *Michael Gaitanides*

Inhaltsübersicht

1

Problem und Programm

Der Begriff „**Prozess**" kommt aus dem lateinischen „procedere", das sich mit voranschreiten, vorrücken, vorwärts gehen oder vorankommen übersetzen lässt. Ein „Prozess", von dem im Weiteren die Rede sein wird, beinhaltet eine Abfolge voranschreitender Aktivitäten, d.h. Arbeitsschritte bzw. Transformationen materieller oder immaterieller Art innerhalb einer Organisation. Prozess fokussiert Dynamik in Kontrastierung zur Struktur, Ablauf gegenüber dem Aufbau. Prozesse werden von Ereignissen ausgelöst und enden mit Ereignissen, die für den Adressaten ein Ergebnis von Wert darstellen. „A process is a collection of interconnected events, which are purposively conceived, planned, designed, implemented, executed, and controlled. The existence and relation of such events allows a socio-technical system to influence the aspects of the process treated (i.e., material, information and customer/supplier relations) in such a way to change its nature, shape, position, function, value or other characteristics in order to achieve a definite class of goals" (*Schael* 1998, S. 19).

Prozesse haben sich im Spannungsfeld von **Regeln** und **Routinen** zu bewähren. Regeln bilden die Grundlage für das Gestalten von Prozessen und darüber hinaus für prozesskonformes Handeln. Prozesse verwirklichen sich als regelgeleitete Aktivitäten. **Regeln** sind der erste Schritt, um von einer Aufgabenstellung zu einer Handlung zu gelangen. Im zweiten Schritt werden die Freiheitsgrade, die eine Regel hinsichtlich ihrer Befolgung offen lässt, durch die Prozessbeschreibung konkretisiert. Regeln eröffnen „regelmäßig" eine Vielzahl von Befolgungsweisen, die nicht zuletzt durch die Umwelt bestimmt sind, in der sie Anwendung finden sollen. Ihre konkrete Auslegung wird erst durch den pragmatischen Zusammenhang der Umsetzung in Einzelhandlungen erreicht. Dazu sind häufig Interpretations- und Deutungsvorgänge der Akteure notwendig, die nicht unabhängig von Interessen erfolgen. Regeln haben dadurch nicht intendierte Effekte, d.h. nicht nur erwünschte, sondern auch unerwünschte Wirkungen zur Folge. Gerade in hoch komplexen Handlungszusammenhängen leisten erst regelkonforme Prozessbeschreibungen die Komplexitätsreduktion, die den Eintritt der erwarteten Wirkungen des Handelns wahrscheinlicher macht.

Meist werden *regulative* und *konstitutive* Regeln (vgl. *Searle* 1969) unterschieden. Regulative Regeln unterwerfen bereits existierende Aktivitäten einer Ordnung wie beispielsweise Verkehrsregeln, konstitutive Regeln begründen neue Aktivitäten wie beispielsweise Spielregeln, ohne die das betreffende Spiel nicht existieren würde. Beide Regeltypen lösen ihrerseits Handlungsprozesse aus: die rote Ampel einen Bremsvorgang, Schachregeln eine bestimmte Folge von Spielzügen. In Unternehmen könnte beispielsweise die Einführung der Regel „Diskriminierungsverbot" im Zuge der Umsetzung des Allgemeinen Gleichstellungsgesetzes eine entsprechend modifizierte Modellierung des Prozesses „Personalauswahl und -bereitstellung" auslösen. Regeln einerseits und Prozesse andererseits erleichtern das Handeln, indem sie ihm normative und operative Orientierung geben.

Routinen lassen sich als Repertoire von Handlungsmustern begreifen, die eine formale Prozessbeschreibung vitalisieren. Ein Kochrezept schreibt nicht nur vor, welche Zutaten, sondern auch in welcher Folge und in welcher Weise sie zu verarbeiten sind. Doch erst die Routine des Kochs macht es möglich, die Prozessbeschreibung in einer Handlungsfolge mit dem erwünschten Ergebnis zu verwirklichen. Die Regeln des Schachspiels beinhalten die Züge der einzelnen Figuren, die klar, einfach und für jedermann nachvollziehbar gehalten sind. Die „Spielprozesse", d. h. die erfolgversprechenden Spielzüge, die aus einer nahezu unüberschaubaren Vielfalt von alternativen Zugmöglichkeiten vorgeschlagen werden, sind ebenfalls genauestens beschrieben. Die verfügbare Schachliteratur empfiehlt optimale Zugfolgen, mit deren Hilfe das Spiel zu einem Erfolg geführt werden kann. Beispielsweise werden Eröffnungszüge empfohlen, die Namen wie Sizilianisch, Königsgambit oder Grünfeld-Indisch tragen. Für alle Spielphasen bis hin zum Endspiel werden solche Vorschläge für Züge bzw. Zugfolgen (Prozessbeschreibungen) angeboten, die nicht zuletzt zum Schachmatt des Gegners führen sollen. Allein die Kenntnis der Spielregeln und solcherart Prozessempfehlungen genügen jedoch bei Weitem nicht, auch nur annähernd erfolgreich ein Schachspiel zu bestreiten. Letzthin ausschlaggebend für Erfolg und Misserfolg ist die Routine, empfohlene Prozessalternativen zu bewerten, sie zu kombinieren und auf die Reaktionen des Gegenspielers abzustimmen. Anzumerken bleibt aber auch, dass ein Spieler, der allein über Routine verfügt, aber die einschlägige Literatur (vorgefertigte Prozessalternativen) nicht kennt, niemals ein (Groß-) Meister seines Faches werden kann.

Prozessbeschreibungen allein lassen Interpretations- und Handlungsspielräume zu. Sie müssen daher immer auch um eine Wissenskomponente ergänzt werden, wenn sie in konkrete Einzelhandlungen transformiert werden sollen. Der Vollzug von Geschäftsprozessen setzt mithin das in *Routinen* geronnene Wissen der agierenden Prozessbeteiligten voraus, wenn definierte Aufgabenziele erreicht werden sollen. Von erfolgreichem Prozessmanagement kann daher erst dann gesprochen werden, wenn die Aktivitäten der Prozessbeteiligten zu Geschäftsprozessen derart verknüpft sind, dass es ihnen ermöglicht wird, nicht nur bestehendes Wissen anzuwenden und darüber hinaus neues Wissen zu generieren und zu transportieren. Für *Osterloh/Wübker* (1999, S. 64 ff.) ist Wissen der wichtigste Bestandteil von „Kernkompetenzen". Daran lässt sich ermessen, welche Bedeutung dem Wissen unter dem Aspekt der Trägerschaft und der Wissensübertragung im Rahmen des Prozessmanagements zukommt. Zwar sind die individuellen Fertigkeiten und Kenntnisse der einzelnen Organisationsmitglieder das Fundament organisationalen Wissens. Es entfaltet seinen Wert erst in der Bündelung und Verknüpfung, die durch die Prozessorganisation explizit vollzogen werden. Routineprozesse beruhen daher nicht nur in einer bloßen Addition individueller Fertigkeiten und Fähigkeiten, sondern es bedarf einer prozessweiten Kollektivierung individuellen Wissens. Individuelles Wissen muss anderen Prozessbeteiligten zugänglich sein, um kollektives Wissen entwickeln und neues generieren zu können. *Osterloh/Frost* sprechen hier von „gemeinsam geteilten mentalen Modellen" (*Osterloh/Frost* 2006, S. 204), die als kollektive Deutungsmuster den Prozessakteuren zur Verfügung stehen und deren Interpretations- und Interaktionsprozesse steuern.

Solches organisatorische Wissen ist nicht nur in mentalen Modellen, sondern vor allem in organisationalen Routinen gespeichert. Als allgemein akzeptierte Verhaltensmuster wirken diese insbesondere für formale Prozessabläufe stabilisierend. In Routinen verdichtet sich die gesammelte Erfahrung der Akteure, die es ihnen ermöglicht, auch in komplexen Entscheidungssituationen unter unvollständiger Information zu handeln. Diese implizite Standardisierung von handlungsrelevantem Wissen der Akteure ist eine Grundvoraussetzung für eine funktionsfähige integrierte Prozessorganisation. Der Wissensaspekt verdeutlicht eindrucksvoll, dass die Implementierung der Prozessorganisation nur behutsam und unter Berücksichtigung des impliziten Wissens der Betroffenen vorgenommen werden darf, wenn die organisatorische Wissensbasis nicht zerstört, sondern erhalten und für eine innovative Organisationsentwicklung genutzt werden soll.

In der hierarchisch-funktional differenzierten Organisation findet dagegen ein eher traditioneller Routinebegriff Verwendung, der auf gleichförmige Handlungswiederholung abstellt, die von hoher Spezialisierung und isolierender Arbeitsteilung gekennzeichnet ist. Repetitive und deterministische Handlungsvollzüge erlauben im Unterschied zur integrierten Prozessarbeit eine exakte Prognostizierbarkeit des qualitativen wie quantitativen Handlungsergebnisses. Geringe Variabilität der Vorgangsbearbeitung macht Koordination und Integration der Teilarbeiten nicht notwendig. Spezifisches Wissen oder Expertise der beteiligten Akteure ist bei der Regelanwendung nur bedingt vonnöten (vgl. *Geiger/Koch* 2008, S. 694).

Das Verständnis von **Geschäftsprozessen** knüpft indessen an einem erweiterten Routinebegriff an. Dieser erstreckt sich auf das Beherrschen außergewöhnlicher Tatbestände und wird mit dem Begriff der „Könnerschaft" (*Geiger/Koch* 2008, S. 696) belegt. Routinen, die auf Könnerschaft basieren, werden im Handlungskontext nicht durch abstrakte Beschreibung, sondern allein durch Übung und Imitation erworben. Außergewöhnliche Leistungen – ob im Sport und Spiel, im Berufsleben oder in privaten Handlungskontexten – beruhen auf spezifischen Fähigkeiten, über die nur Experten verfügen können. Diese Könnerschaft lässt sich nicht allein und ausschließlich durch sprachliche Beschreibung vermitteln, sondern wird im Handlungskontext durch Übung erlernt und durch Imitation perfektioniert. Kollektive, organisationale Routinen konstituieren das „Zusammenspiel" von Personenmehrheiten. Sie finden sich nicht nur als Spielzüge in Mannschaftsportarten wie Fußball, sondern sind beispielsweise auch bei Budget- oder Produktentwicklungsprozesse in Unternehmen anzutreffen.

Geschäftsprozesse zeichnen sich nicht durch individuelle, sondern durch kollektive Könnerschaft aus. Kollektive Fähigkeiten entstehen hierbei durch kollektive Handlungsabfolgen, die auch zu außergewöhnlichen, d.h. nicht am Beschaffungsmarkt verfügbaren Leistungen „befähigt" sind. Diese Routinen beruhen auf dem Erlernen integrativer Formen der Zusammenarbeit und dem damit verbundenen Wissen über Kooperationsbedingungen. Nicht zuletzt unterstützen Routinen zur Veränderung von Routinen eine Einheit von Handeln, Lernen und Innovation (vgl. *Geiger/Koch* 2008, S. 700). Das Beherrschen von Routinen ist die Voraussetzung für kreatives und innovatives Improvisieren jenseits der vordefinierten Verhaltensmuster. Geschäftsprozesse fördern mithin die Institutionalisierung von Routinen, die eine wesentliche Grundlage dafür bilden, Außergewöhnliches zur Entfaltung zu bringen.

Dynamische und innovative Aspekte von Routinen sind gelegentlich die Ursache dafür, dass sie Prozessverbesserungen und nicht zuletzt auch Regeländerungen auslösen können. Routinen werden im Handlungskontext erworben, verändern dabei auch die Fähigkeitsprofile der Akteure, was nicht nur Prozessstrukturen, sondern gegebenenfalls auch Regeländerungen nach sich ziehen kann. Dieser rekursive Charakter des Verhältnisses von Regel, Prozess und Routine ist verantwortlich für Fortschritt und Wandel sozialer Praktiken.

Wider allen Erwartungen hat das Thema **Prozessmanagement** entgegen dem Lebenszyklus vergleichbarer Moden schon ungewöhnlich lange gehalten. Das Nachdenken über Prozesse hat sich vor allem in der Praxis etabliert. In nahezu allen Unternehmen, aber auch in Bezirksämtern, Finanzämtern, Krankenhäusern sind Projekte aufgelegt worden, die den Begriff „Prozess" im Namen tragen. Die „Lernfeldansätze" der Rahmenlehrpläne für die Kaufmännische Berufsausbildung basieren auf betrieblichen Prozessdefinitionen (siehe *Pongratz u. a.* 2009). Hat die Prozessorganisation tatsächlich flächendeckend Einzug gehalten? Und wenn ja, was hat ihre Popularität bewirkt?

In der Praxis ist das Prozessmanagement mittlerweile zum dominanten Paradigma der Reorganisation geworden. Der Gedanke, die verrichtungsorientierte Arbeitsteilung und die damit verbundene Aufgabenspezialisierung durch Funktionsgrenzen überschreitende Geschäftsprozesse zu ersetzen, klingt bestechend und hatte fraglos von Anbeginn an etwas Faszinierendes. Nicht minder überzeugend mutet die Idee an, nur solche Aktivitäten als Geschäftsprozesse zu realisieren, die werthaltig für Kunden sind. Schon der Begriff „Business Process Reengineering" signalisiert Wandlungsbedarf und Gestaltbarkeit, denen man sich kaum zu entziehen wagt. Das Konzept ist einfach zu kommunizieren. Es ist für Betroffene und Beteiligte leicht, Bedeutungszuweisungen vorzunehmen, sich eine Vorstellung von den Grundgedanken zu machen, zu glauben das Konzept zu verstehen und zumindest gedanklich auf die eigene Situation übertragen zu können. So verleiht es seinen Botschaftern ebenso visionäre wie pragmatische Kompetenz. Wer hat nicht schon eigene Erfahrungen mit den Auswüchsen bürokratischer Arbeitsteilung gemacht? Prozessmanagement vermittelt sich somit als ein eingängiges, schlüssiges Instrumentarium, das sich allenthalben auf der Grundlage der eigenen Lebenserfahrung rekonstruieren lässt. So hat es auch Eingang in die Umgangssprache gefunden.

Autoren vielfältigster Provenienz haben sich des Themas angenommen: Wissenschaftler, Berater und Praktiker. Ihre Ausführungen zum Prozessmanagement lassen sich in zwei Gruppen einteilen:

Die **Reengineeringtradition** knüpft an die Arbeiten von *Hammer/Champy* an. Sie fordern ein „grundsätzliches Umdenken" und „radikales Umgestalten". Zumeist berichten Berater oder beratungsnahe Fachvertreter darüber, „wie es geht". Erklärungen und Begründungen bedarf es dabei nicht. Die Bezugnahme auf den erfolgreichen Einzelfall ersetzt die Herleitung einer theoretisch fundierten Praxeologie. Es ist nicht nur der normative Charakter der Aussagen, der Praxisrelevanz zu verleihen vorgibt, vor allem verschaffen Diktion und Umgang mit Schlüsselbegriffen den Eindruck von Praxisnähe. Programmatische Aufrufe wie „von erstarrten Strukturen zu fließenden Prozessen" zeugen davon. Der Anspruch, operationale Gestaltungsempfehlungen anzubieten, kann aber meist nicht eingelöst werden.

Prozesse sind jedoch **soziale Konstruktionen** und subjektive Modelle zugleich. Prozessorganisation ist in diesem Sinn nicht ein an einer Rezeptur oder an einem Referenzmodell festzumachendes organisatorisches Design, sondern eine kollektiv erzeugte und mithin sozial konstruierte Realität. Aus Interpretationen, Bedeutungszuweisungen und sprachlichen Konstrukten entwickelt, verfestigt sie sich zu Strukturen und ist doch immer wieder Objekt neuer Rekonstruktionen. Die Reichweite der Konstruktionsmuster ist daher entsprechend der Erfahrungen der Akteure und ihrer programmatischen Deutungsarbeit kaum übersehbar und schon gar nicht determinierbar.

Die Vertreter des **Engineering-Ansatzes** zeichnen ihre ingenieurwissenschaftliche Herangehensweise aus. Die **Ingenieure** des Prozessmanagements haben ein mechanistisches Organisationsverständnis. Sie zweifeln nicht an den Möglichkeiten auf organisatorische Prozesse gestalterisch Einfluss zu nehmen. In dem Untertitel „So funktioniert ein erfolgreiches Unternehmen" (*Fischermanns* 2010) wird dieser Anspruch offenkundig. Die Funktionslogik ist wenn nicht deterministisch so doch determinierbar. Das zu Grunde liegende Organisationsbild könnte man als „informationstechnischen Taylorismus" abtun, stünden dahinter nicht technische Routinen, deren Nutzen im praktischen Einzelfall nicht auszuschließen ist. Im Unterschied zu den Reengineering-Vertretern befassen sich die Engineering-Vertreter mit dem „wie", kaum aber mit dem „was". Prozesse und die sie beherbergenden Organisationen werden als Blaupausen abgebildet. Nicht das Wort, sondern die Zeichnung ist die Sprache des Ingenieurs. Es ist daher nur konsequent, wenn Prozessorganisation auf eine Blaupause reduziert wird. Ist-Analyse, Ist-Modellierung, Soll-Modellierung und Prozessoptimierung liefern ein Bild einer durchgestylten Organisation und werden im Einzelnen auch so bebildert. Eine eigene Symbolik und prozessspezifische Notationen der Modellierung wurden eingeführt, um detaillierte Aufgabenfolgen festzulegen und mittels Workflowsystemen zu zementieren. Die Modellierung wird durch Referenzsysteme unterstützt und erleichtert, die neben Prozess-, u. a. auch Daten- und Organisationsmodelle enthalten. Allerdings erschwert die Vielzahl der Referenzmodelle die Navigation bei der Auswahl des „passenden" Modells. Die vorgetragene Prozesssicht ausschließlich als Informatik getrieben zu bezeichnen, scheint jedoch zu kurz gegriffen. Vielmehr handelt es sich um eine Verbindung von dezisionistischen Planbarkeitsvorstellungen von Organisationen und informationstechnischen Lösungsangeboten. Den Akteuren werden zwecks Akzeptanz der Systeme Changemanagement-Angebote gemacht.

Doch was steht zwischen dem Engineering- und dem Reengineering-Paradigma? Dieses weiße Feld könnte die betriebswirtschaftliche Organisationslehre füllen. Doch diese hat sich schon lange vom Thema **Organizational Design** verabschiedet, obwohl es fraglos von hoher praktischer Relevanz ist. Dieser Mangel wird inzwischen wiederholt in betriebswirtschaftlichen Forschungskreisen konstatiert. Der Einbau des Prozessmanagements in das organisationstheoretische Theoriengebäude fehlt dennoch fast gänzlich. Effizienzforschung auf diesem Gebiet gibt es so gut wie gar nicht.

Das Prozessmanagement hat neben der technischen eine ökonomische, eine verhaltenswissenschaftliche und nicht zuletzt eine soziologische Perspektive. Es gäbe also eine Vielzahl von Anknüpfungspunkten für die betriebswirtschaftliche Organisationsforschung. Die Diskussion um die Exploitation- und Exploration-Funktion des Prozessmanagements hat dazu Hinweise geliefert. Die Verknüpfung mit dem Wissensmanagements hat gezeigt, dass das Prozesskonzept als Ansatzpunkt für eine Theorie der Unternehmung dienen kann. Diese Einbettung in das betriebswirtschaftliche Theoriengebäude steht noch aus.

Weder die abstrakte Prozessterminologie noch die Gestaltung formaler Prozessstrukturen kann die intendierte Determinierung des Handelns in Organisationen sicherstellen. Die betriebswirtschaftliche Organisationsforschung könnte aufzeigen, wie und unter welchen Aspekten Differenzen entstehen, wie sie kanalisiert und gegebenenfalls überbrückt werden können. Annäherungen der formalen und subjektiven Modelle sind fraglos geboten und dringlich, wenn sich soziale Systeme nicht ausschließlich mit ihren Widersprüchen beschäftigen wollen.

Anliegen des Bandes ist es, das Thema „Prozessmanagement" aus dem Umfeld des technikgetriebenen Pragmatismus herauszuholen, es einer organisationstheoretischen Analyse zu unterziehen und dem **Management** von Geschäftsprozessen Bedeutung zu verleihen.

Seine Praxisrelevanz hat es zu einer Prozessgestaltungslehre werden lassen, die ihren Niederschlag in einschlägigen Softwaretools und Referenzsystemen gefunden hat. In Kontrast zu dieser Entwicklung will der vorliegende Band das Prozessmanagement als originär betriebswirtschaftliches Problem reformulieren und konzeptionell weiterentwickeln. Dazu ist es zunächst notwendig, auf den Ursprung der Beschäftigung mit dem Prozessthema zurückzugehen und die konzeptionellen Entwicklungsphasen nachzuzeichnen.

Die Leistungsfähigkeit eines der modernen Organisationsforschung verpflichteten Prozessmanagements wird sodann aus den unterschiedlichen organisationstheoretischen Perspektiven untersucht und seine Potentiale und Grenzen als effizientes Strukturierungsmodell ausgelotet. Das Management von Geschäftsprozessen als erfolgskritischer Wettbewerbsfaktor wird aus Ansätzen des strategischen Managements hergeleitet. Vor diesem Hintergrund werden konkrete Gestaltungsoptionen hinsichtlich Prozessentwurf, -modellierung und -implementierung entwickelt. Im Unterschied zu den eher technischen Ansätzen einer prozessorientierten Gestaltungslehre wird die Selbstorganisation durch Prozessteams in den Vordergrund gerückt und ihre Bedeutung bei der crossfunktionalen Prozessintegration herausgearbeitet. Die strategische Orientierung und die Teamperspektive erlauben es, das Prozessmanagement auch unternehmensübergreifend anzuwenden und auf Unternehmensnetzwerke zu übertragen. Daraus lassen sich neue theoretische Perspektiven wie auch praktische Gestaltungsempfehlungen ableiten.

2

Entwicklung der prozess-orientierten Organisationslehre

Inhaltsverzeichnis

Die Entwicklung der Organisationslehre war viele Jahrzehnte lang durch die Dualität von Aufbau- und Ablauforganisation gekennzeichnet. Während die Aufbauorganisation die Aufgabenverteilung, beinhaltet die Ablauforganisation die Arbeitsverteilung. Während die Aufbauorganisation Handlungsziele vorgibt, regelt die Ablauforganisation den Handlungsvollzug. Die Entwicklung der Organisationslehre wird im Folgenden unter dem Aspekt der Ablauforganisation vorgetragen, die als der Vorläufer einer prozessorientierten Organisationslehre gelten kann.

2.1 Die „ältere" Organisationslehre

Die erste Phase der Entwicklung kann nur rudimentär als Organisationslehre bezeichnet werden. Vielmehr werden einzelne Organisationsprobleme kasuistisch behandelt.

Bis etwa zur Jahrhundertwende gibt es drei Erkenntnisobjekte, die mit dem Begriff „Organisation" verbunden sind: das Militärwesen, die Kirche und der Staat. Die Veröffentlichungen über Probleme der Organisation beziehen sich zu Beginn des Jahrhunderts überwiegend auf den gesellschaftlichen Bereich bzw. die Volkswirtschaft (vgl. *Erdmann* 1921, S. 14 ff.; *Eulenburg* 1952, S. 10). Mit fortschreitender Industrialisierung und der damit verbundenen Vergrößerung der Betriebe wird die Organisation neben Arbeit, Boden und Kapital als weiterer Produktionsfaktor begriffen (vgl. *Mellerowicz* 1929). Dabei stehen technisch-administrative Handlungen im Vordergrund. Beispiele hierfür sind die Abwicklung von Materialbestellungen, die Ausarbeitung von Offerten und die Durchführung der Lohnstatistik (vgl. *Erlacher* 1908, S. 31 ff.). Organisation wird weitgehend mit Administration gleichgesetzt. Diese Gleichsetzung ist bereits bei *Redl* (1900) explizit anzutreffen. Organisation bedeute „rationelle" Führung (*Redl 1900*, S. 112), zu deren Vollzug administrative Instrumente der oben genannten Art einzusetzen seien. Es zeigt sich, dass noch kein klarer Organisationsbegriff vorhanden ist. Eine Unterteilung in Aufbau und Ablauf wird noch nicht vorgenommen, wenn auch Ablaufphänomene im Vordergrund stehen.

Meyenberg (1926, S. 19) betrachtet in seiner erstmalig 1913 erschienenen Schrift als Objekt der Organisation „Geschäftsgänge", d. h. die Auftragsabwicklung von der Kundenbestellung bis zur Abrechnung. Er bezweifelt, dass Organisationsarbeit überhaupt erlernbar sei. Seiner Meinung nach gibt es „auf dem Gebiet der Organisation nichts, aber auch rein gar nichts, was allgemein und unter allen Umständen gültig wäre" (*Meyenberg* 1926, S. 10). Seine am Beispiel einer Maschinenfabrik gemachten Ausführungen über das „Hereinholen" eines Auftrags, die Vorbereitung und Durchführung des Auftrags bis hin zur Abrechnung geben zwar den Durchlauf eines Auftrags und die damit verbundene Arbeit wieder, sind aber in erster Linie Funktionsbeschreibungen. Ferner beschäftigt er sich noch mit den Hilfsmitteln und Verfahren zur Bewältigung einzelner Aufgaben. Die Erörterung ablauforganisatorischer Probleme erfolgt kasuistisch, wenngleich Organisation als zielgerichtete Ordnung aller auszuführenden Maßnahmen verstanden wird. Demgegenüber lassen seine Ausführungen keine Schlussfolgerungen über den Aufbau zu.

Ähnlich wie in der Arbeit von *Meyenberg* und *Lilienthal* (1914) wird auch bei *Wolfensberger* (1921) Organisation als „Verwaltungsarbeit" (*ders*. 1925, S. 7) schlechthin verallgemeinert. Die Organisation einer Maschinenfabrik bedeute die Anwendung von Wirtschaftlichkeitsrechnungen, Selbstkostenrechnungen, Durchführung von Lohn- und Zeitkontrollen, Terminplanung, Kontenführung u. a. m. Organisieren ist „Handel mit organisationstechnischen Hilfsmitteln" (*Wolfensberger* 1925, S. 6), zu dem freilich auch der „rechte Geist der Geschäftsleitung hinzukommen" (*Wolfensberger* 1925, S. 7) muss.

Gemeinsam ist diesen aus der erlebten Praxis zusammengetragenen Erfahrungsberichten die tätigkeitsorientierte, bisweilen sogar arbeitswissenschaftliche Interpretation des Organisationsbegriffs (vgl. auch *Neelsen* 1934). Die Betriebsorganisation ist in aller Regel nach Tätigkeiten „aufgebaut" (z. B. *Wolfensberger* 1925, S. 26). Während jedoch *Erlacher* und *Meyenberg* die betrieblichen Funktionen (Beschaffung, Produktion, Absatz) als Gliederungsprinzip heranziehen, schlägt *Wolfensberger* unterschiedliche Verwaltungsfunktionen (allgemeine, kommerzielle, konstruktionstechnische und werkstatttechnische Verwaltung) vor (vgl. auch *Karsten* 1924).

Anders verhält es sich dagegen bei *Mooshake* (1933), dessen Dissertation mit einigen Einschränkungen eine Betrachtungsweise von aufbau- und ablauforganisatorischen Problemen erkennen lässt, wenn auch diese nicht direkt benannt wurden. In seiner Arbeit „Organisatorische und technische Umstellung einer Fertigung mit Hilfe neuzeitlicher betriebswissenschaftlicher Verfahren, dargestellt am Beispiel einer Fassfabrik" geht *Mooshake* auf das Problem ein, dass das betreffende Unternehmen durch Anschaffung neuer Maschinen, Einstellung qualifizierten Personals und Anwendung neuer Verfahren im Laufe der Zeit eine Größe angenommen hatte, bei der weder Transparenz noch wirksame Kontrolle mehr gewährleistet waren. Deshalb wurde eine Neugestaltung notwendig. Diese geht *Mooshake* unter zwei Gesichtspunkten an: Er erläutert zunächst die mit aufbauorganisatorischen Maßnahmen vergleichbare „organisatorische Umstellung", die sich mit der Bildung von Abteilungen durch Zusammenfassung eng zusammengehörender Arbeitshandlungen beschäftigt. Den zweiten Schritt bildet die „technische Umstellung". Diese umfasst bei *Mooshake* die Erstellung des Fertigungssorten- und des Arbeitsflussplans, der sich im Wesentlichen auf die Transport- und Bearbeitungswege bezieht. Danach geht er detailliert auf die Umstellung der einzelnen Betriebsabteilungen ein und stellt Überlegungen zu verschiedenen Fertigungsverfahren an, die er unter den Gesichtspunkten der Arbeitsabstimmung und der Leistungsfähigkeit erörtert. Somit lässt sich dieser zweite Schritt der Umstellung in gewissem Sinne als ein Versuch ansehen, systematisch auf ablauforganisatorische Fragen einzugehen.

Insgesamt kommt der prozessorientierten Betrachtungsweise in dieser Phase der Entwicklung der Organisationslehre zwar noch keine systematische Bedeutung zu, organisatorische Ablaufprobleme werden jedoch bereits erkannt und deskriptiv unter verschiedenen Aspekten behandelt.

Der Beitrag von Nordsieck und Hennig

In den 30er Jahren erschienen unabhängig voneinander die Veröffentlichungen von *Nordsieck* (1931a, 1931b, 1934) und *Hennig* (1934). Bei beiden Autoren wird erstmals die systematische Trennung von Aufbau und Ablauf sichtbar. Somit lässt sich der Zeitpunkt des Erscheinens dieser Arbeiten als Beginn der Betrachtungsweise der Organisation unter diesem dualistischen Aspekt ansehen.

Nordsieck gelangte durch die Anwendung schaubildlicher Darstellungen zur Bewältigung organisatorischer Fragen zu der differenzierenden Betrachtung von aufbau- und ablauforganisatorischen Problemen. Der zentrale Begriff ist für ihn die Aufgabe, unter der er ein sozial objektiviertes Ziel versteht, zu dessen Verwirklichung menschliche Arbeitsleistung notwendig ist (*Nordsieck* 1972a, Sp. 16). Der Begriff „Arbeitsleistung" bzw. „Arbeit" ist der Ausgangspunkt für die Ablauforganisation, wohingegen die „Aufgabe" den Aufbau bestimmt.

Während die *Beziehungslehre* die „Beziehungen der Funktionäre" untereinander und zur Betriebsaufgabe beschreibt, behandelt die *Ablauflehre* die inhaltliche und zeitliche Folge der Arbeitsleistungen im Hinblick auf die Erfüllung der Betriebsaufgabe (*Nordsieck* 1934, S. 76). Der Objektbereich der Ablauflehre beinhaltet Fragen der Arbeitsvereinigung, Arbeitsverteilung und Gruppenarbeit.

Thematisch von besonderem Interesse ist das Prinzip der Prozessgliederung (vgl. *Nordsieck* 1934, S. 84; 1972a, Sp. 9 ff.). Die Gliederung der Betriebsaufgabe hat danach dem Betriebsprozess zu folgen; dieser sei in Wirklichkeit ein fortwährender Prozess, eine Leistungskette. „Die wirkliche Struktur des Betriebes ist die eines Stromes" (*Nordsieck* 1972a, Sp. 9). Diese Sichtweise gilt nicht nur für die materiellen Güter und Dienstleistungen, sie wird auch auf die Vorgänge der Planung, des Verkaufs und sonstiger Büroarbeiten übertragen. Die Aufgabengliederung muss sich letzthin diesem Betriebsfluss anpassen.

Der Betriebsprozess bei *Nordsieck* wird zweigeteilt skizziert. Zum einen handelt es sich um materielle Transformationsprozesse, die mit der Entwicklung einer Produktionsidee beginnen und mit dem Kaufabschluss bzw. Kundendienst des marktreifen Fertigproduktes enden. Zum zweiten werden die „Prozessphasen" von den unterschiedlichen Verwaltungsbereichen (z. B. Finanzen, Arbeitsvorbereitung usw.) betreut (*Nordsieck* 1972b, Schaubild 2). Dieser Prozess der „Objektvervollkommnung" (*Nordsieck* 1934, S. 84) weist Etappen auf, die durch Teilziele gekennzeichnet werden können. Die Teilziele oder Gliedaufgaben der Prozessphasen sind nach denselben Prinzipien so lange zu untergliedern, bis hinreichend konkrete Einzelaufgaben die Prozesssteuerung ermöglichen.

Nordsieck (1972a, Sp. 23) verbindet mehrere Zwecke mit der prozess- bzw. phasenorientierten Betrachtungsweise:

- Verbesserung der Übersicht hinsichtlich des Ablaufgeschehens;
- Vereinfachung des Fluss- oder Folgeprinzips in der Ablauforganisation;

- Mitarbeiter sollen die Funktionalität von Teilaufgaben für das Betriebsziel erkennen, was wesentlich zur betrieblichen Integration beitragen soll;
- Aufgabenverbindung bzw. -koordination sollen erleichtert und zur Routine gemacht werden.

Erklärungsbedürftig erscheint hierbei der zweite Punkt. Abteilungs- und Stellenbildung bedeuten immer Abtrennung bzw. Unterbrechung des Betriebsprozesses. Sie sind daher dort vorzunehmen, wo im Rahmen des Betriebsprozesses nur lose Beziehungen auftreten, die Aufgabenteilung also nur geringe Störungen verursachen kann. Dies ist in aller Regel dann der Fall, wenn Phasen des Betriebsprozesses formuliert werden können. Die Zusammenarbeit zwischen Stellen und Abteilungen kann bei prozessorientierter Stellen- und Abteilungsbildung nach den sachlogischen Bedingungen des Betriebsprozesses erfolgen. Die Befolgung des Prinzips der Prozessgliederung eröffnet Routinisierungspotentiale, die hierarchische Formen der Koordination und Kontrolle entlasten.

Lange Instanzenzüge und bürokratische Koordination, mit deren Hilfe mangelhafte Zusammenarbeit bewältigt werden soll, sind meist die Folge der Nichteinhaltung dieses Prinzips (vgl. *Nordsieck* 1972a, Sp. 24).

Neben den Gedanken zum Prinzip der Prozessgliederung, die wesentlich die Organisation des Betriebsaufbaus betreffen, interessieren an dieser Stelle besonders die Überlegungen *Nordsiecks* zur Organisation des Arbeitsablaufs. Ziele der Ablauforganisation sind:

- die richtige und rechtzeitige Aufgabenerfüllung und zwar nach Inhalt, Zeit und Variabilität;
- die kostenminimale Erfüllung der Aufgabenziele.

Die beiden Ziele einer richtigen und rechtzeitigen Aufgabenerfüllung konkretisiert *Nordsieck* (1972a, Sp. 138 f.) durch folgende Leitsätze:

„a) Die Aufgaben müssen erkannt, geklärt, geplant, formuliert und allen Beteiligten bekannt gemacht sein.

b) Die Erfüllung der Aufgaben, will sagen der Arbeitsablauf, muss geplant und – soweit möglich – festgelegt werden. Diese Arbeit führt zur Feststellung von Arbeitsvorschriften und Arbeitsunterweisungen sowie zur Vorgabe von Folgen, Zeiten und Kosten.

c) Die richtige Erfüllung erfordert die Festlegung von Qualitätsnormen und die Kontrolle ihrer Einhaltung im gesamten Arbeitsablauf einschließlich des dazugehörigen Materials, Fachkönnens, der Ausrüstung und sämtlicher Hilfsmittel.

d) Die rechtzeitige Erfüllung der Aufgaben erfordert Termin- und Bereitschaftsplanung und -kontrolle, Abstimmung aller Maßnahmen der Materialwirtschaft, Anlage- und Werksverwaltung sowie der „Personalgestellung" (der Gesamtkomplex der zeitlichen Koordination)."

Die Wirtschaftlichkeit der Aufgabenerfüllung ist unter folgenden Bedingungen gewährleistet:

„a) Jede nicht erforderliche, überflüssige oder doppelte Arbeit, Transportleistung, Lagerung und Kontrolle müssen unterbleiben.

b) Es ist der direkteste Weg zum Aufgabenziel zu wählen und mit Stetigkeit einzuhalten, das bedeutet Organisation nach dem Prozessprinzip und dem Prinzip der Stetigkeit der Arbeitsfolge.

c) Dieser Weg ist mit dem geringsten Zeitaufwand zu beschreiten.

d) Die Auslastung aller eingesetzten Mitarbeiter, Anlagen und Hilfsmittel sowie die Ausnutzung der Materialien soll eine optimale sein."

Diese Ziele werden vornehmlich durch die Leistungsabstimmung erreicht, die das Arbeitspensum für die einzelnen Arbeitsträger festlegt (vgl. *Nordsieck* 1934, S. 154). Durch sie soll eine „optimale Beschäftigung für alle Anlagen und Hilfsmittel" gewährleistet werden (*Nordsieck* 1972a, Sp. 142).

Abgestimmte Leistungsprozesse liegen vor, wenn zweierlei Bedingungen erfüllt sind:

Die Erfüllungsinhalte sind zeitlich so koordiniert, dass die Betriebsaufgabe, ihre Phasen und Teilziele termingerecht erfüllt werden.

Die Mitarbeiter sind optimal bzw. gleichmäßig ausgelastet.

Da *Nordsieck* bei der Ablauforganisation eine genaue Definition der verwendeten Begriffe für noch entscheidender hält als bei der Aufbauorganisation, seien diese im Folgenden erläutert.

Unter dem *Arbeitszyklus* versteht er (*Nordsieck* 1934, S. 35 f.) die kleinsten Prozessabschnitte innerhalb des Gesamtprozesses, die der Erfüllung von Einzelaufgaben dienen und sich durch eigene Ziele voneinander unterscheiden. Jeder Arbeitszyklus wiederum besteht aus einzelnen Arbeitsstufen, die als kleinste einheitliche und in sich geschlossene Bearbeitungsleistungen eines Arbeitsträgers an einem Bearbeitungsgegenstand anzusehen sind. Das Wesen des Arbeitsablaufs besteht nun in einer bestimmten Anzahl von Arbeitsstufen, die in einer logischen Reihenfolge von Leistungen an durchlaufenden Objekten angeordnet sind. Dabei betont *Nordsieck* aber, dass dieser „Objektfluss" nicht mit dem Materialfluss gleichzusetzen ist, wie es in der Ablauforganisation häufig geschieht. Diese Auffassung *Nordsiecks* kommt auch dadurch zum Ausdruck, dass er die Datenorganisation – insbesondere den Formular- und Datenverlauf – als Teil der Ablauforganisation ansieht und ihr ein eigenes Kapitel widmet (*Nordsieck* 1972a).

Bezüglich der Organisierbarkeit hält der Autor eine Bestimmung aller Einzelheiten einer Arbeitsstufe nur in Ausnahmefällen für sinnvoll. Der Grad der Organisierbarkeit ist vielmehr davon abhängig, wie sich die Arbeitsstufen nach Leistung, Reihenfolge, Arbeitszeit und Arbeitstakt vorherbestimmen lassen. Kernstück der betrieblichen Arbeitsorganisation ist für ihn die Arbeitsgliederung. Hierbei unterscheidet er mehrere Stufen: den Arbeitszyklus, die Arbeitsreihe, die Arbeitsstufe, die Teilarbeit und das Arbeitselement. Der Übergang von einer zur nächsten Stufe ist jeweils durch einen höheren Differenzierungsgrad gekennzeichnet (*Nordsieck* 1934, S. 140 f.).

Hierbei bedeuten:

Arbeitszyklus: Folge von Arbeitsstufen bzw. Arbeitsreihen zur Erfüllung von Teilaufgaben;

Arbeitsreihe: Folge von Arbeitsstufen an einem Einzelobjekt;

Arbeitsstufe: Leistungseinheit von Teilarbeiten, die nur einer Person oder Gruppe übertragen werden können;

Teilarbeit: Unselbständige Teilleistung einer Arbeitsstufe; Arbeit am/mit Hilfsmittel(n);

Arbeitselement: Unteilbare, abgeschlossene Verrichtungen und Bewegungen.

Diese Arbeitsgliederung liefert nach Ansicht von *Nordsieck* mit den vorgeschlagenen, genauen Begriffsbezeichnungen klare Kriterien für die Organisation in Büro und Fertigung. Für jede einzelne Stufe der oben aufgeführten Arbeitsgliederung, die immer unter dem Aspekt des zeitlichen Ablaufs gesehen werden muss, ergeben sich Grundpläne, die der Rationalisierung der Arbeit innerhalb dieser Stufe dienen.

Unter der „Organisation des Arbeitsablaufs" versteht *Nordsieck* die „Grundlagen der Datenorganisation" (*Nordsieck* 1972a, Sp. 151 ff.). Er begründet dies damit, dass Daten als „Arbeitsobjekte besonderer Art" anzusehen sind, deren Verlauf und Bearbeitung ebenfalls einen Prozess darstellen.

Nordsieck erläutert den Zweck, der mit der Erhebung der Daten verfolgt wird. Hierzu unterscheidet er Datenträger, die der einfachen Kommunikation dienen und in erster Linie für die Aufgabenerfüllung bestimmt sind, und solche, die reine Beweis- oder Dokumentationsfunktionen haben. Die „kommunizierenden Datenträger" (*Nordsieck* 1972a, Sp. 153) sind für einen funktionierenden Arbeitsablauf besonders wichtig. Für ihre optimale Ausnutzung hat er einige allgemeine Prinzipien der Organisation, Gestaltung und Verwaltung erarbeitet.

Die Formulargestaltung steht meist in engem Zusammenhang mit den betreffenden Arbeitsabläufen. Deshalb sieht *Nordsieck* in der Anfertigung von Formularlaufplänen, die den Weg zwischen den Abteilungen und Dienststellen aufzeigen, geeignete Hilfsmittel. Hierzu gibt er u. a. ein Beispiel für den „Einkauf von Material" und zeigt auf, welche Formulare und Durchschläge benötigt werden, zu welchen Abteilungen sie gelangen, welche Aufgaben damit verbunden sind usw. (*Nordsieck* 1972b, Abb. 33). Zu trennen vom Formularlauf ist der reine Datenverlauf, dessen Erfassung und Darstellung schwierig und kompliziert sei. Hierzu hat er wiederum ein eigenes Verfahren entwickelt und am Beispiel der so genannten „Hinz'schen Buchhaltung" graphisch dargestellt (*Nordsieck* 1972 b, Abb. 35). Obwohl *Nordsieck* es für relativ einfach und übersichtlich hält, verkennt er doch nicht, dass es für die Darstellung komplizierter Vorgänge der Datenverarbeitung mittels moderner EDV-Anlagen ungeeignet ist. Deshalb verweist er hier auf die von den Herstellerfirmen entwickelten Erfassungsmethoden und deren schaubildliche Darstellungen.

Zusammenfassend lässt sich festhalten, dass *Nordsieck* theoretische Grundlagen einer Organisationslehre geschaffen hat, die eine Anwendung auf vielfältige Probleme – speziell des Ablaufs – erlaubt und von der Beschränkung auf rein produktionstechnische Aspekte, wie sie bei vielen Verfassern vorzufinden ist (vgl. z. B. *Kosiol* 1962; *Schweitzer* 1964; *Küpper* 1982), abweicht. Dies wird auch durch viele Beispiele illustriert, welche die Anwendung seiner Überlegungen in den unterschiedlichsten Bereichen, wie Verwaltungen, Krankenhäusern, Einzelhandel usw. verdeutlichen.

Auch die Einbeziehung der Datenorganisation, des Formularlaufs und Datenverlaufs, wobei hier jedoch neben allgemeinen Erläuterungen lediglich der äußere Rahmen abgesteckt wird, zeigen die erweiterte Betrachtungsweise der Ablauforganisation. Dabei kann jedoch nicht verkannt werden, dass auch bei *Nordsieck* der Produktionsprozess Ausgangspunkt seiner Überlegungen ist, was sich beispielsweise auch in der Terminologie widerspiegelt. Erst die Erkenntnis über die notwendige Ausdehnung ablauforganisatorischer Fragen auf andere Gebiete und Bereiche hat den Anstoß zu der Abwendung von rein produktionstechnischen Problemen gegeben.

Der Ansatz *Nordsiecks* erweist sich ferner als außerordentlich dynamisch. Durch das Prozessgliederungsprinzip wird nicht nur die Aufbauorganisation an zweckgerichteten Prozessabläufen, seien sie materieller oder immaterieller Art, ausgerichtet. Das Prozessgliederungsprinzip betrifft ferner auch die Ablauforganisation, indem die unmittelbare Aufeinanderfolge der einzelnen Arbeitsleistungen strukturell „präjudiziert" (*Nordsieck* 1972a, Sp. 23) wird. Mithin ist auch die Abfolge von Arbeitsleistungen (Arbeitsgang) implizit prozessorientiert angelegt. Die Steuerung der Arbeitsoperationen hat sich im Rahmen der Prozessabläufe zu bewegen.

Ebenso wie *Nordsieck* verfolgt *Hennig* (1934) die dualistische Betrachtungsweise vom Aufbau und Ablauf in der Organisationslehre. Die beiden Hauptkapitel der Arbeit von *Hennig* sind mit „Arbeitsgliederung" und „Arbeitsablauf" überschrieben. Die Arbeitsgliederung als aufbauorganisatorische Maßnahme beinhaltet die Aufgabenteilung, wobei unter dem Begriff der Aufgabe die Anforderung an einen Bearbeiter zu verstehen ist. Hieraus wird schon ersichtlich, dass zwischen der Terminologie und der Bedeutung einzelner Begriffe bei *Hennig* und *Nordsieck* erhebliche Unterschiede bestehen.

Für die Gestaltung von Arbeitsabläufen, die *Hennig* als „zeitliches Nach- und Nebeneinander von Vorgängen" (*Hennig* 1975, S. 79) versteht, sind seiner Ansicht nach folgende Kriterien von Bedeutung: höchste Wirtschaftlichkeit, Güte, Schnelligkeit und Terminsicherheit, dazu höchste Arbeitsfreudigkeit.

Zur Ermittlung der „kostengünstigsten" Arbeitsabläufe und damit zur „Erzielung der höchsten Wirtschaftlichkeit" sieht er im Rechnungswesen ein geeignetes Instrumentarium. Als Hilfsmittel erscheint ihm darüber hinaus die schaubildliche Darstellung von komplizierten Arbeitsabläufen unerlässlich, um alle Möglichkeiten einer wirtschaftlichen Gestaltung nutzen zu können. Hierzu liefert der Autor einen eigenen Entwurf, der mit Hilfe von Zeichen und Ablaufschemata versucht, schwierige Arbeitsabläufe detailliert darzustellen. Die Beschreibung dieses Verfahrens nimmt einen breiten Raum in *Hennigs* Arbeit ein. Wegen der Vielzahl verschiedener Zeichen wirkt es aber recht unübersichtlich, obwohl der Autor der Meinung ist, dass es schnell erlernbar sei. Das Verfahren hat sich offenkundig jedoch nicht durchgesetzt.

Das zweite Kriterium zur Gestaltung von Arbeitsabläufen bezieht sich auf die Erzielung einer „günstigen" Güte. Hierzu definiert *Hennig* zunächst den Begriff und erteilt Ratschläge für die Festlegung der Größenordnung, die Überprüfung und die Auswertung. Durch eine möglichst geringe Zahl von „Arbeitsstufen" und die Vermeidung von Förder- und Wartezeiten sieht er die schnellste und terminsicherste Arbeitsabwicklung gewährleistet. Eine Gestaltung der Arbeitsabläufe, die zu höchster Arbeitsfreudigkeit beiträgt, hält *Hennig* eher für einen ethischen, denn betriebswirtschaftlichen Gesichtspunkt. Er verkennt dabei aber nicht die Bedeutung der daraus resultierenden Leistungsbereitschaft für die Arbeitserfüllung. Daneben schildert der Autor noch eine Vielzahl von Beispielen und beschreibt Hilfsmittel für die Gestaltung der Arbeitsabläufe, wie Pläne, Formulare u. a. m. Zur Auswahl von Ablaufverfahren stellt er umfangreiche Wirtschaftlichkeitsberechnungen an und vergleicht dabei die Kosten, die beispielsweise beim Einsatz großer oder mehrerer kleiner Maschinen entstehen.

Insgesamt sieht *Hennig* die Ablauforganisation fast ausschließlich unter dem Gesichtspunkt der Wirtschaftlichkeit. Seine Gestaltungsrichtlinien stecken eher einen äußeren Rahmen ab, als dass sie zu einer systematischen Organisation der Abläufe beitrügen.

2.2 Weiterentwicklungen des Aufbau-/Ablaufkonzepts

Bei der Betrachtung der in den folgenden Jahren erschienenen Arbeiten könnte man von einer zweigleisigen Entwicklung sprechen. Diese wird auf der einen Seite von den an die „ältere" Linie anknüpfenden Autoren bestimmt, d. h. denjenigen, welche die Betrachtungsweise von Aufbau und Ablauf entweder nicht akzeptiert oder anscheinend gar nicht zur Kenntnis genommen haben. Hierzu müssen vorwiegend die Arbeiten von Vertretern der betrieblichen Praxis gezählt werden, wohingegen man die Autoren, die an die Trennung in Aufbau- und Ablauforganisation anknüpfen, eher als Theoretiker bezeichnen könnte.

Im Folgenden werden in der Reihenfolge ihres Erscheinens einige weitere Arbeiten aufgeführt, die für die Entwicklung der Organisationslehre typisch sind.

Schramm (1936) beklagt sich in seinem Buch darüber, dass eine ausreichende Organisation zwar eine „Lebensfrage" für jeden Betrieb sei, es aber trotz der Vielzahl von Veröffentlichungen keine brauchbaren Darstellungen grundsätzlicher Art gäbe. Hierbei beruft er sich auf einen Aufsatz *Kosiols* (1934, S. 81 ff.), der feststellt, dass die „Wirtschaftswissenschaften die organisatorischen Grundprobleme in starkem Maße vernachlässigt" hätten und „die Lehre von der Organisation theoretisch noch wenig ausgebaut" sei. Dies legen nach Meinung *Schramms* auch die beiden 1934 erschienenen Werke von *Nordsieck* und *Hennig* dar, die er zwar für „wertvoll" hält, die aber keinen Anlass geben, die Feststellung *Kosiols* zu korrigieren. Unter Organisation versteht er „die planvolle Zusammenfassung geeignetster Menschen und Sachdinge zur gemeinschaftlichen Lösung einer Aufgabe" (*Schramm* 1936, S. 5). Seine Ausführungen lassen zwar eine Unterscheidung nach Aufbau und Ablauf erkennen, eine eindeutige Trennung nimmt er dagegen nicht vor, was sich sowohl in der Gliederung seines Buches als auch in der Vorgehensweise widerspiegelt.

Der Begriff der Funktion steht im Mittelpunkt der Überlegungen von *Schramm*, die er als Aufgabe bzw. Tätigkeit definiert, die in Art und Umfang ihrer Erfüllung festgelegt ist.

Als ersten Schritt nennt *Schramm* die **Analyse der Betriebsaufgabe.** „Sie dient dazu, die Einzelheiten des Weges, der zum Ziel führt, oder mit anderen Worten, den Arbeitsablauf herauszuarbeiten" (*Schramm* 1936, S. 10). Gegenstand der Analyse sind Kern- und Zusatzfunktionen. Dabei bilden für ihn die Kernfunktionen Beschaffung, Produktion und Vertrieb den Ausgangspunkt jeder Organisation. Unter Zusatzfunktionen versteht er Verwaltung und Leitung. An diese Analyse schließt sich die **Funktionenverteilung** an, die er unter räumlichen und personalen Gesichtspunkten durchführen will. Dies entspricht einerseits ablauforganisatorischen Aspekten, andererseits ist es eine Frage des Instanzenaufbaus, also ein aufbauorganisatorisches Problem. An die Funktionenverteilung schließen sich Fragen der **Abteilungsbildung**, der Beziehungen zwischen den einzelnen Abteilungen, der richtigen Instanzenhöhe und der Organisationstypen an. Über die Verteilung und Analyse der Abteilungsfunktionen gelangt *Schramm* zur Bestimmung des **Arbeitsablaufs** und zur Festlegung der zu ihrer Erledigung notwendigen Hilfsmittel. Von einer formalen Organisation der Arbeitsabläufe kann aber gar nicht die Rede sein, da er eher für einen individuell geplanten Arbeitsablauf plädiert. Dies belegt beispielsweise das folgende Zitat: „Um diese Beweglichkeit (des Betriebes gegenüber Veränderungen) zu sichern, darf der zur Aufgabenlösung notwendige Arbeitsablauf nicht in allen, sondern nur in einzelnen Phasen geregelt werden. In welchem Maße dies geschieht, hängt wesentlich von der Natur der Betriebsaufgabe ab. Die Organisierbarkeit des Arbeitsablaufs ist also individuell." (*Schramm* 1936, S. 23). Auch die Handhabung der zur Erfüllung der Arbeiten notwendigen Hilfsmittel will der Autor ungeregelt lassen und nur allgemeine Richtlinien vorgeben.

An der Arbeit von *Schramm* ist vor allem das gelungene theoretische Konzept zu würdigen. Der organisatorische Gestaltungsprozess ist dreiphasig angelegt:

- Analyse der Betriebsaufgabe;
- Verteilung von Macht, Kompetenzen und Verantwortung bzw. Abteilungsbildung;
- Koordination von Abteilungen.

Anzumerken ist jedoch, dass zwischen Aufbau und Ablauf begrifflich nicht explizit unterschieden wird. Ausgangspunkt der organisatorischen Gestaltung sind „Funktionen" bzw. Tätigkeiten; es handelt sich also um eine prozessbezogene Betrachtungsweise. Strukturüberlegungen aufbauorganisatorischer Art (z. B. Abteilungsbildung) bilden den Rahmen, in dem sich die Funktionenerfüllung abspielt.

Behlert (1949) zählt zu den Verfassern, die man als Praktiker bezeichnen muss. Seine Arbeit verfolgt das Ziel, ein in seinem Gesamtumfang noch nicht beschriebenes Gebiet zu erschließen und zu begrenzen und das Wissens- und Erfahrungsgut praktischer Organisationsarbeit lehr- und lernbar zu machen.

Auf die bis zu diesem Zeitpunkt erschienene Literatur geht er kaum ein und benutzt eine teilweise abweichende Terminologie und Vorgehensweise. Dies mag auch der Grund dafür sein, dass es für ihn keinen Unterschied zwischen Aufbau und Ablauf gibt. Vielmehr gelangt der Autor von den Funktionen, unter denen er nicht mehr teilbare Einzelhandlungen versteht, direkt zu den Arbeitsabläufen, die sich seiner Ansicht nach durch eine sinnvolle Reihenfolge und das Anstreben kurzer Wege zwangsweise ergeben müssten. In Bezug auf die Ablauforganisation liefert *Behlert* somit keinen grundlegenden Beitrag. Bemerkenswert jedoch ist sein Vorgehensvorschlag der Reorganisation, der einzelne „Organisationsphasen" unterscheidet. Diese sind: Fixierung, Wertung, Planung, Ausführung und Überwachung. Vergleicht man diesen Ansatz mit der durch die Datenverarbeitung entstandenen Systemanalyse, so lassen sich etliche Parallelen erkennen.

Zu den Autoren, welche die Überlegungen *Nordsiecks* aufgreifen, zählt *Ulrich* (1949). Auch er sieht in der Aufgabe den Ausgangspunkt seiner Überlegungen. Daneben verwendet er noch den Begriff der Arbeit, wodurch deutlich wird, dass er eine **Trennung nach aufbau- und ablauforganisatorischen Gesichtspunkten** vertritt. Während *Nordsieck* und *Schramm* in der Funktion die Beziehung zwischen der Person und der zu verrichtenden Arbeit sehen, definiert *Ulrich* Funktionen als verschiedene Arten von Arbeitsleistungen, die zur Lösung einer einzelnen Aufgabe notwendig sind. Die Funktionen werden von ihm in Leitung, Ausführung und Kontrolle unterteilt, wobei die Ausführung sowohl Haupt- und Nebenarbeiten als auch Beratung umfasst.

Unter **„Ablauforganisation"** subsumiert *Ulrich* auch die Anordnung der Arbeitsplätze, wobei die Art der Verrichtung und die Arbeitsfolge maßgeblich sind. Ferner erläutert er verschiedene Fertigungsarten (Einzel-, Serien- und Massenfertigung) und sieht in Ablaufschaubildern und der Gantt-Karte (einem Diagramm aus Bearbeitungsstationen und Bearbeitungszeiten) sinnvolle Hilfsmittel zur Veranschaulichung komplexer Arbeitsabläufe.

Im Tenor vergleichbar ist die Arbeit von *Stümpfle* (1950). Im Vorwort seines Buches bezweifelt er, dass es überhaupt Personen geben könne, die ausreichende Kenntnisse über die Organisation besäßen. Die Mehrzahl der Urteile zeuge von unzureichenden Kenntnissen über „Aufbau und Organik, Ablauf und Funktionssicherheit und das Ausmaß des Beschleunigungseffektes einer guten Organisation" (*Stümpfle* 1950, S. 5). Für ihn kommt der Organisation die Aufgabe zu, die Steuerung der Fertigungsaufträge durch den Betrieb planmäßig zu ordnen „mit dem Ziel der kürzesten Auftragsdurchlaufzeit bei höchstmöglicher Auslastung der vorhandenen technischen Einrichtungen an Maschinen, maschinellen Anlagen und Fertigungsmitteln und bei weitmöglichstem produktiven Einsatz aller Arbeitskräfte" (*Stümpfle* 1950, S. 10). Eine moderne Organisation ist seiner Meinung nach dadurch gekennzeichnet, dass „ihr organisatorischer Aufbau klar und übersichtlich ist. Der formale Ablauf, der Zusammenhang und die Zusammenarbeit der einzelnen Organisationsstellen, ist durch den Einbau von Zwangslauf und Selbstkontrolle gesichert" (*Stümpfle* 1950, S. 11). Die „Aufgaben und Zuständigkeiten, die Arbeits- und Verantwortungsbereiche" sieht *Stümpfle* (1950, S. 11) aus der „Selbstverständlichkeit der Natur der Dinge" heraus abgegrenzt, so dass nur in den seltensten Fällen Zweifel auftreten könnten. Diese sollen dann durch entsprechende Arbeitsunterweisungen ausgeräumt werden.

Die betriebliche Organisation beginnt mit der Übergabe des Kundenauftrages von der Verkaufsabteilung an den Betrieb und endet mit der Auslieferung durch den Versand an den Kunden, wobei der Autor im letzten Schritt ein Problem der „kaufmännischen Organisation" sieht. Jedoch belässt er es bei dieser Andeutung einer Ablauforganisation im kaufmännischen Bereich und richtet sein Augenmerk ausschließlich auf den Produktionsprozess. So widmet er den überwiegenden Teil seines Buches der Beschreibung der Fertigungsvorbereitung und -steuerung sowie ihren Hilfsmitteln.

Obwohl *Stümpfle* im Vorwort zu seiner Arbeit auf die beiden Begriffe Aufbau und Ablauf eingeht, liefert er keine konkreten Ausführungen zu beiden Aspekten.

Würdigt man die Arbeit *Stümpfles*, so fällt zweierlei auf. Einerseits wird wiederum die technisch-administrative Komponente des Organisierens betont, was sicherlich mit der Sichtweise des Praktikers zu begründen ist. Andererseits wird implizit das Prozessgliederungsprinzip *Nordsiecks* vertreten. Der erste Grundsatz der betriebswirtschaftlichen Organisation lautet: „Der Fluss der vorbereitenden und ausführenden Bearbeitung aller Aufträge in Büro und Betrieb darf nicht gestört werden" (*Stümpfle* 1950, S. 25). Alle Gestaltungsmaßnahmen haben sich mithin am Prozess der Leistungserstellung und -verwertung zu orientieren.

Auch *Fechtner* (1950) muss zu den Autoren gezählt werden, welche die ältere Konzeption der Organisationslehre vertreten und alle Gebiete des Betriebsgeschehens von der technisch-administrativen Seite des Rechnungswesens angehen: Die gesamte Organisation eines Betriebes sieht er nur als eine Art Nebenprodukt des Rechnungswesens an. Demzufolge beschäftigt er sich zunächst auch ausschließlich mit Fragen des Rechnungswesens wie Buchhaltung, Bilanzen, Kontenplänen usw. Die Organisation der Fertigung sieht *Fechtner* daher auch nur unter dem Gesichtspunkt der Wirtschaftlichkeit. Diese sei von drei Faktoren abhängig: dem organisatorischen Faktor, wozu er den Arbeitsablauf zählt, dem technischen, der zur Problematik der Arbeitsverteilung führt, und dem konstruktiven, der sich auf die Fertigungsverfahren und Arbeitsarten bezieht.

Fechtner erkennt zwar die Probleme der Ablauforganisation, nimmt aber eine Trennung von Aufbau und Ablauf nicht vor. Dies erscheint bei seiner Vorgehensweise auch kaum möglich, da für ihn ja das Rechnungswesen den Ausgangspunkt seiner Überlegungen bildet.

An die theoretische, das Organisationsproblem konzeptualisierende Linie der 30er Jahre knüpft *Schnutenhaus* (1951) an. Für ihn steht der „Wirkungszusammenhang" im Mittelpunkt seiner Betrachtungen. Die gesamte „Organisationseinheit" besteht aus Einzel- (Personen, technische Arbeitsmittel, Raum) und Gemeinschaftsträgern (Gesamtleitung, Verwaltungsabteilungen) (*Schnutenhaus* 1951, S. 20). Die Personen als wichtigste Organisationseinzelträger sind in ihren Handlungen der Arbeitstechnik unterworfen. Auf diesen Punkt sieht *Schnutenhaus* die Organisationslehre zu stark konzentriert. Die Arbeitsgliederung und der Arbeitsablauf hätten Vorrang und unter Organisation werde in erster Linie Rationalisierung verstanden. So kann es seiner Meinung nach nicht Sinn des

Organisierens sein, „die Werkzeuge zu Höchstleistungen zu gestalten, sondern die Ergebnisse arbeitstechnischer Gestaltung im Wirkungszusammenhang der Organisationsträger sicherungsmäßig kontrollierbar zu machen" (*Schnutenhaus* 1951, S. 37). Deshalb sollte die Organisation nicht zur Verbesserung der arbeitstechnischen Voraussetzungen eingesetzt werden, sondern lediglich der Kontrolle der vorgegebenen Sollwerte zu den Istwerten und dem Aufdecken von Fehlern, etwa wegen falscher Koordination von Raum und Maschine bzw. Apparat und Person, dienen.

Die Gestaltung der Arbeitsgliederung und der Arbeitsabläufe wird nicht der Organisation, sondern der arbeitstechnischen Rationalisierung zugeordnet. Organisieren bedeutet Lenkung von Handlungen durch ein System von Regelungen.

Zusammenfassend erkennt *Schnutenhaus* die Organisationsaufgabe vor allem in der **Sicherstellung zielentsprechender kooperativer Handlungen**. Er formuliert dies wie folgt: „Die reine Zuordnung von Tätigkeiten und Mitteln ist also keine Organisationskunst und erfordert keine überdurchschnittliche Befähigung. Wohl aber ist es eine Kunst, nach erfolgter Zuordnung den Wirkungszusammenhang zu sichern und zwar dadurch, dass der natürliche logische Ablauf, der sich als einfacher arbeitstechnischer Ablauf darstellt, durch einen korrespondierenden organisationstechnischen Ablauf verbunden wird" (*Schnutenhaus* 1950, S. 17).

Neben den hier erwähnten Beispielen ließe sich noch eine Vielzahl von Veröffentlichungen aus diesem Zeitraum anführen. In Bezug auf eine Weiterentwicklung der Organisationslehre – speziell unter dem Aspekt des Prozesses bzw. Ablaufs – lassen diese aber keinen zusätzlichen Beitrag erkennen. Vielmehr muss man in der Beurteilung dieser Phase der Organisationslehre zu dem Schluss kommen, dass die meisten Autoren von der Annahme eines mehr oder weniger zwangsweise oder sachlogisch sich ergebenden Arbeitsablaufs ausgehen. Somit hat sich seit den wegweisenden Arbeiten von *Nordsieck* und *Hennig* in den dreißiger Jahren die prozessbezogene Betrachtungsweise in der Organisationslehre konzeptionell nur wenig weiterentwickelt.

Die Trennung von Aufbau und Ablauf hat sich in der weiteren Entwicklung verfestigt. Das hier aber vor allem thematisch interessierende Prinzip der Prozessgliederung *Nordsiecks* hat allerdings nicht die angemessene Verbreitung gefunden. Nur gelegentlich wird implizit auf dieses Gestaltungsprinzip verwiesen, wonach die Abteilungs- bzw. Stellenbildung sich unerlässlich am Arbeitsfluss und an der Funktionserfüllung sowie den dazu notwendigen Arbeitsmethoden und -verfahren zu orientieren habe (vgl. z. B. *Böhrs* 1958, S. 62; 1974, S. 179).

2.3 Kosiols Beitrag zur Ablauforganisation

Im Jahre 1962 erscheint eine Arbeit von *Kosiol,* die für die deutsche Organisationslehre von entscheidender Bedeutung ist. Deshalb soll im Weiteren auf diese eingegangen werden.

Auch *Kosiol* sieht die Betrachtung der Organisation unter dem Aspekt des Aufbaus und Ablaufs als sinnvoll an. Dabei definiert er die Aufbauorganisation als eine „strukturierende Gestaltung" mit Bezug auf „institutionelle Probleme und Bestandsphänomene" (*Kosiol* 1962, S. 32), insbesondere auf die Abteilungs- und Stellengliederung und die Instanzenordnung. Bei der Ablauforganisation dagegen handelt es sich um eine „integrative" oder „raumzeitliche Strukturierung der Arbeits- und Bewegungsvorgänge, insbesondere um ihre Rhythmisierung und Terminisierung" (*Kosiol* 1962, S. 32). Dass zwischen beiden Aspekten, dem Aufbau und dem Ablauf, für *Kosiol* ein enger Zusammenhang besteht, und es sich hierbei nur um zwei verschiedene Betrachtungsweisen des selben Phänomens, nämlich Organisation, handelt, lässt sich u. a. aus der gleichen Vorgehensweise bei der Behandlung der aufbau- und ablauforganisatorischen Gestaltungsprobleme erkennen. Bei beiden versucht *Kosiol* zunächst durch eine Analyse eine detaillierte Übersicht zu erlangen, um dann in der anschließenden Synthese die eigentliche Organisation zu gestalten.

Die Aufgabe, die er als Zielsetzung für zweckbezogenes, d. h. auf die Erfüllung der Marktaufgabe des Unternehmens ausgerichtetes menschliches Handeln ansieht, bildet den organisatorischen Zentralbegriff bei *Kosiol*. Durch die Analyse dieser Aufgabe gelangt er zu Teilaufgaben verschiedener Ordnung. Diese Ordnung wiederum wird bestimmt durch die Anzahl der durchgeführten Analyseschritte. Dabei bedient sich der Autor fünf verschiedener Gliederungsprinzipien, deren wichtigste **Verrichtung** und **Objekt** sind. Beide können mehrmals hintereinander angewendet werden und führen zu den bereits erwähnten Teilaufgaben unterschiedlicher Ordnung. Auf der gleichen Stufe der Analyse schließen sich beide Prinzipien gegenseitig aus. Eine Kombination ist zwar möglich, führt jedoch zu einer mehrdimensionalen Betrachtungsweise, die sich auf die Übersichtlichkeit eher nachteilig auswirkt. Die weiteren Gliederungsmerkmale sind der **Rang**, die **Phase** und die **Zweckbeziehung**. Da sich auch diese wiederum auf der gleichen Gliederungsstufe ausschließen, führt die Analyse zu fünf verschiedenen Gliederungsplänen oder, falls dennoch kombiniert, zu einer fünfdimensionalen Betrachtungsweise.

An die **Aufgabenanalyse**, die als eine vorgelagerte Tätigkeit für die eigentliche organisatorische Gestaltung angesehen werden muss, schließt sich die **Aufgabensynthese** an. Hierbei handelt es sich um das Problem der Vereinigung der analytisch generierten Teilaufgaben zu aufgaben- und arbeitsteiligen Einheiten, d. h. zu Stellen und Abteilungen. Die Synthese sieht *Kosiol* in einem fünffachen Zusammenhang. Im **Verteilungszusammenhang** werden die durch die Analyse gewonnenen Teilaufgaben Personen übertragen, um die Stellenaufgaben festzulegen und abzugrenzen. Im **Leitungszusammenhang** wird die Rangordnung der Stellen untereinander bestimmt. Im **Stabszusammenhang** schließlich werden unterstützende Aufgaben aus Leitungsaufgaben ausgegliedert. Diese drei Zusammenhänge ergeben ein Gliederungssystem, aus dem sich Abteilungs- und Stellengliederungspläne ableiten lassen. Der **Arbeits- bzw. Kommunikationszusammenhang** und dessen Sonderform, der **Kollegienzusammenhang**, ranken über die reinen Gliederungsbeziehungen hinweg und stehen, so *Kosiol* (1962, S. 78), in engem Konnex zur Ablauforganisation. Den Übergang von der Aufbau-

zur Ablauforganisation stellt der Schritt von der Aufgaben- zur Arbeitsanalyse bzw. von der Aufgaben- zur Arbeitssynthese dar.

Die **Arbeitsanalyse** gleicht in ihrer Vorgehensweise derjenigen der Aufgabenanalyse. Die Basis bilden hier die Teilaufgaben niedrigster Ordnung, d.h. die der letzten Gliederungsstufe der Aufgabenanalyse. Somit kann die Arbeitsanalyse als Verlängerung der Aufgabenanalyse angesehen werden (vgl. *Kosiol* 1962, S. 189). Die Grenze zwischen beiden ist aber individuell bestimmbar, da sie von der Zahl der Gliederungsstufen der Aufgabenanalyse abhängig ist. Auch bei der Arbeitsanalyse will *Kosiol* die gleichen Prinzipien – Verrichtung, Objekt, Rang, Phase und Zweckbestimmung – wie bei der Aufgabenanalyse anwenden. Hierdurch gelangt er zu Arbeitsteilen, wobei die Verrichtung als Gliederungsmerkmal im Vordergrund steht. Auch die Zahl der Gliederungsstufen bei der Arbeitsanalyse ist wiederum frei wählbar. Sie kann gegebenenfalls bis zu Ergonomie fortgeführt werden. Gestaltungsobjekt der Ablauforganisation ist aber in erster Linie die Arbeit, die von einer bestimmten Person geleistet werden kann. Da sich ein solcher Tätigkeitskomplex einer Person aus mehreren Arbeitsteilen zusammensetzt, handelt es sich hierbei um einen Arbeitsgang, den *Kosiol* als „eine bestimmte Verrichtung eines Arbeitssubjektes an einem bestimmten Arbeitsobjekt in einem zugehörigen räumlichen Wirkungsbereich" (*Kosiol* 1962, S. 197) definiert. Somit steht der reinen Arbeitsanalyse die **Arbeitsganganalyse** gegenüber, wobei jedoch hier zu beachten ist, dass ein Arbeitsgang bereits synthetisierende Überlegungen voraussetzt, da dieser sich aus mehreren Arbeitsteilen einer isolierten Teilaufgabe zusammensetzt.

An die Arbeitsanalyse bzw. die Arbeitsganganalyse schließt sich die **Arbeitssynthese** an, deren Ausgangspunkt die synthetischen Teilaufgaben niedrigster Ordnung (Elementaraufgaben) bzw. die analytischen Arbeitsteile letzter Ordnung sind. Die Arbeitssynthese erzeugt Arbeitsgänge für Aufgabenträger mit dem Ziel, die Durchlaufzeit der Arbeitsobjekte zu minimieren. Hierbei geht *Kosiol* nach drei Gesichtspunkten vor: der personalen, temporalen und lokalen Synthese.

In der **personalen** Synthese erfolgt die Bestimmung der Arbeitsgänge und ihre Verteilung auf Arbeitssubjekte. Dabei muss das allgemeine Leistungsvermögen eines Arbeitssubjektes berücksichtigt werden. Dies ist ausschlaggebend für die Festlegung des Arbeitspensums, das durch die Art der Verrichtung, die Arbeitsmittel und die Arbeitsmenge bestimmt wird.

Die **zeitliche** Festlegung der Arbeitsgänge unter Berücksichtigung ihrer Reihung, ihres Taktes und ihrer Rhythmenabstimmung bei der Minimierung der Lagerungszeiten ist die Aufgabe der temporalen Synthese.

Schließlich regelt noch die **lokale** Synthese die räumliche Anordnung und die Ausstattung der Arbeitsplätze und somit die Transportwege zwischen den Arbeitseinheiten.

Insgesamt gesehen unterscheidet *Kosiol* zwar zwischen der Aufbau- und Ablauforganisation, wichtiger scheint aber für ihn die Unterteilung in Analyse und Synthese zu sein. Zwischen Aufgaben- und Arbeitsanalyse versucht er durch die gleiche Vorgehensweise eine Verbindung herzustellen, trennt aber dann die

Aufgaben- von der Arbeitssynthese, obwohl er gerade diesen Teil als eigentliche organisatorische Tätigkeit ansieht und darauf verweist, dass der Arbeitsprozess lediglich gedanklich nach Aufbau und Ablauf zu trennen sei.

Mit den Arbeiten *Kosiols* kommt die sich zu Beginn der 30er Jahre abzeichnende Entwicklung einer analytischen Organisationsforschung zu einem vorläufigen Abschluss. Dabei legt *Kosiol* weniger konzeptionelle Grundlagen, sondern erweitert, perfektioniert und rundet die Ansätze ab, die bereits von *Nordsieck* und *Hennig* formuliert wurden. Zudem kommt ihm der Verdienst zu, für die Verbreitung organisatorischen Wissens erfolgreich gewirkt zu haben. Doch auch unter Berücksichtigung der Arbeit *Kosiols* unter dem Aspekt des Ablaufs bleibt die quantitative und auch qualitative Diskrepanz bei der Behandlung aufbau- und ablauforganisatorischer Fragen auffällig: Dem Aufbau wird die weitaus größere Bedeutung beigemessen.

Als Fazit bleibt festzuhalten, dass in dieser Phase der Entwicklung zwar organisatorische Prozesse als „Ablauforganisation" thematisiert werden, ihre ökonomische Bedeutung jedoch nur im Rahmen der Aufbauorganisation diskutiert wird.

Abgesehen von Untersuchungen, die sich mit Teilproblemen des Ablaufs befassen – wie beispielsweise die REFA-Studien und Arbeiten aus den Gebieten der Arbeitswissenschaft, Netzplantechnik, des Operations Research – werden ablauforganisatorische Fragen meist nur als Residuum des Aufbaus behandelt, wobei man sich häufig mit der Feststellung begnügt, dass es sich hierbei um die räumliche und zeitliche Koordinierung von Arbeitsprozessen handelt. Der Grund hierfür muss wohl in der Vorgehensweise gesucht werden, denn üblicherweise wird zunächst der Aufbau festgelegt, wodurch sich der Ablauf mehr oder weniger zwangsläufig ergeben soll.

In den folgenden Jahren erscheinen mehrere präzisierende Arbeiten von *Kosiol* (insbesondere 1969a, 1969b, 1980). Unter den Schülern *Kosiols,* die seine Überlegungen weiterverfolgen und auf seinen Theorien aufbauen, ist vor allem *Schweitzer* (1964) zu nennen, der sich speziell mit Problemen der Ablauforganisation befasst hat. *Schweitzer* greift dabei den Ansatz *Kosiols* auf und knüpft an die in dessen Arbeiten nur teilweise behandelten Probleme der temporalen Synthese an. Ziel seiner Arbeit ist die Ermittlung der optimalen Beschäftigung und Durchlaufzeit der Arbeitsobjekte. Dabei will er keine geschlossene Darstellung der Grundlagen der Ablauforganisation geben, sondern sich mit problematischen Einzelfragen beschäftigen.

Wie sehr das Prozesskonzept im Sinne ablauforganisatorischer Strukturierung durch das Korsett der Aufbauorganisation eingeengt ist, wird im Folgenden gezeigt.

2.4 Prozesskonzept: Ablauforganisation folgt Aufbauorganisation

Ablauforganisation ist als raumzeitliche Strukturierung derjenigen Arbeitsprozesse definiert, die zur Aufgabenerfüllung notwendig sind (vgl. *Kosiol* 1980, Sp. 1).

Ablauforganisation kann mithin als eine integrative Struktur einzelner Arbeitsprozesse verstanden werden, die auf Dauer angelegt ist.

Als Inhalte ablauforganisatorischer Strukturgestaltung nennt *Kosiol*

- die Bestimmung von Arbeitsgängen,
- deren Zusammenfassung zu Arbeitsgangfolgen,
- die Leistungsabstimmung,
- die Bestimmung der zeitlichen Belastung von Arbeitsträgern (Personen) und
- die Ermittlung der kürzesten Durchlaufwege.

Während die Ablauforganisation durch das Zusammenwirken von Arbeitsprozessen zwecks Aufgabenerfüllung entsteht, enthält die Aufbauorganisation Aufgaben in Gestalt von Zielsetzungen für zweckgerichtete menschliche Handlungen. Die Aufbauorganisation manifestiert sich in organisatorischen Zielsetzungen, die Ablauforganisation in der Zielerreichung. Arbeitsprozesse zur Zielerreichung bestehen in der Transformation materieller oder immaterieller Einsatzgüter zu Arbeitsergebnissen bzw. Leistungen. Die Aufgabenerfüllung verlangt notwendigerweise die Vorgabe von Sollzuständen im Rahmen der Aufgabenverteilung. Die Aufgabenverteilung als Ergebnis aufbauorganisatorischer Gestaltungsmaßnahmen setzt ein konsistentes und kompatibles Zielsystem voraus, das für alle organisatorischen Gestaltungsmaßnahmen funktional zur Erfüllung organisatorischer Zwecke und Ziele konzipiert wird.

Die begriffliche Trennung von Aufbau- und Ablauforganisation wird indessen nur als eine gedanklich-analytische verstanden, der kein Äquivalent realer Strukturierung gegenübersteht. Entscheidungen über Bestands- und Prozessstrukturen werden simultan und nicht sukzessiv vollzogen (vgl. *Kosiol* 1962, S. 188). Es handelt sich so gesehen um zwei unterschiedliche Betrachtungsmöglichkeiten eines Gestaltungsobjektes. Um den theoretischen Hintergrund dieser Differenzierung abschließend beurteilen zu können, muss zunächst auf das Analyse-Synthese-Konzept des Entwurfs von Aufgabenstrukturen eingegangen werden.

Dem aufbau- wie ablauforganisatorischen Gestaltungsvorgang geht die Aufgabenanalyse voran. Diese setzt an der betrieblichen Gesamtaufgabe (Unternehmenszweck) an und beinhaltet deren Zerlegung in neben- und nachgelagerte Teilaufgaben. Die Aufgabenanalyse zielt mithin auf Differenzierung in kleine und kleinste Aufgabenziele ab. Die Arbeitsanalyse als ablauforganisatorisches Äquivalent stellt dagegen auf die erfüllungsbezogenen Aspekte der gebildeten Teilaufgaben ab. Sie beschreibt demzufolge, analog den gebildeten Teilaufgaben, die durchzuführenden Aufgabeninhalte und kann deshalb auch als erfüllungsbezogene Aufgabenanalyse, die diese bezüglich des Arbeitsvorganges vertieft, bezeichnet werden.

Die Unterscheidung in Aufbau- und Ablauforganisation begründet sich durch die unterschiedlichen Merkmale einer Aufgabe, nämlich einmal aus ihrem Vorgabecharakter als Handlungsziel und zum anderen als Handlungsinhalt. Letzterer umfasst z. B. alle Regeln der Bearbeitung (vgl. *Hackman* 1969, S. 116 ff.). *Kosiol* schlägt als Gliederungsprinzipien analog der Aufgabenanalyse (vgl. Abbildung 2.1) die Kriterien Phase, Rang, Zweckbeziehung, Objekt und Verrichtung zur Durchführung der Arbeitsanalyse vor:

- Die Differenzierung nach dem Phasenprinzip besteht darin, dass die einem Arbeitssubjekt übertragene Arbeitsaufgabe in analytische Arbeitsteile der
  - Planung,
  - Durchführung,
  - Kontrolle

  aufgelöst wird.
- Die Anwendung des Rangprinzips besteht in der Differenzierung der Arbeitsteile in Entscheidungs- und Ausführungsvorgänge.
- Die Differenzierung nach dem Zweckprinzip beinhaltet Zerlegung nach Verwaltungs- und Zweckarbeiten (z. B. füllt ein Dreher Arbeits- und Auftragspapiere neben seinen eigentlichen Tätigkeiten aus).
- Das Objektprinzip enthält Untergliederungen nach den Arbeitsobjekten, an denen sich die Verrichtungen vollziehen.
- Die Differenzierung nach dem Verrichtungsprinzip besteht in der Zerlegung von Erfüllungsinhalten nach Verrichtungsarten.

Da *Kosiol* jedoch die Arbeitsanalyse nur für Teilaufgaben niedrigster Ordnung, d. h. für solche auf der untersten Ebene der aus der Gesamtaufgabe aufgelösten

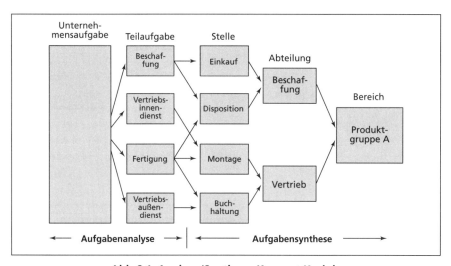

Abb. 2.1: Analyse/Synthese-Konzept Kosiols

Aufgabenhierarchie vorsieht, stellt er die Analyseprinzipien Objekt und Verrichtung einschließlich der Sachmittel in den Vordergrund.

Die Arbeitsanalyse besteht in der sukzessiven Zerlegung von Aufgabeninhalten nach Objekten (Produkte, Aufträge, Vorgänge) oder nach Verrichtungen (Fakturieren, Buchen, Prüfen), wobei Arbeitsvorgänge höherer Ordnung schrittweise in Elementarverrichtungen zu zerlegen sind.

Folgt man diesem gedanklichen Konzept der vororganisatorischen Aufgabenanalyse, so erhält die Ablauforganisation erst dann ihre entscheidende Ausprägung, wenn der sukzessive Zerlegungsprozess von Aufgabenzielen die Analysestufe erreicht hat, die den Übergang zur Arbeitsanalyse markiert.

Gesetzt den Fall es gelänge, Aufgaben bzw. Aufgabenziele konsistent und kompatibel, d. h. in vertikaler Hinsicht als Zweck-Mittel-Beziehung und in horizontaler Hinsicht komplementär zueinander, zu zerlegen und zu operationalisieren, dann besteht die eigentliche organisatorische Gestaltungsaufgabe in der Synthese der analytischen Teilaufgaben zu Stellen, Abteilungen und schließlich zur gesamten Aufbaustruktur der Organisation.

Die Aufgabensynthese im aufbauorganisatorischen Kontext orientiert sich hierbei wiederum an den genannten Gliederungskriterien. Sind die Teilaufgaben zu Stellenaufgaben zusammengefasst, so folgt der Aufgabensynthese die Arbeitssynthese (vgl. Abbildung 2.2). Die Arbeitssynthese setzt also dann ein, wenn die Stellenzahl und Aufgabenziele der Stellen erzeugt worden sind. Festzulegen ist demzufolge im Rahmen der Arbeitssynthese, welche Erfüllungsinhalte den Stellen zuzuordnen sind. Die Zusammenfassung der analytisch gewonnenen Arbeitsteile erfolgt nach personellen, zeitlichen und räumlichen Kriterien.

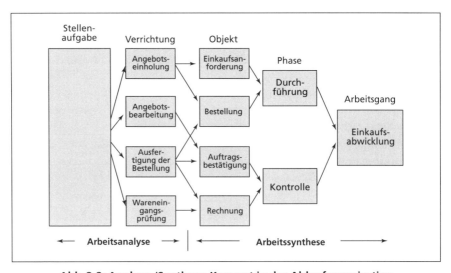

Abb. 2.2: Analyse /Synthese-Konzept in der Ablauforganisation

2.4.1 Personale Synthese (Arbeitsverteilung)

Die Bildung und Abstimmung von Aufgabeninhalten (personale Arbeitssynthese) orientiert sich an unbestimmten Stelleninhabern. Durch die Zuordnung von Arbeitselementen zu einzelnen Stellen wird die Erfüllung der übergeordneten Aufgabenziele arbeitsteilig organisiert. Einem fiktiven Stelleninhaber werden jeweils Tätigkeiten höherer Ordnung zur Bearbeitung zugewiesen. Die Arbeitselemente sind also auf einzelne Stellen so zu verteilen und zuzuordnen, dass ein Stelleninhaber die zugewiesene Abfolge von Tätigkeiten in einem Arbeitsgang vollziehen kann. Mit der Arbeitssynthese, der Kombination der Arbeitselemente und deren Zuordnung auf Stellen, wird folglich auch die Arbeitsteilung festgelegt.

Die Vollzugsdauer eines Arbeitsganges bestimmt sich nach der Zahl der eingesetzten Stellen bzw. dem Grad der Arbeitsteilung. Wird nun als Ziel die Minimierung der Durchlaufzeit eines Arbeitsobjektes oder die minimale Bearbeitungszeit der abzuwickelnden Vorgänge angestrebt, dann bestimmt die optimale Bearbeitungsdauer auch die (optimale) Stellenzahl und damit den Grad der Arbeitsteilung, sofern die Stellen voll ausgelastet sind und das Auftragsvolumen gegeben ist. Es besteht mithin ein unmittelbarer Zusammenhang zwischen Erfüllungsinhalten, Stellenzahl (Arbeitsteilung) sowie realisiertem Auftragsvolumen.

Zur personalen Synthese zählt schließlich auch die Arbeitsplatzbesetzung, d. h. die Ausstattung der gebildeten Stellen mit Personal. Dabei ist das tatsächliche Leistungsvermögen der konkreten Stelleninhaber mit den Anforderungen der Stellen abzustimmen. Abweichungen zwischen dem geforderten und wirklichen Leistungsvermögen sind in dieser Phase noch korrigierbar.

Die Arbeitsplatzbesetzung wirft also folgende Entscheidungsprobleme auf:

- Auswahl des Arbeitssubjektes (Welche Person ist bei gegebenen Arbeitsmitteln und Aufgabeninhalten geeignet, die Stelle unter Einhaltung der geforderten Arbeitsmenge zu übernehmen?)
- Entscheidungen über das Arbeitsmittel (Welches Arbeitsmittel ist bei gegebenem Leistungsvermögen und gegebener Arbeitsmenge unter voller Auslastung am zweckmäßigsten einzusetzen?)
- Entscheidungen über die Arbeitsmenge (Mit welcher Objektmenge ist ein bestimmter Arbeitsträger unter normalen Bedingungen ohne Überlastung über längere Zeit zu beschäftigen?).

2.4.2 Temporale Synthese (Arbeitsvereinigung)

Die temporale Arbeitssynthese stellt auf Bildung und Abstimmung von Arbeitsgängen unter zeitlichen Aspekten ab. Im Vordergrund steht daher die Ermittlung optimaler Durchlaufzeiten der Arbeitsobjekte, die durch zeitliche Koordination der Leistungen der eingesetzten Arbeitsträger herbeizuführen sind. Die Leistungsabstimmung der Stellen untereinander erfolgt unter Berücksichtigung

- der geplanten Arbeitsmenge,
- des Leistungsvermögens der Arbeitssubjekte,
- der eingesetzten Arbeitsmittel und
- dem Grad der Arbeitsteilung.

Die temporale Leistungsabstimmung umfasst insbesondere auch das Problem der Abstimmung verschiedener aufeinander aufbauender Arbeitsgänge und deren Zusammenfassung zu Arbeitsgangfolgen.

Die einzelnen stellenbezogenen Arbeitsgänge können dann als synchron (abgestimmt) gelten, wenn sie jeweils die gleichen Durchschnittsleistungen und in zeitlicher Hinsicht den gleichen Takt aufweisen. Für diesen Fall kann unterstellt werden, dass Zwischenlager (organisatorisch bedingte Lager) minimal sind. Bei administrativen Bearbeitungsprozessen (z. B. Auftragsabwicklung) sind Wartezeiten zwischen den Bearbeitungsstationen entsprechend zu minimieren.

Voraussetzung für zeitliche Abstimmung ist die **Arbeitsganganalyse**. In der Regel können die analytisch erzeugten Arbeitselemente nicht beliebig kombiniert werden, sondern unterliegen einer raumzeitlich vorgegebenen Ordnung, die bei der Stellenbildung zu berücksichtigen ist. Die reine Arbeitsanalyse erfasst allerdings nicht die raumzeitlichen Erfüllungsbedingungen, die einen integrierten Arbeitsvollzug über mehrere Stellen hinweg gewährleisten.

Die synthetisierten Arbeitsgänge ordnen die analytisch erzeugten Arbeitselemente nach den Erfüllungsbedingungen des Arbeitsvollzugs, wobei die Gliederungstiefe der reinen Arbeitsanalyse und die der Arbeitsganganalyse sich entsprechen müssen. Die Strukturierung des Arbeitsganges selbst vollzieht sich nach den genannten Gliederungsprinzipien.

Ein Arbeitsgang ist ein Arbeitsteil höherer Ordnung, der von einem Arbeitssubjekt an einem Arbeitsobjekt vollzogen wird. Er bildet den Ansatzpunkt für die Leistungsabstimmung. *Kosiol* (1962, S. 218) definiert die Leistung (L) als Quotient aus Arbeitsmenge (x) und Zeit (t)

$$L = \frac{x}{t}.$$

Die Arbeitsmenge ist als Anzahl gleichartiger Arbeitsgänge definiert, die das Arbeitssubjekt in einem Zeitabschnitt durchführt.

Die Leistungsmessung vollzieht sich wie folgt:

Die erbrachte Leistungsmenge x eines Arbeitssubjektes sei definiert als

$$x = \sum_{i=1}^{n} x_i \, ,$$

wobei die Arbeitsmenge eines Arbeitsganges a am Objekt i (i = 1,…, n) mit x_i bezeichnet wird.

Für die beanspruchte Zeit gelte analog

$$t = \sum_{i=1}^{n} t_i \, ;$$

t umfasst dabei die für sämtliche Arbeitsobjekte i beanspruchte Zeit.

Die Durchschnittsleistung L eines Arbeitssubjektes wird wiederum durch den Quotienten bestimmt:

$$L = \frac{x}{t} = \frac{\sum_{i=1}^{n} x_i}{\sum_{i=1}^{n} t_i} = tg\alpha \qquad (i = 1, \ldots, n).$$

mit

x_i: Zahl der Arbeitsobjekte i

t_i: Zeitbedarf pro Arbeitsobjekt i

α: Steigungswinkel der Taktgeraden

L: Durchschnittsleistung.

Definition von Gangfolgen

Der Arbeitsgang bleibt inhaltlich stets gleich. Eine Gangfolge ist hierbei eine Folge verschiedener Arbeitsgänge am selben Objekt. Handelt es sich zudem um verschiedenartige Objekte, dann kann sich die Wiederholung auf verschiedene Verrichtungsfolgen an unterschiedlichen Objekten erstrecken:

- **Objektgleiche Gangfolgen:** An einem Objekt (Kundenauftrag) werden z. B. Verrichtungsfolgen a, b, c, d vorgenommen, wobei a: Anfrage bearbeiten, b: Vertrag freigeben, c: Auftrag eingeben, d: Auftrag disponieren.

  Wiederholt sich zudem das Arbeitsobjekt, so entsteht eine Sequenz von Gangfolgen an unterschiedlichen Arbeitsobjekten. Das ist z. B. der Fall, wenn mehrere Kundenaufträge nacheinander bearbeitet werden. Typisches Beispiel ist eine Fertigungsstraße mit n unterschiedlichen Verrichtungen, auf der eine Serie von m Objekten hergestellt wird.

- **Verrichtungsgleiche Gangfolgen:** Eine gegebene Verrichtungsfolge v wird an verschiedenen Objekten i wiederholt:

  v_i, mit $i = 1,2,\ldots,n$

  d. h. verschiedene Objekte, z. B. vom Typ 1,2,3, werden nacheinander in einer Gangfolge bearbeitet.

  Wechseln neben dem Objekt auch die Verrichtungen, so gilt

  v_i (v = a, b, c, d) $\qquad i = 1,2,\ldots,n$

  d. h. die Verrichtungsfolgen a, b, c werden zuerst am Objekt vom Typ 1, dann vom Typ 2 usw. vollzogen.

Bestimmung von Gangfolgen

Gleichartige Objekte, an denen gleichartige Verrichtungen vollzogen werden, sind durch den Laufindex i (i = 1, 2, 3, . . .) gekennzeichnet; die Symbole a, b, c, seien unterschiedliche Arbeitsgänge, die an den Objekten i vollzogen werden:

a ist somit eine Folge von gleichen Verrichtungen und Objekten.

Kosiol stellt die Gangfolgen a, b in Anlehnung an *Nordsieck* graphisch gemäß Abbildung 2.3 dar.

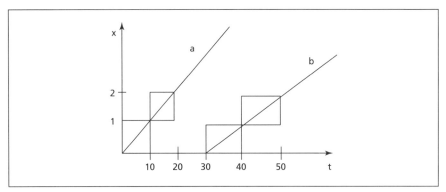

Abb. 2.3: Taktgerade mit „isotaktischen" Gangfolgen (Quelle: *Kosiol* 1962, S. 221)

Die Leistungsgeraden L geben die Mengen x pro Zeiteinheit t (Durchschnittsleistung) der Gangfolgen a und b an. Auf den Stellen a bzw. b werden jeweils unterschiedliche Mengen der Objekte vom Typ i bearbeitet, wobei sich der Arbeitsgang a_i auf dieser Stelle mit jedem Objekt i wiederholt. Zwischen die Tätigkeitszeiten t_i schieben sich Ruhezeiten bzw. ablauf- und störungsbedingte Wartezeiten.

In den Gangfolgen a_i können Sequenzen von Arbeitsgangfolgen zu Takten zusammengefasst werden. Mit Hilfe dieser Taktrhythmen lässt sich die Durchschnittsleistung ermitteln, indem die Anzahl der während des Gleichtaktes ausgeführten Arbeitsgänge (Objekte) durch die gebrauchten Zeiteinheiten dividiert wird. Die Taktgerade x_a errechnet sich, wenn z. B. zwei Objekte zu einem Takt zusammengefasst werden als

$$x_a = \frac{\sum_{i=1}^{2} x_i}{\sum_{i=1}^{2} t_i}$$

Dieses Verfahren der Leistungsmessung gilt jedoch nur, wenn die Taktfolge unbegrenzt ist. Die Leistungsgerade für b_i weist eine geringere Durchschnittsleistung als a_i auf, was sich an dem geringeren Neigungswinkel erkennen lässt.

Abstimmung von Gangfolgen

Zwei Gangfolgen sind aufeinander abgestimmt, wenn ihre Durchschnittsleistungen gleich sind, d. h. die Taktgeraden parallel verlaufen. Parallelität wird durch Drehung der Geraden um den Schnittpunkt mit der Zeitachse erreicht. Bei konstanten Verrichtungszeiten bedeutet dies notwendigerweise eine Veränderung der Arbeitspausen.

Haben die Taktgeraden bereits den minimalen Durchschnittstakt, dann weist die Gerade mit der geringsten Steigung die Engpassfolge auf, an die sämtliche Geraden anzupassen sind. Bei den nicht betroffenen Arbeitsgangfolgen sind zusätzliche Arbeitspausen einzuführen. Im vorliegenden Beispiel bedeutet dieses eine Senkung der Geraden a durch Erhöhung der Bearbeitungszeiten t bzw. Verlängerung der Arbeitspausen:

$$tg\alpha = L_a \; auf \; tg\alpha = L_b.$$

Für die Rhythmenabstimmung gilt:

$$\frac{x_a}{t_a} = \frac{x_b}{t_b} = \dots = \frac{x_z}{t_z} = L_a = \dots = L_z \; (= Durchschnittsleistung).$$

Das Abstimmungsproblem tritt immer dann auf, wenn das einzelne Arbeitsobjekt i, das die Gangfolge a_i bereits durchlaufen hat, in der Gangfolge b_i weiter bearbeitet (z. B. montiert) wird.

Sind beide Gangfolgen aufeinander abgestimmt, dann können diese in ein neues Arbeitsobjekt zusammengeführt werden:

Die Taktabstimmung lässt sich durch Korrektur des Steigungsmaßes mit einer Verhältniszahl p für den Zusammenbau korrigieren. Für die Durchschnittsleistung L' gilt

$$L' = \frac{px}{t} = \frac{px}{\Sigma t_i} = p \cdot L. \qquad i = 1, 2, \dots, n$$

Für die Leistungsabstimmung zweier Taktfolgen ergibt sich im einfachsten Fall für die Verrichtungen a, b, c

$$\frac{x_a}{t_a} = p_b \cdot \frac{x_b}{t_b} = p_c \cdot \frac{x_c}{t_c}$$

$$L_a = p_b \cdot L_b = p_c \cdot L_c.$$

Zeitliche Verschiebung von Gangfolgen

Abbildung 2.4 läßt erkennen, dass jedes in der Gangfolge a_i bearbeitete Objekt auf den nächsten Arbeitsgang der Folge b_i warten muss.

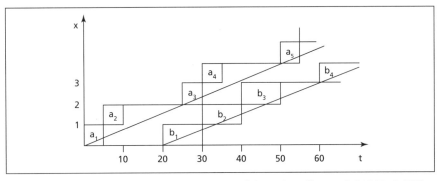

Abb. 2.4: Abgestimmte „isotaktische" Gangfolgen (Quelle: *Kosiol* 1962, S. 227)

Objekt 1 : 15 Min.

Objekt 2 : 20 Min.

Objekt 3 : 9 Min.

Objekt 4 : 24 Min.

Die Abstimmung der Gangfolgen macht die Lagerung der Objekte zwischen den Gangfolgen erforderlich, die nicht die Engpassverrichtungsfolge, d. h. diejenige mit der geringsten Leistungsintensität, ist.

Kosiol fordert nun, die Leistungsabstimmung so vorzunehmen, dass diese organisatorisch bedingte Lagerzeit minimiert wird. Hierzu ist die Gerade b_i parallel in Richtung Nullpunkt zu verschieben. Dadurch wird eine „prozessuale Straffung" erreicht, die allerdings durch „vorübergehende Improvisationen" und „laufende Dispositionen" (*Kosiol* 1962, S. 234) zu ergänzen ist.

2.4.3 Lokale Synthese (Raumgestaltung)

Die Zielsetzung minimaler Durchlaufzeiten betrifft schließlich die Anordnung der Bearbeitungsstationen (Arbeitsplätze). Ihre räumliche Anordnung ist maßgebend für die Länge der Transportwege der Arbeitsobjekte. Die Minimierung der Transportwege trägt unmittelbar zur Minimierung der Bearbeitungsdauer der Arbeitsobjekte bei.

Die räumliche Arbeitssynthese von Arbeitselementen spricht besondere betriebswirtschaftliche Problembereiche an, z. B. solche der Standortplanung, der Materialwirtschaft oder der Transportwirtschaft. Neben logistischen Problemen besitzt die räumliche Synthese vor allem auch durch die damit verbundenen Interaktions- und Kooperationsmöglichkeiten organisatorische Relevanz. Flexible Fertigungsinseln sind damit ebenso angesprochen wie Arbeitsteams zur administrativen Sachbearbeitung (z. B. Kreditbearbeitungsteams in Banken, Schadensbearbeitungsteams in Versicherungen, Auftragsbearbeitungsteams im Anlagenbau).

Fazit

Allen drei Strukturprinzipien (personale, zeitliche und räumliche Synthese) ist in der traditionellen Ablauforganisation das Ziel der Minimierung der Bearbeitungszeiten gemeinsam. Dieses Ziel muss jedoch vielfach relativiert werden. Eine wesentliche Einflussgröße für die absolute Bearbeitungsdauer von multipersonalen Arbeitsvollzügen ist der Grad der Arbeitsteilung.

Mithin ist zusammenzufassen: Das „prozessorientierte Organisationskonzept" leitet sich aus der klassischen Ablauf- und Aufbauorganisation ab. Ablauforganisation beinhaltet die Gestaltung der Arbeitsprozesse innerhalb **gegebener** Stellenaufgaben, die im Zuge der aufbauorganisatorischen Gestaltungsmaßnahmen entstanden sind. Der einer Stelle damit zugewiesene Arbeitsgang ist in einer Wertschöpfungskette mit Arbeitsgängen vor- und nachgelagerter Stellen verknüpft. „Prozessoptimierung" bedeutet danach vertikale, ggf. auch horizontale Abstimmung von Arbeitsgängen in mengenmäßiger und zeitlicher Hinsicht innerhalb einer gegebenen aufbaustrukturellen Logik.

2.5 Prozesskonzept: Aufbauorganisation folgt Ablauforganisation

Prozesskonzept einer weitergehenden prozessorientierten Organisationsgestaltung „befreit" den ablauforganisatorischen Konstruktionsvorgang von der Prämisse gegebener Stellenaufgaben. Das bedeutet, dass Arbeitsgänge und Arbeitsgangfolgen unabhängig von dem aufbauorganisatorischen Kontext zu entwerfen und Stellen erst auf der Basis integrierter Verrichtungskomplexe zu bilden sind. Anstelle der Logik „Ablauforganisation folgt Aufbauorganisation" gilt nun: „Aufbauorganisation folgt Ablauforganisation".

2.5.1 Konstruktion von Prozessstrukturen

Die Konzeption der traditionellen Ablauforganisation setzt unter anderem voraus, dass es sich bei der Leistungserstellung um Objekte homogener Art handelt. Im Produktionsbereich liegt dies bei der Fließfertigung vor. Abstrahiert man aber von materiellen Leistungserstellungsprozessen, dann gibt es Ablaufprobleme in jedweder Dienstleistungsproduktion. Hier ist häufig jedoch die Frage nicht mehr eindeutig zu beantworten, ob es sich um Wiederholungen eines gleichartigen Vorgangs oder um jeweils unterschiedlich zu bearbeitende Arbeitsobjekte handelt.

Im Folgenden werden grundsätzlich der **Routine** zugänglichen, hinsichtlich der Arbeitsteilung und der Arbeitsinhalte generell regelbare Bearbeitungsvorgänge thematisiert, wie sie etwa bei der Bearbeitung von Kreditanträgen einer Bank, der Abwicklung von Einkaufs- oder Verkaufsvorgängen, der Bearbeitung von Steuererklärungen in Finanzämtern, der Ausarbeitung, der Prüfung, dem Abschluss und der Ausstellung von Versicherungspolicen, der Durchführung von Forschungs- und Entwicklungsaufträgen u. a. m. auftritt. Wesentlich ist, dass diese Vorgänge arbeitsteilig organisiert und einzelne Stationen im Prozessablauf bestimmten Aufgaben zugewiesen werden können. In aller Regel spielt hier die Reihenfolge der Auftragsbearbeitung nur eine untergeordnete Rolle, da oft die Reihenfolge des Eintreffens der Aufträge maßgeblich ist. Werden Aufträge nach bestimmten Prioritäten (etwa nach der Dringlichkeit) bevorzugt, dann führt dies nicht notwendigerweise zu verlängerten Durchlaufzeiten.

Davon zu unterscheiden ist die Durchführung einmaliger Projekte, die auch arbeitsteilig angelegt sind und die in ihrem Zeitbedarf und ihrer inhaltlichen Komplexität die betreffenden Arbeitsstationen unterschiedlich belasten. Es handelt sich hierbei um Projekt- und nicht um Prozessorganisation. Vielmehr soll es sich um Tätigkeiten mit einem gewissen Wiederholungscharakter handeln, die prozessorganisatorischen Gestaltungsüberlegungen unterzogen werden können.

Im Folgenden wird jedoch zunächst im Sinne der Prämissen der traditionellen fertigungsorientierten Ablaufplanung davon ausgegangen, dass die aufbauorganisatorischen Bedingungen gegeben sind. Diese können bei routinisierbaren Prozessen darin bestehen, dass entweder die Anzahl der eingesetzten Stellen bzw. Arbeitsstationen oder die durchschnittliche Bearbeitungszeit pro Auftrag und Stelle gegeben ist:

- Die **Stellenbildung** ist abgeschlossen und die Zahl der zur Auftragsabwicklung verfügbaren Stellen ist somit gegeben. Dieser Ansatz entspricht der traditionellen Konzeption von Aufbau- und Ablauforganisation, da hierbei nur zu entscheiden ist, welche Stelle welche Tätigkeit bei der Auftragsabwicklung zu übernehmen hat.

- Der **Aufgabenkoeffizient** (durchschnittliche Bearbeitungszeit pro Auftrag und Stelle) bzw. die **Leistungsintensität** ist aus Kapazitäts- und Bedarfsbedingungen abgeleitet und gegeben. Zu entscheiden ist dann über die Stellenbildung bzw. Stellenzahl.

Die Bearbeitungssituation soll durch folgende Bedingungen beschrieben werden:

- Jeder Auftrag durchläuft die Stellen (Bearbeitungsstationen) in einer festgelegten Bearbeitungsfolge (Stückprozess). Die einzelnen Aufträge oder Arbeitsobjekte können nicht gleichzeitig an mehreren Stellen bearbeitet werden.

- Jedes Arbeitsobjekt setzt sich aus mehreren Prozesselementen zusammen; die Bearbeitungszeit ergibt sich aus der Summe der Elementzeiten. Jedes Prozesselement wird pro Auftrag nur einmal durchgeführt.

- Die Bearbeitungszeit je Prozesselement ist gegeben und bekannt. Sie ist unabhängig von vorausgehenden und nachfolgenden Arbeitselementen. Die Menge der Prozesselemente, die einer Stelle zugewiesen werden, ist für die betreffende Auftragsart bzw. für alle Aufträge gleich.

- Jede Stelle muss die ihr übertragenen Prozesselemente (Prozesssegmente) innerhalb einer vorgegebenen Bearbeitungszeit bzw. Leistungsintensität durchführen.

Mit der Bedingung einer vorgegebenen Bearbeitungszeit wurde ein Kriterium eingeführt, dass üblicherweise bei Fließfertigung den Zeitzwang angibt, dem die gereihten Arbeitsstationen bei Durchführung der ihnen zugeordneten Arbeitsaufgaben ausgesetzt sind. Im Sinne der Übertragbarkeit prozessualer Gestaltungsprobleme auf administrative Prozesse, muss auf die durchschnittliche Leistungsintensität als Vorgabezeit verzichtet werden. Die Bearbeitungszeit pro Stelle soll vielmehr als heuristische Planungskennzahl interpretiert werden, mit deren Hilfe die Prozesselemente auf Stellen zu verteilen sind. Sie dient einerseits der Leistungskapazitätsmessung, andererseits der Abstimmung des Zeitbedarfs der Arbeitsstationen (Stellen). Dabei wird versucht, die eingesetzten Stellen möglichst gleichmäßig auszulasten bzw. Wartezeiten auf einzelnen Stellen zu vermeiden.

Aus der Beziehung

$$X = \frac{T}{c}.$$

mit

X: Menge der zu bearbeitenden Aufträge

T: Tagesarbeitszeit (480 ZE)

c: vorzugebender Zeitbedarf pro Stelle und Bearbeitungsobjekt bzw. Kehrwert der Leistungsintensität. Die Kennzahl lässt bei gegebener (gewünschter) Leistungsmenge auf die Leistungsintensität pro Stelle bzw. auf die Prozessmenge schließen. Sie ist definiert als Anzahl der Bearbeitungsvorgänge, „cases".

Die **Größe c** bedarf näherer Erläuterung. Sie gibt den **durchschnittlichen Zeitbedarf an, der auf einer der beteiligten Stellen anfallen darf**, um einen Auftrag anteilig zu erfüllen. Die Größe c ist somit definitionsgemäß für alle Stellen gleich. Ihre Dimension Zeiteinheit/Mengeneinheit entspricht indessen nicht derjenigen der Leistungsintensität. Diese ist allgemein definiert als 1/c. Ihre Dimension ist daher Menge/Zeiteinheit. Im Folgenden soll c als „Prozesskoeffizient" bezeichnet werden, da er den durchschnittlichen Zeitbedarf für die Prozessmenge pro Stelle (Kapazität) abbildet.

Werden zur Durchführung eines Auftrages **N Stellen** eingesetzt, die nacheinander die Abwicklung des Arbeitsprozesses vollziehen, dann beträgt bei gleichmäßiger Auslastung der Stellen die Durchlaufzeit eines Arbeitsobjektes $N \cdot c$ [ZE], wenn X Objekte im Zeitraum T bearbeitet werden sollen. In diesem Fall entspricht die Durchlaufzeit des Auftrages der Summe der Bearbeitungszeiten für die durchzuführenden Prozesselemente i (i = 1, ..., n):

$$N \cdot c = \sum_{i=1}^{n} t_i.$$

Weichen die Auslastungsgrade der Stellen voneinander ab und liegt an einzelnen Stellen Unterbeschäftigung vor, so bestimmt sich die gesamte Wartezeit W als

$$W = N \cdot c - \sum_{i=1}^{n} t_i.$$

Kennzeichnet man schließlich die Menge der Prozesselemente, die an einer Stelle j (j = 1, ..., m) zu bearbeiten ist, mit M_j, dann gilt für die Wartezeit (w) auf der Stelle j:

$$w_j = c - \sum_{i \in M_j} t_i.$$

bzw. für die gesamte Wartezeit des Prozesses

$$W = \sum_{j=1}^{m} (c - \sum_{i \in M_j} t_i) \quad \text{für m = N.}$$

Sowohl die Minimierung von W als auch von $N \cdot c$ kann zur Abstimmung der auf die einzelnen Stellen zuzuordnenden Prozesselemente benutzt werden.

Die Zuordnung der Prozesselemente i auf die j Stellen muss, um zeitlich unterschiedliche Beanspruchungen der Stellen zu vermeiden, dem durchschnittlichen Prozesskoeffizienten genügen:

$$\sum_{i \in M_j} t_i \leq c. \quad j = 1,\dots,m.$$

Schließlich ist die Reihenfolge der Bearbeitungsschritte am Arbeitsobjekt einzuhalten. Die einzelnen Prozesselemente unterliegen **Vorrangbeziehungen** dergestalt, dass das Prozesselement i als Vorgänger von k vollzogen sein muss, bevor das Prozesselement k bearbeitet werden kann.

Die Struktur einer solchen Reihenfolge kann technologisch oder aufgrund von Zweckmäßigkeitsüberlegungen bedingt sein. Im Rahmen der Abwicklung eines Einkaufsprozesses erscheint es beispielsweise unsinnig, die Rechnungsprüfung zeitlich vor der Wareneingangsprüfung durchzuführen.

Die Reihenfolge- bzw. Vorrangbeziehungen lassen sich anschaulich mittels Vorranggraphen bzw. Vorrangmatrizen darstellen. Im Vorranggraph kennzeichnen die Knoten die auszuführenden Tätigkeiten i; die Kanten zwischen zwei aufeinander folgenden Knoten geben ihre Bearbeitungsreihenfolge an.

Ein Vorgang soll sich z.B. aus sechs Tätigkeiten zusammensetzen. Ihre Beziehungen sind im Vorranggraph (Abbildung 2.5) abgebildet.

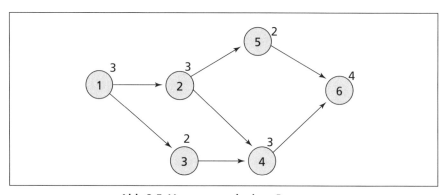

Abb. 2.5: Vorranggraph eines Prozesses

2.5.2 Prozessstrukturierung bei gegebener Stellenzahl bzw. Leistungsintensität

Bisher wurden Prämissen und Instrumente des Prozessstrukturierungsproblems insoweit dargelegt, als eine zwingend einzuhaltende Tätigkeitsfolge bei der Abwicklung einer gegebenen Anzahl von Vorgängen (cases) unterstellt wurde. Neben diesen Bedingungen wurde als Abstimmungsinstrument der Prozesskoeffizient bzw. die Leistungsintensität eingeführt, mit deren Hilfe der Zeitbedarf für die Abwicklung eines Auftrages gleichmäßig auf die einzusetzenden Stellen verteilt werden soll. Als Ziele der auf Stellen zu verteilenden Prozesselemente werden üblicherweise die Minimierung der Bearbeitungsdauer pro Auftrag bzw. der Wartezeit der eingesetzten Stellen in Betracht gezogen.

Neben diesen Zielkriterien könnten weitere Ziele in Ansatz gebracht werden. Um sie insgesamt zu klassifizieren, kann von zwei Merkmalen ausgegangen werden (vgl. *Küpper* 1982, S. 33 ff.):

- erwünschte Eigenschaften der zu bildenden Stellen;
- erwünschte Eigenschaften der zu bearbeitenden Aufträge.

Zu diesen zählen im wesentlichen Zeit-, Erfolgs- und Qualitätskriterien sowie individuelle und soziale Größen.

Das Gestaltungsproblem besteht zunächst darin, die im Vorranggraphen enthaltenen Tätigkeiten so auf eine gegebene Stellenzahl zu verteilen, dass die Summe der Leerzeiten der Stellen minimal ist. Die Arbeitsverteilung mit den geringsten Abstimmungsverlusten (Wartezeiten) ist erreicht, wenn sich die tatsächliche Bearbeitungszeit pro Auftrag und Stelle dem minimalen Prozesskoeffizienten unter Berücksichtigung der gegebenen Stellenzahl annähert.

In der Regel wird diese Fragestellung nur dann praktische Relevanz besitzen, wenn es sich um Restrukturierung von Prozessabläufen handelt, die unter der Prämisse einer gegebenen Personalausstattung zu vollziehen sind. Der minimale Wert des Prozesskoeffizienten (durchschnittliche Bearbeitungszeit pro Auftrag und Stelle) c^{min} bestimmt sich generell, d. h. unabhängig von der gegebenen Stellenzahl, durch das Prozesselement, das die längste Bearbeitungsdauer aufweist:

$$c^{min} \geq \max\{t_i \mid i = 1, ..., n\}.$$

Der minimale Prozesskoeffizient c^{min} unter Vorgabe der Stellenzahl N lautet daher

$$c^{min} = \sum_{i=1}^{n} t_i \: / \: N.$$

Umgekehrt errechnet sich für ein gegebenes c die minimale Stellenzahl N^{min}

$$N^{min} = \sum_{i=1}^{n} t_i \: / c.$$

Ausgehend von dem oben dargestellten Vorranggraphen und einer Ausstattung mit drei Stellen bestimmt sich der minimale Prozesskoeffizient als

$$c^{min} = 17/3 = 6 \: [ZE].$$

Bei minimaler Bearbeitungszeit pro Auftrag und Stelle von 6 ZE ergibt sich die theoretisch minimale Stellenzahl

$$N^{min} = [17/6] = 3 \: [Stellen].$$

Der Quotient aus Bearbeitungszeitraum und Stellenzahl muss dabei zur nächsten ganzen Zahl aufgerundet werden, da andernfalls eine mögliche Verteilung der tatsächlichen Bearbeitungszeiten auf die verfügbaren Stellen über die errechnete durchschnittliche Bearbeitungszeit c logisch auszuschließen ist.

Die Beziehungen zeigen deutlich, dass unabhängig von der realen Problemstellung einer gegebenen Stellenzahl oder einer gegebenen Leistungsintensität das Verteilungsproblem identisch gestaltet werden kann. Ist z. B. die Stellenzahl gegeben, dann kann daraus die entsprechende durchschnittliche minimale Bearbeitungszeit/Stelle errechnet und diese als gegebene Größe angesetzt werden. Führt das Verfahren der Verteilung der Prozesselemente entsprechend den Vorrangsbeziehungen und „gegebenen" Prozesskoeffizienten nicht zu einer zulässigen Lösung, dann muss das Verteilungsverfahren bei einer erhöhten Bearbeitungszeit wiederholt werden.

Sind beispielsweise für das obige Problem 3 Stellen vorgegeben, dann lässt sich daraus der Prozesskoeffizient von 6 ZE pro Stelle als weitere Verteilungsprämisse ableiten. Erweist sich jedoch, dass die Elemente des Vorranggraphen unter dieser Bedingung nicht auf die 3 Stellen verteilbar sind, so muss ein weiterer Verteilungsversuch bei einer Bearbeitungszeit von 7 ZE pro Stelle unternommen werden.

Unter den Bedingungen der gegebenen Stellenzahl und der errechneten minimalen Bearbeitungszeit pro Stelle kann nun die Zuordnung von Prozess- bzw. Tätigkeitselementen auf Bearbeitungsstationen (Stellen) erfolgen. Hierzu sind entsprechend dem Vorranggraphen die möglichen Bearbeitungsreihenfolgen hinsichtlich ihres Zeitbedarfs auf den eingesetzten Stellen zu überprüfen. Sodann werden die Prozesselemente in der jeweiligen Reihenfolge bis zur errechneten durchschnittlichen Bearbeitungszeit den Stationen schrittweise zugeordnet. Abschließend wird dann die Reihenfolge mit der geringsten Leerzeit ausgewählt.

Der Vorranggraph erlaubt im vorliegenden Beispiel die alternativen Bearbeitungsreihenfolgen

(1-2-3-4-5-6); (1-3-2-4-5-6); (1-2-3-5-4-6); (1-3-2-5-4-6).

Unter der Bedingung des Einsatzes von drei Stellen und einem rechnerisch minimalen Aufgabenkoeffizienten von 6 [ZE] ergibt die Enumeration zulässiger Kombinationen folgende Lösungen (vgl. Abbildung 2.6).

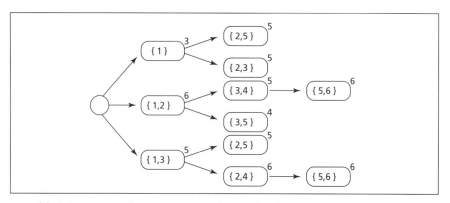

Abb. 2.6: Enumeration von Prozesselementkombinationen auf drei Stellen

Die hochgestellten Zahlen an den Prozesselementkombinationen geben jeweils deren Bearbeitungszeitsumme der betreffenden Stelle an.

Hierbei werden Prozessalternativen, die bereits im Aufbau zu schlechten bzw. bezüglich der gegebenen Stellenzahl zu unzulässigen Lösungen führen, nicht mehr vollständig enumeriert.

Die Verrichtungsfolgen (1-2-3-4-5-6) und (1-3-2-4-5-6) weisen eine Wartezeitzeit von 1 ZE auf; den vorgegebenen drei Stellen werden dabei folgende Aufgaben zugewiesen:

Stelle	Prozesssegmente	Zeitbedarf	Wartezeit
1	{1,2} bzw. {1,3}	6 bzw. 5	0 bzw. 1
2	{3,4} bzw.{2,4}	5 bzw. 6	1 bzw. 0
3	{5,6}	6	

Für die Zuordnung von Stellen und Prozesselementen wird eine Vielzahl von Algorithmen bzw. Prioritätsregeln vorgeschlagen, auf die an dieser Stelle nicht eingegangen werden soll (vgl. hierzu *Gaitanides* 1983, S. 100).

Der Ansatz in der vorliegenden Form wird schließlich zwei spezifischen Eigenschaften von Verwaltungsprozessen nicht gerecht. Diese sind oftmals, wie auch gelegentlich Produktionsprozesse, parallel organisiert, d. h. objektorientiert dezentralisiert. Das bedeutet, dass die Stellen **nicht** immer in der Folge der Auftragsabwicklung **sequentiell** angeordnet sind, sondern differenziert nach bestimmten Auftragsmerkmalen (z. B. Kundengruppen, Auftragskomplexität) unterschiedliche Aufträge **parallel** bearbeiten. Diese Struktur ist im vorliegenden Ansatz einfach sequentieller Prozessorganisation ausgeschlossen.

Nicht berücksichtigt wird ferner, dass es sich im Fall von administrativen Prozessen zwar um formal gleichartige Bearbeitungsobjekte handelt, diese inhaltlich jedoch unterschiedlich komplex ausfallen können. Einzelne Stellen sind in der Regel mit fest vorgegebenen Bearbeitungskompetenzen bezüglich der zu realisierenden Arbeitselemente ausgestattet, ihre Durchführung beansprucht aber nicht immer den gleichen Zeitbedarf. Die Bearbeitungszeiten streuen daher um einen Mittelwert, so dass die Elementzeiten nur als Mittelwert zu erfassen sind.

2.5.3 Prozessstrukturierung bei parallelen Bearbeitungsfolgen

Stellenbildung und -abstimmung wurden bislang so vollzogen, dass ein gegebenes Leistungsvolumen auf eine begrenzte Anzahl von Stellen zu verteilen war. Dabei wurde ausgeschlossen, dass einzelne Stellen einen inhaltlich gleichen Verrichtungskomplex parallel bearbeiten. Parallele Prozessabwicklung kann indes sowohl in Verwaltungs- als auch in Fertigungsprozessen beobachtet werden. Die Verteilung der Aufträge auf die alternativen Bearbeitungskapazitäten kann zufällig oder objektorientiert erfolgen. Letzteres beinhaltet meist eine Differenzierung nach Produkt- oder Kundengruppen. Die Verteilung der Leistungserstellung auf mehrere Prozesssysteme und die damit einhergehende Dezentralisierung von Bearbeitungsprozessen wirkt sich in jedem Fall auf den

Tätigkeitsspielraum, gegebenenfalls auch auf den Entscheidungsspielraum der Stelleninhaber aus.

Die Generierung alternativer Prozesssysteme besteht darin, dass Stellenzahl und Aufgabenkoeffizient c innerhalb bestimmter Grenzen variieren können. Beide Größen werden also in Abhängigkeit voneinander als Gestaltungsvariable behandelt. Die Bearbeitungs- bzw. Durchlaufzeitminimierung kann demnach nur unter Berücksichtigung der einzusetzenden Stellenzahl als relevante Zielsetzung erfolgen. Ferner ist zu berücksichtigen, dass jede zulässige Kombination aus durchschnittlicher Bearbeitungszeit und Stellenzahl auch unterschiedliche ausbringungsmengenunabhängige Fixkosten (z. B. Personalkosten) verursacht. Da beispielsweise a priori nicht festgestellt werden kann, ob ein Prozesssystem auf der Basis von 4 oder 5 Stellen mit den entsprechenden durchschnittlichen Bearbeitungszeiten effizienter ist, müssen im gegenseitigen Vergleich die Kosten der zusätzlichen Stelle erfasst werden.

Der Grundgedanke des Verfahrens besteht darin, gezielt **alternative Kombinationen von Aufgabenkoeffizienten und Stellenzahlen** hinsichtlich ihrer ökonomischen Effizienz zu vergleichen. Die Menge dieser Kombinationen lässt sich entweder aus dem Intervall der möglichen bzw. zulässigen Stellenzahl

$$N^{min} \leq N \leq N^{max}$$

oder dem Bearbeitungszeitintervall

$$c^{min} \leq c \leq c^{max}$$

bestimmen.

Geht man von dem Prozesskoeffizienten als Determinante aus, dann können mehrere relevante Grenzbedingungen formuliert werden. Für die minimale durchschnittliche Bearbeitungszeit pro Stelle gilt beispielsweise

$$c \geq \frac{T}{x^0}$$

mit T als verfügbare Arbeitszeit in ZE (z. B. Tagesarbeitszeit, Quartale, Manntage)

x^0 als erwarteter maximaler Auftragsanfall (z. B. Vorgänge, Cases, Auftragsmenge).

Der Aufgabenkoeffizient ist aber auch, wie bereits gezeigt, nach unten durch das Prozesselement mit der maximalen Bearbeitungszeit begrenzt:

$$c > max[t_i] \quad i = 1,...,n.$$

Schließlich wird die minimale durchschnittliche Bearbeitungszeit dadurch festgelegt, dass sämtliche Prozesselemente auf die N_{max} Stellen zumindest theoretisch aufteilbar sein müssen.

Aus der Bedingung $\sum_{i=1}^{n} t_i \leq N \cdot c$ folgt:

$$c \geq \frac{\sum_{i=1}^{n} t_i}{N_{max}}.$$

Die untere Grenze c^u der Bearbeitungszeit (minimal mögliche Bearbeitungszeit) pro Auftrag und Stelle lässt sich aus derjenigen dieser drei Restriktionen ermitteln, die den maximalen Aufgabenkoeffizienten aufweist, falls keine dieser Bedingungen verletzt werden darf.

Die theoretisch maximale Bearbeitungszeit pro Stelle wird zum einen durch den Auftragsanfall x^u determiniert, der in jedem Fall erwartet werden kann:

$$c \leq \left[\frac{T}{x^u}\right]^-.$$

Dabei stellt [ ]- die dem Quotienten entsprechende bzw. die nächst abgerundete ganze Zahl dar, sofern die Prozesselemente ganzzahlige Elementzahlen aufweisen sollen.

Als weitere Determinante kann gegebenenfalls gefordert werden, mindestens zwei Stellen einzusetzen. Dies wird durch Begrenzung des maximalen Aufgabenkoeffizienten auf eine Bearbeitungszeit erreicht, die mindestens um eine Zeiteinheit kleiner ist als die Bearbeitungszeitsumme:

$$c \leq \sum_{i=1}^{n} t_i - 1.$$

Die Obergrenze des Prozesskoeffizienten c^0 ergibt sich mithin aus dem Minimum dieser beiden Restriktionen.

Die Kapazitäten der alternativ zu generierenden Prozesssysteme brauchen nicht notwendigerweise auf eine gegebene Leistungsmenge hin ausgelegt zu werden, vielmehr sind alternative Prozesssysteme entsprechend den geplanten Vorgangsmengen der einzelnen Vorgangsarten maßgeschneidert zu dimensionieren und zu kombinieren.

Bildung alternativer Prozesssysteme

Im einfachsten Fall lässt sich die Untergrenze c^{min} der zu planenden Bearbeitungszeit pro Stelle c durch den Knoten im Vorranggraphen definieren, der die maximale Bearbeitungszeit aufweist. Die Obergrenze des Aufgabenkoeffizienten c^{max} bestimmt sich aus der Bearbeitungszeitsumme des Vorranggraphen:

$$c^{min} = \max\{t_i\} < c_z < \sum_{i=1}^{n} t_i = c^{max}.$$

Analog der einfachen Abstimmung lassen sich für dieses Intervall folgende Prozesssysteme z in Gestalt von (c_z, m_z)-Kombinationen ableiten:

Z (Prozesssysteme)	c_z (ZE)	m_z (Stellen)
1	4	5
2	5	4
3	6	3
4	9	2
5	17	1

Im ersten Fall (z=1) wird der Vorgang mit 5 Stellen und einer durchschnittlichen Bearbeitungszeit von 4 Zeiteinheiten, im letzten Fall (z=5) von einer Stelle mit einer Bearbeitungszeit von 17 Zeiteinheiten durchgeführt.

Die **Bewertung** dieser alternativen Prozesssysteme kann nun mittels Mengen- oder Wertgrößen erfolgen, wobei speziell bei administrativen Prozessen eine Beschränkung auf Mengen- oder Zeitgrößen geboten erscheint. Zur Bewertung soll beispielhaft die Leistungsgröße $\frac{T}{c_z}$ herangezogen werden. Die einzelnen Prozesssysteme unterscheiden sich offensichtlich durch ihre Kapazität. Um eine gegebene Prozessmenge zu realisieren, kommen unterschiedliche Kombinationen von Prozesssystemen in Frage. Beispielsweise kann eine Leistung von 100 Aufträgen durch das System z = 1 realisiert werden, ebenso wie durch die fünfmalige, parallele Realisierung von z = 5 oder entsprechender Kombination von z = 3 und z = 4.

Grundsätzlich kann eine gegebene Leistungsmenge X durch unterschiedliche Prozesssysteme erzeugt werden, wobei gilt:

$$X = \frac{T}{c} = \sum_{z \in Z_s} \frac{T}{c_z}$$

mit Z_s als Indexmenge derjenigen (c_z, m_z)-Kombinationen, deren Summe die geforderte Leistungsmenge zu erstellen in der Lage ist. Z_s kennzeichnet eine Kombination von Prozesssystemen, die aus einzelnen Prozesssystemen mit jeweils unterschiedlicher Struktur und Kapazität (Stellenzahl, Bearbeitungszeit pro Stelle) zusammengesetzt sein können.

Dabei wird sofort offenkundig, dass die einzelnen Prozesssysteme aufgrund ihrer unterschiedlichen Eigenschaften nicht vergleichbar sind.

Bewertung von alternativen Prozesssystemen

Um die alternativen Prozesssystemkombinationen vergleichbar zu machen, ist es notwendig, von einer zu erbringenden Leistung bzw. durchschnittlichen Bearbeitungszeit pro Stelle auszugehen. Zur Bildung der gesuchten Kombinationen bieten sich Enumerationsverfahren an (vgl. *Gaitanides* 1983, S. 126 ff.).

Folgende Prozessstrukturkombinationen sind beispielsweise denkbar, wenn die Prozessmenge an abzuwickelnden Aufträgen mindestens 100 Einheiten innerhalb der betrachteten Periode beträgt.

Prozesssystem-Kombinationen		Anzahl der Vorgänge
s	Z_s	$\sum_{z \in Z_s} \frac{T}{c_z}$
1	{1}	120
2	{2,5}	124
3	{3,5}	108
4	{4,4}	106
5	{5,5,5,5}	113

Der Vergleich der alternativen Prozesssysteme zeigt, dass der Prozess s = 1 (5 Stellen; 4 ZE Vorgangszeit/Stelle) keineswegs immer die optimale Struktur darstellt. Setzen sich die fixen Stellenkosten vornehmlich aus Personalkosten zusammen, dann erscheint das Prozesssystem s = 3 mit den Systemen {3,5} optimal, sofern nicht mehr als zwei parallele Bearbeitungssysteme z. B. aus technischen oder räumlichen Gründen installiert sind. Je geringer die Arbeitsteilung und je ausgeprägter die Mengenteilung eines Prozesssystems, umso kürzer ist die Bearbeitungsdauer bzw. Durchlaufzeit des Prozesses. Im Wesentlichen ist dies auf die Abstimmungsverluste bei sequentieller Arbeitsteilung zurückzuführen. Die Abbildung 2.7 verdeutlicht, dass das sequentielle System 1 insgesamt 20 Zeiteinheiten, das parallele System 5 dagegen nur 17 Zeiteinheiten Durchlaufzeit pro Auftrag benötigt.

Prozesssystem	Stellenstruktur	Wartezeit [ZE]	Leistungen in Vorgängen	Durchlaufzeit [ZE]
Z_1 {1} 4 Stellen 5 ZE Ø Bearbeitungszeit	1-3 2-5 4 6	3	80	20
Z_2 {4,4} 4 Stellen 9 ZE Ø Bearbeitungszeit	1-2-3 1-2-3 4-5-6 4-5-6	2	106	18
Z_5 {5,5,5,5} 4 Stellen 17 ZE Ø Bearbeitungszeit	1-2-3-4-5-6 1-2-3-4-5-6 1-2-3-4-5-6 1-2-3-4-5-6	0	113	17

Abb. 2.7: Alternative Prozesssystemkombinationen bei gegebenen Prozesselementen

Die ökonomischen Vorteile der parallelen Prozessstrukturierung mögen im deterministischen Fall vordergründig unwesentlich erscheinen. Sie sind jedoch notwendige Voraussetzung für Dezentralisierungsüberlegungen. Ferner ergeben sich beachtliche Alternativen bei paralleler Prozessstrukturierung hinsichtlich der Tätigkeits- und gegebenenfalls auch der Entscheidungsspielräume der Stelleninhaber. Die Erweiterung der Aufgabeninhalte je Stelle mit zunehmender Dezentralisierung der Prozessorganisation wird an der Zahl der Prozesselemente je Stelle deutlich.

Die einzelnen Aufgaben innerhalb der alternativen Prozesssystemkombinationen unterscheiden sich durch ihre Anzahl an Prozesselementen. Jede Kombination bedingt einen spezifischen **qualitativen Personalbedarf**. An die potentiellen Stelleninhaber werden jeweils unterschiedliche Anforderungen hinsichtlich

Belastung und Beanspruchung gestellt. Durch gezielten personenorientierten Aufbau von Prozessstrukturen können Über- oder Unterforderungen vermieden werden. Die Parallelisierung von Prozessabläufen eröffnet die Möglichkeit, die Stellenanforderungen den Fähigkeiten und Fertigkeiten der Stelleninhaber anzupassen.

3

Das Prozesskonzept des Business Process Reengineering (BPR)

Inhaltsverzeichnis

Kaum ein Thema hat jemals eine derartige Veröffentlichungswelle ausgelöst wie das Business Process Reengineering. Allein von *Michael Hammers* und *James Champys* Buch „Reengineering the Corporation" wurden seit 1993 mehr als 3 Millionen Exemplare verkauft. Im Gefolge dieses Titels erschien im populärwissenschaftlichen Bücher-Marktsegment eine Flut weiterer Veröffentlichungen, die das Thema in unterschiedlichen Variationen präsentierten. Dies gilt für den angelsächsischen ebenso wie für den deutschen Büchermarkt. Auch in der Praxis erlebte das „Reengineering" dank der in Fallstudien berichteten Einsparerfolge bemerkenswerte Resonanz, obwohl immer wieder berichtet wird, dass nur ein geringer Teil der Reengineering-Projekte erfolgreich abgeschlossen wurde.

Die bemerkenswerte Resonanz des Konzepts ist nicht zuletzt auf die Forderung nach grundlegender, radikaler Neugestaltung des Unternehmens mit dem Ziel der Verbesserung um Größenordnungen zurückzuführen, ohne die ein Unternehmen den Herausforderungen des Wettbewerbs nicht gewachsen sei. Die Definition des Business Reengineering lautet: „Fundamentales Überdenken und **radikales Redesign** von **Unternehmensprozessen.** Das Resultat sind Verbesserungen um **Größenordnungen** in entscheidenden, heute wichtigen und messbaren Leistungsgrößen" (*Hammer/Stanton* 1995, S. 19).

Ansatz und Vorgehen eines BPR-Projekts sollen an dem Beispiel der IBM Credit Corporation demonstriert werden. Die Kreditvergabe der Bank war nach einzelnen Arbeitsschritten funktional organisiert. Der Kreditantrag wanderte durch die Abteilungen Kundenbetreuung, Kreditabteilung, Rechtsabteilung etc. und in Schleifen wieder zurück. An jeder Abteilungsgrenze reiht sich der Vorgang in eine Warteschlage ein. Jede Schnittstelle verursacht neue Rüst- und Einarbeitungszeiten und bietet zudem neue Fehlermöglichkeiten, die aus der Übergabe des Vorgangs von einem zum anderen Sachbearbeiter resultieren. Schließlich bildet die Schnittstelle eine Quelle organisatorischer Unverantwortlichkeit (vgl. auch *Osterloh/Frost* 2006, S. 20). Die Situation vor der Reorganisation zeigt folgenden sequentiellen Arbeitsfluss (Abbildung 3.1).

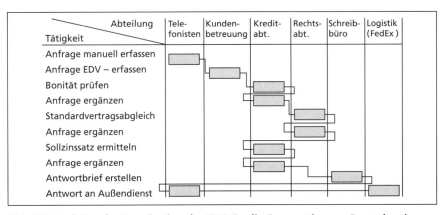

Abb. 3.1: Funktionale Organisation der IBM-Credit-Corporation vor Restrukturierung

Eine Analyse der Durchlaufzeit des Kreditantrags ergab, dass die Transport-
und Wartezeiten in keinem Verhältnis zur reinen Bearbeitungszeit standen (vgl.
Abbildung 3.2).

**Abb. 3.2: Analyse der Durchlaufzeiten: Auftragszeit versus Transport
und Wartezeit**

Die prozessorientierte Reorganisation besteht im Wesentlichen darin, dass die
ehedem arbeitsteiligen Tätigkeiten in einem Geschäftsprozess integriert und
einem Prozessteam übertragen werden, die den Vorgang ganzheitlich und
schnittstellenfrei bearbeiten. Dieses Team ist in der Lage, die meisten Vorgänge
(80/20-Regel) selbständig zu bearbeiten. Es verfügt über alle Informationen, die
zur Bearbeitung des Vorganges notwendig sind, die vorher nur den betreffenden Spezialisten zugänglich waren. Lediglich besonders komplexe Fälle, die
sich einer standardisierten Bearbeitung entziehen, werden in einem speziellen
Prozess unter Hinzuziehung von Experten bearbeitet (Abbildung 3.3).

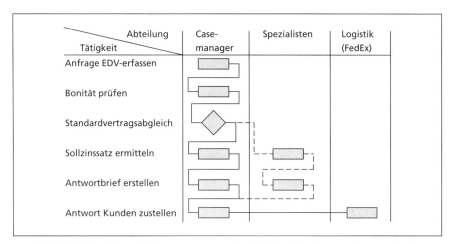

**Abb. 3.3: Kreditbearbeitungsprozess der IBM-Credit-Corporation nach der
Restrukturierung**

Die Integration und die schnittstellenfreie bzw. -reduzierte Kreditbearbeitung beschleunigen die Durchlaufzeit allein durch die Verkürzung der Transport- und Wartezeiten. Fehlerquellen werden beseitigt, die Verantwortung wird auf das Prozess-(Case-) Team übertragen. Die reine Bearbeitungszeit des Kreditantrages verändert sich nicht. Die Beschleunigung der Durchlaufzeit wird nicht durch eine Erhöhung der Arbeitsintensität erzielt (Abbildung 3.4).

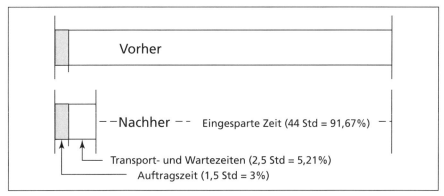

Abb. 3.4: Durchlaufzeit des Kreditantrages nach der Restrukturierung

Basiselemente des Prozesskonzeptes im Business Reengineering

Die Arbeiten zum Thema Business Process Reengineering weisen einige konzeptionelle Gemeinsamkeiten auf, die in nahezu allen Arbeiten anzutreffen sind.

Das fraglos wichtigste Fundament des BPR ist das **Prozesskonzept.** Ein Unternehmensprozess ist ein „Bündel von Aktivitäten, für das ein oder mehrere unterschiedliche Inputs benötigt werden und das für den Kunden ein Ergebnis von Wert erzeugt." (*Hammer/Champy* 1994, S. 52). Es beinhaltet die Ablösung von funktionalen Organisationsprinzipien durch eine konsequente Konzentration auf bereichsübergreifende Geschäftsprozesse. Für das Unternehmen wird die prozessorientierte Unternehmensorganisation zum bestimmenden Merkmal. Sie besteht in der Auflösung fragmentierter Verantwortung und der Relativierung von unternehmensinternen und -externen Grenzen. Unternehmen differenzieren sich durch ihre Prozessfähigkeiten (vgl. Abbildung 3.5). Organisatorisches Lernen und organisatorisches Redesign müssen daher ebenfalls als Prozesse organisiert werden.

Ein entsprechendes organisatorisches Design hat den Einsatz von **Prozessteams** zur Folge, deren Mitglieder nicht Vertreter von Fachabteilungen sind, sondern diese ersetzen sollen. Sie führen einen vollständigen Unternehmensprozess durch. Ein Prozessteam ist also eine Einheit, die sich auf ganz „natürliche Weise" aus der Durchführung eines kompletten Unternehmensprozesses ergibt. Schnittstellen zwischen Bearbeitungsschritten sollen so entfallen und Abstimmungsaufwand reduziert werden. Ziel ist es, zwischen Beschaffungs- und Absatzmarkt möglichst durchgängige Prozesse ohne Schnittstelle zu schaffen.

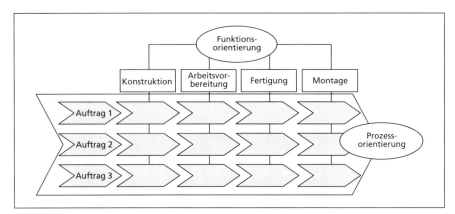

Abb. 3.5: Unterschied zwischen einer funktions- und prozessorientierten Organisationsstruktur

Grundidee ist danach ein 90°-Shift der Organisation (vgl. Abbildung 3.6). Geschäftsprozesse, die in der funktionalen Organisation quer zu den vertikal angelegten verrichtungsorientierten Abteilungen verlaufen, werden nun zum Gliederungsprinzip, das den Fluss von Material, Informationen, Operationen oder Entscheidungen abbildet. An Stelle der Gestaltungsfolge „process follows structure" gilt nun „structure follows process".

Ein zweites wesentliches Element ist die **Kundenorientierung:** „Kunden übernehmen das Kommando" (*Hammer/Champy* 1994, S. 30). Interne wie externe Prozesse werden an ihren Leistungen für Kunden beurteilt, ihre Wertschöpfung am Kundennutzen gemessen. Benchmarking und Outsourcingentscheidungen von Prozessen orientieren sich an dem Kriterium „Kundennutzen". Kunden

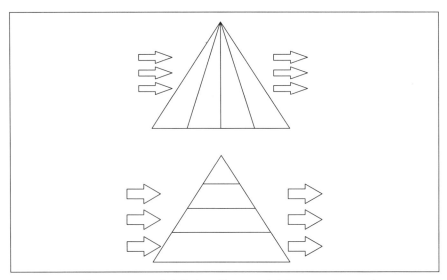

Abb. 3.6: 90-Grad Shift (Quelle: Osterloh/Frost 2006, S. 32)

nehmen nur die Produkte und Dienstleistungen eines Unternehmens wahr, die Ergebnis von Prozessen sind, nicht jedoch Führungsphilosophien oder Organisationsstrukturen (vgl. *Hammer* 1996, S. 28). Prozessmanagement bedeutet auch zwischen Kundenanforderungen und der Befriedigung von Kundenbedürfnissen einerseits und den damit verbundenen Prozesskosten andererseits abzuwägen.

Die „kundenorientierte" (*Osterloh/Frost* 2006, S. 29) oder „vorgangsorientierte" (*Frese/v. Werder* 1992, Sp. 387) **Rundumbearbeitung** erfolgt durch Teams. Prozess- oder Case-Teams sollen Vorgänge ganzheitlich und integrativ bearbeiten, um die Servicequalität des Prozesses zu verbessern und Durchlaufzeiten zu verringern. Entsprechend der Komplexität des Bearbeitungsvorganges einzelner Objekte bzw. Objektgruppen lassen sich Prozesse nach Produkt-, Kunden- und Lieferantengruppen segmentieren (vgl. Abbildung 3.7). Kernstück des Organisationskonzepts ist die Zusammenfassung der betreffenden Aktivitäten in einem Bereich, die sodann einem Mitarbeiter, dem **Case Worker** oder **Case Manager** verantwortlich übertragen werden. *Hammer/Champy* (1994, S. 53) beschreiben deren Rolle am Beispiel des Deal Structurer bei der IBM Credit, der den gesamten Prozess der Angebotserstellung betreut. Der Case Manager ist für bereichsübergreifende Abstimmungsprozesse verantwortlich und verhindert auf diese Weise, dass Bereichsspezialisten eigene Abteilungsziele verfolgen (vgl. *Theuvsen* 1996, S. 71; *Davenport/Nohria* 1995, S. 82 f.; *Striening* 1988, S. 164 ff.). Da sich die Verantwortung der Case Worker auf den Gesamtprozess erstreckt, müssen Vereinbarungen über Leistungsziele, Leistungsbeurteilungen und Anreize entsprechend umfassend angelegt sein.

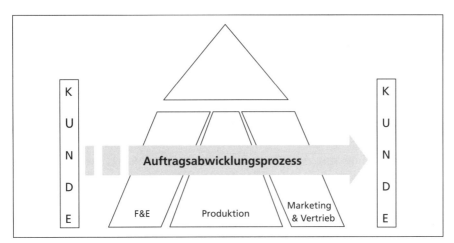

**Abb. 3.7: Kundenorientierte Rundumbearbeitung
(Quelle: *Osterloh/Frost* 2006, S. 34)**

Kundenorientierung und integrierte Rundumbearbeitung setzen voraus, dass Mitarbeiter ausreichende Handlungsspielräume besitzen und befähigt werden, nutzenstiftende Initiativen zu entfalten (**Empowerment**) (vgl. *Champy* 1995, S. 131). Die Übertragung eines Geschäftsprozesses auf die Ebene der **Case**

Worker und **Case Teams** setzt eine entsprechende Delegation von Entscheidungskompetenzen und Verringerung der hierarchischen Kontrolle voraus. Horizontale Autonomie im Sinne der Reintegration von Arbeitsprozessen und der Beendigung der funktionalen Zersplitterung von Geschäftsprozessen bedarf einer Ergänzung durch vertikale Autonomie im Sinne einheitlicher und unmittelbarer Verantwortung für den Geschäftsprozess (vgl. *Theuvsen* 1996, S. 69).

Die Idee des Empowerment ist um das Konzept einer prozessorientierten Motivation zu ergänzen. Der Geschäftsprozess wird zum Anknüpfungspunkt für die Gewährung von Belohnungen (vgl. *Theuvsen* 1996, S. 71). Sie fördert die Einsicht in den Kontext der eigenen Tätigkeit und erleichtert so die Abschätzung der Folgen des eigenen Handelns im Gesamtzusammenhang. Der leistungsorientierten Entlohnung als Folge der Übertragung von Prozessverantwortung kommt in der Geschäftsprozessorganisation daher ein herausragender Stellenwert zu. Das Prozessergebnis wird zur Grundlage der Entlohnung (vgl. *Hammer* 1997, S. 77): Im Prozess der Auftragsabwicklung wird sich die Vergütung danach richten, ob die Aufträge präzise, pünktlich und kostengünstig ausgeführt wurden, im Prozess der Produktentwicklung danach, ob die neuen Produkte zeitgerecht eingeführt und vom Kunden angenommen werden, im Serviceprozess danach, ob Kundenprobleme rasch und ohne Reklamation gelöst werden.

Vom Case Manager ist der **Prozessverantwortliche**, **Prozessmanager** oder **Process Owner** zu unterscheiden. Während der Case Manager die operative Verantwortung trägt, übernimmt der Prozesseigner die Verantwortung für das Prozessdesign, -gestaltung und -aktualisierung, sowie für Wissensvermittlung und Schulung der Case Worker hinsichtlich Aufgabenstruktur, Arbeitsablauf und Kooperation (vgl. *Hammer* 1997, S. 97). Ebenso ist er für die Prozessdokumentation und „Messarchitektur" zur Überprüfung der Prozessleistung zuständig.

Ein weiterer gemeinsamer Baustein wird in der **Informationstechnologie** gesehen. Kundenorientierung und Rundumbearbeitung verlangen dezentralen Datenzugriff. Informationstechnologie wird daher als „Enabler" begriffen. Die IT ermögliche es erst, integrierte Geschäftsprozesse neu zu entwickeln. Als Träger des Reengineering-Prozesses komme ihr daher besondere Bedeutung beim innovativen Entwurf und bei der effizienten technischen Umsetzung von Geschäftsprozessen zu.

Während die Literatur sich diesen Elementen ausnahmslos und einhellig anschließt, werden im Zuge präzisierender Ausführungen sehr unterschiedliche Schwerpunkte gesetzt.

3.1 Prozessorganisation im Reengineeringkonzept

Einigkeit herrscht darüber, dass es sich bei Prozessen um ein Organisationskonzept handelt, das „funktionsübergreifend" angelegt ist. Eine erste Definition gibt *Davenport* (1993, S. 5). Ein Prozess ist eine zeitlich und räumlich spezifisch strukturierte Menge von Aktivitäten mit einem Anfang und einem Ende sowie klar definierten Inputs und Outputs. Zusammenfassend: „A structure for action". Diese lapidare Definition taucht in dieser oder abgewandelter Form in nahezu allen Arbeiten zum Thema Business Process Reegineering wieder auf. Die Black Box zwischen wohl definiertem Anfang und Ende des Prozesses wird allerdings nicht geöffnet. So fordern *Hammer/Champy* (1994, S. 85): „… der natürliche Arbeitsablauf tritt an die Stelle einer künstlich auferlegten Linearität". Der Strukturierungsgrad der Aktivitäten sowie ihre Anordnung stößt auf weniger Interesse. Es geht um das **„Prozessverstehen"**, nicht um das „Analysieren" (*Hammer/Champy* 1994, S. 167). *Krickl* (1994, S. 20) schränkt daher auch den Anspruch von Davenport ein und spricht von „strukturierbaren" und „messbaren" Vorgängen. Die propagierten Prozessauffassungen orientieren sich dennoch durchgehend an dem *Davenport*-Zitat von 1993, auch wenn jeweils sprachliche Nuancen hervorgebracht werden.

Ein wenig Licht in die Definitionsunschärfe bringt *Hammer* (1997, S. 21), wenn er Prozesse als Gruppen „verwandter Aufgaben, die zusammen für den Kunden ein Ergebnis von Wert ergeben" definiert. Kundennutzen entsteht nicht durch die Einzelaktivitäten einzelner Vorgänge oder einzelner Aktivitäten, sondern durch das Bündeln von Teilleistungen, die in ihrer Ganzheit eine nutzenstiftende Funktion mit identifizierbarem Wert für den Kunden erhalten. Prozesse sind „Tätigkeitsfolgen, die Kundenwert schaffen" (*Nippa/Picot* 1996, S. 14).

Je näher die Arbeiten dem Informations- und Datenverarbeitungsbereich stehen, desto mehr wird auch die Binnenstrukturierung von Prozessen thematisiert. Gerade Davenport hebt hervor, dass der Prozessansatz der Frage nachgeht, *wie* Arbeit effizient verrichtet werden soll. Die Strukturiertheit der Arbeitsprozesse ist schon deshalb ein Wesensmerkmal, um Prozesszeit und Prozesskosten messen zu können. In der DV-orientierten Literatur konkretisiert sich das Prozessverständnis in **Referenzmodellen**. Vorgefertigte Referenzmodelle sollen es erleichtern, integrierte Geschäftsprozesse zu definieren und zu beschreiben (vgl. *Meinhardt/Teufel* 1995, S. 74).

Die Strukturierung in Aktivitätsketten macht einen wesentlichen Bestandteil des Prozessverständnisses aus. Nicht minder offen sind Aussagen zum Inhalt der Aktivitäten selbst. Es kann sich um „den Fluss und die Transformation von Material, Information, Operationen und Entscheidungen" (*Osterloh/Frost* 2006, S. 53) handeln. Gerade DV-nahe Arbeiten stellen dabei besonders hohe Anforderungen an die Operationalität einer Prozessbeschreibung. Einzelne „Prozesse" wie Kontaktbearbeitung, Anfragebearbeitung, Angebotsbearbeitung etc. sind allerdings keineswegs Geschäftsprozesse in dem Sinne, dass sie originären Kundennutzen stiften, sondern können allenfalls als Bausteine für ein noch zu konstruierendes Prozessmodell dienen. Unter diesem Aspekt muss daher die Frage nach der Originalität der Prozessorganisation gegenüber der funktionalen Organisation gestellt werden.

3.2 Phasen des Reengineering von Geschäftsprozessen

Die Veränderung hin zu einer prozessorientierten Organisation umfasst eine Vielzahl von Aktivitäten. So werden Aktivitäten unterschieden in Identifikation, Beschreibung, Design oder Implementierung. Die Arbeiten fokussieren jeweils spezifische Phasen. Auch wenn manche Beiträge sich nicht eindeutig zuordnen lassen, können sie doch anhand ihres Gestaltungsinteresses und der hervorgehobenen Gestaltungsinstrumente einzelnen Phasen zugeordnet werden.

3.2.1 Prozessidentifikation

Allein *Davenport* befasst sich eingehend mit allen Phasen, während die Mehrzahl der Autoren Design und Implementierung in den Vordergrund ihres Interesses rücken. Bei der Prozessidentifikation handelt es sich fraglos um die alle weiteren Aktivitäten determinierende und damit zugleich erfolgsbestimmende Phase. Umso unverständlicher ist, dass ihr nur geringe Aufmerksamkeit geschenkt wird.

Davenport (1993, S. 27) versteht unter Prozessidentifikation und -selektion folgende Schlüsselaktivitäten:

- Enumeration der Hauptprozesse
- Festlegung der Prozessgrenzen
- Bestimmung der strategischen Relevanz eines jeden Prozesses
- Analyse der Pathologie bzw. Verbesserungsbedarf des Prozesses
- Politische und kulturelle Bedeutung des Prozesses.

Diese Konzeptionalisierung des Identifikationsproblems lässt allerdings an Präzision zu wünschen übrig. In der Literatur lassen sich zumindest Hinweise für grundsätzliche Vorgehensweisen der Identifikation finden.

Hammer (1997) versucht, eine generische Herleitung des Prozessdenkens sowie der unternehmensstrategischen und politischen Implikationen der Prozessidentifikation zu entwerfen. So beantwortet er die Frage, was die „prozesszentrierte" Organisation für die Arbeit, das Management, das Unternehmen und die Gesellschaft bedeutet. Auf der Ebene der **Arbeitsorganisation** führt es vor allem zur Professionalisierung beim Vollzug wertschöpfender Tätigkeiten. Für **Manager** bringt das Konzept Herausforderung durch Prozessverantwortung, Teamarbeit und Coaching. Infolgedessen schränkt *Hammer* an dieser Stelle auch ein, dass nicht allein der einmalige Quantensprung der Erfolgsmaßstab, sondern vielmehr ein Konzept kontinuierlicher schrittweiser Verbesserung gelegentlich vonnöten ist.

Auf **gesellschaftlicher Ebene** gewinnen Prozesse bzw. Prozessleistungen die Funktion von Messgrößen für den Wert eines Unternehmens. An der Prozessleistung lässt sich aber auch der Wert der Arbeit ablesen. Prozesszentrierung verlangt von den Mitarbeitern Bildung und Qualifikation, verleiht ihrer Arbeit aber auch Sinn, Spannung und Herausforderung.

3.2.2 Prozessanalyse

Bei der Prozessanalyse werden deduktiv die allgemeinen Makro-Prozesse in detailliertere Teilprozesse bzw. Aktivitäten zerlegt. Dabei wird das Verfahren der Dekomposition angewandt. Der Detaillierungsgrad kann bis zum Ausweis der einzelnen Prozessvarianten gehen. Eliminierung redundanter Tätigkeiten oder Parallelisierung von Tätigkeiten sind typische Verbesserungsmaßnahmen, die eine relativ hohe Detaillierung erfordern.

Der Anspruch des Reengineering, Prozesserneuerung – und nicht bloße Prozessverbesserung – anzustreben, setzt **Prozessverstehen** voraus. Offen bleibt allerdings, ob dem Prozessverstehen die Prozessanalyse folgen muss und bis zu welchem Detaillierungsgrad sie vorzunehmen ist.

3.2.3 Prozessdesign

Das Hauptaugenmerk gilt dem Design von Prozessen. Das Design erfolgt unter dem Aspekt der Prozessoptimierung. Im Wesentlichen geht es um die Straffung und Verbesserung der Leistungserstellung, wobei es sich um Fertigungs-, Administrations- oder Innovationsprozesse oder den Managementprozess schlechthin handeln kann (vgl. *Theuvsen* 1996, S. 70). Prozessoptimierung verfolgt ein Rationalisierungsziel, indem die Notwendigkeit, Standardisierung, zeitliche und logische Reihenfolge von Teilprozessen zum Gegenstand der Analyse gemacht wird. Eine wichtige Anregung besteht in der Empfehlung, Prozesse zu entlinearisieren, d. h. sie in einer vernetzten, parallelen Bearbeitungsfolge zu strukturieren. Komplexitätsreduktion und Standardisierung werden durch die **„Triage"-Idee** erleichtert, indem z. B. komplikationsfreie, mittelschwere und komplexe Fälle unterschieden werden, die jeweils unterschiedliche Bearbeitungsroutinen erforderlich machen und daher auch einem entsprechendem Design unterworfen werden (vgl. *Hammer/Champy* 1994, S. 55 f.; *Theuvsen* 1996, S. 70; *Osterloh/Frost* 2006, S. 51).

Konzepte für eine prozessorientierte Gestaltung von Organisationen sind vor allem in Arbeiten, die sich an Praktiker richten, anzutreffen. „Erfolgsrezepte" (*Nippa/Picot* 1996) werden allerdings nicht nur vorgetragen, sondern auch auf den „Prüfstand" gestellt. Hier sind es vor allem Unternehmensberater, die Kompetenz auf diesem Gebiet reklamieren. Die kritische Auseinandersetzung mit ihrem Angebot fällt indes eher dürftig aus. Prozessoptimierung findet im Spannungsfeld von Qualitäts-, Kosten- und Zeitkriterien statt (vgl. *Töpfer* 1996, S. 23 ff.). Merkwürdigerweise wird auf die Problematik konkurrierender Gestaltungsoptionen nicht verwiesen. Vielmehr wird implizit eine „neue Zielharmonie" (*v. Werder* 1996, S. 212 ff.) unterstellt, wobei darauf verzichtet wird, der Frage nachzugehen, ob und unter welchen Bedingungen tiefgreifende Reorganisationsprozesse komplementäre Lösungen zulassen. Manche Autoren scheuen nicht davor zurück, den bereits genannten Bedingungen weitere Gestaltungsziele hinzuzufügen, wie die Stärkung der Innovationsfähigkeit oder die Reduzierung der internen Komplexität. Die Prozesse müssen hinsichtlich dieser Kriterien Verbesserungsprogrammen unterworfen werden, um einer „Benchmarking-Analyse der weltbesten Wettbewerber" (*Servatius* 1994, S. 20) standzuhalten.

Es zählt zu den gesicherten Wissensbeständen, dass sich das Redesign von Prozessen nicht in einem, sondern in mehreren Optimierungsschritten – ergänzt um TQM-Maßnahmen – zu vollziehen habe (vgl. *Hammer* 1997, S. 102 f.; *Sommerlatte* 1996, S. 54; *Servatius* 1994, S. 41 f.). Fundamentaler Wandel (Reengineering) wird von kontinuierlicher Verbesserung (TQM) begleitet.

Der Forderung nach Wandel und Verbesserung stehen bemerkenswert unpräzise Verfahrensempfehlungen gegenüber. Die in Form von substantivierten Tätigkeitsworten gehaltenen Imperative wie „Eliminieren", „Änderung der Reihenfolge", „Hinzufügen fehlender Schritte", „Integration", „Automatisieren", „Beschleunigen" oder „Parallelisieren" (*Krickl* 1994, S. 28) mögen einen Hinweis darüber geben, was, aber zweifelsfrei nicht darüber, **wie** Prozesse zu reorganisieren sind. Nicht anders verhält es sich mit den Redesign-Empfehlungen der Berater. Sie beschränken sich programmatisch auf Handlungsanweisungen wie „Rethink", „Detaillierung" (*Arthur D. Little*), auf den lapidaren Hinweis, dass beim „Reengineering" der Geschäftsprozesse „die Markt- und Unternehmensanforderungen wesentlich die zukünftige Organisation" bestimmen (*A.T. Kearney*), auf die Gestaltungsregeln wie „Schnittstellen eliminieren", „Arbeiten konsolidieren", „Systemkosten optimieren", „schnelle Entscheidungsfindung ermöglichen", „Komplexität der Abläufe reduzieren" oder „Informationstechnologie kreativ einsetzen" (*Bain & Company*), auf Lösungsansätze zur Entwicklung optimierter Soll-Prozesse wie „Aufgabenwegfall", „Aufgabenkonsolidierung", „Parallelisierung" (*Booz Allen Hamilton*) oder auf Arbeitsschritte wie „Brainstorming", „IV-Hebel prüfen", „alternative Prozessabläufe konkretisieren", „Prozess simulieren" und „optimalen Entwurf auswählen" (*Roland Berger*) (vgl. *Nippa/Picot* 1995).

Die Evidenz solcher Empfehlungen soll nicht in Frage gestellt werden. Ihre Funktion allerdings ist eine kommunikativ-deklaratorische, nicht eine, die konkretes Veränderungshandeln anleiten kann.

3.2.4 Prozessimplementierung

Mit der Umsetzung des „Redesigns" befasste sich das Reengineering von Anfang an. Schon *Hammer/Champy* machen institutionelle und prozessuale Implementierungsvorschläge. Ihr Einführungsmodell ist top down angelegt. Zahlreiche Instanzen, vom „Leader" bis zum „Reengineering Zar", sind für die Einführung und Umsetzung verantwortlich (*Hammer/Champy* 1994, S. 134 ff.). Im „prozessorientierten Unternehmen" übernimmt der Prozessverantwortliche die Coaching-Rolle. Dieser hat „sicherzustellen, dass der komplette Prozess hinterher reibungslos abläuft" (*Hammer* 1997, S. 105). Diese Aufgabe verlange insbesondere auch kommunikative Fähigkeiten zur Förderung der Zusammenarbeit.

„Reengineering Programme umsetzen" lautet der anspruchsvolle Titel des Buches von *Servatius*. Die Umsetzungsratschläge reduzieren sich allerdings häufig auf „vom ... zum ..."-Metaphern, die illustriert mit Abbildungen den Wandlungsbedarf in aller Deutlichkeit aufzeigen sollen. Der Wandel müsse in den Köpfen stattfinden, wobei allerdings nicht das „Gefühl für die individuellen Verhaltensweisen der Mitarbeiter" (*Servatius* 1994, S. 153) verloren gehen dürfe.

Barrieren bei der Umsetzung können den Erfolg von Reengineeringmaßnahmen in Frage stellen. Was liegt daher näher, als diese zu beseitigen und Widerstände gegen Veränderungen zu brechen. Mitarbeiter gelten als Engpass des Wandels. Sie müssen daher dazu gebracht werden, ihre „alten" Verhaltensweisen aufzugeben (*Hammer/Stanton* 1995, S. 123). Die Auseinandersetzung mit Widerständen ist mithin ein zentrales Thema der Implementierung des Wandels. Analyse sowie Grundsätze und Instrumente des Umganges mit dem Widerstand und „die Kunst, den Wandel zu verkaufen" (*Hammer/Stanton* 1994, S. 123 f.; *Schumacher* 1995, S. 135 ff.) sollen helfen, strukturelle Veränderungen vorzubereiten. Die Philosophie der **Widerstandsüberwindung** findet sich zwar schon bei *Davenport* (1993, S. 171 ff.). Dort allerdings wird das Implementierungsproblem über die instrumentelle Frage hinausgehend als grundsätzlicheres Problem des organisatorischen Wandels begriffen. Es geht ihm nicht allein um kulturellen Wandel und Verhaltensänderungen Betroffener, sondern um Herausforderungen für das Management, das in Veränderungsprozessen in besonderer Weise gefordert ist. *Davenport* arbeitet das Implementierungsproblem im Vergleich zu anderen Vertretern des Reengineeringkonzepts grundlegender und differenzierter heraus. Für ihn ist es kein Residualproblem, sondern ein konzeptioneller Bestandteil des Reengineering Prozesses.

Nach *Hammer/Champy* (1994) müsse der Wandel „fundamental", „radikal" und in „Größenordnungen" bezüglich der Kriterien Kosten, Qualität, Zeit und Service von statten gehen, soll die Überlebensfähigkeit erhalten bleiben. Neben der Prozessorientierung sind es Organisationsstrukturen, Werte und Überzeugungen der Mitarbeiter sowie das Management- und Bewertungssystem, die für eine neue Arbeitswelt fit zu machen sind. Ein Strauß von Änderungsprozessen wird dabei entfaltet: von Fachabteilungen zu Prozessteams, von einfachen Aufgaben zu multidimensionalen Berufsbildern, von der Kontrolle zum Empowerment, vom Anlernen zur Aus- und Weiterbildung, aber auch Veränderungen der Vergütungs- und Beförderungssysteme, der Arbeitseinstellungen und der hierarchischen Strukturen.

Für die Einführung der Prozessorganisation wird ein ausdifferenziertes hierarchisch strukturiertes System empfohlen, um den „Quantensprung" nicht unkontrolliert von statten gehen zu lassen. Vorschläge zu Auswahl und Redesign von Prozessen, illustriert von einer Vielzahl von Beispielen, beschließen das Programm.

Auch *Champy* (1995) bemüht sich, Umsetzungskonzepte für die Programmatik des Reengineerng zu liefern. Der „neue" Manager muss sich beständig nach dem Sinn und Zweck seines Tuns befragen. Ferner wird der Wandel in der

Unternehmenskultur als unterstützender Faktor für Reengineeringvorhaben herausgestellt. Persönliches Engagement und Vertrauen bilden das Klima, in dem der Wandel von Wertvorstellungen und Verhaltensweisen vollziehen kann. Vor allem aber muss das Management die Führungsfunktionen der Mobilisierung, Mitarbeiterbefähigung, Zielbestimmung, Erfolgskontrolle und Kommunikation beherrschen. Nicht nur von den Führungskräften, auch von den Mitarbeitern werden Eigenschaften wie Kommunikations- und Kooperationsfähigkeiten, Selbstvertrauen und Delegationsvermögen erwartet.

Ebenso wie bei *Davenport* wird auch bei *Osterloh/Frost* (2006, S. 243 ff.) fundiert auf das „Management von Veränderungsprozessen" Bezug genommen. Prozessimplementierung wird in den Kontext des **Change Management** gestellt. Die Intensität des Wandels wird im Kontinuum von revolutionärer und evolutionärer Strategie des Wandels gesehen, auch wenn es sich bei ersterer um eine „Revolution von oben" im Sinne der „Strategie des Bombenwurfs" handelt. Die beiden gegensätzlichen Konzepte des Managements von Veränderungsprozessen setzen entweder **top down** oder **bottom up** an.

Top-Down- versus Bottom-Up -Implementierung

Der Umbau der Organisation von der produktionsorientierten Spezialisierung zur kundenorientierten Prozessintegration beginnt im Business Reengineering an der Unternehmensspitze. Erfolgreiche Neustrukturierung ist nur durch ein **„top-down"**-Vorgehen erreichbar, andernfalls droht die Gefahr des Scheiterns (vgl. *Hammer/Champy* 1994, S. 207). Schon die Radikalität des Wandels schließt ein anderes Vorgehen aus.

Die top down Strategie des Wandels setzt voraus, dass Experten und Planer des Wandels die großen Veränderungen als „blue print" geplant haben und die Analyse- und Konzeptionsphase des Reengineering abgeschlossen haben. Besonderes Merkmal des Vorgehens ist die Trennung der Instanzen, die sich mit der Planung und Einführung des Reengineering befassen, von den Betroffenen, die die Prozessarbeit verrichten sollen. Der Erfolg dieser Strategie hängt vom Gelingen eines Überraschungseffekts und der Fähigkeit, Widerstände der Mitarbeiter zu überwinden, ab (vgl. *Osterloh/Frost* 2006, S. 243 f.). Die damit verbundenen Reibungsverluste werden in Kauf genommen, denn es gelte „Quantensprünge" des Wandels zu initiieren.

Die Implementierung von Reengineering wird zahlreichen Verantwortlichen übertragen: „leader", „process owner", „reengineering team", „steering committee" und „reengineering zar" (*Hammer/Champy* 1994, S. 102 ff.) schaffen gewissermaßen vollendete Tatsachen, mit denen dann die betroffenen „case worker" umgehen müssen.

Vollzogen werden Geschäftsprozesse dagegen von „case teams", „case workern", „deal structurers" oder „process teams" sowie von Mitgliedern der beteiligten Funktionsbereiche (vgl. *Hammer/Champy* 1994, S. 51 ff.). Vorgesetzte, so wird argumentiert, sind im Besitz „höheren Wissens" und frei von funktionalen Suboptimierungsinteressen. Der Quantensprung des Wandels setzt Fremdstrukturierung und Selbstkoordination voraus.

Für die Nichtbeteiligung der Mitarbeiter des mittleren und unteren Managements am Reengineering nennen *Osterloh/Frost* (2006, S. 249 ff.) drei Gründe:

- dem mittleren und unteren Management fehlt es an Kenntnis der Wertschöpfungsketten;

- es fehlt ihm ferner an Entscheidungskompetenzen, um Business Reengineering in aller Radikalität zu entwerfen und umzusetzen;

- es sei selbst als Objekt in den Reorganisationsprozess involviert und gerate so in Interessenkollision mit den Zielen des Reengineering.

Der kompromisslose Ausschluss von Partizipation zugunsten von Macht- und Zwangsstrategien erinnert an die Strategie des **„erfolgreichen Bombenwurfs"** von *Kirsch et al.* (1978, S. 249). Auch hierbei wird die Veränderungsresistenz der Betroffenen durch unvermittelte und unvorbereitete Konfrontation der Organisation mit einem zunächst geheimgehaltenen Grobplan für eine tiefgreifende Änderung gebrochen.

Dieses Vorgehen widerspricht freilich den Prinzipien der Organisationsentwicklung (vgl. *Staehle* 1999, S. 922 ff.) und grundlegenden Erkenntnissen der Motivationstheorie. Partizipation der Organisationsmitglieder an fundamentalen Problemlösungs- und Entscheidungsprozessen wird schon traditionell als Effizienzbedingung erkannt (vgl. z. B. *Coch/French* 1947, S. 512 ff.). Es steht zudem im Widerspruch zu der Forderung nach ganzheitlicher mehrdimensionaler Arbeit, Delegation von Entscheidungskompetenzen, für Weiterbildung und Einstellungsänderungen der Mitarbeiter.

Dem Konzept der tiefgreifenden Änderung, wie es vom Reengineering gefordert wird, lässt sich ein eher evolutionäres Entwicklungsmodell gegenüberstellen, wie es dem **Change Management** entspricht. Dies rechtfertigt sich schon daraus, dass das Ergebnis solcher Eingriffe und Gestaltungsmaßnahmen nicht voraussagbar sei, denn bei den Interventionen handelt es sich um solche in vernetzten Systemen (vgl. *Probst* 1987, S. 118). Das organisierende Management agiert in diesem Sinn als „Facilitator" (*Kieser* 1994, S. 209), der die Betroffenen beim Finden eigener organisatorischer Lösungen unterstützt. Kieser verweist allerdings in diesem Zusammenhang darauf, dass Selbstorganisation „als Gestaltung der Organisationsstruktur durch die von ihr betroffenen Individuen oder Gruppen (Selbststrukturierung)" (*Kieser* 1994, S. 218) nicht ohne Fremdorganisation auskomme. Aus Komplexitätsgründen müssten Management und Experten am Reorganisationsprozess partizipieren, was insbesondere auch für den so genannten „kontinuierlichen Verbesserungsprozess" gelte. In diesem Zusammenhang ist vor allem auf die Lern- und Wissenskomponente als Voraussetzung für erfolgreiche organisatorische Veränderungsstrategie einzugehen. Erst aus dem Zusammenspiel von Prozess- und Wissensmanagement können Wettbewerbsvorteile erwachsen. Von erfolgreicher Implementierung kann daher dann gesprochen werden, wenn die Aktivitäten der Prozessbeteiligten zu Geschäftsprozessen derart verknüpft sind, dass es ihnen ermöglicht wird, neues Wissen zu generieren und zu transportieren. Nur rudimentär wird in diesem Zusammenhang auf die Lern- und Wissenskomponente als Voraussetzung für organisatorische Veränderungen eingegangen. Eine Ausnahme bildet allerdings die Arbeit von *Osterloh/Wübker* (1999). Auch wenn der direkte Bezug zum Implementierungsproblem nicht explizit gemacht wird, so lässt sich ermessen, welche Bedeutung dem Wissen unter dem Aspekt der Trägerschaft und der Wissensübertragung im Rahmen des Prozessmanagements zukommt. Wissen ist der wichtigste Bestandteil von „Kernkompetenzen". Es sind die individuellen Fertigkeiten und Kenntnisse der einzelnen Organisationsmitglieder, die organisationales **Wissen** ausmachen. Es entfaltet seinen Wert erst in der Bündelung und Verknüpfung, die durch die Prozessorganisation explizit vollzogen wird. Routineprozesse beruhen daher nicht nur in einer bloßen Zusammenfassung individueller Fertigkeiten und Fähigkeiten, sondern es bedarf einer prozessweiten Kollektivierung individuellen Wissens. Individuelles Wissen muss anderen Prozessbeteiligten zugänglich sein, um kollektives Wissen entwickeln und neues generieren zu können. *Osterloh/Frost* sprechen hier von „gemeinsam geteilten mentalen Modellen" (*Osterloh/Frost* 2006, S. 210), die als kollektive Deutungsmuster den Prozessakteuren zur Verfügung stehen und deren Interpretations- und Interaktionsprozesse steuern. Organisatorisches Wissen ist nicht nur in gemeinsam geteilten mentalen Modellen, sondern vor allem in organisationalen Routinen und Regeln gespeichert. Als allgemein akzeptierte Verhaltensmuster wirken diese insbesondere für formale Prozessabläufe stabilisierend. In Routinen verdichtet sich die gesammelte Erfahrung der Akteure, die es ihnen ermöglicht, auch in komplexen Entscheidungssituationen unter unvollständiger Information zu handeln. Diese implizite Standardisierung macht integrierte Prozessorganisation erst möglich. Der Wissensaspekt verdeutlicht eindrucksvoll, dass Reengineeringprojekte nur behutsam und unter Berücksichtigung des impliziten Wissens der Betroffenen entworfen und implementiert werden dürfen, wenn die organisatorische Wissensbasis nicht zerstört, sondern erhalten und für innovative Strukturentwicklungen genutzt werden soll.

Daher erscheint es nur als konsequent, wenn phasenorientierte Einführungsstrategien zwar eine schematische Entwicklung der Prozessimplementierung anstreben, jedoch jede Phase mit Kommunikations- und Organisationsentwicklungsprozeduren unterlegen. Ein Vorgehensmodell sollte in seinen Phasen von „kontinuierlicher Reflexion des Projektverlaufes und möglicherweise auftretender Dynamiken" (*Knuppertz/Feddern* 2011, S. 187) begleitet sein.

3.3 Was leistet das Business Process Reengineering?

Business Process Reengineering ist fraglos eine Organisationsmode, die als solche von zeitlich befristeter Lebensdauer ist. Trotzdem müssen wir uns mit ihr auseinandersetzen, da die theoretische Beschäftigung und die praktische Erlebniswelt rekursiv aufeinander bezogen sind. Jeder Modeströmung liegt auch ein reales Problem, zumindest die Wahrnehmung eines solchen, zugrunde. Moden kommen, wenn die Zeit für sie reif ist und wenn die Situation es verlangt. Moden machen umgekehrt auf Sachverhalte aufmerksam, bereiten den Boden für Problemidentifikationen. Sie sind Interpretations- und Konstruktionsmuster der Wirklichkeit.

Auch die Mode Business Reengineering hat nicht nur literarischen Stellenwert, sondern konnte sich angesichts des verschärften Wettbewerbsdrucks in den westlichen Industrieländern als Katalysator für Veränderungsprozesse durchsetzen. In diesem Kontext hat sie wohl auch ihre Funktion erfüllt, zumindest dann, wenn man diese in der Initiierung und Durchsetzung von Veränderungsprozessen sieht.

Dennoch muss man fragen, was bleibt vom Business Reengineering? Sicherlich wird man sein Kernelement, das Denken und Kooperieren in Prozessen als einen Baustein für eine Theorie der Unternehmung und damit als modeunabhängig und -überdauernd einschätzen können. Es wird als eine fundamentale Option organisatorischer und strategischer Differenzierung seine Bedeutung in Theorie und Praxis behalten.

4

Das Prozesskonzept aus Sicht unterschiedlicher theoretischer Perspektiven

Inhaltsverzeichnis

4.1 Prozesskonzept – die ökonomische Perspektive

4.1.1 Institutionenökonomische Grundlagen

Die ökonomische Perspektive des Prozesskonzepts geht auf die Neue Institutionen-Ökonomie zurück, in Sonderheit auf die Transaktionskostentheorie. Angewendet auf die interne Organisation lässt sich ein spezifisches Verständnis des Prozesskonzepts herleiten.

Die **Transaktionskostentheorie** ist mit der Grundfrage befasst, warum Unternehmen nicht nur als bloße Ein-Mann-Unternehmen, sondern in arbeitsteiligen Strukturformen auftreten (vgl. *Jost* 2001, S. 1). Diese Frage, der schon *Coase* in seiner Arbeit „The Nature of the Firm" nachgegangen ist, „Economists treat the price mechanism as a co-ordinating instrument, they also admit the co-ordinating function of the ‚entrepreneur'" (*Coase* 1937, S. 389), wird an Hand der durch die Transaktion verursachten Kosten untersucht. Da auch die Nutzung des Preismechanismus als Koordinationsinstrument mit Kosten verbunden ist, kann es unter bestimmten Bedingungen effizient sein, Transaktionen gegebenenfalls unternehmensintern zu organisieren. Allerdings verursacht auch die Koordination von Transaktionen innerhalb einer Organisation Kosten. Jedwede Koordination ökonomischer Aktivitäten ist danach immer mit Kosten verbunden – gleichgültig ob die Transaktion über den Markt abgewickelt wird oder ob sie innerhalb der Unternehmung stattfindet. Die effiziente Durchführung einer Transaktion macht es daher notwendig, die Kosten der Marktbenutzung mit den Kosten der Arbeitsteilung, d. h. den Hierarchie- und Bürokratiekosten, zu vergleichen. Die Wahl der Mechanismen zur Koordination von Austauschprozessen orientiert sich mithin an ihren Kosten.

Transaktion

Der Begriff Transaktion wird in der Transaktionskostentheorie unterschiedlich gefasst. In einem ersten, eher vertragstheoretischen Entwurf wird eine Transaktion als die Übertragung von Verfügungsrechten durch Vertrag definiert (vgl. *Commons* 1934, S. 64 zit. nach *Göbel* 2002, S. 130). Transaktionskosten (TAK) sind demnach alle Kosten, die im Zusammenhang mit der Übertragung von Verfügungsrechten entstehen. Kaufverträge, Arbeitsverträge, Pachtverträge etc. erzeugen Transaktionskosten. Auch die Definition und Durchsetzung von Verfügungsrechten ist mit Kosten verbunden.

Im ökonomischen Kontext wird der Austausch von Gütern zwischen zwei Akteuren als Transaktion bezeichnet (vgl. *Jost* 2001, S. 10), der von einer Übertragung der Verfügungsrechte begleitet wird. Nach *Williamson* (1990, S. 1) findet immer dann eine Transaktion statt, „wenn ein Gut oder eine Leistung über eine technisch trennbare Schnittstelle hinweg übertragen wird". Williamson benutzt damit einen Transaktionsbegriff, der an der physischen Übertragung von Gütern und Leistungen schlechthin anknüpft. Auf diese Weise kann von dem Transaktionsbegriff auch die Übergabe von Objekten zwischen unterschiedlichen Bearbeitungsstationen innerhalb eines Unternehmens erfasst werden. Transaktionsprozesse umfassen demnach auch Bearbeitungsfolgen an einem Objekt, selbst wenn dabei kein Eigentums- oder Besitzerwechsel stattfindet. Dieser weite Transaktionsbegriff erscheint auch insoweit zwingend, da ansonsten eine Gegenüberstellung „marktlicher" und „hierarchischer" Transaktion unzulässig wäre, da es sich bei letzterer nicht um eine Transaktion handeln würde. Dafür spricht auch, dass zu den TAK solche Kosten gezählt werden, die zeitlich vor der Übertragung der Verfügungsrechte stehen (vgl. auch *Göbel* 2002, S. 131). Transaktionskosten können mithin sowohl als Marktbenutzungskosten als auch als Kosten der Arbeitsteilung auftreten.

Das Erklärungsinteresse der Transaktionskostentheorie liegt in der Optimierung des Leistungsaustausches spezialisierter Akteure (vgl. *Picot* 2005, S. 57). Organisationale Arbeitsteilung ebenso wie marktliche Spezialisierung rechtfertigen sich mit dem jeweiligen Ausschöpfen von Produktivitätspotentialen. Der damit einhergehende Ressourcenverbrauch für Abstimmungs- bzw. Tauschprozesse verursacht Kosten, die in Koordinations- und Motivationskosten (vgl. *Milgrom/Roberts* 1992, S. 29 f.) unterschieden werden können.

Transaktionskosten

Koordinationskosten und Motivationskosten werden in der Literatur auch als ex ante und ex post Transaktionskosten bezeichnet. Sie lassen sich folgendermaßen klassifizieren (vgl. Abbildung 4.1). Transaktionskosten, die bis zum Abschluss eines Vertrags anfallen, beinhalten Anbahnungskosten und Vertragskosten. Im Einzelnen handelt es sich um Kosten der Informationssuche, um geeignete

	Koordinationskosten	Motivationskosten
Markt	Anbahnungskosten • Suchkosten • Informationskosten Vertragskosten • Verhandlungskosten • Einigungskosten • Kosten ineffizienter Vertragsergebnisse	Kosten der Absicherung • Reputationskosten • Vertragsanpassungen Reine Verhandlungskosten durch Neuverhandlungen • Investitionen aus Neuverhandlungen Kosten der Durchsetzung • Gerichtskosten
Hierarchie	Kosten der Organisationsstruktur • Kosten der Einrichtung, Erhaltung, Änderung Kosten des Betriebes • Entscheidungskosten • Informationskosten	Kontroll- und Überwachungskosten Kosten der Leistungsbewertung Kosten durch nicht konforme Entscheidungen Kosten durch Konflikte

Abb. 4.1: Koordination bei marktlicher und hierarchischer Koordination (Quelle: *Jost* 2001, S. 39)

Transaktionspartner ausfindig zu machen, Kosten der Vertragsverhandlungen und der Entscheidungsfindung.

Nach Abschluss des Vertrages entstehen Kosten der Überwachung der Vertragseinhaltung, der Anpassung an veränderte Vertragsbedingungen und der Durchsetzung von Vertragsinhalten bei Streitigkeiten. TAK sind danach alle Kosten, die im Zusammenhang mit der Übertragung von Verfügungsrechten auf andere Vertragspartner entstehen.

Organisationskosten bzw. Kosten der Arbeitsteilung umfassen vor allem Koordinationskosten. Hierzu zählen die Kosten des Aufbaus, der Erhaltung und Anpassung organisatorischer Koordinationsmechanismen wie z. B. Kosten für Informationssysteme, Planungs- und Kontrollsysteme, Koordinationsinstanzen, Verrechnungspreissysteme oder Koordinationsteams. Ebenso fallen Kosten für die Gewährung von Anreizen, die Erteilung von Anweisungen und die Leistungskontrolle an.

Verhaltensmerkmale der Akteure

Annahmen bezüglich der Verhaltenscharakteristika der Akteure sind: Risikoneutralität, begrenzte Rationalität und Opportunismus. **Risikoneutralität** wird aus Gründen einer modelltechnischen Vereinfachung unterstellt. Den Transaktionspartnern gelingt es aufgrund ihrer **begrenzten Information** und beschränkten Informationsverarbeitungskapazität nicht, sich rational zu verhalten. Ihr Verhalten ist „intendiert rational, aber das nur begrenzt" (*Williamson* 1990, S. 34). Die Verhaltensannahme des **Opportunismus** besagt, dass die Akteure Nutzenmaximierer sind und ihre individuellen Ziele bei der Gestaltung der Austauschbeziehungen verfolgen. Da beide Transaktionspartner so verfahren, müssen sie jeweils das Handeln des Partners in ihr Kalkül einbeziehen. Die dadurch hervorgerufene Unsicherheit begründet die strategische Unsicherheit des eigenen Handelns (vgl. *Jost* 2001, S. 16). Opportunismus eines Transaktionspartners wirkt sich vor allem dann für den anderen problematisch aus, wenn die Möglichkeit zum „hold up" besteht. In diesem Fall ist es ersterem aufgrund von Abhängigkeitsbeziehungen möglich, im Wege von Nachverhandlungen einseitig die Vertragsbedingungen auf Kosten des Transaktionspartners zu verbessern bzw. den anderen „auszurauben" (*Göbel* 2002, S. 137).

Neben den Abhängigkeitsverhältnissen können vor allem auch Informationsasymmetrien die Transaktionspartner zu opportunistischem Verhalten veranlassen (vgl. *Jost* 2001, S. 44 f.):

Adverse Selection: Ein Transaktionsteilnehmer besitzt Informationen, die den Leistungsaustausch betreffen, über die der Partner aber nicht verfügt. In dieser Situation besteht die Gefahr, dass der falsche Vertragspartner gewählt oder aufgrund der schlechten Auswahl der Leistungsaustausch nicht vertragsgerecht erfüllt wird. Beispielsweise verschweigt ein Versicherungsnehmer dem Versicherungsgeber vorhandene Risiken bei Abschluss eines Versicherungsvertrages (hidden characteristics).

Moral Hazard: Im Verlauf eines Transaktionsprozesses entsteht ein Informationsdefizit bei einem der Transaktionspartner. Der informierte Transaktionspartner kann dies zu seinem Vorteil nutzen, wenn er den Partner im Ungewissen lässt. Beispielsweise können sich Rahmenbedingungen geändert haben, die den vertraglich geplanten (Arbeits-)Einsatz zur Erzielung eines Transaktionsergebnisses überflüssig machen können.

Die Aktivitäten des Vertragspartners lassen sich nicht lückenlos verfolgen (hidden action). Aus dem Transaktionsergebnis lässt sich nicht auf die Leistung des Lieferanten schließen. Das moralische Risiko des Verschweigens oder der Verschleierung der wahren Leistung ist immer dann relevant, wenn das Transaktionsergebnis nur schwer messbar ist (hidden information).

Trittbrettfahrerverhalten: Treten Transaktionspartner nicht einzeln, sondern als Mehrheit auf, und erbringen sie eine kollektive Leistung, dann ist der Leistungsbeitrag des Einzelnen nicht überprüfbar. Die Gefahr besteht, dass der Einzelne seinen Arbeitseinsatz zu Lasten des Gesamtergebnisses einschränkt.

Aus den genannten Verhaltensannahmen leitet die Transaktionskostentheorie folgende Verhaltensmaxime ab: „Organisiere Deine Transaktionen so, dass Dir aus Deiner begrenzten Rationalität möglichst geringe Kosten entstehen, und versuche gleichzeitig, Dich vor möglichem opportunistischen Verhalten Deines Vertragspartners zu schützen!" (*Ebers/Gotsch* 2001, S. 218 f.).

Die Höhe der Transaktionskosten wird von dem gewählten Koordinationssystem bestimmt. Welches Koordinationssystem, „Markt" oder „Hierarchie", realisiert wird, ist unter dem Aspekt der Minimierung von Transaktionskosten von den Transaktionsmerkmalen zu untersuchen. Transaktionen unterscheiden sich durch ihre Merkmale Faktorspezifität, Unsicherheit und Häufigkeit, wovon das erste das wichtigste ist (vgl. *Williamson* 1995, S. 59).

Transaktionsspezifische Investitionen

Williamson (1991, S. 281) unterscheidet folgende Spezifitätsausprägungen, die durch Investitionen in eine Transaktionsbeziehung entstehen:

- Standortspezifität: Ortsgebundene Investitionen eines Transaktionspartners in die räumliche Nähe zum Transaktionspartner.
- Sachkapitalspezifität: Investitionen in transaktionsspezifische Maschinen und Technologien
- Humankapitalspezifität: Investitionen eines Transaktionspartners in Ausbildung und transaktionsspezifisches Wissen der Mitarbeiter
- Zweckgebundene Sachwerte: Investitionen der Transaktionspartner in Sachwerte (Maschinen, Lager), die zwar grundsätzlich auch für den anonymen Markt genutzt werden könnten, die aber nur für ein konkretes Transaktionsverhältnis aufgewendet wurden. Bei Wegfall des Transaktionspartners entstehen daher Überkapazitäten.

Weiterhin werden „abnehmerspezifische Investitionen", „Zeitspezifität" und „Markennamenspezifität" unterschieden (vgl. *Göbel* 2002, S. 104). Diesen Investitionen ist gemeinsam, dass sie nicht homogen zu anderen Investitionen sind, die für den anonymen Markt getätigt werden. Spezifität wird hier als „Kundenspezifität" definiert, denn die fraglichen Investitionen werden getätigt, um bestimmte Transaktionen mit einem spezifischen Transaktionspartner (Kunden) zu ermöglichen.

Investitionen in die Spezifität setzen die Transaktionsbeziehung der Gefahr des Hold Up aus, wenn sich der Transaktionspartner opportunistisch verhält. Spezifität der Transaktionsbeziehung senkt in aller Regel die Produktionskosten, erhöht aber das Risiko hoher ex post-Transaktionskosten. Letztere sind von der Spezifitätscharakteristik, d.h. der Höhe und dem Mix der Spezifität generierenden Investitionen, abhängig. Ein Ausstieg eines Partners aus der Transaktionsbeziehung hätte entsprechende **sunk costs** zur Folge, da die getätigten Investitionen keinen anderen Verwendungen zuführbar sind. Ist die Spezifität der Transaktionsbeziehungen eine Folge der Differenzierungstrategie und erhalten diese dadurch „strategische Bedeutung" (*Picot u. a.* 2008, S. 57), dann erhöhen die Investitionen zudem das strategische Risiko. Alternative Märkte für die transaktionsspezifischen Leistungen existieren nicht, vertragliche Geheimhaltungsverpflichtung und die Furcht vor Imitation verhindern eine frühzeitige Diffusion der Innovation. Solange jedoch die Identität der Transaktionsbeziehung erhalten bleibt, können die beteiligten Transaktionspartner abnormale Quasi-Renten abschöpfen.

Unsicherheit

Ein weiteres Merkmal zur Charakterisierung ist die Unsicherheit (vgl. *Williamson* 1995, S. 64). Transaktionen können zweierlei Arten von Unsicherheit ausgesetzt sein: parametrische Unsicherheit und Verhaltensunsicherheit.

Parametrische Unsicherheit resultiert aus den Umweltbedingungen, unter denen die Transaktion zu Stande kommt. Sie sind nicht durch die Transaktionspartner beeinflussbar und können Anpassungsbemühungen der Vertragspartner zur Folge haben. Umweltunsicherheit hat zur Folge, dass die Modalitäten der Transaktion weniger detailliert und offener geregelt sind. Anpassungen müssen der Entwicklung im Zeitablauf vorbehalten bleiben.

Verhaltensunsicherheit dagegen hat strategische Gründe und ist auf den Opportunismus einer der Transaktionspartner zurückzuführen.

Häufigkeit

Unter Häufigkeit der Transaktion wird ihr Wiederholungscharakter verstanden. Beschaffungsvorgänge in der Serienfertigung wiederholen sich ständig. Arbeitsprozesse innerhalb eines Unternehmens haben meist repetitiven Charakter. Die Häufigkeit der Transaktion hat wesentliche Bedeutung für Skaleneffekte bei Transaktions- und Produktionskosten (vgl. Abbildung 4.2). Dabei führen insbesondere Lernen und Erfahrung zur Senkung von Kontroll- und Überwachungskosten. Die Häufigkeit einer Transaktion allein beeinflusst noch nicht die Vorteilhaftigkeit eines Koordinationssystems. Erst in Verbindung mit der Spezifität der Transaktion erweisen sich marktliche bzw. hierarchische Koordinationsmechanismen als vorteilhaft.

Als weitere Merkmale werden die **Zurechenbarkeit und Messbarkeit** von Leistung und Gegenleistung genannt (vgl. *Jost* 2001, S. 44 ff.). Oft ist z. B. die Leistung

	Transaktions-spezifische Investitionen	Unsicherheit	Häufigkeit
Produktionskosten	-	0	-
Transaktionskosten	+	+	-

(+: positiver; -: negativer; 0: kein Zusammenhang)

Abb. 4.2: Kostenwirkungen bei unterschiedlichen Transaktionsmerkmalen (Quelle: *Ebers/Gosch* 2001, S. 230)

eines Mitarbeiters hinsichtlich der durch die Transaktion geschaffenen Werte nicht überprüfbar, da die Leistungserstellung kollektiv erfolgt und nicht auf den einzelnen Mitarbeiter zurechenbar ist. Bei komplexen Produktentwicklungsprojekten z. B. in der Automobilindustrie ist die Leistung einzelner Lieferanten und des Herstellers oft nicht abzugrenzen und zuzuordnen. Je größer die Mess- und Zurechnungsprobleme, umso höhere Transaktionskosten sind auch zu erwarten.

Auch die **Interdependenz** mit anderen Transaktionen ist ein Transaktionskosten verursachendes Merkmal. Transaktionen, die nicht isoliert abgewickelt werden können, sondern selbst Objekte von komplexen Koordinationsprozessen sind, rufen nahe liegender Weise zusätzliche Transaktionskosten hervor. Die gegenseitigen Abhängigkeiten erschweren nicht nur die Planung und Durchführung der einzelnen Transaktionsprozesse, sondern stellen auch höhere Anforderungen an das Schnittstellenmanagement. Ein Beispiel dafür sind die Austauschbeziehungen in Unternehmensnetzwerken.

Schließlich wird die **Technologie**, insbesondere die Informations- und Kommunikationstechnologie als Kosteneinflussgröße angeführt. Technische Unterstützung erleichtert und vereinfacht Koordinationsprozesse. Die Verfügbarkeit von Informationen, vereinfachte Kommunikation sowie Entscheidungsunterstützung machen vielfach die Gründe für eine funktionale Spezialisierung hinfällig bzw. führen dazu, dass ehedem arbeitsteilige Aufgabenkomplexe einer Reintegration der Arbeitsfunktionen zugänglich gemacht werden können. Die Senkung der Koordinations- bzw. Transaktionskosten einerseits und die unbeschränkte Verfügbarkeit sowie leichte Transferierbarkeit zu alternativen Verwendungsmöglichkeiten von Wissen andererseits tragen erheblich zur Reduktion der Spezifität von Wissen bei. Dies führte zu einer Modifikation bestehender Koordinationsformen, wie z. B. der zunehmenden Externalisierung der wirtschaftlichen Leistungserstellung (Outsourcing), und zum Entstehen neuer Koordinationsformen, wie z. B. der Unternehmensnetzwerke oder virtueller Organisationsformen (vgl. *Picot u. a.* 1996, S. 56 ff.).

4.1.2 Koordinationsformen zwischen Markt und Hierarchie

Die extremen Ausprägungen von Markt und Hierarchie sind als Idealtypen zu begreifen, zumindest dann, wenn man sie dem „vollkommenen Markt" der „bürokratischen Organisation" im Sinne *Max Webers* gegenüberstellt. *Williamson* (1995, S. 78) füllt diese Koordinationsformen durch die Struktur der Verträge aus, mit denen die Austauschbedingungen geregelt sind. Er unterscheidet das **klassische Vertragsrecht**, in dem alle zukünftigen Eventualitäten vollständig erfasst sind. Im Kaufvertrag wird Zug um Zug erfüllt. Die Überwachung und Kontrolle erfolgt durch den Wettbewerb auf dem Markt. Bietet der Markt viele homogene Alternativen, dann können die Partner jederzeit alternative Transaktionsbeziehungen eingehen. Diese Fungibilität schützt vor der Gefahr des Opportunismus.

Das **neoklassische Vertragsrecht** kommt dann zur Anwendung, wenn nicht sämtliche Bedingungen der Transaktion antizipiert werden können. Unsicherheit und mangelnde Informationen über Bedingungen und Ergebnis der Transaktion erschweren nicht nur detaillierte Regelungen, sondern sind auch mit hohen Kosten verbunden, die aus der Starrheit der einmal eingegangenen Vertragsverpflichtungen resultieren können. Um Flexibilität zu erhalten, sind die Verträge, was ihre Präzision betrifft, zunächst unvollständig. Erst im Verlauf der Vertragserfüllung können Anpassungen durchgeführt werden, die allerdings gegenseitige Abstimmung und Kooperation der Transaktionspartner voraussetzen. Typische Beispiele sind Liefer- und Leistungsverpflichtungen, wie sie in langfristigen Rahmenverträgen geregelt sind. Koordinationsformen im Sinne des neoklassischen Vertragsrechts werden als „hybrid" bezeichnet, da sie sowohl marktliche als auch hierarchische Elemente, wie z. B. Mechanismen zur Kontrolle und Überwachung der Vereinbarung, vereinen. Anpassungsklauseln und Konfliktlösungsmechanismen schützen die Transaktionspartner vor exogenen Parameteränderungen und opportunistischem Verhalten.

Schließlich werden als dritte Koordinationsform **relationale Vertragsbeziehungen** unterschieden. Diese Vertragsbeziehungen kennzeichnen eine dauerhafte, weitreichende Kooperation zwischen den Transaktionspartnern, die vom diskreten Charakter einer rein marktlichen weitgehend losgelöst ist. Leistung und Gegenleistung werden in einem gegebenen vertraglichen Rahmen abgewickelt. Die Leistungsprozesse sind organisatorisch verknüpft. Anreize für effizienten Ressourceneinsatz und effiziente Leistungserstellung sind aufgrund von Zurechnungsproblemen im Kosten- und Leistungsbereich begrenzt. Der Preismechanismus wird durch den hierarchischen Kontollmechanismus und marktliche Anreize durch hierarchische ersetzt. Die Effizienz steigernden Wirkungen des Marktes kommen nicht zur Geltung. Ökonomische Vorteile liegen allerdings in der zweiseitigen Anpassungsfähigkeit bei Änderungen von Umweltparametern, da sie nicht der Opportunismusgefahr seitens eines Transaktionspartners ausgesetzt sind. Beispiele für diesen Typ der Vertragsgestaltung sind Arbeits- oder Joint Venture-Verträge, die in der Regel unbefristet angelegt bzw. deren Befristung an den Eintritt bestimmter Bedingungen geknüpft sind. Die konkrete Ausgestaltung der Transaktionsbeziehung erfolgt erst im Zuge der

Abwicklung des Leistungsaustausches. Sie wird z. B. im Arbeitsvertrag durch das Dispositionsrecht des Arbeitgebers vollzogen.

Diese Vertragstypen lassen sich allerdings nicht nach deutschem Vertragsrecht rekonstruieren. Die Klassifizierung der institutionellen Arrangements lässt sich nicht am Vertragsrecht, sondern an dem Präzisions- und Detaillierungsgrad von Regelungen des Transaktionsprozesses im Kaufvertrag festmachen.

Nach *Williamson* (1991, S. 278 ff.) werden die Kosten dieser alternativen Arrangements zur Koordination von Transaktionsprozessen durch die Kriterien **Anreizintensität, Kontrollmechanismen, Anpassungsfähigkeit** sowie **Kosten der Etablierung** und **Nutzung des Koordinationssystems** verursacht. Während der Markt hohe Anreizwirkungen für die optimale Ressourcenallokation bietet, da jede Verbesserung der Produktions- und Transaktionseffizienz den beteiligten Partnern zufließt, sind langfristige Arrangements aufgrund bürokratischer Steuerung und Kontrolle geeignet, opportunistisches Verhalten durch Anweisungen und Verhaltensprogramme zu verhindern und so Transaktionskosten zu reduzieren. Bei dem Kriterium Anpassungsfähigkeit werden einseitige, unabhängige Anpassungen einerseits und beiderseitige, kooperative Anpassungen andererseits unterschieden. Die autonome Anpassungsfähigkeit ist eine herausragende Eigenschaft von über den Markt vermittelten Transaktionsbeziehungen, die zweiseitige dagegen eine Stärke hierarchischer Austauschbeziehungen. Die Anpassungsfähigkeit wirkt in beiden Fällen Transaktionskosten senkend. Schließlich verursacht die Errichtung und Nutzung des Koordinationssystems Transaktionskosten. Marktliche Koordinationsmechanismen werden vor allem bei ihrer Etablierung, weniger bei ihrer Nutzung kostenverursachend sein. Zu den Set up-Kosten zählen Kosten der Informationssuche, der Evaluierung und der Vertragsgestaltung. Der Einsatz von Steuerungs- und Kontrollsystemen ist immer mit Aufwand verbunden. Es handelt sich dabei vor allem um Bereitschaftskosten. Organisatorische Steuerungspotentiale generieren nicht nur laufend Overheadkosten, auch bei den Weisungsempfängern entstehen Opportunitätskosten durch Abstimmungsaufwand.

Zwischen Markt und Hierarchie liegt mithin eine Vielfalt unterschiedlicher Gestaltungsmöglichkeiten der Austauschbeziehungen. Das Ausmaß der organisatorischen Verknüpfung bzw. Entkoppelung der Aktivitäten der beteiligten Transaktionspartner lässt sich am Beispiel alternativer Strukturformen der vertikalen Integration darstellen (vgl. Abbildung 4.3). Vollständig unabhängig agierende Transaktionspartner vollziehen ihre Austauschprozesse über spontane Transaktionen am Markt. Diverse Kooperationsformen wie Beteiligung oder Joint Venture-Gründungen, Strategische Allianzen, Einkaufsgenossenschaften, Simultaneous Engineering, Vertriebspartnerschaften, Rahmen- oder Modellzyklusverträge oder Spontaneinkäufe sind nur einige wenige Varianten der Ausgestaltung der Zusammenarbeit zwischen Kooperationspartnern.

Kontingenzhypothese

Die Transaktionskostentheorie hat Empfehlungen entwickelt, die den Zusammenhang zwischen Spezifität des Transaktionsprozesses, Unsicherheit und

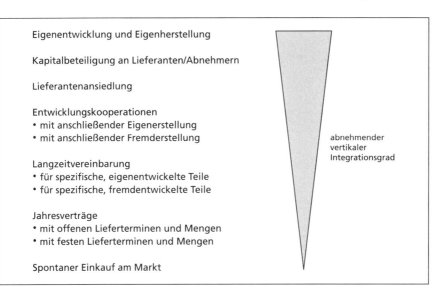

Eigenentwicklung und Eigenherstellung

Kapitalbeteiligung an Lieferanten/Abnehmern

Lieferantenansiedlung

Entwicklungskooperationen
* mit anschließender Eigenerstellung
* mit anschließender Fremderstellung

Langzeitvereinbarung
* für spezifische, eigenentwickelte Teile
* für spezifische, fremdentwickelte Teile

Jahresverträge
* mit offenen Lieferterminen und Mengen
* mit festen Lieferterminen und Mengen

Spontaner Einkauf am Markt

abnehmender
vertikaler
Integrationsgrad

Abb. 4.3: Alternative Koordinationsformen vertikaler Integration
(Quelle: *Picot u. a.* 2008, S. 69)

Häufigkeit einerseits und der Vorteilhaftigkeit der einzelnen Koordinationsformen andererseits herstellen.

Je spezifischer und je unsicherer die Bedingungen der Leistungserstellung sind, und mithin auch die Geschäftsprozesse, umso effizienter werden organisatorische gegenüber marktlichen Koordinationsformen hinsichtlich der Transaktionskosten bzw. der Summe aus Transaktions- und Produktionskosten (vgl. Abbildung 4.4) sein. Ein hohes Maß an Spezifität und Unsicherheit der Transaktionsbeziehungen erhöht die strategische Bedeutung der organisatorischen Integration des Transaktionspartners, da dadurch die Stabilität der Beziehung gefördert und die Opportunismusgefahr verringert wird. Die transaktionsspezifischen Investitionen unterliegen einem geringeren Amortisationsrisiko, da mit der Kumulation der Transaktionsvolumina die Transaktionskosten gesenkt und Skalenerträge realisiert werden. Hohe Umweltunsicherheit kann durch schnelle zweiseitige Anpassungsmöglichkeiten kompensiert werden. Im Extremfall ist die vollständige Integration, d. h. die Selbsterstellung, zur Sicherung der strategischen Rente aus den Investitionen geboten. Effizienz mindernd wirken sich hingegen die höheren Produktionskosten aus, da die Anreizwirkungen des Preismechanismus nicht zur Entfaltung kommen können.

Sind umgekehrt die Transaktionsobjekte standardisiert und finden sie häufig statt, dann ist der Markt ein besonders effizientes Koordinationsinstrument. Der Käufer kann zwischen alternativen Angeboten wählen und kann die Transaktionspartner wechseln, falls Anpassungen notwendig sind. Unsicherheiten sind weitgehend durch flexible einseitige Anpassung reduzierbar. Opportunismus zwingt den Lieferanten zur effizienten Leistungserstellung. Der liefernde Transaktionspartner kann Skalenerträge realisieren, die im Falle der Eigenerstellung beim abnehmenden Transaktionspartner nicht erzielbar sind.

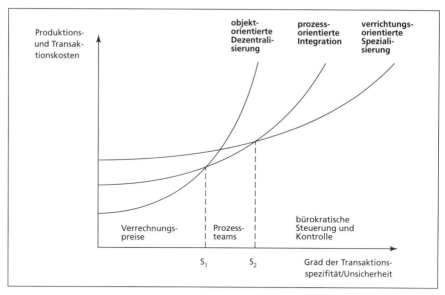

Abb. 4.4: Zusammenhang von Spezifität, Unsicherheit und Transaktionskosten alternativer Koordinationsformen (Quelle: *Williamson* 1991, S. 284)

Dem Lieferanten muss es allerdings gelingen, sich auf die von ihm erbrachte (standardisierte) Leistung zu spezialisieren, mehrere Transaktionspartner zu beliefern und dadurch Nachfrage zu aggregieren. Der Marktmechanismus liefert die notwendigen Anreize für einen effizienten Leistungsaustausch. Die ex post Transaktionskosten sind niedrig. Allenfalls entstehen hohe ex ante Transaktionskosten, da Kosten für Informationssuche und Entscheidung bei der Wahl eines geeigneten Transaktionspartners anfallen.

Zwischen beiden Koordinationsformen erweisen sich **hybride Koordinationsformen** bei mittlerem Ausmaß von Spezifität und Unsicherheit als effizient.

Williamson (1991, S. 277) begründet die Kostenverläufe alternativer Arrangements aus der Anreizintensität, dem Einsatz von Kontrollmechanismen, der Anpassungsfähigkeit sowie den Kosten der Etablierung und Nutzung des Koordinationssystems. Einfache, standardisierte Austauschprozesse bieten den Transaktionspartnern starke Anreize für eine effiziente Abwicklung, während spezifische, der Opportunismusgefahr ausgesetzte Geschäftsprozesse kostengünstiger durch bürokratische Steuerungs- und Kontrollmechanismen abgewickelt werden können.

Die Spezifitätsgrade S_1 und S_2 bilden die Übergänge der Vorteilhaftigkeit der einzelnen Koordinationsformen. Trotz Anstieg der Koordinationskosten bei zunehmender Internalisierung der Austauschprozesse ist die relative Zunahme der Transaktionskosten zunächst bei hybrider, dann bei hierarchischer Integration aufgrund der Opportunismusgefahr geringer als bei externalisierter, über den Marktmechanismus geregelter Austauschbeziehungen. Aus der Transaktionskostentheorie ist damit zu folgern, dass diejenige Koordinationsform zu wählen ist, die angesichts der Kontingenzen, insbesondere des Standardisierungsgrades der Produktions- und Austauschmodalitäten, die hinsichtlich Produktions- und Transaktionskosten kostengünstigste Alternative darstellt.

4.1.3 Prozessorganisation als hybride Koordinationsform

Werden organisationsinterne Austauschprozesse internalisiert, dann bildet Hierarchie keinesfalls die einzige Koordinationsform. Die Organisationstheorie kennt eine Vielzahl auch in der Praxis etablierter Koordinationsinstrumente, von denen persönliche Weisungen (Hierarchie) nur eine darstellt. Als weitere kommen Institutionen wie Werte, Kultur und Ziele, Pläne und Budgets, Programme und Routinen, Selbstabstimmung in Teams oder Verrechnungspreise in Frage. Es stellt sich mithin die Frage, ob die institutionenökonomischen Grundüberlegungen auch auf die unternehmensinternen Koordinationsprobleme übertragbar sind.

Schon *Williamson* (1985, S. 238) unterscheidet die zentralisierte funktionale Struktur (U-Form) und die dezentrale Spartenstruktur (M-Form). Von dieser wird wiederum die Holding (H-Form) abgegrenzt. Bei diesen Strukturformen handelt es sich zwar nicht um alternative Koordinationsformen, sondern um Segmentierung- bzw. aufbauorganisatorische Differenzierungsmöglichkeiten der Unternehmung. Die Strukturmodelle sind dennoch relevante Einflussgrößen für die Transaktionskosten, da sie unterschiedliche Koordinationsprobleme auslösen, zu deren Bewältigung sich wiederum unterschiedliche Koordinationsinstrumente eignen. Zwischen organisatorischer Differenzierung (Spezialisierung) und organisatorischer Integration (Koordination) besteht mithin ein enger Zusammenhang, der es erlaubt, von der Organisationsstruktur auf die damit verbundenen Transaktionskosten zu schließen.

Organisatorische Differenzierung

Horizontale Differenzierung befasst sich mit der Frage, wie ein Unternehmen in Teilaufgaben segmentiert ist. Die beiden grundlegenden Segmentierungsalternativen sind einerseits **Funktion**, d.h. Aufgabenteilung nach dem Verrichtungsprinzip und andererseits **Objekt**, d.h. Aufgabenteilung nach Produkten, Kunden oder Projekten. Im Folgenden soll Differenzierung nach Produkten bzw. Produktgruppen im Vordergrund stehen, wie das bei divisionalisierten Unternehmen bzw. bei der Spartenorganisation der Fall ist. Zwischen beiden Extremtypen der Differenzierung „reine Funktionalstruktur" und „reine Spartenstruktur" gibt es eine Vielzahl hybrider Strukturmuster, die sich jeweils als unterschiedliche Kombinationen beider Differenzierungskriterien darstellen. Die Strukturvarianten sind dabei Kombinationen aus Verrichtungszentralisation und Objekt- bzw. Produktdezentralisation sowie umgekehrt aus Produktzentralisation und Verrichtungsdezentralisation. In Abbildung 4.5 werden die unterschiedlichen Kombinationsmöglichkeiten aufgeführt. Prozesse sind danach Verrichtungskomplexe, die für einzelne Produkte bzw. Produktgruppen spezifisch ausgeprägt sind. Beispielsweise ist der Auftragsabwicklungsprozess

reine funktionale Segmentierung
(Verrichtungsmodell)

Funktions-/Prozesssegmentierung
(Crossfunktionale Integration durch
prozessorientierte Stäbe, Matrix)

reine Prozesssegmentierung
(Prozessmodell)

Prozess-/Objektsegmentierung
(Prozessdifferenzierung nach Produkten,
Kunden)

reine Objektsegmentierung
(Objektmodell)

Abb. 4.5: Prozessorganisation als hybride Segmentierungsalternative

für Standardprodukte anders definiert als für Sonderprodukte, bei denen z. B. die Konstruktion als Teilprozess enthalten ist.

Neben dem „Produkt" können weitere Kriterien der Objektdifferenzierung wie Kunde oder Kundengruppe herangezogen werden. Darüber hinaus sind Kombinationen zwischen Produkt und Funktion denkbar und in der Praxis vorfindbar, auf die aber an dieser Stelle nicht näher eingegangen wird.

In der Praxis des Prozessmanagements dominieren produktspezifische Varianten der Prozessdefinition. Dies geschieht vor allem deshalb, da unterschiedliche Produkttypen und gegebenenfalls auch Kunden(gruppen) jeweils eigene Leistungs- bzw. Outputniveaus der Prozesse verlangen. Meist werden unterschiedliche Prozessvarianten, z. B. für einfache, mittelschwere und komplexe Fälle, geschaffen, um die Komplexität des Geschäftsprozesses zu verringern und die Standardisierung zu erleichtern (vgl. *Theuvsen* 1996, S. 70). Ebenso sind unterschiedliche IT-Standards bei einzelnen Kunden z. B. bei Automobilherstellung im Einsatz, so dass jeweils differenzierte Prozessdesigns erforderlich sind.

Zusammenfassend kann festgehalten werden, dass die Prozessorganisation als hybride Organisationsform zu verstehen ist, die einerseits auf der Funktionsintegration andererseits auf der Produktdifferenzierung mit dem Ziel beruht, kundenspezifischen Zusatznutzen zu stiften.

Segmentierungsalternativen und Koordinationsformen

Den Segmentierungsalternativen lassen sich idealtypisch bestimmte Koordinationsinstrumente zuordnen, mit deren Hilfe Transaktionen zwischen Organisationseinheiten abgewickelt werden sollen. Funktionale Spezialisierung korrespondiert mit hierarchischer Koordination. Hierarchische Weisungssysteme und Zentralisation von Entscheidungsbefugnissen sind bei funktionaler Spezialisierung unabdingbar, um Bearbeitungsqualität und Abstimmung der einzelnen Prozessstufen sicherzustellen (vgl. *Picot/Dietl/Franck* 2008, S. 295 ff.).

	Funktion	Prozess	Objekt
Koordinations-probleme	Suboptimierung/ Schnittstellen	Crossfunktionale Integration	Lieferungs- und Leistungs-verflechtungen
Koordinations-instrumente	Hierachische/ bürokratische Steuerung und Kontrolle	Prozessteams, Prozess-/ Casemanager Service Level Agreements	Verrechnungspreise, Lieferungs- und Abnahme-verpflichtungen

Abb. 4.6: Alternative Segmentierungsprobleme und Koordinationsinstrumente

Ebenso ist die produkt- oder kundenorientierte Differenzierung mit internen Marktbeziehungen (Verrechnungspreissystemen) verknüpft.

Zur Koordination der crossfunktionalen Interdependenzen eines Prozesses, haben sich **teamartige Kooperationsstrukturen** als effiziente Abstimmungsinstrumente herausgebildet. Selbstabstimmung bezweckt – im Unterschied zur Arbeitsverteilung in der klassischen Ablauforganisation – immer auch einen integrierten Prozessvollzug.

Der Informations- und Leistungsaustausch zwischen den Prozessteams bzw. den Process Ownern wird durch langfristige Vereinbarungen (**Service Level Agreements**) abgestimmt. Die Schnittstellen zwischen Prozessen werden als Kunden-Lieferanten-Beziehungen definiert, Verrechnungspreise als Koordinationsinstrumente indessen eher selten genutzt. Vielmehr bietet sich „Inside Contracting" (*Williamson* 1985, S. 68 ff.) als geeignetes Koordinationsinstrument an. Koordinationsprobleme und -instrumente sind in Abbildung 4.6 dargestellt.

Die Prozessorganisation vereint mithin Vorteile einerseits hierarchisch-funktionaler, andererseits marktlicher Koordinationsformen. Dies gilt allerdings nur bei mittleren Ausprägungen von Spezifität, Unsicherheit und Häufigkeit des organisationsinternen Leistungsaustausches. Marktliche Koordination ist gegenüber der prozessbasierten Integration besonders effizient bei standardisiertem, nicht auf eine spezielle Anwendung zugeschnittenem Leistungsaustausch. Hierarchische Koordination ist im Vergleich zu prozessbasierter Integration effizient, wenn der für die Austauschprozesse benötigte Ressourceneinsatz sehr spezifisch ist (vgl. *Göbel* 2002, S. 248). Die Effizienz der Prozessorganisation wird also jeweils durch Transaktionskostenvorteile hierarchischer und marktlicher Koordination begrenzt. Darüber hinaus begrenzen Marktinterdependenzen (unterschiedliche Prozessaktivitäten sind auf den gleichen Marktsektor gerichtet) und Ressourceninterdependenzen (unterschiedliche Prozessaktivitäten nutzen dieselbe Ressource, z. B. Personen, Anlagen, immaterielle Ressourcen) die Leistungsfähigkeit der Prozessorganisation. Eine Segmentierung nach Geschäftsprozessen kann hier die Entfaltung von Skaleneffekten und Kernkompetenzen verhindern. Markteffizienz einerseits und Ressourceneffizienz andererseits dominieren in diesen Fällen die Prozesseffizienz (vgl. *Frese* 2000, S. 268 ff.).

Ökonomische Eigenschaften alternativer Segmentierungsstrategien

Unter ansonsten gleichen Bedingungen unterscheiden sich die einzelnen Modelle hinsichtlich der Produktions- und Transaktionskosten (Koordinations- und Motivationskosten).

Vorteile der funktionalen Spezialisierung:

Skalenerträge: Die Stückkosten verringern sich mit jeder zusätzlichen Mengeneinheit an Ausbringung. Einerseits zeitigen repetitive Vorgänge Erfahrungs- und Übungseffekte, andererseits verteilen sich die Fixkosten auf die kumulierte Ausbringungsmenge. Funktionale Spezialisierung ist immer mit Fixkostendegression verbunden, da ein mehrfacher Aufbau von Kapazitäten für einzelne Produkte/Prozesse und damit Leerkapazitäten vermeidbar ist. Es können daher die Vorteile von Ressourceninterdependenzen genutzt werden. Produktionskostenvorteile aufgrund der Konzentration von Wissen und Sachmitteln und der damit verbundenen Skalenerträge sind daher zu unterstellen.

Geringe Einarbeitungs- und Anlernkosten: Hohe Spezialisierung verhilft Mitarbeitern zu schnellen Lernfortschritten aufgrund geringer Aufgabeninhalte und verminderter Komplexität bei der Aufgabenerfüllung. Demzufolge lassen sich Mitarbeiter entsprechend ihrer Fähigkeiten und ihres Wissens gezielt einsetzen und zur Entfaltung bringen.

Stabilität der Organisation: Funktionale Spezialisierung erlaubt klare Kompetenzzuweisung und Verhaltenskontrolle. Dementsprechend wird sowohl die Errichtung als auch die Etablierung von hierarchiebasierten Governance-Strukturen in diesem Fall erleichtert.

Objektorientierte Dezentralisierung weist entsprechende **Nachteile**, insbesondere höhere Produktionskosten, auf. Der Grund dafür liegt im dezentralisierten Ressourceneinsatz und den damit verbundenen nicht ausgeschöpften Synergiepotentialen.

Vorteile der objektorientierten Spezialisierung:

Geringer Koordinationsaufwand: Produktorientierte Differenzierung erleichtert die Integration. Weniger Interdependenzen und Leistungsverflechtungen zwischen den Bereichen (Entkoppelung durch interne Märkte) reduzieren den hierarchischen Koordinationsaufwand.

Höhere Transparenz der einzelnen Geschäftsfeldaktivitäten: Kleinere Einheiten sind nicht nur überschaubarer, auch Zielkonflikte, z. B. zwischen Produktion und Vertrieb, sind leichter zu erkennen und zu bewältigen.

Höhere Flexibilität: Kleinere, überschaubare Einheiten erleichtern die Anpassung bei exogenen Datenänderungen. Zukäufe oder Desinvestitionen sind realisierbar, ohne das gesamte Unternehmensgefüge zu beeinträchtigen. Sowohl die autonome als auch die kooperative Anpassungsfähigkeit an Umweltveränderungen ist größer. Allerdings sind der kooperativen Anpassungsfähigkeit bei objektorientierter Segmentierung dann Grenzen gesetzt, wenn die Gesamtorganisation von Änderungen betroffen ist. Wenn z. B. aufgrund veränderter Nachfragebedingungen das Produktprogramm geändert und hierfür Investitionsprogramme aufgelegt werden müssen, erweist sich die funktionale Segmentierung als überlegen (vgl. *Theuvsen* 1997, S. 983)

Höhere Anreizintensität: Die Motivation der Mitarbeiter, ihre vertikalen und horizontalen Handlungsspielräume zur Erreichung der Unternehmensziele zu nutzen, wird durch marktorientierte Dezentralisierung gefördert. Mitarbeiter werden zu effizienter Ressourcenallokation und -anpassung bei geänderten Rahmenbedingungen motiviert. Einerseits werden durch die objektorientierte Dezentralisierung Ganzheitlichkeit, Autonomie und Feedback der Aufgabengestaltung gefördert, was die intrinsische Motivation unterstützt, andererseits wird durch den transparenten Zusammenhang zwischen Handlung und Handlungsergebnis die extrinsische Motivationsaktivierung erleichtert (vgl. auch *Theuvsen* 1997, S. 982 f.).

Wirksamere Leistungskontrolle: Im Vordergrund marktorientierter Dezentralisierung steht die Ergebniskontrolle mittels wertmäßiger Steuerungskennzahlen. Ein darüber hinausgehendes Kontrollsystem ist dagegen wesentlich aufwendiger zu installieren und zu nutzen, da die Aufgabenkomplexität in den Entscheidungseinheiten größer, und Intransparenz und Infomationsbarrieren für Außenstehende schwerer zu überwinden sind. Adverse Selection und Moral Hazard sind bei marktorientierter Dezentralisation aufgrund größerer Handlungskomplexität schwieriger als bei Verrichtungsspezialisierung zu vermeiden.

Prozessorganisation als hybrides Koordinationsmodell

Die genannten Vor- bzw. Nachteile der Funktional- und Spartenstruktur komplementieren sich im hybriden Strukturmuster der Prozessorganisation, in der das Verrichtungs- und Objektmodell miteinander verknüpft werden. Die prozessorientierte Segmentierung nimmt dem zu Folge auch hinsichtlich der kostenverursachenden Faktoren eine mittlere Position ein (vgl. Abbildung 4.7).

Hinsichtlich der **Anreizintensität** nähert sich die Prozessorganisation den Strukturen bei Produktdifferenzierung an. Sie beinhaltet ganzheitliche Leistungsprozesse („Rund-um-Bearbeitung"), deren Ergebnis gegebenenfalls in marktfähigen Produkten bzw. in Gütern oder Leistungen für Kundenprozesse besteht. Der Kundenbezug bietet einen wesentlichen Anreiz für Transaktionseffizienz. Spezialisierungseffekte und Skalenerträge sind allerdings nicht in einer dem Verrichtungsmodell vergleichbaren Weise zu erzielen. Aufgabenumfang und -interdependenzen erschweren deren Ausschöpfung (vgl. *Milgrom/Roberts* 1992, S. 32 f.).

Spezialisierungsvorteile sind bei der Prozessorganisation nicht in dem Maße erzielbar, wie es bei der funktionalen Organisation der Fall ist, da die Handlungseinheiten weniger homogen und für die betroffenen Mitarbeiter weniger überschaubar sind.

	hierarchieorientierte Spezialisierung	prozessorientierte Integration	marktorientierte Dezentralisierung
Anreizintensität	-		+
autonome Anpassungsfähigkeit	-		+
kooperative Anpassungsfähigkeit	+		-
Governance-Vertrauen	+		-
Kosten des Organisationssystems	-		+
Produktionskosten	+		-
+ positive Effekte, - negative Effekte			

Abb. 4.7: Effizienz alternativer Koordinationsmuster

Die **autonome Anpassungsfähigkeit** der Prozessstruktur ist gegenüber marktlicher bzw. marktähnlicher Anpassung unterlegen. Bei prozessorientierten ebenso wie bei funktionsorientierten Aufgabeneinheiten sind Anpassungen **koordiniert** zu vollziehen. Dies gilt insbesondere für die Prozessorganisation. Sie muss durch die beteiligten Prozess- bzw. Casemanager kooperativ vollzogen werden. Abstimmungen finden innerhalb der Prozessteams statt. Im funktionsorientierten System werden einseitige Anpassungen durch hierarchische Intervention und Konfliktregelung verhindert. Anderenfalls werden gravierende Transaktionskosten durch suboptimale Entscheidungen in den einzelnen Funktionsbereichen hervorgerufen. Ein typisches Beispiel für das Problem einseitiger Anpassung sind Schnittstellen zwischen Vertrieb und Produktion: Der Vertrieb erhöht die Produktvielfalt, um den Verkauf durch das Angebot kundenspezifischer Varianten zu fördern, die Produktion ist an homogenen Serien interessiert. Sie lastet möglichst gleichartige Teile ein, um die durch die Typenvielfalt entstandenen zusätzlichen (Rüst-)Kosten gering zu halten. Dies hat Folgen für die Auslieferung und Liefertreue. Die Prozessorganisation kann Interdependenzen zwischen den Funktionsbereichen vermeiden und Transaktionskosten verursachende Schnittstellen reduzieren helfen. Die Stärke der Prozess- und der Funktionalorganisation liegt daher in der kooperativen Anpassung, wobei allerdings unterschiedliche Anpassungsmechanismen genutzt werden. Während die Prozessorganisation auf Selbstabstimmung angelegt ist, greift die funktionale Organisation eher auf hierarchische Abstimmungsmechanismen zurück.

Ein hohes Maß des **Vertrauens in bürokratische Steuerungs- und Kontrollinstrumente** ist notwendig, um opportunistisches Verhalten der Transaktionspartner im Sinne suboptimaler Bereichsstrategien zu vermeiden. Transaktionskosten können auch als Autonomiekosten auftreten, die dadurch entstehen, dass zwar aus Sicht des Funktionsbereichs optimale, aus Unternehmenssicht aber suboptimale Entscheidungen getroffen werden (vgl. *Theuvsen* 1997, S. 984). **Governance-Vertrauen** ist daher eine notwendige Bedingung für die Effizienz der funktionalen Organisation. Steuerung und Kontrolle der Prozessorganisation basieren dagegen auf Standardisierung und kooperativer Anpassung. Im Unterschied dazu ersetzt der Marktmechanismus weitgehend bürokratische Steuerungsinstrumente. Allerdings sind auch bei unternehmensinternen Lieferungen und Leistungen Regelungen wie Abnahmeverpflichtungen oder Preiskalkulationen unabdingbar.

Die **Kosten des Organisationssystems** sind hinsichtlich der Etablierung und der Nutzung zu unterscheiden. Prozessorganisation und interne marktorientierte Dezentralisierung verursachen höhere Kosten in der Phase der Etablierung, jedoch geringere in der Phase der Nutzung im Vergleich zur Funktionalorganisation.

Die höheren **Set up-Kosten** bei der Prozessintegration bzw. produktorientierten Dezentralisierung entstehen vor allem durch die höheren Qualifikationsanforderungen, die sich aus den komplexeren Aufgabeninhalten und der Delegation von Entscheidungskompetenzen ergeben. Die Kostenvorteile bei der Nutzung dieser Koordinationsformen sind darauf zurückzuführen, dass die funktionale Differenzierung höhere Overheadkosten im mittleren Management verursacht und weniger Möglichkeiten der Delegation bietet. Leistungsverflechtungen und -interdependenzen müssen durch aufwendige bürokratische Steuerungs- und Kontrollmechanismen koordiniert werden.

Wie bereits dargelegt besitzt die funktionale Segmentierung **Produktionskostenvorteile**, sofern Skalenerträge aufgrund der Spezialisierung ausgeschöpft werden können.

Die Abbildung 4.8 verdeutlicht, dass sich interne Märkte vor allem durch relativ geringe Transaktionskosten, d. h. Koordinations- und Motivationskosten, aus-

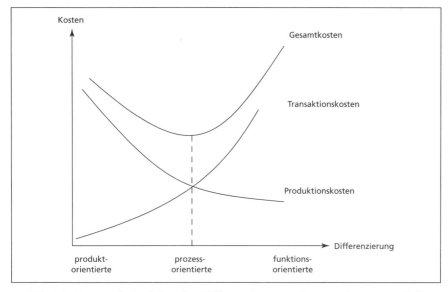

Abb. 4.8: Kosten als Funktion des Differenzierungs-/Segmentierungsmodells (in Anlehnung an *Jost* 2001, S. 309)

zeichnen. Bei funktionaler Segmentierung verhält es sich umgekehrt. Relativ niedrige Produktionskosten sind mit hohen Koordinations- und Motivationskosten verbunden. **Prozessorganisation** zeigt einerseits niedrigere Skalenerträge als die funktionsorientierte Struktur, andererseits aber auch höhere Transaktionskosten als die produktorientierte Organisation. Das Prozessmodell zeichnet sich cum grano salis durch eine relativ günstige Kostensituation aus, da die Gesamtkosten dort ihr Minimum haben. Dies ist im Wesentlichen durch den hybriden Charakter von Geschäftsprozessen bedingt, in dem einerseits durch die strukturelle Berücksichtigung von Interdependenzen Suboptimierung und Schnittstellen und damit Koordinationsprobleme reduziert, andererseits durch die Verrichtungsorientierung Lieferungs- und Leistungsverflechtungen nicht entkoppelt werden.

Duale Gestaltungsalternativen zwischen funktionaler und prozessualer Spezialisierung weisen unterschiedliche Vor- und Nachteile auf. Die Dominanz des Funktions- bzw. Prozessgliederungsprinzips wirkt sich vor allem auf die Koordinations- bzw. Motivationskosten aus.

• **Funktionsorientierte Primärorganisation mit prozessorientierten Stabsstellen**

Hier werden die ökonomischen Vorteile der funktionalen Spezialisierung genutzt. Der Prozessinterdependenz wird durch die Stabsaufgabe Rechnung getragen. Die Stabsstelle koordiniert das Entscheidungsverhalten der funktionalen Spezialisten. Den Kosten für den Prozessmanager stehen Einsparungen hinsichtlich der Kosten für Informationsübermittlung und Koordinationskosten gegenüber.

Den Koordinationsvorteilen stehen Motivationsnachteile gegenüber (vgl. *Jost* 2000, S. 321 ff.):

Asymmetrische Informationsverteilung ist zwischen Prozess- und Funktionsmanager zu erwarten. Die Funktionsspezialisten sind auf Informationen des Prozessspezialisten angewiesen, um ihre Aufgaben zu realisieren. Der Prozessmanager unterliegt einem erhöhten moralischen Risiko, da er seinen Informationsvorsprung für Eigeninteressen nutzen kann.

Die *Anreizgestaltung* wird durch die einseitige Verteilung von Weisungsbefugnissen erschwert. Die finanziellen Anreize für den Prozessmanager sind begrenzt, da weder für den Funktions- noch für den Prozessspezialisten eine eindeutige Erfolgszurechnung möglich ist. Die Linienstelle ist vom Wissenstransfer der Stabstelle abhängig, die Stabstelle verfügt selbst über keine formellen Weisungsbefugnisse, um Einfluss auf das Arbeitsergebnis auszuüben.

Interessengegensätze und Konflikte zwischen Stab und Linie können aus vielerlei Gründen entstehen: Unterschiedliche Professionalisierung, Suboptimierungen in Funktionsbereichen, mangelnde Motivation und Erfolgserlebnisse auf Seiten des Prozessmanagers.

• **Funktions- und Prozessmatrix**

Die duale Organisation soll die crossfunktionale Koordination verbessern, ohne dabei die Skalenerträge aus der funktionalen Spezialisierung zu vernachlässigen. Üblicherweise verfügen die Funktionsmanager über die Ressourcenallokation, die Prozessmanager über die sach- und fachliche Richtlinienkompetenz.

Die **Zentralisierung der Prozessverantwortung** soll die Informationsprozesse erleichtern und die Abstimmung der Funktionsspezialisten verbessern. Dadurch sollen über die Stabsvariante hinaus weitere Koordinationskostensenkungen erreicht werden. Höhere Abstimmungskosten entstehen allerdings durch die Konfliktträchtigkeit der Verteilung von Entscheidungsbefugnissen. Die Entscheidungsinterdependenzen von Prozess- und Funktionsdimension setzen Konsens unter den jeweiligen Spezialisten und kollektive Entscheidungen voraus, sollen gegenseitige Blockaden vermieden werden.

Die Zuweisung von Entscheidungskompetenzen an den Prozessmanager erleichtert die Anreizgestaltung für den Prozessspezialisten (vgl. *Jost* 2000, S. 327). Die individuelle Anreizgestaltung kann an den gemeinsamen Erfolg von Prozess- und Funktionsmanager geknüpft werden. Bemessungsgrundlage kann dabei die Prozessleistung sein. Dagegen lösen individuelle Erfolgszurechnungen, die an den jeweiligen prozess- bzw. funktionsorientierten Erfolgskomponenten gemessen werden, auf Grund der Entscheidungsinterdependenzen kaum das Anreizproblem, sie führen allenfalls zu Suboptimierungen.

Die gemeinsame Leistung als Bemessungsgrundlage für die Entlohnung impliziert ein erhöhtes moralisches Risiko. Wenn der Erfolg von dem Beitrag aller Prozessbeteiligten abhängt, dann führt die eingeschränkte Leistungsbereitschaft eines Einzelnen nicht zu Einkommenseinbußen (Trittbrettfahrerproblem).

- **Prozessorientierte Primärorganisation mit funktionsorientiertem Servicecenter**

Bei diesem Modell werden bestimmte Funktionen, die sich einer Routinisierung entziehen, spezialisierten Stellen übertragen. Das Wissen hinsichtlich der Interdependenz von Aktivitäten als auch deren Integration wird im Geschäftsprozess konzentriert. Das Konfliktpotential zwischen Funktion und Prozess ist damit weitgehend beseitigt.

In den zentralisierten Funktionen eines Servicecenters reduzieren Skalenerträge die Produktionskosten. Ebenso sind Koordinationskostensenkungen bei Ausführung der Aktivitäten zu erwarten, die der Geschäftsprozessintegration unterworfen sind.

Dem stehen allerdings erhöhte Informations- und Koordinationskosten zwischen Funktions- und Prozessverantwortlichen gegenüber. Damit die Prozessverantwortlichen ihre Prozessarbeit verrichten können, sind sie auf Experteninformationen des Servicecenters angewiesen. Da meist verschiedene Geschäftsprozesse auf das Servicecenter zugreifen, führt die damit verbundene Ressourceninterdependenz immer zu zusätzlichem Zeit- und Abstimmungsaufwand. Der Bearbeitungsprozess durchläuft in diesem Fall eine Schleife mit entsprechenden Schnittstellen und Wartezeiten, die wiederum Quelle von Fehlern sein können.

Gegenüber der reinen Prozessorganisation wird durch die Ausgliederung funktionaler Einzelaktivitäten in Servicestellen schließlich auch die Anreizgestaltung erschwert (vgl. *Jost* 2000, S. 331 f.). Das Prozessergebnis ist nicht eindeutig den Prozessverantwortlichen zurechenbar. Die Begrenzung seines

Entscheidungs- und Tätigkeitspielraumes kann sich negativ auf die Motivation der Prozessverantwortlichen auswirken. Nur im Falle separierbarer und in sich abgeschlossener Funktionen ist die Ausgliederung vertretbar, da sie routinisiertes Prozesshandeln nicht erschwert. Beispielsweise können für den Geschäftsprozess „Auftragsbearbeitung" die **juristische Vertragsgestaltung** oder für die „Kreditanfrage" die **Kreditwürdigkeitsprüfung** zentralisiert werden. Zentralisierungen einzelner Funktionen bieten sich vor allem immer dann an, wenn das Servicecenter als Kompetenzcenter für mehrere Prozesse genutzt und der Ressourceninterdependenz dadurch Rechnung getragen wird.

4.1.4 Transaktionsbedingungen als Einflussgrößen prozessorientierter Koordinationsformen

Die Prozessorganisation vereint mithin Vorteile einerseits hierarchischer, andererseits marktlicher Koordinationsformen. Es ist jedoch zu untersuchen, ob dieser Befund nicht durch kontingente Bedingungen wie Spezifität, Unsicherheit u. a. m. relativiert wird. Danach gelten die genannten Vorteile der Prozessorganisation nur bei mittleren Ausprägungen von Spezifität, Unsicherheit und Häufigkeit des organisationsinternen Leistungsaustausches.

• **Transaktionsspezifität**

Die marktorientierte Koordination ist gegenüber der prozessbasierten Integration besonders effizient bei standardisiertem, nicht auf eine spezielle Anwendung zugeschnittenem Leistungsaustausch. Hierarchische Koordination ist im Vergleich zu prozessbasierter Integration effizient, wenn der für die Austauschprozesse benötigte Ressourceneinsatz sehr spezifisch ist (vgl. *Göbel* 2002, S. 248). Die Effizienz der Prozessorganisation wird also jeweils durch Transaktionskostenvorteile hierarchischer und marktähnlicher Koordination begrenzt.

Die Hypothese, dass auch im Innenverhältnis das Ausmaß an transaktionsspezifischen Investitionen eine Bestimmungsgröße für die Koordinationsform eines Unternehmens darstellt, kann jedoch nur eingeschränkt gelten. In der Regel reduzieren interne Liefer- und Abnahmeverpflichtungen die Opportunismus Gefahr.

In der Praxis gelten solche Einschränkungen des Marktmechanismus zumindest solange, als Verrechnungspreise nicht über den Marktpreisen liegen. Allerdings ist nicht auszuschließen, dass suboptimale Entscheidungen der Geschäftsbereichsleiter ähnliche Folgen zeitigen wie opportunistische Strategien in externen Marktsituationen. „Division managers seeking to improve the profitability of their own divisions, have an interest then in manipulating the transfer price, perhaps by assigning overhead costs to products for which the buying division has no alternative source in order to inflate the profits reported to goods for which it faces competition" (*Milgrom/Roberts* 1995, S. 81).

Abhängigkeiten zwischen Transaktionspartnern werden einseitig ausgenutzt, Preise manipuliert und Liefer- bzw. Abnahmemengen den Preisen angepasst. Nachverhandlungen sind immer dann zu erwarten, wenn Marktpreise von den Transferpreisen abweichen. Die Transaktionspartner führen entweder

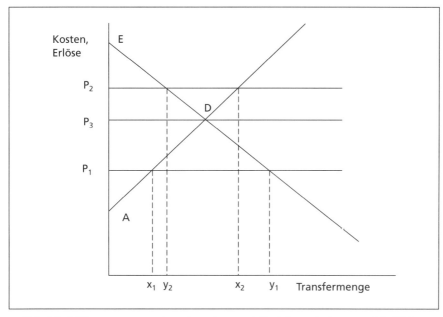

Abb. 4.9: Differenzen zwischen Angebot und Nachfrage bei unterschiedlichen Transfer- bzw. Marktpreisen (vgl. *Milgrom/Roberts* 1995, S. 82; *Poensgen* 1973, S. 494)

autonome Mengenanpassungen bei konstanten Verrechnungspreisen durch oder aber treten in Nachverhandlungen über die Verrechnungspreise ein. In Abbildung 4.9 werden die Spielräume für opportunistisches Verhalten der Sparten aufgezeigt.

Angenommen P_3 sei der Marktpreis, der auch dem Transferpreis entsprechen soll, dann entspricht der Schnittpunkt D von Grenzerlöskurve E (Nachfragekurve der belieferten Sparte) und Grenzkostenkurve A (Angebotsfunktion der liefernden Sparte) dem **Gleichgewicht von Angebot und Nachfrage**. Dann und nur dann besteht kein Opportunismusproblem. Ungleichgewichte liegen allerdings bei Transferpreisen P_1 und P_2 vor, wenn sie, wie im vorliegenden Fall, von dem Marktpreis P_3 abweichen. Bei dem Transferpreis P_1 liegt ein Angebot in Höhe von x_1 und eine Nachfrage in Höhe von y_1 vor und umgekehrt bei P_2 ein Angebot von x_2 und eine Nachfrage von y_2. Nachverhandlungsbedarf unter den Sparten wird daher zu erwarten sein, wenn Markt- und Transferpreis differieren bzw. wenn nicht der Gleichgewichtspreis P_3, sondern die Transferpreise P_1 oder P_2 realisiert werden.

Diese Verhandlungsspielräume sind geeignet, transaktionsspezifische Investitionen auch im Fall organisationsinterner Transaktionsprozesse zu gefährden. Entzieht die zentrale Instanz den Sparten die Entscheidungskompetenzen über Preise und Mengen der Transaktionsprozesse und legt sie diese selbst fest, dann verliert der Preismechanismus seine Koordinationsfunktion. Es handelt sich in diesem Fall weniger um eine marktorientierte als vielmehr um eine hierarchische Koordination. Weder die Funktion der Erfolgsermittlung noch die der

Ressourcenallokation des Preismechanismus (pretiale Lenkung) können so erfüllt werden.

Auch die organisationsinterne marktorientierte Koordination enthält genügend Spielräume für opportunistische Strategien der Transaktionspartner, um transaktionsspezifische Investitionen der Gefahr opportunistischer Strategien der Spartenleiter auszusetzen. Dezentrale Entscheidungen in den Profit Centern können auf Lieferanten- oder Abnehmerseite „sunk costs" bewirken, die bei Entscheidungen einer Zentralinstanz vermieden werden könnten.

Hohe transaktionsspezifische Investitionen einerseits und große dezentrale Spielräume bei Preis- und Mengenentscheidungen der Transaktionspartner andererseits sind demnach Transaktionsbedingungen, die Nachverhandlungen bei Marktpreisveränderungen nach sich ziehen können. Verrechnungspreise als Koordinationsinstrumente können in diesem Fall angesichts der getätigten transaktionsspezifischen Investitionen zu suboptimalen Austauschprozessen führen, die sich aus Unternehmenssicht als ineffizient erweisen und von optimalen Entscheidungen aus Sicht einer zentralen Instanz abweichen (vgl. die auch Fallstudie „Birch Paper Company" bei *Poensgen* 1973, S. 483 ff.). Verrechnungspreise sind daher ohne hierarchische Absicherung bei hoher Transaktionsspezifität außerordentlich konfliktträchtige Koordinationsinstrumente. Ihre Anreizfunktion ist begrenzt, insbesondere dann, wenn die Spezifität mit parametrischer Unsicherheit einhergeht und Marktpreise bzw. Absatzmengen großen Schwankungen unterworfen sind. Die **hierarchischen Elemente** machen die **Prozessorganisation robuster gegenüber opportunistischem Verhalten** der Transaktionspartner als die ausschließlich marktorientierte Koordination. Sie enthält Sicherungsinstrumente in Gestalt der Selbstabstimmung bei reiner Prozessorganisation, prozessorientierter Servicestellen oder Matrixorganisation im Fall der Produkt- bzw. Funktionsdifferenzierung.

Erweiterung um die „Infrastruktur- und funktionale Spezifität"
(Picot u.a. 2008, S. 309 f.)

Ressourcen sind oft unteilbar. Das gilt für das **Know-how funktionaler Spezialisten** ebenso wie für spezialisierte Technologien. Im Falle solcher Unteilbarkeiten, wie sie z.B. bei einem Rechenzentrum, einem numerisch gesteuerten Bearbeitungszentrum, einer Marktforschungsabteilung oder einem Entwicklungszentrum vorliegen, muss auch die **Ressourceninterdependenz** in der Struktur der Prozessorganisation Berücksichtigung finden. Es kommt dabei darauf an, Technologie und Wissen entsprechend zu zentralisieren, sie organisatorisch auszugliedern und mit den Kundenprozessen je nach Aufgabentyp zu koordinieren bzw. in diese zu integrieren.

In der Abbildung 4.10 sind Aufgaben mit hoher Kundenspezifität nach dem Prozesskriterium zentralisiert, mit geringer Kundenspezifität nach Funktion bzw. Objekt/Produkt spezialisiert. Eine geringe Infrastruktur- und funktionale Spezifität ermöglicht eine Differenzierung bzw. Segmentierung nach Produkten bzw. Produktgruppen, da die Duplizierung kostenintensiver Ressourcen entfällt.

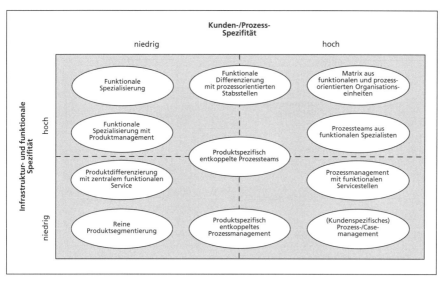

Abb. 4.10: Gestaltungsalternativen zwischen funktionaler und prozessualer Spezialisierung (in Anlehnung an *Picot u. a.* 2008, S. 309)

- **Parametrische Unsicherheit (transaktionsexterne Störungen)**

Unsicherheit hervorgerufen durch die **Dynamik der Umweltbedingungen** gilt als dominante Einflussgröße der internen Organisationsstruktur (vgl. *Kieser/ Walgenbach* 2003). Gerade das gemeinsame Auftreten von Transaktionsspezifität und Unsicherheit lösen funktionale Zentralisierungskräfte aus, die durch prozessorientierte Elemente in die Organisationsstruktur eingebunden werden müssen (vgl. *Picot/Dietl/Franck* 2008, S. 318 f.).

Die Verknüpfung und Koordination von Lieferanten- mit Kundenprozessen erfolgen durch Verrechnungspreise oder Vereinbarungen (Service Level Agreements). Dagegen bietet sich zur intraprozessualen Koordination die **Selbstabstimmung** der „Case-Worker" oder die hierarchische Abstimmung durch einen Prozessmanager an. In Abbildung 4.11 werden Varianten der Prozessorganisation in Abhängigkeit von Transaktionsspezifität und Unsicherheit der Aufgabenumwelt zusammenfassend dargestellt, wobei auf die „reinen" Ausprägungen des Verrichtungs- bzw. Objektmodells im Gefolge von Unsicherheit und Spezifität hier nicht eingegangen wird.

Aufgabenunsicherheit resultiert einerseits aus Umweltkomplexität (Anzahl, Vielfalt und Interdependenz der zu berücksichtigenden Faktoren) und andererseits aus Umweltdynamik (Variabilität der Faktoren wie z. B. Preiselastizität oder Innovationszyklen) (vgl. hierzu: *Khandwalla* 1973). Organisatorisch schwierig zu beherrschende Anforderungen liegen immer dann vor, wenn Transaktionsspezifität und Unsicherheit aufeinander treffen. Bei geringer Unsicherheit und geringer Spezifität ist die funktionale Differenzierung geeignet, Skaleneffekte bei den Produktionskosten zu heben und die Transaktionskostenvorteile einer ausschließlich prozessorientierten Strukturierung zu übertreffen. Stan-

Abb. 4.11: Spezifität und Unsicherheit als Gestaltungsbedingungen für die Prozessorganisation

dardisierung als bürokratisches Koordinationsinstrument, unterstützt durch einen Stab mit Prozesskompetenz, erscheint als geeignete Koordinationsform.

Die Transaktionskosten steigen mit zunehmender Spezifität der Lieferungs- und Leistungsverflechtungen. Die Prozessspezialisierung verbunden mit hierarchischer Steuerung und Kontrolle, wie sie z. B. durch den Einsatz eines Prozessmanagers ausgeübt wird, gewinnt bei hoher Spezifität der Austauschbeziehungen und stabilen Umweltbedingungen zunehmend an Transaktionskosteneffizienz. Je mehr spezifische Investitionen getätigt werden und je höher die Aufgabenunsicherheit ist, umso so bedeutsamer sind die Konsequenzen für die Transaktionspartner, die sich aus Vertragslücken ergeben (vgl. *Theuvsen* 1997, S. 987). Die Koordination durch Prozessteams erhöht unter diesen Bedingungen die Anreizintensität, während Routine bei Prozessvollzug Vertrauen in bürokratische Steuerung und Kontrolle gewährt.

Mit zunehmender Dynamik und Komplexität werden erhöhte Anforderungen an die **Flexibilität des Koordinationssystems** gestellt. Matrixartige Koordinationsstrukturen bieten sich daher als effiziente Koordinationsmuster an. Das Prozesskonzept kann dementsprechend um die Dimensionen Produkt bzw. Funktion ergänzt und erweitert werden. Diese Dynamisierung des Prozessmanagements kann in Verbindung mit der Entwicklung organisatorischer Routinen, die auf kooperativer Anpassungsfähigkeit, Motivation und Steuerung basieren, nicht nur auf Produktivitätssteigerung und Produktionskostensenkungen, sondern auch auf Innovation und Flexibilität zur Bewältigung neuer Anforderungen gerichtet sein.

Benner/Tusham (2003, S. 238 ff.) konstatieren, dass Prozessmanagement einem Dilemma zwischen Exploitation und Exploration ausgesetzt sei. Prozessmanagement ziele auf inkrementale Verbesserung vorhandener Ressourcen, leiste aber Widerstand gegen Wandel und unterdrücke organisatorische Variabilität.

"Process management capabilities speed exploitation and efficiency, and while they may allow organizations to survive in a short run, they simultaneously dampen the exploration required for longer-term adaptation" (*Benner/Tusham* 2003, S. 252). Es ist daher zu fragen, ob nicht gerade die Variantenvielfalt prozessorganisatorischer Strukturformen es erlaubt, sich widersprechenden Herausforderungen auf Märkten zu stellen und dynamische Fähigkeiten in nur lose verkoppelten, offenen organisatorischen Strukturen zu entwickeln.

- **Häufigkeit von Transaktionen**

Die Häufigkeit spielt unternehmensintern nur eine untergeordnete Rolle (vgl. *Theuvsen* 1997, S. 987). Dass allerdings selten stattfindende Transaktionen über marktorientierten Leistungsaustausch und sich permanent wiederholende Transaktionen in funktionaler Spezialisierung kostengünstiger abgewickelt werden können, ist aus oben genannten Gründen nahe liegend. Allerdings gilt auch hier, dass die Prozessorganisation dann Transaktions- und Produktionsvorteile aufweist, wenn Objekte in unterschiedlichen Varianten bzw. Eigenschaften bearbeitet werden müssen und intensiver Abstimmungsaufwand zwischen den Bearbeitungsstationen notwendig ist. Ferner erweist sie sich unter dem Aspekt unsicheren Anfalls der zu bearbeitenden Aufgaben bzw. Vorgänge als flexibler als die Funktionsspezialisierung. Die Vorteile der Prozessspezialisierung liegen hier in der **Selbstkoordination**, die sich positiv auf Anreizintensität, Anpassungsfähigkeit und Kosten der Nutzung des Koordinationsmechanismus auswirkt.

- **Messbarkeit der Leistung**

Die Organisation einer Transaktion ist nicht zuletzt von der Bewertung der ausgetauschten Leistung abhängig. Einerseits können Informationsasymmetrien Gründe für Bewertungsprobleme sein. *Williamson* verweist in diesem Zusammenhang auf die Qualitätsbeurteilung eines Gebrauchtwagens durch den Käufer (vgl. *Williamson* 1985, S. 92). Ein weiterer Fall, der insbesondere den organisationsinternen Leistungsaustausch betrifft, ist die Zurechnung der Einzelleistung eines Transaktionspartners bei der Erfüllung von kollektiven, interdependenten Aufgaben in einer Arbeitsgruppe. Opportunismus in Gestalt des „Trittbrettfahrens" ist hier nur mit großem Aufwand kontrollierbar. Besonders anfällig für opportunistische Strategien sind komplexe Tätigkeitsfelder, wenn sich die Ergebnisse ihrer Teilaufgaben hinsichtlich der Messbarkeit unterscheiden. Häufig ist die Qualität bei einzelnen Teilaufgaben messbar und bei anderen nur schwer oder gar nicht messbar. Die Arbeit eines Hochschullehrers enthält Teilaufgaben die messbar sind, wie z. B. Zahl der Hörer, und solche die nur schwer messbar sind, wie z. B. die Qualität seiner Forschungsbeiträge in einem interdisziplinären Großprojekt. Werden nur die messbaren Leistungen entlohnt, wird sich der Stelleninhaber auf diese schwergewichtig verlegen. Die Folge davon kann sein, dass Tätigkeiten, die intrinsische Motivation aktivieren, von solchen korrumpiert werden, deren Anreizwert allein auf extrinsischer Motivation beruht.

Unternehmensspezifisches Humankapital unterscheidet sich von **allgemeinem** Humankapital, wie z. B. Expertenwissen, das auch auf dem Arbeitsmarkt transferierbar ist. Unternehmensspezifisches Wissen von Mitarbeitern, wie

Kenntnisse firmenspezifischer Software, Arbeitsroutinen, Beziehungen zu Stakeholdern etc., das nicht über den Arbeitsmarkt zu beschaffen ist, hat innerhalb des Unternehmens höheren Wert als außerhalb (vgl. *Jost* 2001, S. 324). Transaktionsspezifische Investitionen in das Humankapital sind dem Risiko opportunistischen Verhaltens aufgrund des nur eingeschränkt funktionierenden Marktmechanismus ausgesetzt. Um die Unsicherheit zu reduzieren, bedarf es zusätzlicher, Transaktionskosten verursachender Steuerungs- und Kontrollmechanismen (z. B. Einsatz eines Prozessmanagers). Eingeschränkte Messbarkeit der Leistung ruft vor allem in Verbindung mit der Faktorspezifität Opportunismusgefahren hervor. Messbarkeitsprobleme betreffen vor allem Leistungen personaler Ressourcen.

Entsprechend der Ausprägungen von Spezifität und Messbarkeit ergeben sich folgende Koordinationsformen (siehe Abbildung 4.12)

Abb. 4.12: Prozessorganisation in Abhängigkeit von Messbarkeit der Leistung und humankapitalspezifischer Investitionen

„**Internal Spot Market**" charakterisiert den Fall funktionaler Spezialisierung. Mitarbeiter lassen sich schnell und kostengünstig über den internen bzw. externen Arbeitsmarkt beschaffen und einarbeiten. Die Gefahr opportunistischen Verhaltens ist gering.

„**Primitive Teams**" unterliegen zwar nicht der Gefahr des Verlusts von Wissen bei Ausscheiden von Mitgliedern, es besteht jedoch das Problem der Steuerung und Kontrolle der Teammitglieder, da die Anreizgestaltung aufgrund der schwierigen Leistungsmessung problematisch ist. Prozess- bzw. Casemanager haben daher nicht nur eine Integrations-, sondern auch eine Kontrollfunktion wahrzunehmen.

„**Obligational Market**" kennzeichnet eine Situation, bei der beide Vertragsparteien Interesse an langfristiger Kooperation haben. Unternehmensspezifisches Wissen lässt sich in unterstützenden funktional spezialisierten Serviceteams konzentrieren, was den Standardisierungsgrad erhöht und damit auch die Messbarkeit der Leistung des Prozessteams erleichtert. Die Leistung bzw. das Prozessergebnis des Prozessteams ist daher gut messbar. Hierarchische Verhaltenskontrolle ist durch einfache Ergebniskontrolle ersetzbar. Die „Humankapitalspezifität" ist auch dadurch begründet, dass Mitarbeiter umfassende Teilaufgaben bearbeiten und entsprechend umfassende Verantwortung erhalten. Bei heterogenen Produkten kann eine produkt- und prozessspezifische Segmentierung Schnittstellenprobleme vermeiden und Abstimmungsaufgaben erleichtern helfen.

„**Relational Teams**" bedürfen besonderer Anreizsysteme, da die Steuerungs- und Kontrollmöglichkeiten aufgrund der Aufgabenstruktur begrenzt sind. Hohe Transaktionskosten sind immer dann zu erwarten, wenn Mehrdeutigkeiten bei der Messung individueller Leistung und Inkongruenz zwischen individuellen und organisatorischen Zielen vorliegen. *Ouchi* (1980, S. 135) sieht in der Koordinationsform „Clan" die Fähigkeit, Ambiguität bei der Leistungsmessung zu tolerieren, wenn individuelle und organisatorische Ziele in Kongruenz gebracht werden. Opportunismus kann dann weitgehend ausgeschlossen werden. Gemeinsame Werte und „beliefs", Vertrauen und Solidarität müssen allerdings unter den Transaktionspartnern herrschen, um die Erwartungen hinsichtlich gleichgewichtiger Zielerfüllung zu stabilisieren und in kongruentes Verhalten münden zu lassen. **Reziprozität** und **Legitimität** in den sozialen Vereinbarungen bilden Voraussetzungen für Transaktionsbeziehungen, die trotz Schwierigkeiten bei der Evaluierung minimale Transaktionskosten aufweisen.

Prozessteams als **relationale Teams** setzen sich aus Spezialisten, die über unternehmensspezifisches Wissen verfügen, zusammen. Die Kooperationsbeziehungen und die Formen der Teilung und des Austausches von Wissen sind idiosynkratisch entwickelt. Die Vertragsbeziehungen sind auf Dauer angelegt und haben sich in einer Tradition verlässlicher Zusammenarbeit herausgebildet. Ein Großteil der humankapitalspezifischen Investitionen besteht somit im Erlernen und in der Beherrschung transaktionaler Geschäftsprozesse, die als unternehmensspezifische Routinen im Prozessteam eingeübt sind und permanent weiterentwickelt werden. Prozesse dieser Art sind Forschungs- und Produktentwicklungsprozesse, wie sie z. B. in der pharmazeutischen Industrie anzutreffen sind. Auch in der der Automobilindustrie und ihren Systemlieferanten sind solche „relationalen" Prozessstrukturen zu beobachten (vgl. *Gaitanides* 1996, S. 737 ff.).

- **Interdependenzen zwischen Teilaufgaben**

Interdependenzen werden ebenfalls als Umweltfaktoren konzeptualisiert (vgl. *Jost* 2001, S. 330 f.). Interdependenzen verursachen Abstimmungsaufwand zwischen Aufgabenträgern. Transaktionskosten steigen also mit den Abhängigkeiten zwischen den Teilaufgaben und dem dadurch verursachten Abstimmungsbedarf bei der Aufgabenerfüllung. Werden die Teilaufgaben jedoch so gebildet, dass die Abhängigkeiten und Informationsbeziehungen gering sind, dann führt dies auch zu einer Senkung der Transaktionskosten.

Grundlegend für die Wahl der Koordinationsform ist daher die Analyse der Art der Interdependenz der Teilaufgaben.

Grundsätzlich lassen sich folgende Interdependenzarten unterscheiden (vgl. *Frese* 1998, S. 59 ff. und S. 116 ff.):

- Prozessinterdependenzen
- Ressourceninterdependenzen
- Marktinterdependenzen

Prozessinterdependenzen entstehen durch innerbetriebliche Leistungsverflechtungen. Die Entscheidungen im Rahmen der Erfüllung einer Teilaufgabe bilden Prämissen für die Entscheidungen bei Erfüllung einer anderen nachgelagerten Teilaufgabe. Umgekehrt können auch Entscheidungen auf einer nachgelagerten Stufe Entscheidungen auf der vorgelagerten beeinflussen. Solche Verknüpfungen werden auch als **sequentielle** Interdependenzen bezeichnet. Beispielsweise determinieren Termine für Lieferungen eines Bereichs die Disposition eines anderen.

Die Prozessinterdependenzen müssen aber nicht immer als einseitige, sondern können auch als gegenseitige Abhängigkeiten (**reziproke** Interdependenz) oder gar als **interaktive** Abhängigkeiten (teamartige Interdependenz) auftreten (vgl. *Picot u. a.* 2008, S. 63). Letzteres ist z. B. bei Projektteams mit komplexen Aufgaben anzutreffen, bei denen eine Vielzahl von Vorgängen gleichzeitig abgewickelt werden, die aufeinander abzustimmen sind.

Prozessinterdependenzen rufen vor allem bei funktionaler Spezialisierung Koordinationsbedarf hervor. Verrichtungszentralisation verursacht Schnittstellen, die sich nachteilig für die Prozesseffizienz, z. B. hinsichtlich Bearbeitungsqualität, Abstimmungskosten und Durchlaufzeiten, auswirken.

Ressourceninterdependenzen liegen vor, wenn mehrere Organisationseinheiten eine knappe Ressource gemeinsam nutzen (vgl. *Frese* 1998, S. 63). Es kann sich dabei um materielle Ressourcen wie z. B. eine Produktionsanlage oder immaterielle wie Expertenwissen, ein Kompetenz- bzw. Servicecenter oder eine Vertriebsorganisation handeln. Sie kann auch als „gepoolte" Interdependenz auftreten, wenn z. B. unterschiedliche Organisationseinheiten um knappes Kapital konkurrieren (vgl. *Picot u. a.* 2002, S. 75). Ressourceninterdependenz wirft immer die Frage nach Ressourceneffizienz auf. Ressourcenbezogene Autonomiekosten entstehen, wenn eine gemeinsam nutzbare Ressource gesplittet und auf unterschiedliche Organisationseinheiten verteilt wird und dadurch Leerkapazität und Fehlallokation knapper Ressourcen entstehen. Nicht genutzte Ressourceneffizienz trotz Ressourceninterdependenz bedeutet, dass entgangene Skalenerträge und Kompetenzverluste in Kauf genommen werden.

Marktinterdependenzen bestehen, wenn unterschiedliche Organisationseinheiten den gleichen Marktsektor bearbeiten. Im Extremfall konkurrieren diese Organisationseinheiten mit ihren jeweiligen Produkten um die gleiche Käuferschicht. Dies ist z. B. der Fall, wenn die Sparten „Mainframe" und „Mittlere Datentechnik" eines Computerherstellers um denselben Großkunden werben und die Vorteile ihres jeweiligen Produkts im Vergleich zum „eigenen" Konkurrenzprodukt als Kaufargumente anführen. Marktinterdependenzen treten vor allem bei Produktsegmentierung auf. Auf „internen" Märkten ist die Markteffizienz als Strukturierungsprämisse weniger bedeutsam, da „Kannibalisierungseffekte" nicht notwendig dem Unternehmen als Ganzem schaden müssen.

Prozessinterdependenzen sind immer mit einer Motivationsproblematik verbunden (vgl. *Jost* 2001, S. 330). Ergebnisse können nicht einzelnen Mitarbeitern zugerechnet werden, sondern sind von den auf vor und nach gelagerten Prozessstufen tätigen Aufgabenträgern abhängig. Finanziellen Anreizen sind daher Grenzen gesetzt. Um Transaktionskosten zu reduzieren, sind entweder den Instanzen Steuerungs- und Kontrollaufgaben oder ist die gesamte Sequenz interdependenter Aktivitäten einem Team (Prozessteam) zu übertragen. Auch kann die Prozessstandardisierung dazu beitragen, Koordinationsaufwand interdependenter Teilaufgaben zu verringern. Eine prozessorientierte Segmentierung kann sich daher auch auf Produktionskosten senkend auswirken.

Ressourceninterdependenzen sind mit horizontalem Koordinationsbedarf zwischen unterschiedlichen Organisationseinheiten verbunden. Selbstabstimmung oder Verrechnungspreise sind unter Anreiz- und Anpassungsaspekten zunächst die geeigneten Koordinationsinstrumente. Erst bei Versagen dieser Instrumente kommt hierarchische Koordination subsidiär in Frage. Verrechnungspreise haben eine Anreiz- und Motivationsfunktion. Verrechnungspreise tragen zur Entkoppelung der Organisationseinheiten von einer zentralen Ressource bei. Sie ermöglichen so die Erfolgszurechnung der liefernden und nachfragenden Organisationseinheit und damit die Schaffung von finanziellen Anreizen. Bei konkurrierender Nachfrage nach den Leistungen einer knappen zentralen Ressource tragen sie zur Optimierung der Ressourcenallokation bei. Sind einzelne Prozesse auf die Nutzung der betreffenden Ressource angewiesen, dann hätte die Aufteilung der knappen Ressource auf die einzelnen Prozesse und deren organisatorische Integration in der Regel entgangene Skalenerträge zur Folge. Aus Sicht der Minimierung von Transaktionskosten ist daher die fragliche Ressource funktional auszugliedern und als zentrale Einheit, z. B. als Service- oder Kompetenzcenter, zu führen. Dies erleichtert zudem die Standardisierung der diese Ressource nutzenden dezentralisierten Organisationseinheiten ebenso wie deren Anpassungsfähigkeit an Umweltveränderungen.

Prozess- ebenso wie Ressourceninterdependenz bilden kontingente organisatorische Einflussfaktoren. Abbildung 4.13 zeigt zusammenfassend alternative Segmentierungs- und Koordinationsformen aus der Perspektive der Transaktionskostentheorie.

Produktorientierte Organisationsformen sind dann realisierbar, wenn Prozess- und Ressourceninterdependenzen organisatorisch zu berücksichtigen sind und keine grundsätzlichen Effizienzprobleme mehr aufwerfen. Erstrecken sich Ressourceninterdependenzen auf zentrale Serviceleistungen, dann können Verrechnungspreise eine isolierte Erfolgszurechnung der Produktbereiche gewährleisten. Prozessinterdependenzen können durch produktspezifische Prozessdifferenzierungen berücksichtigt werden. Grenzen der Produktspezialisierung liegen in diesen Fällen allein in der Marktinterdependenz.

- **Informations- und Kommunikationstechnologie**

Die Weiterentwicklung der Informations- und Kommunikationstechnologie (IuK-Technik) verschiebt die Grenzen der Vorteilhaftigkeit einzelner Koordinationsformen (vgl. *Picot u. a.* 1996, S. 56 ff.). Hinsichtlich der unternehmensinternen Austauschprozesse betrifft das Potenzial der IuK-Technik in besonderer

Abb. 4.13: Segmentierung und Koordination in Abhängigkeit von Prozess- und Ressourceninterdependenzen

Weise die Gruppenarbeit. Die Arbeitsunterstützungssysteme (Groupware) vereinfachen die Gruppenarbeit durch Informations- und Prozessunterstützung (vgl. *Picot u. a.* 1996, S. 147 ff.). Informationsunterstützung erfolgt durch Datenbank- und Expertensysteme, Prozessunterstützung durch Workflow-Systeme. Letztere koordinieren die Tätigkeiten einzelner Mitarbeiter in zeitlicher und sachlogischer Hinsicht, wobei deren Ausführung gegebenenfalls durch Anwendungsprogramme unterstützt wird. **Workflow-Systeme** steuern die Vorgangsbearbeitung in organisationsweiten arbeitsteiligen Prozessen und koordinieren die dabei anfallenden Tätigkeiten und weisen ihnen Ressourcen (Mitarbeiter, Software, Maschinen) zu. Manuelle Tätigkeiten etwa der Weiterleitung von Daten, Dokumenten und Notizen zwischen Arbeitsstationen entfallen. Der Vorteil solcher Vorgangssteuerungssysteme liegt darin, dass das System erlaubt, interdependente Vorgänge parallel zu bearbeiten.

Die „Workflow"-Auftragsbearbeitung beinhaltet beispielsweise die Erfassung der Auftragsdaten sowie den anschließenden Aufruf des Bonitätsmoduls, das durch Zugriff auf eine Datenbank die neu eingegebenen Daten mit den gespeicherten Daten abgleicht. Wird dem Kunden Zahlungsfähigkeit unterstellt, so ist der nächste Schritt die Übertragung der Auftragsdaten an das Modul der Lagerverwaltung. Die Information darüber, welcher Schritt als nächstes ausgeführt werden muss, ist vergleichbar mit dem Register einer Umlaufmappe. Die elektronische Umlaufmappe des Workflow-Systems schickt die jeweiligen Inhalte der Mappe selbständig an die betroffenen Personen und stellt darüber hinaus automatisch das geeignete Werkzeug zur Aufgabenerfüllung zur Verfügung. An jedem dieser Werkzeug- und Modulaufrufe ist eine Versorgung der Module mit Eingabedaten notwendig, im ersten Falle unseres Beispiels sind es die Kundendaten, im zweiten die Daten des Auftrags. Diese Versorgung muss an den jeweiligen Modulaufrufen im Workflow-System explizit programmiert werden, und zwar unter Bezugnahme auf die Programmierschnittstelle (API) des jeweiligen Moduls (*Picot u. a.* 1996, S. 153).

Der Einsatz von Prozessunterstützungssystemen führt zwangsläufig zu erhöhter Standardisierung der Austauschbeziehungen. In einem workflow-unterstützten Prozess erfahren gleichartige Prozessobjekte stets die gleiche Bearbeitung (vgl. *zur Mühlen* 1999, S. 306), was zur Prozessbeherrschung und Steigerung der Prozessqualität beitragen soll. Mit dem automatisierten Routing der Arbeitsobjekte geht zwangsläufig eine Veränderung der Koordinationsanforderungen und mithin auch der Transaktionskosten einher. Die Reichweite marktlicher und prozessorientierter Segmentierungs- und Koordinationsformen wird sich daher aufgrund veränderter technologischer Transaktionsbedingungen zu Ungunsten der funktionalen Spezialisierung erhöhen.

4.1.5 Bewertung der institutionenökonomischen Perspektive

Die institutionenökonomische Analyse wurde auf interne Segmentierungs- und Koordinationsformen angewendet. Dabei wurde die Prozessorganisation als ein **hybrides Struktur- und Koordinationsmuster** definiert, das je nach Ausprägung unterschiedliche Elemente von produktorientiertem Objektmodell bis zur funktionalen Spezialisierung in sich vereint. Entsprechend deren Ausprägungen entstehen jeweils eher marktähnliche oder hierarchische Koordinationsformen, um die Integration arbeitsteiliger Aktivitäten zu gewährleisten. Neben der hierarchischen Koordination durch den Prozessmanager und der marktartigen Koordination durch Verrechnungspreise ist die teamartige Koordination unter schwierigen Bedingungen der Prozessintegration besonders geeignet.

Der **Zusammenhang von Segmentierung**, d. h. den Gliederungsprinzipien Funktion, Produkt und Prozess, sowie der **Koordinationsform** Hierarchie, Markt und Team ist nicht zwingend. Weder besteht eine grundsätzliche Unabhängigkeit von Segmentierung und Koordination. So sind bei funktionaler Segmentierung Koordinationsformen in Gestalt des Produkt- oder Prozessmanagements durchaus gängige Praxis. Noch sind einzelnen Segmentierungsmodellen eindeutige Koordinationsformen zuzuordnen. Crossfunktionale Koordination kann sowohl durch Hierarchie als auch durch Teams erfolgen. Allerdings kann eine gewisse Regelmäßigkeit zwischen Segmentierungsmodell und Koordinationsform unterstellt werden.

Es wird angenommen, die Transaktionskosten seien messbar oder zumindest komparativ vergleichbar. Selbst wenn dies zutrifft, bleibt die Frage, ob Koordinationsformen an Hand der Kosten ausgewählt werden sollen, oder ob nicht die Leistungsfähigkeit bzw. ihr Beitrag für die Wertschöpfung und die Wettbewerbsfähigkeit ein relevantes Auswahlkriterium darstellen sollten. So ist z. B. zu fragen, welchen Zusatznutzen das Prozessmanagement im Vergleich zum Funktionsmanagement neben bestimmten situativen Bedingungen für den Kunden stiftet?

Die grundlegende Koordinationsperspektive des Transaktionskostenansatzes zielt auf den Markt als Koordinationsform, nur im Fall seines Versagens aus Gründen von Opportunismus kommt „Organisation" respektive Hierarchie zum Zug. Organisationen sind „Opportunismusunterdrückungs-", bestenfalls

Motivations- und Anreizsysteme (vgl. *Göbel* 2002, S. 385). Mit der Prozessorganisation wird jedoch dem engen organisatorischen Integrationssystem „Hierarchie", i. e. Kontrolle, eine Vielfalt organisatorischer Instrumente und Gestaltungsalternativen gegenübergestellt, die nicht auf Kontrolle, sondern auf persönlichen Bindungen und Sozialisation, Vertrauen und Identifikation beruhen und diese zum Leitmotiv des Handelns machen. Darüber hinaus unterstützt sie die kooperative Anpassung („purposive adaption") und soziale Konditionierung („social conditioning") als wesentliche Fähigkeit der organisatorischen Koordination (*Goshal/Moran* 1996, S. 33). Wissen und Innovationen haben vielfach (noch) keinen Preis, der sie marktorientierten Austauschprozessen unterwerfen könnte. Die unterschiedlichen Varianten der Prozessorganisation verleihen ihr die Mächtigkeit, je nach Anforderungen nicht nur Effizienz („**Exploitation**") der Austauschbeziehungen zu gewährleisten, sondern auch Wandel und Innovation („**Exploration**") zu initiieren (anders *Benner/Tushman* 2003, S. 244 ff.). Die Vielfalt organisatorischer Abstimmungsinstrumente, insbesondere die Effizienz der Prozessorganisation in Hinblick auf eine dynamische und langfristige Kooperation, erweitert die relative Vorteilhaftigkeit der Koordinationsform Organisation gegenüber rein marktartiger Koordination.

Anderseits wurden durch die organisationsinterne Analyse die Grenzen prozessorientierter Strukturierung aufgezeigt. Markteffizienz bei produktorientierter Differenzierung einerseits und Ressourceneffizienz bei funktionaler Spezialisierung andererseits schaffen Bedingungen, die die Effizienz des Prozessmodells begrenzen. Dennoch wurden **Spektrum und Reichweite nicht-marktorientierter Koordination** durch das Prozessmodell erweitert. Die prozessorientierte Integration entfaltet ihre Vorteile als effizienter Koordinationsmechanismus allerdings nur dann, wenn die Austauschbeziehungen nicht extremen Ausprägungen von Spezifität, Unsicherheit, Häufigkeit und Messbarkeit des organisationsinternen Leistungsaustauschs unterworfen sind.

Die vorgestellten organisatorischen Koordinationsformen sind strukturelle Angebote, die individuelles Verhalten in Grenzen determinieren, jedoch keineswegs unmittelbar handlungsrelevant sein müssen. Die handelnden Akteure sind mit Reflexionsfähigkeit und Intentionalität ausgestattet. Sie verfügen über eigene Handlungsmotive und handlungspraktisches Wissen, das nicht notwendig auf vorgefundenen strukturellen Gegebenheiten beruht. Sie generieren eigene Bedeutungszuweisungen, die sich aus Kommunikationsprozessen entwickeln. Organisationsstrukturen werden ebenso wie Märkte durch Kommunikation und Interaktion konstituiert und sind nicht allein das Ergebnis technologischer Konstruktionen.

4.2 Prozesskonzept – konstruktivistische und strukturationstheoretische Perspektive

4.2.1 Geschäftsprozesse als soziale Konstruktion – die konstruktivistische Sicht

Prozessorganisation ist nicht ein objektiviertes Strukturierungskonzept, dessen Funktionalität sich nach Kosten und Leistungen in der realen Welt beobachten und messen lässt, sondern sie bildet sich erst durch soziale Konstruktion der beteiligten und betroffenen Akteure heraus.

„Organisationen ‚funktionieren' nicht, weil ihre ‚Struktur' zweckmäßig gestaltet ist, sondern weil ihre Mitglieder ‚in ihren Köpfen' bestimmte Vorstellungen darüber haben, wie Organisationen funktionieren sollten. Zum Teil sind diese Vorstellungen in der Kultur enthalten, z. T. müssen sie in Organisationen ‚vereinbart' bzw. plausibel gemacht werden und in Prozessen von Versuch und Irrtum eingeübt werden. Organisationen sind so gesehen keine objektiven Gegebenheiten, sondern beruhen im Wesentlichen auf den Kognitionen von Organisationsmitgliedern und ihren Interaktionspartnern" (*Kieser* 2001, S. 288).

Im Unterschied zu positivistischen Organisationstheoretikern, zu denen sicherlich auch die Vertreter der Neuen Institutionenökonomie zu zählen sind, werden Organisationsstrukturen und mithin auch prozessorientierte Strukturen nicht als objektive Realität konzipiert, sondern deren Entstehen ist als soziales Konstruieren zu interpretieren.

Folgende Annahmen liegen der **konstruktivistischen Perspektive** zu Grunde (vgl. *Wollnik* 1992, Sp. 1780f.; *Kieser* 2001, S. 296):

- Die Wirklichkeit ist sozial konstruiert. Die Konstruktion erfolgt durch Kommunikation. Kommuniziert wird über Symbole, insbesondere sprachliche Symbole.

- Erkenntnis entsteht auf Grundlage von Bedeutungszuweisungen der Akteure, die sich aus kulturell bestimmten Sinnzusammenhängen ergeben.

- Menschliches Handeln ist intentional und motivational begründet, Akteure verfolgen eigene Ziele und Interessen. Äußere Faktoren determinieren das Handeln allenfalls in Grenzen, bilden aber keine strikte Handlungsanleitung.

Strukturelle Regelungen sind interpretationsbedürftig, sollen sie als Handlungsanleitungen dienen. Kooperatives Handeln setzt Übereinstimmung der Interpretationen voraus. Gemeinsames Handeln vollzieht sich über Kommunikation unter den Organisationsmitgliedern, um sich auf gültige Interpretationsmuster verständigen zu können.

Den Interpretationen der Interaktionspartner liegen Schemata, d. h. von konkreter Erfahrung abstrahierte Wissensbestände, zu Grunde, die in Skripten, Routinen und impliziten Organisationstheorien gespeichert sind (vgl. *Kieser* 2001, S. 304). Sie erleichtern es den Organisationsmitgliedern sich in neuartigen Situationen zu orientieren und angesichts der eintretenden Ereignisse angemessen zu handeln. Organisationsmitglieder verdichten ihr Wissen und ihre

Erfahrungen in „subjektiven Theorien" oder Alltagstheorien, die ihnen helfen, Phänomene des Alltagslebens zu erklären und auf diese angemessen zu reagieren. Sie spielen daher eine wichtige Rolle im Kontext des individuellen Handelns und des Organisierens. Kommunikation und Interaktion sind auf eine gemeinsame Wissensbasis in Gestalt von Schemata und geteilten impliziten (Organisations-) Theorien angewiesen, um in sozialen Situationen ein gemeinsames Verständnis zu etablieren. Sie dienen als Leitinstanz zur Interpretation von Informationen, Handlungen und Erwartungen.

Konstruktion durch Kommunikation und Interaktion findet insbesondere in Reorganisationsprozessen statt. Bevorzugte Mittel der Kommunikation sind Leitbilder, Visionen, Metaphern und Geschichten (vgl. *Kieser* 2001, S. 307). Sie sind besonders geeignet, wenn Organisationsmitglieder veranlasst werden sollen, ihre subjektiven Theorien zu ändern. Als eine solche Metapher lässt sich auch das Prozessmanagement in der Variante des Business Process Reengineering begreifen.

Business Process Reengineering als Metapher für soziales Konstruieren

Mit dem Anliegen, die funktionale Arbeitsteilung zu überwinden, die Aufgabenspezialisierung durch Abteilungsgrenzen überschreitende, schnittstellenfreie Geschäftsprozesse zu ersetzen und ganzheitliche, selbstbestimmte Arbeit zu ermöglichen, wird fraglos ein für Betroffene und Beteiligte attraktives Modell organisatorischer Koordination entworfen. Es vermittelt ihnen, warum in der Vergangenheit Wandlungsbedarf aufgetreten ist und welche besseren organisatorischen Lösungen sich in Zukunft bieten.

Konstrukte wie Geschäftsprozess, Prozessorganisation und Prozessmanagement sind plastisch und bildhaft. Sie lassen sich leicht verständlich machen, ihrer Sinnhaftigkeit vergewissern und kommunizieren. Sie eröffnen Interpretationsspielraum, aus dem heraus jeder Betroffene seine Alltagserfahrung einbringen, kommentieren und mitteilen kann. Interpretationen erlauben den Adressaten der Botschaft Bedeutungszuweisungen auf Basis der eigenen Lebenserfahrung, ihren Überbringern visionäre und pragmatische Kompetenz.

Die Arbeiten zum Prozessmanagement sind, so sollte man meinen, per se von hoher praktischer Relevanz. Ihr Anspruch besteht darin, normative Aussagen mit unmittelbarer Handlungsrelevanz zu machen. Die Autoren wie *Hammer/ Champy* oder *Hammer/Stanton* wissen, „wie es geht". Einer Erklärung oder gar Begründung bedarf es dabei nicht. Häufig ersetzt die Bezugnahme auf den erfolgreichen Einzelfall die Herleitung von Praxeologien. Es ist nicht nur ihr instrumenteller Charakter, der dieser Art von Literatur den Adel der Praxisrelevanz verleiht. Vielmehr verschaffen gerade die Diktion und der souveräne Umgang mit Schlüsselbegriffen den Eindruck von praktischer Konstruktionskompetenz. Beredtes Beispiel hierfür ist der Band von Servatius (1994) „Reengineering-Programme umsetzen". Schon dessen Untertitel „Von erstarrten Strukturen zu fließenden Prozessen" zeugt von der symbolischen Mächtigkeit der Sprache, der sich auch der praktisch Handelnde nicht verschließen kann.

Doch Diktion und programmatische Ausrichtung gewährleisten allein noch keine praktische Umsetzbarkeit. Hinzukommen muss ein praktisches Problem und die Operationalität der Handlungsempfehlung. An beidem herrscht Mangel in der Literatur zum Business Process Engineering. Die Problemformulierung wird aus der abstrakten Vorgabe hergeleitet, die eine Verbesserung der Zeit-, Kosten- und Qualitätszielerreichung verlangt, sollen Gefährdungen des Unternehmens ausgeschlossen werden.

Wenn das Versprechen, operationale Handlungsempfehlungen abzugeben, auch nicht eingelöst ist, so mangelt es der einschlägigen Literatur nicht an visionärer Kraft. Die Beschränkung liegt allerdings auf der Frage „was" zu erreichen ist, nicht jedoch, „ob" und „wie" es erreicht werden kann. Aussagen wie z. B. „durch hohe Geschwindigkeit" sind „Kosten und Verfügbarkeit positiv zu beeinflussen und gleichzeitig laufend das Verhältnis zwischen Leistung (Output) und Kosten (Input) zu verbessern" (*Zängerle* 1996, S. 97), können nicht als Handlungsanleitungen dienen. So unstrittig solche Aussagen sind, so wenig helfen sie als praktische Handlungsempfehlung. Sie sind nicht unmittelbar als Anleitung für praktisches Handeln gedacht. Sie sind – wie es von *Hammer/Champy* mit besonderer Radikalität vorgetragen wurde (vgl. *Hammer/Champy* 1994) – abstrakte Metaphern, die keinen direkten Handlungsbezug aufweisen. Handeln setzt programmatische Deutungsarbeit und praktische Erfahrung seitens des Handelnden voraus, soll eine „erfolgreiche Umsetzung" gelingen (*Hammer/Stanton* 1995, S. 111 ff.). Dies haben offensichtlich die Autoren ebenso gesehen, denn sowohl *Hammer/Stanton* als auch *Champy* haben jeweils Monographien nachgelegt, in denen sie gerade der Umsetzung Augenmerk schenken wollten. Episoden übernehmen allerdings hier wie dort den Part des Übersetzens vom Allgemeinen zum Speziellen, von den „Grundsätzen" zu Handlungsanleitungen und Verhaltenshilfen. Annahmen zerschlagen, Widerstand handhaben, Kommunikationshindernisse beseitigen, neue Wertvorstellungen indoktrinieren oder Grundregeln der Kommunikation befolgen (vgl. *Hammer/Stanton* 1995, S. 112 ff.) sind als Handlungsanweisung wenig präzise, wie etwa Empfehlungen, es seien „ehrliche, unternehmensweite, **begründete** Überzeugungskampagnen" zu starten und „ein schlüssiges Bild der Zukunft zu zeichnen" (*Champy* 1995, S. 129). Es handelt sich um **Leitbilder, Metaphern und Geschichten**, die organisatorischen Wandel initiieren und dazu beitragen sollen, die vorhandenen subjektiven Organisationstheorien in Frage zu stellen. „Die Metapher schafft Sprache und ermöglicht dadurch Neukonstruktionen der Wirklichkeit" (*Kieser* 2001, S. 309).

Praxisnähe drückt sich in der angesprochenen Literatur zuvorderst in Sprache und anekdotischer Evidenz aus. Darüber hinaus erscheint die Praxisrelevanz eher begrenzt. Da es an einer konkreten praktischen Problemformulierung mangelt, bleibt auch die konstruktive Herleitung praktischer Maßnahmen ohne Fundament.

„Prozessorganisation" ist ein Konstrukt, das erst durch Kommunikation und Interaktion, also durch Sprache vermittelt, zu Realität wird – ebenso wie das, was ein Prozess ist, und was er als konkrete Praktik leistet. Erzeugung und Etablierung der Prozessorganisation erhalten erst durch Kommunikation ihre faktische Geltung. Indem über Prozesse und ihre Organisation kommuniziert wird, werden sie zu Realität. Prozessorganisation ist in diesem Sinn nicht ein an einer Rezeptur oder an einem Referenzmodell festzumachendes organisatorisches Design, sondern eine kollektiv erzeugte und mithin sozial konstruierte Realität. Aus Interpretationen, Bedeutungszuweisungen und geistigen Konstrukten entwickelt, „verfertigt" sich Prozessorganisation beim Reden (*Kieser* 1998, S. 45 ff.), verfestigt sie sich zu Strukturen und ist doch immer wieder Objekt neuer Rekonstruktionen. Die Reichweite der Konstruktionsmuster erstreckt sich von erlebter Organisationspraktik bis hin zur Theorie der Unternehmung.

Prozessorganisation eignet sich in besonderer Weise als **„Redeinstrument"**, da sie als Orientierungsmuster zum Verständnis komplexer Koordinationsprobleme zur Verfügung steht, was ihren herausragenden Stellenwert in der Sprache der Organisierenden begründet. Mittlerweile hat sie den Rang einer gesellschaftlichen Institution des Organisierens erhalten. Sie ist die programmatische Metapher für Modernität in Wirtschaft und Verwaltung, als DIN Norm formalisiert und in Schulplänen verewigt.

4.2.2 Geschäftsprozesse als soziale Praktik – die strukturationstheoretische Sicht

Giddens Theorie der Strukturierung (*Giddens* 1984, 1988) knüpft dort an, wo die bisher skizzierten Ansätze in einem scheinbar unversöhnlichen Widerspruch stehen: Einerseits die objektivistische Position, in der individuelles Handeln einem strukturellen Determinismus ausgesetzt ist bzw. Freiheitsgrade und Einflussnahmen auf die Bedingungen des Handelns gar nicht thematisiert werden, andererseits subjektivistische Ansätze, in denen Beschränkung und institutioneller Zwang bei der Erklärung menschlichen Handels ausgespart werden. Dieser Widerspruch manifestiert sich – wie dargelegt – in Ansätzen der Prozessoptimierung, die keinerlei Bezug auf den Handlungskontext nehmen, und hermeneutisch angelegten Ansätzen, die Strukturen als Ergebnis sozialer Konstruktion durch Kommunikation begreifen.

In der Theorie Giddens stehen sich Handlung und Struktur nicht konkurrierend gegenüber, sondern bedingen einander und setzen sich wechselseitig voraus. Der Dualismus von Handlung und Struktur kommt in dem Kernsatz des Giddensschen Konzepts zum Ausdruck (vgl. *Walgenbach* 1995, S. 763):

- Akteure reproduzieren in ihren Handlungen und durch diese die Bedingungen, die ihr Handeln ermöglichen, und
- Strukturen sind sowohl das Medium als auch das Ergebnis sozialen Handelns
- Rekursivität menschlichen Handelns meint, dass Handeln die Strukturen als Ergebnis hervorbringt, die weiteres Handeln ebenso ermöglichen wie beschränken können.

Die Akteure sind mit Reflexionsfähigkeit und Intentionalität ausgestattet, d. h. sie beziehen sich in ihrem Handeln bewusst oder unbewusst auf eigenes vergangenes, aktuelles oder zukünftiges Handeln ebenso wie auf das Verhalten anderer und die Strukturen des Handlungsfeldes (vgl. *Ortmann u. a.* 1997, S. 317).

Sie sind in der Lage, Gründe für ihr Handeln anzuführen, bringen Verständnis und Wissen ein und können ihr Handeln „rationalisieren". Das Handeln ist allerdings nicht unentwegt einem Begründungszwang unterworfen, meist vollzieht es sich routinisiert und standardisiert. Handlungsbegründungen werden nicht abgefragt, sondern eine handlungspraktische „Bewusstheit" hinsichtlich der eigenen Handlungen und ihres Kontextes wird in die Steuerung des Handelns einbezogen. So fließt Wissen über die verfolgten Unternehmens- und Arbeitsziele, die Einbettung der eigenen Arbeit in den arbeitsteiligen Leistungsvollzug, über die institutionalisierte Rolle von Vorgesetzten, Kollegen oder Kunden in die Kontrolle des eigenen Verhaltens ein (vgl. *Walgenbach* 2001, S. 359). Gleichwohl haben die Akteure nur begrenztes Wissen über die organisatorischen Bedingungen ihres Handelns. Die organisatorische Komplexität wird nur sehr selektiv wahrgenommen und auf einfache Zweck-Mittel Relationen reduziert. Da die Akteure ihrem Handeln nur eingeschränkte Wahrnehmungsmodelle zugrunde legen, zeitigt ihr Handeln nicht beabsichtigte Folgen, die wiederum als Bedingungen weiteres Handelns bestimmen.

„Akteure kontollieren … niemals vollständig die Prozesse sozialer Reproduktion. Vieles ist ihnen verschlossen, in vielerlei Hinsicht agieren sie als kompetente Akteure auf der Basis lediglich „praktischen", impliziten Wissens. Sie wissen, wie man es macht, vielleicht besser: sie *wissen es zu tun, sie verstehen sich darauf,* ohne dass sie genau explizieren können, wie oder warum sie es tun (müssen). Sie handeln ferner aufgrund unerkannter Voraussetzungen und produzieren dabei unintendierte Folgen" (*Ortmann u. a.* 1997, S. 318).

Akteure schließen daher in ihren Handlungen den nicht erkannten, in der Bewusstheit begrenzten strukturellen Kontext durch **rekursives Strukturieren** ein. Der **Output** einer Handlung/Operation/Transformation geht als neuer **Input** in eben diese Handlung/Operation/Transformation wieder ein. Die Organisationsstruktur ist Resultat des Handelns der Organisationsmitglieder und wirkt als „Medium" für weiteres Handeln. Sie determiniert nicht das Handeln, entsteht nicht „hinter dem Rücken" der Akteure und ist kein stabiler Zustand, sondern ist eine (virtuelle) Ordnung, die durch Handeln laufend konstituiert wird. Organisationsstrukturen existieren nicht außerhalb des Handelns der Organisationsmitglieder. Formale Organisationsstrukturen wie etwa Stellenbeschreibungen, Aufgabengliederungspläne oder eben Prozessbeschreibungen sind quasi Blaupausen (blue prints), die den Akteuren nur als „Erinnerungsspuren" (*Walgenbach* 1995, S. 767) präsent sind. Nur indem die Organisationsmitglieder sich in ihrem Handeln auf diese beziehen, strukturieren die Blaupausen das Handeln der Akteure. Per se entfalten formale Organisationsstrukturen keine handlungsinstruierende Macht.

Der **rekursive Zusammenhang von Struktur und Handlung** wird in Abbildung 4.14 am Beispiel des Prozessmanagement als strukturationstheoretische Perspektive zu verdeutlichen versucht. Giddens versteht unter Struktur **Regeln** und **Ressourcen**, durch die Interaktionen räumlich und zeitlich stabilisiert werden. Regeln beziehen sich auf die Strukturdimensionen **Signifikation, Herrschaft und Legitimation**, die jedoch nicht unabhängig voneinander, sondern als rekursive, miteinander in Verbindung stehende Momente zu begreifen sind. Unter Signifikation werden die Regeln der Sinnkonstruktion verstanden. Regeln werden als interpretative Schemata genutzt, um Sinn zu konstituieren. Organisatorische Sachverhalte unterliegen der Subjektivität und werden erst durch ein Set von Deutungsmustern in handlungspraktisches Wissen der Akteure überführt und zugänglich gemacht. Die schnittstellenfreie Organisation als Leitbild des Prozessmanagements ist nicht Ergebnis eines abstrakten Prozessentwurfs, sondern verwirklicht sich in dem kommunikativen Handeln der Organisationsmitglieder. Sie beinhalten verallgemeinerbare Verfahrensweisen der Praxis. Strukturen der Signifikation sind als Systeme semantischer Regeln zu begreifen.

Die Legitimationsordnung ist als System moralischer Regeln zu verstehen. Sie betrifft Rechte und Pflichten der Akteure. Die organisationale Legitimationsordnung wird ebenso wie rechtliche Normen fortwährend durch Interaktionen reproduziert und als gesellschaftlich auferlegte Praktiken einer weiten räumlichen Ausdehnung unterworfen. So müssen die Praktiken der Kooperation in Prozessteams beständig reproduziert werden, indem beispielsweise „Trittbrettfahren" Sanktionen unterworfen wird.

Herrschaftsstrukturen basieren auf der Verfügungsmacht bzw. Fähigkeit zur Umgestaltung. In der Allokation materieller Ressourcen ebenso wie in der Autorität über Personen und Akteure manifestieren sich die Formen der Herrschaft. Beispielsweise wird bei der Implementierung des BPR ein hierarchisches System von Lenkungsausschuss, Reengineering Zar, Processmanager, Processowner, Casemanager vorgeschlagen.

Strukturdimensionen	Signifikation	Legitimation	Herrschaft	
Arten von Regeln und Ressourcen	Regeln der Konstitution von Sinn	Regeln der Sanktionierung von Handeln	Autoritativ-administrative Ressourcen	Allokative Ressourcen
⇕	⇕	⇕	⇕	⇕
Modalitäten	Interpretations-schemata	Normen	Autorativ-administrative Machtmittel	Ökonomische u. technische Machtmittel
Beispiele für Modalitäten	Wahrnehmungs-muster Leitbilder Prozess-terminologie	Arbeitsrechtliche Normen Kooperations-Regeln Prozessbeschreib-ungen Service Level Agreements	Prozess-architektur Prozessowner-hierarchie TQM-Instrumente	Geldmittel Prozesskosten-budgets Prozesskosten-sätze Prozesssoftware/ Workflowsystem IuK-Technik
⇕	⇕	⇕	⇕	⇕
Dimensionen des mikropolitischen Handelns	Kommu-nikatives Handeln	Sanktio-nierendes Handeln	Autoritativ-administratives Handeln	Wirtschaftliches und technisches Handeln

Abb. 4.14: Prozesse unter dem strukturationstheoretischen Aspekt

„Sinnkonstitution, Herrschaft (inkl. Ökonomie) und Legitimation sind also die drei strukturellen Dimensionen sozialer Systeme, Kommunikation, Machtausübung (inkl. Wirtschaftlicher Macht) und Sanktionierung/Rechtfertigung die drei entsprechenden Aspekte sozialen Handelns" (*Ortmann* 1995 S. 300).

Die **Durchlaufzeit eines Auftrags** als Moment einer organisationalen Struktur, etwa als Regel, existiert nur im zeitgerechten Handeln (und im Bewusstsein der Akteure), sie wird als Strukturmoment nur durch zeitgerechtes Handeln (re-)produziert (oder auch nicht), und sie ermöglicht und beschränkt zeitlich koordiniertes Handeln. Auf diese Weise werden weitere strukturelle Eigenschaften einer Organisation hervorgebracht, zum Beispiel die Eigenschaften einer zeitlich abgestimmten Prozessorganisation (vgl. auch *Ortmann* 1995, 296).

An einzelnen Beispielen aus dem Buch von *Hammer/Champy* soll die Bedeutung strukturationstheoretischer Überlegungen aus der Differenz von Blue Prints der Prozessstruktur und der handlungspraktischen Bewusstheit aufgezeigt werden.

Organisation nach Geschäftsprozessen zielt auf die bewusste Erweiterung des Handlungsfeldes von einzelnen funktionalen Verrichtungen hin zu funktionsübergreifenden Aktivitäten und deren Bündelung und Strukturierung. Das Konzept schließt eine Etablierung von Regeln und Ressourcen ein und umfasst alle Dimensionen des Sozialen: Signifikations-, Legitimations- und Herrschaftsstrukturen.

Das Prozesskonzept ist zunächst nichts anderes als eine Blaupause und kann daher nicht unmittelbar in eine Praktik der betroffenen Akteure umgesetzt werden. Es handelt sich vielmehr um ein interpretatives Schema, das durch Kommunikation zu einem Element der kognitiven Ordnung im Sinne der Handlungs-Struktur-Rekursivität wird. „Schnittstellenfreie Rundumbearbeitung", „Kunden übernehmen das Kommando" sind interpretationsbedürftige Schemata. Dieses Prozessvokabular bildet erst im Zuge unternehmensinterner Kommunikation handlungsrelevante Regeln heraus. Abbildung 4.15 verdeutlicht, dass Strukturen erst durch Deutungsmuster entstehen.

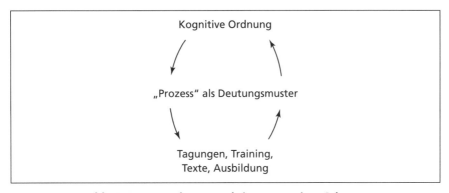

**Abb. 4.15: Prozesskonzept als interpretatives Schema
(in Anlehnung an *Ortmann* 1995, S. 335)**

Das Prozesskonzept als Produktionsform regelt den Umgang mit allokativen und autoritativen Ressourcen. Allokative Ressourcen sind die verfügbaren Informationen und Daten, die z. B. in Prozesssoftware-Tools oder Workflow Systemen verarbeitet werden, autoritative Ressourcen erstrecken sich auf die personellen Zuordnungen und Gruppierungen z. B. in Prozessteams.

Auch der Umgang mit Ressourcen unterliegt der interpretativen und konstruktiven Sinnkonstitution. Neue Produktionsformen, die unter Label wie etwa den folgenden „von der Fachabteilung zu Prozessteams" (*Hammer/Champy 1994*, S. 90), „einfache Aufgaben werden durch multidimensionale Berufsbilder ersetzt" (*Hammer/Champy 1994*, S. 93) oder „Kontrolle weicht dem Empowerment" (*Hammer/Champy 1994*, S. 96) vorgetragen werden, sind kaum als „Blue Prints" zu begreifen, geschweige Strukturen, die Handeln bzw. handlungspraktisches Wissen vermitteln können. Auch Regeln wie (*Hammer/Champy 1994*, S. 122):

„**Alte Regel**: Informationen sind zu einem bestimmten Zeitpunkt immer nur an einem Ort verfügbar

Destabilisierende Technologie: Gemeinsam genutzte Datenbanken

Neue Regel: Informationen können gleichzeitig an beliebig vielen Orten genutzt werden"

sind keine Regeln, die Handlungsfolgen auslösen können. Nötig ist vielmehr ein **reflexiver Umgang** mit ihnen, der diese „Regeln" von ihrem normativen Charakter befreit und in situationsadäquate Praxis überführt.

Das Prozesskonzept wirft schließlich auch die Frage der Legitimation auf: „Wertvorstellungen ändern sich – von der Positionsabsicherung zur Produktivität", „frühere Leistungen, Kontrolle und Bewahrung der Hierarchie" seien obsolet. Doch nicht nur Manager auch Mitarbeiter müssen sich mit neuen „Glaubenssätzen" anfreunden, wie „stetiges Lernen ist Teil meiner Arbeit" (*Hammer/Champy 1994*, S. 103 f.). Ob das nur reine Programmatik bleibt oder aber eine grundlegende Neubestimmung von Arbeit definiert, ist davon abhängig, ob die Kooperationsregeln Eingang in die Arbeitspraxis der Organisationsmitglieder finden.

Prozessmanagement sieht sich also im praktischen Handlungskontext mit dem Problem konfrontiert, wie sich Prozesse als technologisches Paradigma, als Normenkomplex und als Form der Produktion zugleich herausbilden (*Ortmann 1995*, S. 336). Abbildung 4.16 verweist auf die Rekursivität des Sozialen, die durch das Prozesskonzept aufgeworfen wird. Die Komplexität des Sozialen ist im Sinne der Strukturationstheorie das Grundproblem des Prozessmanagements.

Sowohl die konstruktivistische als auch die strukturationstheoretische Analyse haben deutlich gemacht, dass allein die Gestaltung formaler Prozessstrukturen die intendierte Determinierung des Handels nicht sicherstellen kann. Handlungs- und Formalstrukturen fallen auseinander. Immerhin haben die Befunde auch gezeigt, wie und unter welchen Aspekten Differenzen entstehen und wie sie kanalisiert und gegebenenfalls überbrückt werden können. Annäherungen der formalen und subjektiven Modelle sind fraglos geboten und unvermeidbar,

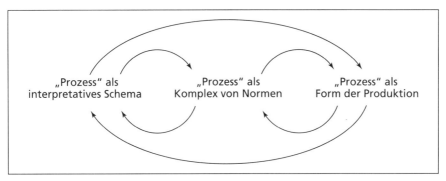

Abb. 4.16: Dimensionen des Prozesskonzepts (in Anlehnung an
***Ortmann* 1995, S. 336)**

wenn sich soziale Systeme nicht ausschließlich mit ihren eigenen Widersprüchen beschäftigen wollen. Wie weit muss jedoch die Konvergenz der „Regeln"
gehen? Sie hat dort ihre Grenze, wo Divergenzen der Modelle praktisches
Handeln ermöglichen, Wandel initiieren und Fortschritt herbeiführen können.

Akteure sind in Strukturen eingebunden, sie können jedoch ihr Wissen und
ihre Fähigkeiten in praktisches Handeln einbringen. Sie können zwischen
strukturell vorgegebenen Handlungsalternativen („Praktiken") wählen bzw.
neue Praktiken kreieren. Der im zweiten Falle intendierte Strukturwandel ist
allerdings durch Regeln und Ressourcen begrenzt. *Schienstock* (1991, S. 364 f.)
unterscheidet primäre und sekundäre soziale Praktiken. **Primäre Praktiken**
sind solche, die unmittelbar auf die Erstellung von Gütern und Dienstleistungen gerichtet sind, **sekundäre** („managerielle") **Praktiken** zielen auf die Integration und Koordination primärer sozialer Praktiken durch organisatorische
Mechanismen. Primäre soziale Praktiken werden von den Prozessakteuren,
den Case-Managern, vollzogen. Prozessmanagementpraktiken und die daraus
resultierenden „Blue Prints" dienen der Einflussnahme auf produktionsbe-
zogene Praktiken mit dem Ziel, normative Kohärenz, soziale Kohäsion und
zeitliche Kontinuität herzustellen. Prozessmanagement als organisatorischer
Steuerungsmechanismus soll die Integration verschiedener Praktiken in den
Geschäftsprozessen aufeinander abstimmen, kompatibel machen und ein Aus-
einanderfallen komplexer Teilprozesse verhindern (vgl. *Schienstock* 1991, S. 364 f.).
So sind Prozessteams sowohl Medium als auch Ergebnis sozialer Praktiken.

5

Management strategischer Geschäftsprozesse

Inhaltsverzeichnis

Die ökonomische Analyse der Prozessorganisation hat die Konfigurations- und Koordinationskosten als Kriterium für die Vorteilhaftigkeit der Strukturwahl hervorgehoben. Im Folgenden sollen nicht die Kosten, sondern die **Wettbewerbsvorteile** in den Vordergrund gestellt werden, die aus erfolgreichem Prozessmanagement resultieren können. Wettbewerbsvorteile entstehen üblicherweise aus wahrgenommenen strategischen Optionen. Es wird also zu untersuchen sein, welcher Zusammenhang zwischen Unternehmensstrategie und Prozessmanagement besteht. Grundsätzlich ist davon auszugehen, dass beide sich wechselseitig und gegebenenfalls komplementär bedingen. Einerseits bildet die Unternehmensstrategie Prämissen für die Gestaltung der prozessorientierten Organisation, ohne die strategische Wettbewerbsvorteile nicht befördert und umgesetzt werden können. Andererseits enthält das Prozessmanagement strategische Potentiale, die durch die Entwicklung und Umsetzung der Unternehmensstrategie ausgeschöpft werden können.

Die Bedeutung des Prozessmanagements für den Aufbau und Erhalt von Wettbewerbsvorteilen soll an den beiden grundlegenden strategischen Paradigmen des „market based view of competitive advantage" und des „resource based view of competitive advantage" dargestellt werden. Beide Ansätze befassen sich mit den **Quellen des ökonomischen Erfolgs**. Während der Marktansatz zu ergründen versucht, warum scheinbar gleiche Unternehmen Erfolgsunterschiede aufweisen, geht es bei dem Ressourcenansatz um die Frage, wodurch sich Unternehmen unterscheiden („why differ firms?") und warum im Zuge dieses Unterschieds Erfolgsunterschiede auftreten.

Beide Ansätze versuchen das Entstehen bzw. den Erhalt von Wettbewerbsvorteilen zu erklären. Üblicherweise werden dabei Wettbewerbsvorteile auf strategische Erfolgsfaktoren zurückgeführt, die auf bestimmten Merkmalen des Unternehmens oder seiner Funktionsbereiche beruhen. Bestimmte Ausprägungen dieser Merkmale unterscheiden erfolgreiche von weniger erfolgreichen Unternehmen. Strategisches Management zielt darauf, erfolgswirksame Merkmalsdifferenzen zu identifizieren und zur Entfaltung zu bringen.

5.1 Der Marktorientierte Strategieansatz – Geschäftsprozesse als Instrument für Differenzierung und Kostenführerschaft

Der Marktbasierte Ansatz des strategischen Managements, als dessen prominentester Vertreter *Michael E. Porter* gilt, stellt in den Mittelpunkt seiner Betrachtung die Wettbewerbssituation.

Der Ansatz geht zurück auf die Industrial Organization Forschung, die vor allem mit den Namen *Mason* (1939; 1948) und *Bain* (1956; 1968) verbunden ist. *Porters* Verdienst liegt in der Verknüpfung der Industrieökonomik mit dem Strategischen Management.

5.1.1 Industrial Organization Forschung als Hintergrund des Market Based View (MBV)

Auf Grund der Unzufriedenheit mit der Preistheorie, die nur für die Extremfälle der vollkommenen Konkurrenz sowie des Monopols befriedigende Aussagen zur Preisbildung machen konnte, und die wegen ihrer eingeschränkten Prämissen empirisch nicht nachzuvollziehen war, versuchte die „Industrial Organization Analysis" Forschung die Zusammenhänge zwischen den Variablen Marktstruktur, Marktverhalten sowie Marktergebnis empirisch zu untersuchen. Nicht zuletzt förderte die Antitrustpolitik, die in den 30er Jahren die Wirtschaftspolitik in den USA beherrschte, die Untersuchung des Zusammenhangs von Marktstruktur und Preisbildung. Die Industrial Organization Forschung versuchte zunächst auf Grundlage von Fallstudien mittels empirisch gehaltvoller Hypothesen, die aus der Preistheorie hergeleitet waren, die Ursachen für den Unternehmenserfolg herzuleiten. Neben der Marktstruktur war es vor allem das Verhalten der Unternehmen, das letzthin als Ursache für den Unternehmenserfolg angesehen wurde.

Edward Mason erkannte, dass die Preisbildung nicht allein ein Problem der institutionellen Bedingungen des Marktes ist, sondern dass es eines viel weiter gesteckten Bezugsrahmens der Erklärung bedarf. Das große Industrieunternehmen sei keineswegs eine Gewinn maximierende Institution, sondern ein komplexes arbeitsteiliges System. Die Preisbildung kann daher nicht als unmittelbare Reaktion auf die Marktsituation erfolgen: einerseits existiert eine große Produkt- und Markenvielfalt, die eine entsprechende Anzahl an Preisbildungsprozessen nach sich zieht, andererseits wird in der industriellen Großunternehmung die Preisbildung delegiert. Für *Mason* war damit der organisatorische Einfluss auf die Preisbildungsprozesse offenkundig. Eine Analyse der Entscheidungsstrukturen innerhalb der Organisation war notwendig, um Reaktionen auf die Marktstruktur erklären zu können. Neben der Marktstruktur werden als weitere unternehmensspezifische Verhaltensweisen genannt:

- Produktions- und Kostenstruktur,
- Anzahl und relevante Größe der Anbieter und Nachfrager,
- Schwierigkeiten des Markteintritts,
- Nachfrageentwicklung und Produktqualität,
- Eigenarten der Absatzkanäle.

Annahme *Masons* war es nun, dass Unternehmen, die gleichen Marktstrukturen ausgesetzt sind, sich auch gleichartig verhalten. *Bain* kritisiert die einseitige Erklärungsperspektive des Zusammenhangs von Marktstruktur und Marktverhalten. Das einzelne Unternehmen könne selbst seine Marktstruktur z. B. durch Unternehmenszusammenschluss verändern, was für eine wechselseitige Erklärung der Beeinflussung von Markt und Unternehmen spricht. Als Hauptproblem erwies sich jedoch die Abgrenzung des „relevanten" Marktes, der zunächst auf die unternehmenspolitischen Pläne des Unternehmens bezogen wurde. Mit einem Kunstgriff versuchen *Mason* und *Bain* sich dieser Problematik zu entledigen. Nicht der bezüglich der Unternehmenspläne relevante Markt, sondern die

Industriestruktur (Branchenstruktur) wird zum Analyseobjekt gemacht. Diese sollte als verursachende Größe für das Marktverhalten maßgeblich sein, da sie nicht unmittelbar durch das Verhalten des Unternehmens beeinflussbar sei.

Die Überlegungen von *Mason/Bain* lassen sich durch das sog. S-C-P Paradigma verkürzt zusammenfassen (Abbildung 5.1).

Abb. 5.1: Das SCP-Paradigma von *Mason/Bain*

Unter **Marktstruktur** (Structure) werden von *Bain* (1975, S. 179) die „organisatorischen Merkmale des Marktes" verstanden, „welche die Beziehungen (a) der Anbieter auf dem Markt untereinander, (b) der Nachfrager auf dem Markt untereinander, (c) zwischen Anbietern und Nachfragern und (d) zwischen den am Markt bereits tätigen Anbietern und potentiellen Konkurrenten, die ihn betreten könnten, bestimmen" (vgl. auch *Bain* 1968, S. 7). Die wichtigsten Aspekte sind für *Bain* in diesem Zusammenhang

- der Grad der Anbieterkonzentration, also Zahl und Größenverhältnis der Anbieter in einem Markt,
- der Grad der Nachfragerkonzentration, d. h. die Zahl und das Größenverhältnis der Nachfrager in einem Markt,
- der Grad der Produktdifferenzierung zwischen den angebotenen Gütern in einem Markt,
- die Markteintrittsbedingungen, d. h. das Ausmaß der Schwierigkeit für neue Anbieter, in einem bereits etablierten Markt einzudringen.

Mit diesen Aspekten lässt sich nach *Bain* die Marktstruktur (Monopol, Oligopol, Polypol) einer Branche beschreiben (vgl. *Bain* 1968, S. 8; 1975, S. 180). *Bain* lässt allerdings auch keinen Zweifel daran, dass es sich bei den von ihm diskutierten Aspekten nur um eine Auswahl handeln kann, die im Einzelfall um weitere Aspekte ergänzt werden muss.

Als **Marktverhalten** (Conduct) bezeichnet *Bain* diejenigen Maßnahmen, die ein Unternehmen ergreift, um sich den Marktbedingungen anzupassen (vgl. *Bain* 1968, S. 9; 1975, S. 181). Für Unternehmen in der Funktion als Anbieter auf dem Markt versteht *Bain* darunter insbesondere den „Prozess oder Mechanismus wechselseitiger Einwirkung, Anpassung und Koordination der Vorgehensweisen konkurrierender Anbieter auf dem jeweiligen Markt" (*Bain* 1975, S. 181). Das Marktverhalten der Unternehmen äußert sich dabei naheliegenderweise in ihrer Absatzpolitik. Als wichtige Dimensionen nennt *Bain* hier die Preispolitik, die Produktpolitik sowie die Werbepolitik.

Marktergebnisse (Performance) sind, so *Bain* (1975, S. 183), die „Summe der endgültigen Resultate, zu denen die Unternehmen auf den jeweiligen Märkten gelangen, welche Verhaltensweisen sie auch immer wählen". Sie äußern sich vor allem in

- der relativen technischen Effizienz der Produktion,
- der Höhe des Ausstoßes der Branche in Relation zum höchstmöglichen, ökonomisch sinnvollen Ausstoß,
- der Höhe der Verkaufspreise in Relation zu den langfristigen Grenzkosten und den langfristigen Durchschnittskosten der Produktion (Profitrate),
- die Beschaffenheit der Produkte im Hinblick auf Design, Qualitätsniveau und Differenzierungsgrad,
- den Fortschrittlichkeitsgrad der Branche im Hinblick auf Produkt- und Prozessinnovationen in Relation zum höchstmöglich erreichbaren und ökonomisch vertretbaren Fortschrittlichkeitsgrad.

Die Kategorien sind in vielfältiger Weise miteinander verflochten.

Zusammenhang zwischen Marktanteil und Marktergebnis

Nahezu alle Studien verweisen auf einen positiven Zusammenhang zwischen der Marktstruktur (Marktanteil) und dem Marktergebnis (gemessen in Rentabilitäts- bzw. Profitabilitätskennzahlen). Bei den zur Anwendung kommenden Verfahren handelt es sich meist um Regressionsanalysen. Dabei zeigen sich die Ergebnisse nicht immer robust gegenüber den unterstellten funktionalen Zusammenhängen. So konnten schon *Gale* (1972, S. 421 ff.) und *Shepherd* (1972, S. 30 ff.) zeigen, dass die Stärke des Zusammenhangs zwischen Marktanteil und Marktergebnis mit der Wahl und Lage der funktionalen Beziehung variiert (vgl. *Schwalbach* 1989, S. 11 ff.).

Porter (1984, S. 73) vermutet einen u-förmigen Verlauf der Beziehung. Kleine Unternehmen mit spezialisierten Produkten können ebenso wie diejenigen mit großen Marktanteilen überdurchschnittlich erfolgreich sein. *Buzzel/Gale* (1989, S. 82) erkennen zwar eine enge lineare Beziehung zwischen der Erfolgsgröße Return on Investment (ROI) und dem Markanteil, schränken den Geltungsbereich der Aussage aber auf stabile Märkte ein. Die These vom linearen Zusammenhang wurde von *Schwalbach* (1988, S. 535 ff.; 1989, S. 11 ff.) widerlegt, indem er auch quadratische und kubische Schätzfunktionen testet. Er geht von wesentlich komplexeren Beziehungsmustern aus und relativiert den Zusammenhang u. a. nach Branchenzugehörigkeit und Unternehmensgröße. Eine ebenso überzeugende Analyse liefern *Preskott/Kholi/Venkatraman* (1986, S. 377 ff.), wenn sie auf indirekte und verfälschende Effekte wie Umweltbedingungen und Verhaltens- und Strategievariablen verweisen, die dieses Verhältnis beeinflussen.

Es bleibt eine Vielzahl ungelöster Analyseprobleme, wie etwa die Frage nach der Analyseebene (Branche, Unternehmen oder Geschäftsbereiche), oder die Frage der Marktabgrenzung. Es lassen sich kaum zwei Unternehmen finden, die im selben Marktsegment operieren.

Marktanteilsbedingte Rentabilitätsvorteile können nur aus den Kostenvorteilen hergeleitet werden, die durch Economies of Scale bzw. durch Erfahrungsvorteile in den Leistungserstellungs- und -verwertungsprozessen entstanden sind.

Größenersparnisse entstehen durch die Stückkostenentwicklung bei Vergrößerung der Ausstoßmenge. Das Erfahrungskurvenkonzept der Boston Consulting Group (*Henderson* 1974) geht davon aus, dass eine Verdoppelung der kumulierten Ausbringungsmenge die Stückkosten eines Erzeugnisses um 20 bis 30 % sinken lässt.

Allgemein werden dynamische und statische Größenersparnisse unterschieden:

- Dynamische Größeneffekte resultieren aus Lernprozessen. Der Zuwachs an gesammelter Erfahrung und Know-how führt nicht nur zu Verkürzungen der Bearbeitungszeit einzelner Vorgänge. Beispielsweise lassen sich Losgrößenreduzierungen durch Verkürzung der Einarbeitungszeiten bei Produktwechsel erreichen. Ferner fließen im Zeitablauf Prozessinnovationen aufgrund von Verbesserung der Bearbeitungstechniken in die Prozessabwicklung ein.

- Statische Größeneffekte ergeben sich durch die Auslastung von Produktionsanlagen mit hoher Kapazität. Aufgrund begrenzter Teilbarkeit muss auch bei geringen Stückzahlen die gesamte Kapazität bereitgestellt werden.

Anknüpfungspunkt für das Prozessmanagement bildet die Marktstruktur bzw. der Marktanteil. Wenn die Größe des Marktanteils ihre ökonomische Bedeutung daraus ableitet, dass mit wachsendem Marktanteil zunehmend Economies of Scale realisiert werden, wird die Vorteilhaftigkeit der Prozessorganisation entsprechend gefährdet. Im Extremfall homogener Produkte verbaut sie sogar die Ausschöpfung von Skalenerträgen. Um diese nutzen zu können, müssen zumindest einzelne Funktionen bzw. Abteilungen zentralisiert sein, sonst können die sich aus dem Marktanteil ergebenden Potentiale nicht ausgeschöpft werden. Würde die Funktionsspezialisierung durch eine Prozessspezialisierung ersetzt und die gesamte Auftragsmenge durch verschiedene parallele Geschäftsprozesse abgewickelt, dann wird – homogene Leistungsprozesse unterstellt – zwangsläufig auf die Skaleneffekte einer funktional spezialisierten Abteilung verzichtet. Prozessmanagement interveniert in die Beziehung „Structure" – „Performance" mit der Folge, dass ein hoher Marktanteil nicht die erwarteten Effekte für die Rendite auslösen wird. Das Prozessmanagement könnte allenfalls dann eine „Conduct"-Option darstellen, wenn der Renditehebel der Prozessintegration größer ist als der des hohen Marktanteils bei funktionaler Spezialisierung.

5.1.2 Der MBV am Beispiel des Porterschen Ansatzes

Porters Konzept relativer Wettbewerbsvorteile basiert auf drei Säulen (vgl. *Schwarz* 2004): der Branchenstrukturanalyse, der Wertkette und der Wettbewerbsstrategie. Alle drei werden durch das Prozessmanagement beeinflusst und stellen selbst wiederum Anforderungen an das Prozessmanagement.

1. Die Branchenstrukturanalyse

Die Branchenstrukturanalyse und ihre Bedeutung für die Generierung von Wettbewerbsvorteilen knüpfen unmittelbar an der Industrial Organization Forschung an. Ihr liegt die Annahme zu Grunde, dass sich Branchen hinsichtlich Intensität und Stärke des Wettbewerbs unterscheiden. Entsprechend lassen sich Rentabilitäten der in diesen Branchen tätigen Unternehmen unterscheiden. Erfolg eines Unternehmens resultiert danach aus Branchencharakteristika, die sowohl das Verhalten des Unternehmens als auch das Marktergebnis bestimmen. *Porter* (1999, S. 29 ff.) entwickelt einen Bezugsrahmen, mit dessen Hilfe die Attraktivität der Branche erhoben werden soll. Dabei werden **fünf Triebkräfte** identifiziert, die das Profitpotential der Branche bestimmen:

1. Gefahr des Markteintritts neuer Konkurrenten

2. Gefahr durch Ersatzprodukte

3. Verhandlungsstärke der Kunden

4. Verhandlungsstärke der Lieferanten

5. Rivalität unter den bestehenden Wettbewerbern.

Die genannten Variablen sind im Wesentlichen exogen bedingt. Sie sind daher ungeeignet, unmittelbar als strategische Variable herangezogen zu werden. Sie können aufgrund ihrer **Pfadabhängigkeit** allenfalls einen Rahmen abgeben, innerhalb dessen sich strategische Aktionen bewegen können. So kann ein Unternehmen durch seine Positionierung in einer attraktiven Branche eine nachhaltig verteidigungsfähige Wettbewerbsposition einnehmen, die zu einer dauerhaften, strategiebedingten Rente führt.

Grundsätzlich erscheint jedoch das Problem einer aussagekräftigen Branchenidentifikation unlösbar. Je nachdem, ob Inputfaktoren (Werkstoffe), Produktionsverfahren oder fertige Produkte herangezogen werden, wird man andere Klassifikationen und Überschneidungen der Branchen erhalten. *Porter* versucht das Konzept mit dem Konstrukt der „Strategischen Gruppe" zu retten (*Porter* 1999, S. 183 f.). Unter einer Strategischen Gruppe versteht *Porter* „die Gruppe der Unternehmen, die dieselbe oder eine ähnliche Strategie … verfolgen" (*Porter* 1999, S. 183 f.). Strategie(n) bzw. strategische Optionen leitet *Porter* aus einer Reihe strategischer Dimensionen ab, wie z. B. Spezialisierung, Wahl des Vertriebswegs, vertikale Integration, Kostenposition und Preispolitik. Ähnlichkeiten der (Wettbewerbs-) Strategie der Unternehmen haben danach die Bildung Strategischer Gruppen im Markt zur Folge (vgl. *Porter* 1999, S. 181 ff.). Innerhalb der Strategischen Gruppen können extreme Konstellationen existieren: die gesamte Branche ist eine einzige Strategische Gruppe bzw. jedes Unternehmen der Branche bildet eine eigene Strategische Gruppe. Grundsätzlich ist davon auszugehen, dass es sich um eine kleine Zahl von Strategischen Gruppen innerhalb einer Branche handelt. Der Begriff der Strategischen Gruppe wurde erstmalig von *Hunt* (1972) eingeführt. Strategische Aktionen bestehen in der Schaffung, Veränderung oder Stabilisierung Strategischer Gruppen:

- Eine neue Gruppe wird geschaffen, indem sie sich in einem Markt positioniert, der bislang noch nicht bearbeitet wurde,

- Wechsel in eine profitablere Gruppe durch Überwindung von Mobilitätsbarrieren,

- Stabilisierung einer Gruppe durch Investition in Mobilitäts-(Eintritts-)barrieren,

- Migration in eine profitablere Gruppe.

Prozessmanagement als Differenzierungsmerkmal und Mobilitätsbarriere Strategischer Gruppen

Prozessmanagement hat in diesem Analyserahmen nur mittelbaren Stellenwert. Es kann allenfalls als Instrument der Profilierung einer Strategischen Gruppe bzw. eines Unternehmens in einer Gruppe gesehen werden. Wettbewerbskritische Eigenschaften einzelner Geschäftsprozesse, wie die Schnelligkeit der Auftragsabwicklung oder die effiziente Verknüpfung von Produkt- und Marktentwicklung können sich als spezifische Strukturmerkmale der strategischen Gruppe herausbilden und im Zuge von Lernprozessen als Mobilitätsbarrieren dienen. Als Charakteristika einer Strategischen Gruppe müssen sie jedoch Barrieren darstellen, die nicht durch einfache Übernahme egalisiert werden können. Sie müssen ferner ein Differenzierungsmerkmal gegenüber anderen Strategischen Gruppen darstellen, aus dem sich Wettbewerbsvorteile bzw. Rentabilitätsunterschiede ableiten lassen. Wesentlich dabei ist jedoch, dass nicht das Prozessmanagement an sich ein Differenzierungsmerkmal darstellt, sondern das Prozessergebnis im Vergleich zu Wettbewerbern anderer Strategischer Gruppen relative Wettbewerbsvorteile zeigt.

2. Die Wertkette

Das Konzept der **Wertkette** (value chain) dient der Untersuchung der Quellen von Wettbewerbsvorteilen innerhalb eines Unternehmens bzw. eines Geschäftsbereichs. Die Wertkette gliedert Unternehmen in strategisch relevante Aktivitäten, die Quellen von Wettbewerbsvorteilen sein können. Die Aktivitäten sind einerseits Kostentreiber, andererseits eröffnen sie Differenzierungsmöglichkeiten. Ihre Ausführung entscheidet darüber, ob das Unternehmen Leistungen kostengünstiger oder den Kundenbedürfnissen gerechter anbieten kann als seine Konkurrenten. Unterschiede der Wertketten resultieren aus unterschiedlichen Historien der Unternehmen. Ihre konkrete Ausgestaltung ergibt sich aus der Unternehmensstrategie und ihrer Umsetzung. Auch zum Verständnis der Wertketten und Wertkettenaktivitäten von Zulieferern und Abnehmern ist die Wertkettenanalyse geeignet. Wettbewerbsvorteile ergeben sich aus deren Integration in das eigene Wertkettensystem bzw. durch die Auslagerung eigener Aktivitäten in die Wertkette von Partnerunternehmen.

Porter unterscheidet primäre Aktivitäten (Eingangslogistik, Operationen, Marketing und Vertrieb, Ausgangslogistik sowie Kundendienst) und unterstützende Aktivitäten (Unternehmensinfrastruktur, Personalwirtschaft, Technologieentwicklung und Beschaffung). In jedem Unternehmen lassen sich die fünf primären und die vier sekundären Aktivitäten unterscheiden (vgl. Abbildung 5.2), die nicht nur die einzelnen primären Aktivitäten, sondern auch die gesamte Kette unterstützen sollen.

Die Wertkettenanalyse dient dazu, Wettbewerbspositionen zu identifizieren und Potentiale für die Generierung von Wettbewerbsvorteilen zu erschließen. Sie läuft in mehreren Schritten ab:

- **Definition der Wertkette:** Ausgehend von einer allgemeinen Wertkette werden die Wertaktivitäten branchenspezifisch untergliedert und entsprechend

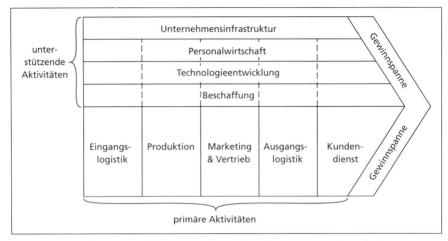

Abb. 5.2: Modell der Wertkette (Quelle: *Porter* 2000, S. 66)

ihrer strategischen Relevanz (Kostenanteil, Differenzierungspotential) identifiziert. Ein Vorgehensmodell dafür liefert *Porter* allerdings nicht.

- **Wertkette und Organisationsstruktur:** Die in der Wertkette identifizierten Aktivitäten sind zu gruppieren. Dabei sind die Grenzen der Aktivitäten oft nicht identisch mit den Grenzen der Organisationseinheiten. Verschiedene Organisationseinheiten können an einer Aktivität beteiligt sein bzw. eine Organisationseinheit kann mehrere Wertaktivitäten durchführen. Wertaktivitäten und Organisationseinheiten können sich also überschneiden. Verknüpfungen innerhalb der Wertkette rufen organisatorischen Koordinationsbedarf hervor, der sich auch auf Wertaktivitäten zwischen Lieferanten und Abnehmern erstrecken kann. *Porter* (2000, S. 96) fordert, dass die Organisationsstruktur auf die Aktivitäten als Quellen von Wettbewerbsvorteilen unter Berücksichtigung ihrer Verknüpfungen auszurichten sei.

- **Verknüpfungen und Verflechtungen in der Wertkette:** Hierbei geht es um die Analyse von Abhängigkeiten zwischen Aktivitäten der Wertkette. Beispielsweise gibt es Zusammenhänge zwischen Produktgestaltung und Herstellungskosten, zwischen Beschaffungsmethoden und Qualität von Handelsware, zwischen Qualitätskontrolle in der Produktion und Servicekosten. Eine bestimmte Funktion kann offensichtlich durch verschiedene Aktivitäten erreicht werden. Solcherart Verknüpfungen können durch einen Optimierungsprozess zwischen den betreffenden Aktivitäten zu Wettbewerbsvorteilen genutzt werden. So lassen sich Gewährleistungskosten durch Produktgestaltung, Qualitätskontrolle oder Materialspezifikation im Einkauf senken. Neben der direkten Optimierung einzelner Aktivitäten lassen sich durch Koordination indirekt verknüpfter Aktivitäten Kosten senken bzw. Differenzierungspotentiale erschließen, indem die vor- mit den nachgelagerten Aktivitäten abgestimmt werden. Die Lieferbereitschaft kann durch Abstimmung der Aktivitäten in Produktion, Logistik und Montage verbessert werden.

- **Analyse von Kostenschwerpunkten:** Die relative Kostenposition eines Unternehmens ergibt sich aus den „Wertaktivitäten" (*Porter* 2000, S. 99 ff.). Die kumulierten Kosten der Wertaktivitäten lassen auf einen Kostenvorsprung oder -nachteil im Vergleich zum Wettbewerber schließen. Dazu wird eine Wertaktivitätenrechnung vorgeschlagen, mit deren Hilfe strategische Kostenanalysen durchgeführt werden können. Sie läuft in folgenden Schritten ab (vgl. *Porter* 2000, S. 166 f.):

  - Ermittlung der richtigen Wertkette und Zuordnung von Kosten und Anlagevermögen,

  - Diagnose von Kostentreibern der Wertaktivitäten und deren Wechselwirkungen,

  - Ermittlung der Wertketten der Konkurrenten und deren relative Kosten sowie Quellen von Kostenunterschieden,

  - Formulierung einer Strategie zur Verbesserung der Kostenposition durch Kontrolle der Kostentreiber oder Neustrukturierung der Wertkette,

  - Umsetzung der Kostensenkung unter Berücksichtigung von Differenzierungsvorteilen,

  - Überprüfung der Kostensenkungsstrategie auf Dauerhaftigkeit.

  Im Vordergrund der strategischen Kostenanalyse steht danach die Prognose des zukünftigen Kostenverhaltens und der Kostenhöhe der Wertaktivitäten. Die Kostensituation wird dabei nicht nur durch einzelne Aktivitäten, sondern vor allem durch die Struktur und die Koordination der gesamten Wertkette bestimmt.

- **Analyse von Differenzierungsschwerpunkten:** Jede Aktivität der Wertkette kann potentiell Quelle von Differenzierungsvorteilen sein, die dem Unternehmen zu einer Einmaligkeit verhelfen kann. Aspekte der Einmaligkeit können sich auf Design, Spezifikation, Zuverlässigkeit, Service u. a. des Produkts beziehen. Auch Marketing- und Vertriebseigenschaften können Differenzierungsobjekte sein. Neben Qualität und Intensität der Aktivitäten kann sich ein Unternehmen durch die Breite seiner Aktivitäten bzw. des Wettbewerbsfeldes profilieren.

Die Analyse von Differenzierungsschwerpunkten orientiert sich an den Quellen von Differenzierungsvorteilen und widmet sich deren Auf- und Ausbau. Sie vollzieht sich in folgenden Schritten (vgl. *Porter* 2000, S. 219 ff.):

- Durchführung der Kundenwertanalyse,

- Analyse von Differenzierungsquellen,

- Ermittlung von Differenzierungskosten,

- Formulierung der Differenzierungsstrategie.

Wertaktivitäten zur Erreichung eines Differenzierungsvorteils zielen auf die Steigerung des Kundennutzens und der Kundenzufriedenheit. Dabei ist zu untersuchen, welche Wertaktivitäten sich in welcher Weise auf das Käuferverhalten auswirken und welche sich im Vergleich zu Wertketten von Wettbewerbern als vorteilhaft auszeichnen. Differenzierungskosten und Haltbarkeit der Differenzierungsvorteile sind ebenfalls mit den Differenzierungsvorteilen einzelner Wertaktivitäten abzuwägen.

Ein besonderes Problem der Wertkettenanalyse liegt im divisionalisierten Unternehmen vor, in dem die einzelnen Wertketten dezentralisiert sind. Hier ließen sich durch horizontale Verflechtungen Wettbewerbsvorteile schaffen. *Porter* (2000, S. 75) spricht hier von einer „horizontalen Organisation", durch welche vorteilhafte Verflechtungen identifiziert und ausgenutzt werden könnten. Dazu werden organisatorische Strukturinstrumente wie spartenübergreifende Arbeitsgruppen, partielle Zentralisierung oder Ausschüsse sowie integrative Managementsysteme wie Planungs- und Kontrollsysteme oder Leistungsprämien vorgeschlagen.

Prozessmanagement und Wertkette

Um die Wertkettenanalyse in das Prozesskonzept einzuordnen, ist zunächst auf die Definition der Wertaktivität einzugehen. Wertaktivitäten sind ausdifferenzierte Funktionen. Sie entstehen durch Unterteilung der „allgemeinen Funktionen, wie Fertigung oder Marketing" (*Porter* 2000, S. 77). Diese wiederum können weiterer Eingrenzung unterworfen sein und bis auf einzelne Kostenstellen heruntergebrochen werden. Wertaktivitäten sind fraglos das Ergebnis funktionaler Spezialisierung. Entgegen der gelegentlich in der Literatur anzutreffenden Missverständnisse (vgl. *Schober* 2002, S. 75) hat das Konzept der Wertkette nur bedingt etwas mit der prozessorientierten Organisationsgestaltung gemein. Der Unterschied liegt vor allem darin, dass die Wertkette ein „gedanklicher Analyserahmen und kein Organisationskonzept" (*Osterloh/Frost* 2006, S. 256) ist. Eine Anwendung des Wertkettenkonzepts würde allerdings eine funktionale Organisationsstruktur und keine funktionsübergreifende Prozessstruktur zur Folge haben.

Immerhin erahnt *Porter* die Bedeutung des Prozesskonzepts, wenn er sich bei der Ausdifferenzierung von wettbewerbskritischen Aktivitäten am „Produkt-, Auftrags- oder Papierfluss" (*Porter* 2000, S. 77) orientieren will. Dies geschieht aber im Kontext der Analyse und nicht bei der Gestaltung von Wertaktivitäten. Ein weiterer Berührungspunkt liegt in der Erkenntnis, dass aus der Verknüpfung einzelner Wertaktivitäten Wettbewerbsvorteile resultieren können, selbst dann wenn die betreffenden Aktivitäten allein keine Wettbewerbsvorteile zu generieren in der Lage sind. Eine Organisationsstruktur, die auf dem Wertkettenkonzept basiert, könnte also allenfalls eine sein, bei der die funktionale Differenzierung durch prozessorientierte Stabstellen reintegriert wird. Die prozessorientierten Verknüpfungen haben dann jedoch allenfalls unterstützenden Charakter in einer primär funktionalen Organisation.

Die organisatorischen Unterschiede von Prozessmodell und Wertkettenmodell werden in Abbildung 5.3 verdeutlicht. Sie hebt den 90°-shift des Prozessmodells im Vergleich zum Wertkettenmodell hervor, was insbesondere für die interprozessuale Abstimmung bedeutsam ist. Sie ist im Prozessmodell parallel, im Wertkettenmodell sequentiell angelegt.

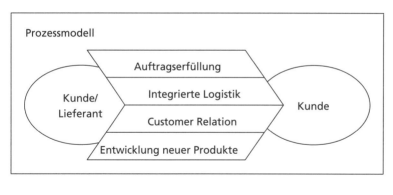

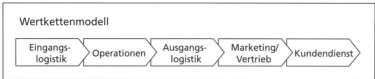

Abb. 5.3: Vergleich Prozess- und Wertkettenmodell (in Anlehnung an *Osterloh/Frost* 2006, S. 36)

„The process revolution has been marked by a shift from the view of organizations as a collection of departments with separate functions and outputs to a view of them as systems of interlinked processes that cross functions and link organizational activities" (*Benner/Tushman* 2003, S. 240). Während im Prozessmodell das Prozesssystem auf Erstellung einer spezifischen, am Kundennutzen orientierten Leistung ausgerichtet und möglichst crossfunktional organisiert ist, sind in der Wertkette die Prozesse sequentiell verknüpft und von funktionalen Schnittstellen unterbrochen. Einzelne Wertaktivitäten eines Geschäftsprozesses können daher nicht als wettbewerbskritisch herausgehoben werden, sondern der Prozess als Ganzes stiftet Kundennutzen und generiert gerade dadurch Wettbewerbsvorteile. Dies bedeutet nicht, dass das Prozessmodell nicht geeignet ist, Wettbewerbsvorteile zu begründen. Vielmehr fokussiert das Prozessmodell andere Wettbewerbsvorteile als das Wertkettenmodell.

Welche Wettbewerbsvorteile durch das Wertkettenkonzept und welche durch das Prozesskonzept fokussiert werden, hängt wesentlich von der gewählten Strategie ab.

3. Die Wettbewerbsstrategie

Die **Wettbewerbsstrategien** beinhalten „die Wahl offensiver und defensiver Maßnahmen, um eine gefestigte Branchenposition zu schaffen" (*Porter* 1999, S. 70), um die fünf Triebkräfte des Branchenwettbewerbs zu beherrschen und die Kapitalrendite zu verbessern. In der Literatur des strategischen Managements lassen sich eine Vielzahl von strategischen Verhaltensoptionen finden, als da z. B. sind: Marktdurchdringung, Produktentwicklung, Marktentwicklung und Diversifikation (*Ansoff* 1965); Shareincreasing, Growth, Profit, Market Concentration and Asset Reduction (*Hofer/Schendel* 1978); Defender, Analyzer,

Prospector and Reactor (*Miles/Snow* 1978); Differantiated, Undifferantiated and Focus (*Abell* 1980). *Fleck* (1995, S. 9) zeigt überblicksartig die Vielfalt strategischer Verhaltensweisen. *Porter* (1980/1999) unterscheidet folgende als **generisch**, d. h. unabhängig von Branche und Marktstruktur anwendbare) bezeichnete Wettbewerbsstrategien:

1. Umfassende Kostenführerschaft

2. Differenzierung

3. Konzentration auf Schwerpunkte

Porter (2000, S. 75) formuliert diese Strategien in Abhängigkeit vom strategischen Zielobjekt und angestrebten strategischen Vorteil. Der strategische Vorteil betrifft den Wettbewerbsvorteil, der entweder durch Einzigartigkeit aus Sicht des Kunden oder durch einen Kostenvorsprung erreicht werden soll. Mit dem „strategischen Zielobjekt" wird die Breite des strategischen Wettbewerbsfeldes, die durch die Anzahl der bedienten Marktsegmente erfasst wird, angesprochen. Die Strategien der Differenzierung bzw. der umfassenden Kostenführerschaft können sowohl branchenweit, als auch segmentspezifisch betrieben werden. Diese Strategie der „Konzentration auf Schwerpunkte" könnte bedeuten, dass in unterschiedlichen Marksegmenten unterschiedliche Wettbewerbsstrategien anzuwenden sind.

Die Strategie der **umfassenden Kostenführerschaft** zielt darauf ab, einen relativen Kostenvorteil gegenüber Konkurrenzunternehmen durch Minimierung der Stückkosten zu erhalten. Um Kostenführerschaft zu erreichen, sind hohe Marktanteile und entsprechende Degressionseffekte in den Wertkettenaktivitäten, ein günstiger Zugang zu Rohstoffen, einfache Produktionsprogramme, ein Sortiment gleichartiger Produkte sowie Umsatzkonzentration auf wenige Abnehmergruppen förderlich (vgl. *Porter* 1999, S. 77). Neben der größenbedingten Kostendegression tragen Lerneffekte und Routinisierungen in den Wertaktivitäten zu Kostensenkungen bei. Verknüpfungen zwischen Wertaktivitäten innerhalb einer Wertkette und Verflechtungen der Wertketten verschiedener Geschäftsbereiche sollten ebenfalls in die Werttreiberanalyse einbezogen werden. Das Verhältnis aus fixen und variablen Kosten kann durch Outsourcing von Wertaktivitäten verändert werden. Der Erhalt der Kostenführerschaft setzt voraus, dass laufend die Kostentreiber in den Wertaktivitäten beobachtet werden, die einen hohen Anteil an den Gesamtkosten haben, und dass Rationalisierungen der Wertkette durch **Prozessinnovationen** durchgeführt werden.

Ein Kostenvorteil, der gegenüber Wettbewerbern einen gewissen preispolitischen Spielraum schafft, ist nur dann dauerhaft, wenn Eintritts- bzw. Mobilitätsbarrieren aufgrund der Skalenerträge des Kostenführers abschreckend wirken. Gelingt dies, erzielt der Kostenführer bei gleichen Preisen eine höhere Rendite als alle anderen Konkurrenten und bezieht so eine dauerhafte strategiebedingte Rente. Bricht trotzdem ein Preiskampf aus, kann der Kostenführer die Niedrigpreispolitik länger als seine Wettbewerber durchhalten (vgl. *Rühli* 1994, S. 37).

Die **Strategie der Differenzierung** besteht darin, ein Produkt oder eine Dienstleistung anzubieten, die innerhalb der gesamten Branche als einzigartig angesehen wird. Dazu sind die Ursachen für die Einmaligkeit auszubauen und die Wertkette entsprechend umzustrukturieren. Die Differenzierung kann sich auf Design, Markennamen, Technologie, Werbung, Kundendienst, Vertriebskanäle oder andere Aspekte erstrecken (vgl. *Porter* 1999, S. 73 f.). Der Erfolg einer Differenzierungsstrategie spiegelt sich im Marktanteil, in der Preispolitik oder in der Kundenbindung. Der Zwang für Konkurrenten, diese Einzigartigkeit zu überwinden, schafft Eintrittsbarrieren. Käuferloyalität verringert die Preiselastizität der Nachfrage, was höhere Umsatzrenditen ermöglicht und Kostenführung kompensieren kann.

Eine erfolgreiche Differenzierung basiert nicht nur auf der exzellenten Ausführung einzelner Wertaktivitäten wie der Produktgestaltung, Werbung, Produktentwicklung oder Produktqualität, sondern beruht auch auf Verknüpfungen innerhalb der Wertketten sowie der Wertketten von Lieferanten und Vertriebskanälen. Die Einmaligkeit des Leistungsangebots entwickelt sich dabei aus Lernprozessen bei der Ausübung von Wertaktivitäten oder durch Integration neuer Wertaktivitäten.

Ein Differenzierungsvorteil kann nicht Dauerhaftigkeit beanspruchen, sondern unterliegt immer der Imitationsgefahr. Sie ist beherrschbar, wenn (vgl. *Porter* 2000, S. 215 f.):

- Barrieren hinsichtlich der Differenzierungsquellen vorhanden sind,
- Kostenvorteile bei der Differenzierung existieren,
- Differenzierungsquellen vielschichtig sind,
- mit der Differenzierung Umstellungskosten verbunden sind.

Die Strategie **Konzentration auf Marktnischen** geht davon aus, dass Unternehmen eng begrenzte Zielobjekte effizienter bedienen können als Wettbewerber, die eine breite Marktabdeckung anstreben. Die Konzentrationsstrategie zielt darauf, entweder einen Kostenvorsprung oder einen hohen Differenzierungsgrad in einzelnen, von dem Unternehmen bearbeiteten Marktsegmenten zu erreichen. Im Unterschied dazu sieht *Porter* Mischstrategien, die sowohl Differenzierung als auch Kostenführerschaft in **einem** Zielobjekt zu realisieren versuchen, als wenig Erfolg versprechend an, da es ihnen für eine erfolgreiche Kostenführerschaft am notwendigen Marktanteil und für eine Differenzierungsstrategie an einmaligen Wertkettenaktivitäten ermangele (vgl. *Porter* 1999, S. 79). Die Folge einer Strategie des „stuck in the middle" seien Rentabilitätseinbußen.

Die Logik der *Porterschen* Argumentationsschemas wird in der Abbildung 5.4 verdeutlicht.

Ausgangspunkt sind Chancen und Gefahren, die sich aus den Triebkräften des Branchenwettbewerbs ergeben. Die damit verbundene Marktattraktivität sowie Stärken und Schwächen, die sich aus der Analyse der Wertkette ergeben, sind maßgebend für die Wahl der strategischen Option Kostenführung, Differenzierung oder Konzentration. Die Strategiewahl beeinflusst die Kostentreiber bzw. Triebkräfte für die Einmaligkeit in den Aktivitäten der Wertkette. Die nachhaltige strategische Rente resultiert einerseits aus dem Marktanteil, andererseits

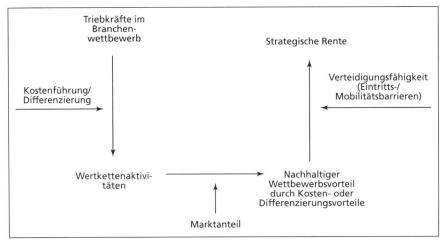

Abb. 5.4: Argumentationslogik des Market Based View

aus den strategiebedingten Wettbewerbsvorteilen des Unternehmens. Für die Nachhaltigkeit entscheidend sind jedoch die Markteintrittsbarrieren. Die Wettbewerbsvorteile müssen sich auf verteidigungsfähige Positionen konzentrieren, auf die alle Wertaktivitäten konsequent auszurichten sind.

Prozessmanagement und Wettbewerbsstrategien

Die Strategie der **Kostenführerschaft** nutzt Betriebsgrößenersparnisse (Skalenerträge) und Erfahrungskurveneffekte, um Kostenvorteile bei der Durchführung von Wertaktivitäten zu realisieren. **Prozessmanagement** fokussiert nicht Fixkostendegression, sondern die Reduzierung von Koordinationskosten. Der strategische Ansatz, über eine funktionale Spezialisierung Kostenführung zu erreichen, wird daher durch das Prozessmanagement konterkariert. Nicht durch Spezialisierung, sondern durch horizontale Integration sollen Wettbewerbsvorteile geschaffen werden.

Die wesentlichen organisatorischen Anforderungen, die als Voraussetzung für den Strategietyp Kostenführerschaft gelten können, basieren allesamt auf funktionaler Spezialisierung. Fähigkeiten und Mittel (vgl. *Porter* 1999, S. 77) wie

- Verfahrensinvestitionen und -innovationen,
- produktionsgetriebene Produktentwicklung,
- intensive Beaufsichtigung der Mitarbeiter,
- kostengünstiges Vertriebssystem

sind nicht die Hebel, mit deren Hilfe die Prozessorganisation Effizienzvorteile gegenüber Wettbewerbern erringen kann. Unteilbarkeit im Technologiebereich, Entspezifizierung bei der Produktgestaltung sowie Standardisierung in Fertigungs- und Kundenbereichen lassen nur eine Priorisierung der Funktion bei der organisatorischen Umsetzung der Strategie zu.

Ebenso vertragen sich die organisatorischen Anforderungen der Kostenführerschaft wie

- hohe Kontrollintensität,
- klare Gliederung von Aufgaben und Verantwortung,
- Anreizsystem, das auf strikte Erfüllung quantitativer Ziele beruht.

Eine Prozessorganisation ist grundsätzlich nicht dafür prädestiniert, die Strategie der Kostenführerschaft zu unterstützen. Geht man davon aus, dass Prozessmanagement den Abbau von Weisungshierarchien, Ausbau der Entscheidungsdelegation und unscharfe Kompetenzabgrenzungen sowie komplexere Aufgabeninhalte durch Integration crossfunktionaler Aktivitäten bedeutet, dann kann sie die Anforderungen der Kostenführerschaft nicht einlösen. Im Gegenteil, die Verteilung von Ressourcen auf unterschiedliche Prozesse, Orientierung der Prozessleistung an Kundenbedürfnissen und erweiterte Handlungsspielräume sind Kostentreiber, deren Kompensation nur im Falle hoher Produkt-, Kunden- und Bearbeitungsspezifität möglich ist.

Demzufolge wird die Strategie der **Differenzierung** auch differenziertere Geschäftsprozesse als im Falle der Kostenführerschaft erforderlich machen. Die Einzigartigkeit von Produkten und Dienstleistungen innerhalb einer Branche ist nicht ohne einzigartige Geschäftsprozesse realisierbar.

Bei den Fähigkeiten und Mitteln, die im Falle einer Differenzierungsstrategie notwendig sind (vgl. *Porter* 1999, S. 78), handelt es sich einerseits um funktionale Kompetenzen wie besondere Fähigkeiten in Bereichen wie Marketing, Engineering oder Grundlagenforschung. Andererseits wird aber auch eine einmalige Kombination von Fähigkeiten, die auch aus anderen Branchen entlehnt sein können, sowie eine enge Kooperation zwischen Beschaffungs- und Vertriebskanälen verlangt. Diese Eigenschaften werden typischerweise durch die **Prozessorganisation** ermöglicht.

Die Art der Fähigkeiten und deren organisatorische Bündelung hängen offensichtlich mit der Positionierung der Wertaktivitäten in der Branchen- bzw. Unternehmenswertschöpfungskette zusammen. Beruht die Einmaligkeit auf (vorgelagerten) **Upstream-Aktivitäten**, die vor allem technische Fähigkeiten umfassen, dann kann funktionale Exzellenz Wettbewerbsvorteile erzeugen. Hierzu zählen insbesondere Fähigkeiten in der Marktforschung, Forschung und Entwicklung, Beschaffung bzw. Bearbeitung von Roh- und Vorprodukten. Leitet sich dagegen die Einmaligkeit aus **Downstream-Aktivitäten**, die auf kundennahen Dienstleistungsfähigkeiten gründen, ab, dann bietet sich die Prozessorganisation als effizientere Koordinationsform an. Dies bedeutet freilich nicht, dass innerhalb der vorgelagerten Funktionsbereiche Prozessorientierung die Wettbewerbsfähigkeit fördern kann.

Die Differenzierungsstrategie stellt besondere organisatorische Anforderungen an die Verknüpfungen der Wertkette, durch die eine einzigartige Befriedigung von Abnehmerbedürfnissen erreicht werden soll. Die damit geforderte Integration der Aktivitäten kann letzthin nur durch das Prozessmanagement sichergestellt werden. Die Differenzierungsstrategie stellt nach *Porter* (1999, S. 78) folgende organisatorische Anforderungen:

- enge Koordination der Bereiche Produktentwicklung und Marketing,
- nicht auf quantitativen Kriterien beruhende Anreizpolitik, die den individuellen Wertvorstellungen entspricht,
- eine für hoch qualifizierte, kreative Mitarbeiter attraktive Organisationskultur.

Diesen Anforderungen kommt das Prozessmodell fraglos entgegen. Sie sind im Rahmen des Funktionsmodells kaum zu verwirklichen. Insbesondere Differenzierungsmerkmale, die Zusatznutzen für Kunden stiften sollen, wie z. B. Qualität der Auftragsbearbeitung, Lieferperformance oder After Sales Service, sind durch die Prozessorganisation besser zu unterstützen. Dabei werden **Differenzierungsvorteile** nicht nur durch das Prozessdesign und permanente Prozessverbesserungen, sondern auch durch Abstimmung zwischen den Prozessen stabilisiert.

Die Strategie **Konzentration auf Schwerpunkte** schließlich bedeutet, dass das Unternehmen in einzelnen Marktsegmenten sich jeweils für die eine oder andere Wettbewerbsstrategie entscheidet. Das Unternehmen muss sowohl Fähigkeiten und Mittel als auch das organisatorische Vermögen besitzen, gleichzeitig Strategien der Differenzierung und der Kostenführerschaft zu realisieren. Das zentrale Managementproblem des Unternehmens lautet also: Wie lässt sich eine Differenzierungsstrategie verfolgen, ohne die Strategie der Kostenführerschaft zu vernachlässigen, und umgekehrt? Diese strategische Dualität kann nicht unabhängig von einer operativen, strukturellen Dualität verwirklicht werden. Die unterschiedlichen Markt- und Aufgabenumwelten stellen hohe Anforderungen an die organisatorische Integration, da sich das Technologie- und Organisationssystem aus statischen und dynamischen, aus stabilen und flexiblen Komponenten zusammensetzen muss: Ausgeprägte hierarchische Kontrollintensität neben Selbstorganisation im Team, Verfahrensinnovationen neben Produktinnovationen, extrinsische neben intrinsischer Motivationskultur, Kostendisziplin neben Kreativität anregenden organisatorischen Spielräumen (organizational slack). Die Herausforderungen an Verschiedenartigkeit und Vielschichtigkeit müssen sich in der Vielfalt des strukturellen Systems wieder finden.

Prozessorganisation als Plattform für die Etablierung strategischer Vielfalt

Domäne der Prozessorganisation ist es, **Verschiedenartigkeit** und **Vielschichtigkeit** entsprechend der gewählten strategischen Option herzustellen. Angesichts der aufgeführten organisatorischen Widersprüche kann eine Konzentrationsstrategie nur dann erfolgreich sein, wenn für die Marktsegmente, in denen eine Differenzierungsstrategie verfolgt wird, und in den Marktsegmenten, in denen Kostenführerschaft praktiziert wird, jeweils spezifische Geschäftsprozesse identifiziert und implementiert werden. In der Praxis ist diese Segmentierung meist dann anzutreffen, wenn Prozesssysteme für Standard- und Sonderprodukte unterschieden werden.

Das Modell der funktionalen Spezialisierung ist dagegen im Falle von Konzentrationsstrategien nicht effizient. Es käme dem „Sitzen zwischen den Stühlen"

(*Porter* 1999, S. 79) gleich. Wird dagegen für jedes einzelne Produkt/Markt-Segment eine eigene funktionale Organisation etabliert, dann fehlt dafür der notwendige Marktanteil und das Potential für Investitionen, um erfolgreich Kostenführerschaft in der Nische zu praktizieren. Allein die Prozessorganisation kann in dieser Situation ihre produktive Wirkung entfalten. Ihr Kostensenkungspotential liegt in den Koordinationskosten, ihr Differenzierungspotential in der crossfunktionalen Integration, durch die Zusatznutzen für Kunden geschaffen werden kann. Die Prozessorganisation macht also die Strategie der Konzentration auf Schwerpunkte erst möglich.

Auf der Grundlage des MBV kann das Prozessmanagement wie folgt in den strategischen Prozess eingeordnet werden (vgl. Abbildung 5.5).

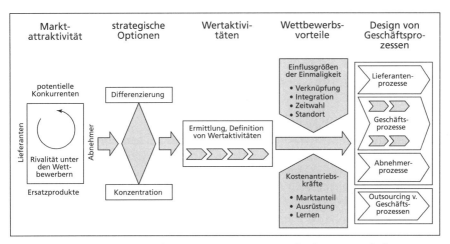

Abb. 5.5: Integration des Prozessmanagements in den strategischen Prozess des MBV

Den Ausgangspunkt des strategischen Prozesses bildet die Strukturanalyse der Branche. Die Branchenattraktivität orientiert sich daran, wie schnell Konkurrenten mit neuen Angeboten auftreten können, Eintrittsbarrieren für neue Anbieter bestehen, Konkurrenten ihre Kapazität erweitern oder die Preise unterbieten können und Austrittsbarrieren das Verlassen der Branche erschweren. Die Position innerhalb der Branche wird durch die Wettbewerbsstrategie ‚niedrige Kosten', ‚Differenzierung' oder ‚Konzentration auf Schwerpunkte' bestimmt, wobei jeweils nur überdurchschnittliche Leistungen eine überdurchschnittliche Rentabilität erwarten lassen. Unter dem Gesichtspunkt des Prozessmanagements stehen vor allem Differenzierung und Konzentration im Vordergrund. Entsprechend der gewählten strategischen Option sind unterschiedliche Wertaktivitäten Quellen von Wettbewerbsvorteilen. Um angesichts der gewählten Strategie Wettbewerbsvorteile zu erschließen, sind alle Aktivitäten eines Unternehmens und deren Wechselwirkungen zu untersuchen (vgl. *Porter* 2000, S. 63). Die erfolgskritischen Wertaktivitäten sind anhand strategischer Differenzierungsmerkmale bzw. Kostentreiber wie Verknüpfungen, Integration,

Zeitwahl, Standort, Volumen, Auslastung oder Lernen zu identifizieren und zu definieren. In einem letzten Schritt geht es darum, die Wertaktivitäten in Geschäftsprozessen zu bündeln und zu modellieren. Entsprechend der Strategie und der angestrebten Wettbewerbsvorteile müssen die Geschäftsprozesse identifiziert, ihr Design strukturiert und dimensioniert werden. Die Prozessleistungen müssen mit den Nutzenkriterien der Abnehmer, d. h. ihren Kauf- und Signalkriterien, abgestimmt sein, was auch für interne Kunden gelten muss. Besondere Strategierelevanz besitzt die Frage der Verknüpfung mit Lieferanten- und Abnehmerprozessen sowie des Outsourcings von Geschäftsprozessen. Die Geschäftsprozesse an der Schnittstelle zum Kunden machen deutlich, dass nicht die einzelne Wertaktivität, sondern letzthin nur der Geschäftsprozess bzw. die Prozessleistung für die Einmaligkeit, gegebenenfalls auch für einen Kostenvorsprung, maßgeblich sein können.

5.2 Der Ressourcenorientierte Ansatz (RBV) – Geschäftsprozesse als strategische Ressource

Während der MBV die outside in-Perspektive verfolgt, steht beim Ressourcenorientierten Ansatz die inside out-Sichtweise des strategischen Managements im Vordergrund. Die RBV-Perspektive geht von der verfügbaren **Ressourcenausstattung** als Quelle des Unternehmenserfolgs aus. Auf Grundlage ihrer spezifischen Eigenschaften und Fähigkeiten wird nach attraktiven Verwendungsmöglichkeiten mit dem Ziel, Zusatznutzen für Kunden zu stiften, gesucht. Dabei wird auch die Weiterentwicklung vorhandener Ressourcen zur Erschließung alternativer Verwendungsmöglichkeiten in Betracht gezogen. Wettbewerbsvorteile leiten sich aus den **Eigenschaften von Ressourcen** her, über welche die Konkurrenten nicht verfügen können. Der Ressourceneinsatz ist effizient, wenn er zu einem dauerhaften, überdurchschnittlichen Rückfluss führt. Der RBV erklärt mithin die Erzeugung und Aufrechterhaltung von Renten aus einer überlegenen („superioren") Ressourcenausstattung (vgl. *Dierickx/Cool* 1989, S. 1; *Petraf* 1993, S. 180; *Thiele* 1997, S. 56).

5.2.1 Das Konzept des RBV

Der RBV geht auf die ökonomische Rententheorie von Ricardo zurück (vgl. Duschek 2002, S. 53 ff.). Lang anhaltende Wettbewerbsvorteile sind danach an drei Bedingungen geknüpft:

Die Annahme der **Werthaltigkeit** von Renten generierenden Ressourcen geht davon aus, dass es qualitative Differenzen zwischen Inputgütern gibt. Die sonst gleichartigen Ressourcen erbringen bei einer bestimmten Nutzung Effizienzvorteile im Vergleich zu allen anderen Ressourcen des gleichen Typs. Z. B. können Unternehmen, die Inputgüter einer höheren Produktivität als ihre Wettbewerber besitzen, ihre Produkte kostengünstiger oder bedarfsgerechter anbieten.

Die zweite Bedingung stellt auf die **begrenzte Verfügbarkeit** der Inputgüter ab. Vorteilserzeugende Ressourcen sind **knapp**. Es besteht ein Nachfrageüberhang nach werthaltigen Ressourcen. Ein Wettbewerbsvorteil kann nur entstehen, wenn die Vorteil stiftenden Mittel begrenzt sind. Ein Unternehmen kann sich gegenüber seinen Wettbewerbern nur profilieren, wenn die betreffende Ressource in ihrem Vorkommen limitiert ist, und der Beschaffungsmarkt nicht die Nachfrage der Konkurrenzunternehmen befriedigen kann.

Die Renten generierenden Ressourcen dürfen drittens **nicht imitierbar** sein. Jederzeit imitierbare Inputfaktoren verlieren schnell ihre Werthaltigkeit und sind daher nicht in der Lage, dauerhaft zur Rentengenerierung beizutragen.

Der RBV befasst sich mit den Eigenschaften von Ressourcen, aus denen heraus dauerhafte Wettbewerbsvorteile und abnormale Renditen entstehen sollen. Es geht also um die Frage, welche Wirkungsmechanismen Renten generierende Ressourcen auszeichnen und eine anhaltende verteidigungsfähige Wettbewerbsposition sichern können. Mechanismen, die solche Ressourceneigenschaften konstituieren, liegen vor allem in den **Isolationsbarrieren**. Isolation bedeutet Wettbewerbsfähigkeit, durch die die eigene Wettbewerbsposition verteidigungsfähig gehalten und von Wettbewerbsunternehmen abgeschirmt werden kann.

Ressourcen

Der Ressourcenbegriff wird meist sehr umfassend ausgelegt. Er umfasst … "all assets, capabilities, organizational processes, firm attributes, information, knowledge, etc. controlled by a firm to conceive of and implement strategies that improve its efficiency and effectiveness." (*Barney* 1991, S. 102; vgl. auch: *Sanchez/ Heene/Thomas* 1996, S. 7 f.).

Meist werden drei Kategorien strategisch relevanter Ressourcen unterschieden (vgl. *Barney* 1991, S. 101):

- physikalische Ressourcen (u. a. verwendete Technologie, Standort, betriebliche Ausstattung oder Zugang zu Rohmaterialien),

- humane Ressourcen (Eigenschaften der Mitarbeiter wie Ausbildung, Erfahrung, Motivation oder Beziehungen) sowie

- organisatorische Ressourcen (Erfolgspotentiale wie Innovationsfähigkeit, operative Potenz, Kundennähe oder Flexibilität).

Besondere strategische Bedeutung kommt vor allem den **intangiblen** Ressourcen zu (vgl. statt vieler *Hall* 1992 u. 1993). Diese können **personenabhängig oder -unabhängig** sein. Personenabhängige intangible Ressourcen beruhen entweder auf funktionalem Wissen wie technischem Know-how, Wissen über Lieferanten bzw. Abnehmer oder auf Lern- und Innovationsfähigkeiten. Personenunabhängige intangible Ressourcen bestehen in der Regel aus Rechten, z. B. Verträgen oder Lizenzen, oder aus sonstigen Verfügungsrechten.

Ein weiteres wichtiges Merkmal unternehmensinterner Ressourcen ist ihre **Transaktionsfähigkeit**. Die Möglichkeit der Beschaffung einer Ressource am Faktormarkt beeinflusst sowohl die Generierung, aber auch die Verteidigungsfähigkeit von Wettbewerbsvorteilen. Von besonderer Bedeutung für die Schaffung nachhaltig verteidigungsfähiger Wettbewerbspositionen sind **nicht-transaktionsfähige, intangible** Ressourcen (vgl. Abbildung 5.6). Dabei handelt es sich um Potentiale, die nur über einen längeren Zeitraum akkumulierbar sind und die Unternehmensentwicklung längerfristig auf einen festgelegten strategischen Pfad verpflichten.

	personenabhängig	personenunabhängig
transaktionsfähig	• Expertenwissen • Erfahrung • Stakeholder- beziehungen	• Markenname • Lizenzen • Patente
nicht transaktionsfähig	• Innovative Unternehmenskultur • Crossfunktionale Kooperationsfähigkeit • Organisatorische Positionen	• Selbsterstellte Datenbanken • Reputation/Image • Netzwerkposition

Abb. 5.6: Typen intangibler Ressourcen

Ressourceneigenschaften bzw. Isolationselemente, mit denen sich nachhaltige Wettbewerbsvorteile erklären lassen, werden von einer Vielzahl von Autoren enumeriert. Üblicherweise wird auf folgende Eigenschaften von Ressourcen verwiesen, die für deren Fähigkeit maßgeblich sind, Wettbewerbsvorteile zu kreieren (vgl. *Dierickx/Cool* 1989; *Barney* 1991; *Collins* 1991; *Ghemawat* 1991; *Petraf* 1993; *Rasche* 1994; *Rühli* 1994; *Welge/Al-Laham* 2001):

• Nicht-Imitierbarkeit

• Nicht-Substituierbarkeit

• Unternehmensspezifität

• Generierung eines Kundennutzens

Petraf (*Petraf* 1993, S. 179 ff.; *Schwarz* 2004, S. 144) fasst die Isolationselemente in folgendes Konzept (vgl. Abbildung 5.7).

Wettbewerbsvorteile entstehen danach, wenn

• der betreffende Wettbewerber über heterogene Ressourcen verfügt,

• die unternehmensintern kontrollierten „superioren" Ressourcen immobil sind,

• ex ante-Faktormarktinsuffizienzen existieren, die eine kurzfristige Überwindung der asymmetrischen Ressourcenausstattung verhindern,

• ex post-Marktunvollkommenheiten die Möglichkeiten der Imitation und Substitution des Faktoreinsatzes beschränken,

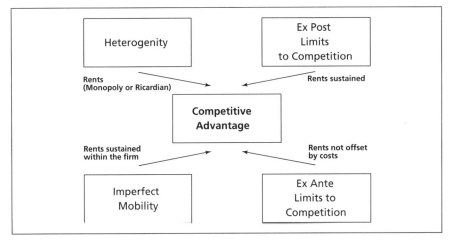

**Abb. 5.7 : Modell zur Erklärung von Wettbewerbsvorteilen
(Quelle: *Petraf* 1997, S. 186)**

Darüber hinaus müssen sich die knappen Ressourcen zu einmaligen Kernfähigkeiten bündeln und weiterentwickeln lassen, die aus Kundensicht ihren Niederschlag in einem Zusatznutzen der angebotenen Marktleistungen finden.

Unternehmensspezifität und **Heterogenität** der Ressourcen kennzeichnen denselben Sachverhalt. Im Rahmen der Transaktionskostentheorie wurde bereits unter dem Begriff **Asset Specifity** die Bedeutung der Spezifität angesprochen. Faktormarktinsuffizienzen verweisen darauf, dass ressourceninduzierte Wettbewerbsnachteile nicht durch Aktivitäten an den Beschaffungsmärkten kompensiert werden können.

Kernkompetenzen

Der RBV erfuhr zusätzliche Anerkennung und Verbreitung durch den Kernkompetenzansatz von *Prahalad/Hamel* (1990). „The core competence of the corporation" verschafft einzelnen Geschäftseinheiten Wettbewerbsvorteile, wenn es ihnen gelingt, ihre technischen Fähigkeiten zu bündeln und effizient einzusetzen. Kernkompetenzen werden mit den Wurzeln eines Baumes verglichen, durch welche die Geschäftseinheiten, Stamm und Äste, genährt und die Endprodukte, Blätter, Blüten und Früchte, zur Entfaltung gebracht werden (vgl. *Prahalad/Hamel* 1990, S. 81). Kernkompetenzen sind Geschäftsfeld übergreifend verortet. Sie werden im Zusammenhang mit technischen Fähigkeiten gesehen. Sie entstehen durch kollektive Lernprozesse, in die Mitarbeiter aller Ebenen und aller Bereiche eingebunden sein können. Als übergreifendes Qualifikationspotential stiften sie für mehrere Geschäftsbereiche Wettbewerbsvorteile (vgl. *Tampoe* 1994, S. 67). Sie kennzeichnen die Fähigkeit der Unternehmensführung, Produktionstechniken zu koordinieren, Technologieströme zusammenzuführen und neue, bislang nicht praktizierte Anwendungsfelder ausfindig zu machen (vgl. *Prahalad/Hamel* 1990, S. 82 f.). Kompetenzen zeichnet aber auch eine kollektive, soziale Dimension des Handelns in Organisationen aus. Wiederholbare, nicht auf Zufall basierende Handlungssequenzen bei der Nutzung von Ressourcen bilden ein wesentliches Merkmal von Kompetenzen. Kompetenzen sind mithin organisationale Routinen, in denen sich das Wissen von Mitarbeitern hinsichtlich der Ressourcentransformation und -kombination im Zeitablauf akkumuliert und weiterentwickelt.

Auch im Kompetenzbegriff ist als Ausgangspunkt das Ressourcenkonzept zu erkennen. Die Aggregation von Fähigkeiten bildet die Kompetenzbasis, aus der heraus Wettbewerbsvorteile entwickelt werden können. **Distinctive capabilities** entsprechen **distinctive competences**. Sie stellen unternehmensspezifische Fähigkeiten dar, durch die sich ein Unternehmen gegenüber seinen Wettbewerbern differenzieren kann.

Kompetenzen sind zusammenfassend zu verstehen als „… wiederholbare, nicht auf Zufälligkeiten basierende Möglichkeit zum kollektiven Handeln in einer Unternehmung, welche darauf beruht, verfügbare Inputgüter in auf Marktanforderungen ausgerichteten Prozessen so zu kombinieren, dass dadurch ein Sich-bewähren-können gegenüber der Marktgegenseite gewährleistet wird." (*Freiling* 2002, S. 7 f.)

Bei den Kernkompetenzen handelt es sich um die Teilmenge von Kompetenzen, die sich durch folgende Merkmale auszeichnet:

- Kernkompetenzen sind durch die erfolgskritische, unternehmensspezifische Kombination von Ressourcen gekennzeichnet, die die Basis zur Erzielung dauerhafter Wettbewerbsvorteile darstellt.
- Kernkompetenzen entstehen durch innovative Verknüpfungen von Ressourcen, wodurch neue Märkte und neue Produkte bzw. Anwendungen erschlossen werden können (vgl. *Barney* 1995, S. 55).
- Kernkompetenzen manifestieren sich in Kernprodukten und Kernleistungen, die wiederum in Endprodukten und Endleistungen Verwendung finden (vgl. *Duschek* 2002, S. 148).
- Kernkompetenzen haben einen expliziten Marktbezug, indem sie einen seitens der Kunden wahrnehmbaren Nutzen stiften (customer value), den sie abzugelten bereit sind (vgl. *Hamel* 1994, S. 14).
- Kernkompetenzen sind strategisch nur dann relevant, wenn sie verteidigungsfähig sind und Eigenschaften besitzen, die sie vor Imitation schützen (vgl. *Hamel* 1995, S. 95).

Kernkompetenzen sind mithin „ein weniger formales und eher managementorientiertes Derivat des RBV" (*Duschek/Sydow* 2002, S. 427). Die Perspektive der Kernkompetenz fokussiert die zielgerichtete Kombination von Ressourcen. Ressourcen haben einen Potentialcharakter, der erst in der Kompetenz aktiviert wird. Allerdings betont der Kernkompetenzansatz mehr als der RBV die Bedeutung der **prozessualen, organisatorischen** und **integrativen Aspekte** der **Ressourcenbündelung** bei der Generierung und Aufrechterhaltung von Wettbewerbsvorteilen. Ferner wird ihr geschäftsbereichsübergreifender Charakter, deutlicher als dies bei dem RBV der Fall ist, hervorgehoben.

Isolationsbarrieren

Der Schutz vor Erosion einer erfolgskritischen Ressource betrifft vor allem ihre Imitations- und Substitutionsgefahr. Imitation besteht in der Reproduktion und Duplizierung einer Ressource. Erfolgreiche Imitation führt zu einer identischen Ressourcenausstattung der Wettbewerber. Substitution bedeutet Kompensation der Leistungsfähigkeit einer Ressource durch eine andere, mit deren Hilfe die Wettbewerbsposition des betreffenden Wettbewerbers eingenommen werden kann.

Diverse Isolationsbarrieren können eine Schutzwirkung gegenüber Imitationsbestrebungen von Konkurrenten entfalten:

- **Unternehmensspezifische Bündelungen und Verknüpfungen** von Ressourcen, die auch mit den Begriffen **Interconnectedness und Social Complexity** verbunden sind, bieten einen hohen Imitationsschutz (vgl. *Dierickx/Cool* 1989, S. 1508; *Barney* 1991, S. 110 ff.). Sie sind idiosynkratisch angelegt, intransparent in ihrer Entstehung und spezifisch auf die konkrete Unternehmenssituation hin konfektioniert.

- **Tazites bzw. implizites Wissen** bei Ressourceneinsatz und -nutzung ist, da es nicht kodifiziert ist, ebenfalls nur schwer imitierbar. Allenfalls personenbezogenes Expertenwissen ist im Wege der Abwerbung transferierbar. Dagegen bietet ein auf Personenmehrheiten verteiltes Wissen durchaus Schutz vor ungewollter Diffusion. Speichermedium für kollektives tazites Wissen sind **organisatorische Routinen**. Jede einzelne an der Durchführung der Routine beteiligte Person verfügt über ein Teilwissen, das abgestimmt mit dem Wissen der anderen Wissensträger erst in seiner Gesamtheit die Ausführung einer Routine ermöglicht. Routinen unterliegen organisatorischen Lernprozessen, neuer Wissensgenerierung und gegebenenfalls auch struktureller Anpassung (vgl. auch *Freiling* 2001b, S. 128).

- **Kausale Mehrdeutigkeit** kennzeichnet das Phänomen, dass der Zusammenhang zwischen Ressourceneinsatz und Unternehmenserfolg mehrdeutig ist. Die Kausalität zwischen beiden Größen ist zumindest den externen Beobachtern intransparent. Handlungen, Handlungssequenzen und nicht zuletzt Zufälle intervenieren zwischen eingesetzten Inputgütern und Ergebnisgrößen, so dass Erfolgsursachen einem bestimmten Ergebnis nicht einfach zurechenbar sind.

- **Zeitbedingte Ressourcenakkumulations- und Multiplikatoreffekte** (vgl. auch *Dierickx/Cool* 1989; *Reed/De Philippi* 1990; *Barney* 1991; *Amit/Shoemaker* 1993) gehen von der Annahme aus, dass im Zeitablauf quantitative und qualitative Ressourcenanpassungen erfolgen. Sie wurden auf der Basis immer wieder neu erworbenen Erfahrungswissens vollzogen, das sich über einen längeren Zeitraum hinweg entwickelt hat. Imitationen gestalten sich insofern schwierig, als die originäre Ressourcenbasis nicht die Beseitigung von Engpässen oder die Verbesserung der Struktur des Ressourcenverbundes abbildet, was im Falle einer Nachahmung zu nicht unerheblicher Fehlerwahrscheinlichkeit und Wirkungsverlusten führen wird. Zudem kann zeitabhängiges Erfahrungs- und Verknüpfungswissen nicht durch erhöhten Ressourceneinsatz kompensiert werden (**time compression diseconomies**). Eine Verdoppelung der Ressourcenbasis führt nicht zu einem verdoppelten Wirkungsgrad oder entsprechender Beschleunigung der Wissensakkumulation.

- **Zeitpfad- bzw. Pfadabhängigkeit** kennzeichnet die idiosynkratische Entwicklung eines Unternehmens. Entwicklungsprozesse in der Vergangenheit bestimmen die Entwicklungsrichtung der Zukunft. Spielräume sind allenfalls innerhalb eines Entwicklungskorridors möglich (vgl. *Freiling* 2001b, S. 154). Entscheidungen über die Ressourcenausstattung sind in der Vergangenheit eines Unternehmens begründet. Auf dem zukünftigen Entwicklungspfad sind Anpassungen in nur begrenztem Umfang möglich. Begrenzte Spielräume ergeben sich vor allem aus der Irreversibilität strategischer Entscheidungen im Bereich von Produkten und Prozessen. Das Herstellen eines Ausgangszustands ist meist nur mit großem Aufwand möglich (vgl. *Freiling* 2001b, S. 92). Ein Revidieren von Entscheidungen ist gerade wegen der Festlegungen bei der vorhandenen Ressourcenausstattung und der Kosten der damit verbundenen Neuanschaffungen oft nicht zu vertreten. Imitation bedeutet immer auch das Verlassen eines strategischen Entwicklungspfades. Dadurch entstehen bei dem nachahmenden Unternehmen **sunk costs**, d. h. vorhandenes Wissen, Inputgüter und sonstige tangible sowie intangible Ressourcen verlieren ihren Wert. Imitationsgewinne werden sich dagegen erst langfristig einstellen.

- **Interorganisationale Netzwerkbeziehungen** zwischen kooperierenden Unternehmen schaffen **Imitationsbarrieren**. Die gemeinsame Nutzung und Akkumulation von Ressourcen ermöglicht gezieltes Leveraging und bewusste Erzeugung von Synergiepotentialen. Zudem können Investitionen in Netzwerkbeziehungen die Imitationsgefahr reduzieren. Imitationsbarrieren beruhen im Wesentlichen auf (vgl. *Duschek/Sydow* 2002, S. 429 ff.) folgenden Faktoren:

  - Wechselseitige Verknüpfung von interorganisatorischen Ressourcen. In Unternehmenskooperationen verstärken sich die Co-Spezialisierungen der Netzwerkressourcen gegenseitig. Die dadurch geschaffene interorganisationale Ressourceninterdependenz und -spezifität ist durch ein einzelnes Unternehmen schwerlich zu imitieren.

  - Die Knappheit an Netzwerkpartnern mit komplementären Ressourcen und relationalen Fähigkeiten ist eine natürliche Imitationsbarriere.

  - Mangelnde Teilbarkeit von beziehungsspezifischen Ressourcen im Netzwerkverbund macht die Imitation seitens eines Partners ohne Verlust von Wettbewerbsvorteilen unmöglich. Die Co-Spezialisierung und die Generierung kooperativer Kompetenzen bindet die Ressourcen unauflösbar in den spezifischen Netzwerkverbund ein (vgl. *Dyer/Sing* 1998, S. 673).

  - Kulturelle, regionale und wirtschaftliche Rahmenbedingungen sind häufig Voraussetzungen für kooperative Arrangements zwischen Unternehmen. Derartige formelle und informelle Verhaltensnormen und institutionelle Bedingungen sind kaum zu imitieren. Beispiele sind Vertrauenskultur in Japan, Innovationskultur im Silicon Valley oder Konglomeration der Zulieferindustrie im Raum Stuttgart.

Die Argumentationslogik des RBV ist in Abbildung 5.8 zusammengefasst.

Die in der Abbildung skizzierte Kausalität zwischen „Ressourcen" und „strategischer Rente" bildet auch den Hauptkritikpunkt des RBV bzw. des Kernkompetenzansatzes.

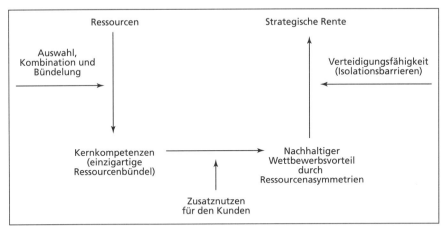

Abb. 5.8: Argumentationslogik des RBV (in Anlehnung an Rühli 1994, S. 43)

Da die externe Beschaffung von Kernkompetenzen bzw. von Wettbewerbsvorteilen generierenden Ressourcen auf Grund ihrer Nicht-Transferierbarkeit ausgeschlossen wird, wird sofort die Frage nach der unternehmensinternen und unternehmensspezifischen **Entstehung** von „Ressourcen" bzw. Kernkompetenzen aufgeworfen. Meist wird von einer bestehenden Ressourcen- und Kernkompetenzausstattung ausgegangen, aus denen die Wettbewerbsvorteile resultieren. Über den **Prozess** der Akkumulation und Kombination von Ressourcen wird wenig ausgesagt. Die Entstehung von Ressourcen wird allenfalls über das Entstehen von Wissen erklärt und auf die Weiterentwicklung individueller Fertigkeiten und Kenntnisse zurückgeführt (vgl. *Osterloh/Frost* 2006, S. 200 ff.). Dennoch bleiben die elementaren Verknüpfungen zwischen Ressourcen ebenso wie die Beziehungen zwischen Kernkompetenzen, Kernprodukten und Endprodukten konzeptionell ausgespart. Ebenso sind die Zusammenhänge zwischen Ressourcenausstattung und Kernkompetenzen ungeklärt.

Aus dieser Kritik lässt sich das **Fazit** ziehen: Das Vorhandensein von Ressourcen kann allenfalls eine notwendige nicht jedoch eine hinreichende Bedingung für die Existenz von Kompetenzen sein.

Nicht anders verhält es sich mit der Entstehung von Wettbewerbsvorteilen. Auch zwischen Ressourcenausstattung und ihrer Fähigkeit, Wettbewerbsvorteile zu generieren, kann kein Automatismus bestehen. Ressourcen haben den Charakter von Potentialen und deterministische Wirkungsmechanismen auf Wettbewerbsvorteile oder gar auf die Entstehung von Renten sind daher auszuschließen. Schließlich ist davon auszugehen, dass Kernkompetenzen nicht konstant und stabil sind. Fähigkeiten werden durch Erfahrungen, Lerneffekte und Erfolge zur Entfaltung gebracht. Ähnlich wie Produkte unterliegen sie einem Lebenszyklus, der von „meta skills" (Klein/Edge/Kaas 1991, S. 4 f.) getragen wird. Dabei geht es nicht nur um die Erzeugung und Erneuerung von Fähigkeiten, sondern vor allem auch um den Schutz vor schneller Überalterung und Obsoleszenz. Geht man davon aus, dass Kernkompetenz-Lebenszyklen länger als Produkt-Lebenszyklen sind, dann bedeutet dies, dass es sich bei dem Wettbewerb zwischen Unternehmen im Kern um den Wettbewerb um Fähigkeiten handelt, also ein Wettbewerb, der „skill based" ist und der nur vordergründig über Preise und Produkte bzw. Leistungen geführt wird (vgl. *Ackermann* 2003, S. 119).

RBV und Kompetenzansatz gehen auf unterschiedliche Traditionen ökonomischen Denkens zurück und können nicht ohne weiteres als identisch betrachtet werden. Während der RBV auf der Grundlage ökonomischer Theorien das Entstehen von Wettbewerbsvorteilen erklären will, fehlt dem Kompetenzansatz eine entsprechende Begründung (vgl. *Mintzberg/Ahlstrand/Lampel* 1998, S. 124 ff.). Die Klärung dessen, was unter „Ressourcen" zu verstehen ist, welche ökonomischen Effekte sie auslösen, und wie diese auf die Rentenentstehung wirken, bleibt weitgehend offen. Führt man die Wettbewerbsvorteile allein auf bloße Ressourceneigenschaften zurück, dann handelt es sich gar um eine tautologische Konstruktion (vgl. *Priem/Butler* 2001, S. 22 ff.).

Angesichts dieser Erklärungsdefizite wird im Folgenden eine eigene begriffliche und konzeptionelle Einordnung entworfen. Die Beziehung zwischen Ressourceneigenschaften und Wettbewerbsvorteilen wird durch das **Prozessmanagement** als intervenierende Größe hergestellt. Prozessmanagement transformiert den Ressourceneinsatz zu höherwertigen Ressourcen im Sinne von Fähigkeiten (Capabilities). Kompetenzen sind danach als Potentiale zu definieren, die durch die in Geschäftsprozessen gebündelten Ressourcen erzeugt werden und die selbst wiederum einzigartige Prozessleistungen bzw. -ergebnisse zu erzeugen fähig sind. Prozesse sind mithin das Bindeglied zwischen Ressourceneinsatz und strategischer Rente.

Kompetenz resultiert aus Aktivitäten, die unmittelbar Kundennutzen erzeugen. Sie ist das Ergebnis von kollektiven Handlungen, die durch die **Prozessorganisation** strukturiert und koordiniert werden. Kernkompetenzen materialisieren sich zu denjenigen **„Prozessleistungspotentialen"**, die aus der Kundenperspektive dem Unternehmen Wettbewerbsvorteile stiften können. Dabei kann es sich um Fähigkeiten in Hinblick auf Produktdesign, Qualität, Lieferbereitschaft oder ähnliches handeln. Insbesondere die lern- und erfahrungsbasierte Entwicklung der Prozesse auf Grundlage unternehmensspezifischen impliziten Wissens der Mitarbeiter, die sich in informalen Regeln und Beziehungen umsetzen, führt zu einer Dynamisierung der Kernkompetenzen („Dynamic Capabilities"). Singularität und Einzigartigkeit können nur in einem dynamischen Kontext abgeschirmt und erhalten werden.

5.2.2 Prozessmanagement im Konzept des RBV

Prozesse können im Unterschied zu Ressourcen in einem unmittelbaren Zusammenhang mit der Entstehung von Wettbewerbsvorteilen stehen. Daher werden die Prozesse, deren Ergebnis zu einem Wettbewerbsvorteil führt, als **Kernprozesse** bezeichnet. Sie sind dann konsequent auf strategische Erfolgsfaktoren ausgerichtet, wenn sie eine **unternehmensspezifische** Koordination und Integration der verfügbaren Ressourcen herbeiführen und Lernroutinen zu ihrer Nutzung entwickeln können. Erst das Prozessergebnis eines Kernprozesses versetzt ein Unternehmen in die Lage, sich durch „Einzigartigkeit" von Produkten oder Leistungen auszuzeichnen. Prozesse füllen also die „Black Box" zwischen verfügbaren Ressourcen und Wettbewerbsvorteilen aus. Sie leisten die Transmission von verfügbarer Ressourcenausstattung zu einer strategiebedingten dauerhaften Rentenerzielung.

Kern- und Supportprozesse als Transformatoren vom Potential zum Wettbewerbsvorteil

Ihre vorteilsgenerierende Funktion entfalten Ressourcenpotentiale (capabilities) erst dann, wenn sie zu Leistungsprozessen in einem **Prozessmodell** zusammengeführt, organisiert und zielorientiert gebündelt werden und die Prozessleistungen einen wertstiftenden Beitrag am Markt besitzen, der seitens externer oder interner Kunden als Zusatznutzen wahrgenommen wird (core competences).

Prozessmanagement bildet folglich erst die hinreichende Bedingung für eine Wettbewerbsvorteile schaffende Ressourcennutzung. Ressourcenorientierte Strategieentwicklung und Prozessmanagement bedingen sich gegenseitig. Letzthin manifestiert sich im *Geschäftsprozess* die vorteilsgenerierende Ressource per se.

Prozessmanagement, das (auch) die Schaffung nachhaltiger Wettbewerbsvorteile leisten soll, muss daher folgende **Anforderungen** erfüllen:

- **Ressourcenorientierter Prozessentwurf:** Die strategisch relevanten Eigenschaften der Ressourcen sind zu erheben und zu analysieren. Sie dienen als Basis der Identifikation, Definition, Modellierung und Implementierung der Geschäftsprozesse.

- **Prozessorientierte Ressourcenallokation:** Die verfügbaren Ressourcen sind entsprechend der Geschäftsprozessorganisation wertschaffend einzusetzen, zu bündeln und zu entwickeln, d. h. durch Lernen und Rekonfigurieren zu dynamisieren.

- **Kundenorientierte Prozessleistung:** Die durch spezifische Ressourceneigenschaften induzierten Prozessleistungen bzw. -ergebnisse müssen einen vom Kunden(prozess) wahrgenommenen und honorierten Zusatznutzen besitzen bzw. an Bedarfsveränderungen angepasst werden.

Die konzeptionelle Fundierung des Prozessmanagements ist in Abbildung 5.9 dargestellt. Es führt die Entstehung von Kernkompetenzen auf die zielführende Nutzung und Entfaltung von Ressourcen zurück und gibt dabei dem Prozess-

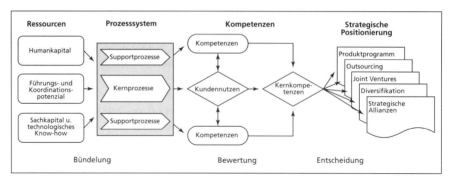

Abb. 5.9: Ressourcenorientiertes Prozessmanagement als Grundlage für die Entstehung von Wettbewerbsvorteilen

management die Katalysatorfunktion bei der Umwandlung von Potentialen in unternehmensspezifische Kompetenzen, die darin bestehen, ein Leistungsbündel preisgünstiger, schneller oder qualitativ differenzierter zu erbringen.

Supportprozesse unterscheiden sich von Kernprozessen dadurch, dass sie keine unmittelbar strategische Aufgabe erfüllen und keinen direkten Beitrag zum Kundennutzen liefern (vgl. *Osterloh/Frost* 2006, S. 34 ff.). Sie haben für Kernprozesse unterstützende Funktion. In der Regel handelt es sich um Serviceprozesse, wie Controlling- oder Strategieprozesse. Ob ein Prozess allerdings ein Kern- oder Supportprozess ist, lässt sich nicht generalisieren. Allein seine unternehmensspezifische strategische Funktion und Bedeutung verleiht einem Geschäftsprozess die Eigenschaft eines Kernprozesses.

Supportprozesse sind prinzipiell Kandidaten für ein Outsourcing. Allerdings können Änderungen in der Umwelt eines Unternehmens, die vorhandene Ressourcen ihrer Wettbewerbsfähigkeit berauben, oder Veränderungen in den Ressourcenpotentialen selbst dazu führen, dass etablierte Geschäftsmodelle geändert und Supportprozesse zu Kernprozessen aufgewertet werden (vgl. *Dittrich/Braun* 2004, S. 95 ff.).

Die Identifikation von Supportprozessen und ihre Abspaltung von Kernprozessen verfolgt mehrere Zwecke (vgl. *Osterloh/Frost* 2006, S. 35 f.):

- Die Kernprozesse werden durch Ausgliederung der Supportprozesse **übersichtlicher**. Der Kernprozess wird schlanker und die Komplexität der Wertschöpfungskette verringert. Den Prozessteams wird die kundenorientierte **Rundumbearbeitung** erleichtert. Auch die Supportprozesse werden überschaubarer und einfacher zu bewerten.
- Durch Separierung können Supportprozesse einem **Benchmark** unterzogen werden. Die Prozessleistungen können mit vergleichbaren Marktleistungen verglichen werden, wenn die Leistungsverflechtungen zwischen Kern- und Supportprozessen aufgelöst werden.
- Supportprozesse können als **Profit- oder Service-Center** geführt werden. Dadurch wird eine verbesserte Kosten- und Leistungstransparenz erreicht und über „Service Levels" gesteuert.

Sicherung nachhaltiger Wettbewerbsvorteile durch Prozessmanagement

Nur wenn es gelingt, wettbewerbskritische Prozessleistungen zu profilieren, die einen Ausweis einzigartiger Kompetenz darstellen, lassen sich dauerhafte strategiebedingte Renten erzielen.

Zu diesem Zweck muss sich das Prozessmanagement gemäß den Annahmen der Ressourcen-Perspektive auf jene Geschäftsprozesse konzentrieren, deren Leistungen bei den Wettbewerbern heterogen ausgeprägt sind und aus Kundensicht einen Zusatznutzen stiften. Zudem dürfen diese Unterschiede aufgrund von Faktormarktinsuffizienzen (kurzfristig) nicht ausgleichbar sein.

Zur Sicherstellung der **Nachhaltigkeit von Wettbewerbsvorteilen** muss das Prozessmanagement folgendes leisten:

(1) Effizienzgebot des Prozesssystems

Damit der Geschäftsprozess bzw. das Prozessergebnis wertstiftende Funktionen für die Adressaten besitzen, müssen diese mit anderen Geschäftsprozessen zeitlich und inhaltlich synchronisiert werden. So fällt der Nachweis einer Effizienz- bzw. Effektivitätsverbesserung nicht schwer, wenn der zu reorganisierende Prozess einen Engpass beseitigt. Umgekehrt sind Beschleunigungen einzelner Prozesse, z. B. des Produktbereitstellungsprozesses, nicht erfolgswirksam, wenn andere Prozesse wie der Auftragsabwicklungsprozess nicht entsprechend zeitlich aufeinander abgestimmt sind. Beispielsweise muss der Produktkreationsprozess eines Unternehmens der Consumer-Electronic-Industrie im Kontext der begleitenden Prozesse wie „Leistungsbereitstellung" oder „Markterschließung" so entwickelt werden, dass dem Kunden Neuprodukte nicht erst im Februar, sondern bereits zum Weihnachtsgeschäft offeriert werden. Ebenso sind qualitative Kategorien als komplementäre Prozesseigenschaften zu entwickeln. Eine singuläre am Kundennutzen orientierte Identifikation der Geschäftsprozesse liegt daher nahe.

(2) Unternehmensspezifität des Prozessmodells

Um die Unternehmensspezifität des zu reorganisierenden Geschäftsprozesses sicherzustellen, müssen in den Geschäftsprozess Wissen und Fähigkeiten eingebracht werden, die seinen Eigenschaften Seltenheit verleihen. Standardisierte Lösungen für das Redesign der Prozessorganisation sind daher eher ungeeignet, Wettbewerbsvorteile zu begründen. Nicht nur die Spezifität der Ressourcenausstattung, sondern auch die des Prozessdesigns und der Prozessperformance müssen der Forderung nach einem unternehmensspezifischen Prozessentwurf genügen. Dies ist in der Regel nur dann der Fall, wenn die erfolgskritischen Kernprozesse konkurrierender Unternehmen heterogen aufgrund der Knappheit der benötigten Ressourcen sind. Knappe Ressourcen bewirken, dass auch die Prozessleistung bezüglich ihrer Eigenschaften einmalig ist. Spezifität eines Geschäftsprozesses entsteht durch die Bündelung und Einbettung unternehmensspezifischer Ressourcen bzw. physische, personelle und organisatorische Potentiale in einem Leistungsprozess (vgl. *Barney* 1991, S. 106). Unternehmensspezifische Prozesse werden vor allem dann entstehen, wenn sie intangible Ressourcen zu ihrem Vollzug benötigen, der auf subtilen, eingeschliffenen Routinen (vgl. *Grant* 1991) beruht. Vertrautheit mit der Beherrschung von Geschäftsprozessen erschwert die Transferierbarkeit von Ressourcen(-bündeln) und schränkt ihre Einsetzbarkeit für andere Verwendungszwecke ein. Da sie dort nicht in der Lage sind, vergleichbaren Nutzen zu stiften, entstehen bei einem Transfer neben Transaktions- auch Opportunitätskosten. Knappe intangible Ressourcen gedeihen nur in dem Biotop einer Aufgabenumwelt, die dazu motiviert, organisatorische Fähigkeiten zur Entfaltung zu bringen.

Unternehmensspezifische Geschäftsprozesse können zusammenfassend zweierlei Wurzeln haben:

- Spezifische Ressourcen werden in einem nicht-spezifischen Prozess (Referenzmodell) gebündelt und so kombiniert, dass Wettbewerbspotentiale aus der Einzigartigkeit der Ressourcen unmittelbar resultieren. Z.B. kann vorhandenes Expertenwissen in Prozesse der Leistungserstellung einfließen und vermarktet werden.

- Nicht-spezifische Ressourcen werden in einer innovativen Prozessstruktur einer einzigartigen Verwendung zugeführt. Die Unternehmensspezifität resultiert hierbei nicht aus der Ressource, sondern aus dem Prozessmanagement. Die Bündelung und Integration von Ressourcen in der Prozessorganisation bewirkt hier die Einzigartigkeit von Prozess und Prozessergebnis.

In beiden Fällen werden jedoch erst durch das Prozesskonzept latente Potentiale einer Verwendung zugeführt und in Produkt- und Leistungseigenschaften sich manifestierende Wettbewerbsvorteile transformiert.

(3) Nicht-Imitierbarkeit

Zur Nicht-Imitierbarkeit des zu reorganisierenden Geschäftsprozesses und damit zur Dauerhaftigkeit von Wettbewerbsvorteilen tragen die unternehmensspezifisch entwickelten Eigenschaften der Ressourcen, ihr spezieller Einsatz in einem bestimmten prozessualen Kontext sowie ihr spezifisches Verhalten bei dem Vollzug von Prozessen bei. Die Möglichkeit der Imitation von Geschäftsprozessen durch Konkurrenten kann bei der Reorganisation durch eine Reihe von Maßnahmen von vornherein erschwert werden.

Ressourcenbasierter Prozessentwurf als Imitationsbarriere

Eine unternehmensindividuelle Prozessmodellierung, welche die unternehmensspezifischen Ressourcenpotentiale zur Entfaltung bringen soll und dementsprechend entworfen oder weiterentwickelt wurde, ist per se kaum oder nur sehr schwer imitierbar. Unternehmen, die Teamfähigkeit, interpersonelle Koordinationsfähigkeit sowie Erfahrungen mit Selbstorganisation und -kontrolle gesammelt haben, können andere Prozessstrukturvarianten realisieren als Unternehmen mit einer bürokratischen Tradition. Ein spezifischer Prozessentwurf kann daher nur aus den spezifischen Eigenschaften der verfügbaren Ressourcen sowie der Kultur des betreffenden Unternehmens entstehen und weiterentwickelt werden. Veränderungen bzw. Wandel dürfen nicht zu einer ingenieurtechnischen Problemstellung degenerieren, sondern müssen einen pfadabhängigen Prozessentwurf bzw. die historische Entwicklung des Unternehmens in sich aufnehmen. Unternehmensspezifische Eigenheiten sind daher schon im Prozessentwurf zu erfassen und herauszubilden, um strukturelle Nachahmungsbarrieren zu errichten.

Prozessorientierte Ressourcenallokation als Imitationsbarriere

Die Bündelung von Ressourcen in Geschäftsprozessen kann auf mehrfache Weise Imitationsrisiken begrenzen:

- **Interdependenz der Ressourcen:** Ressourcen entfalten ihre Werthaltigkeit oft erst dadurch, dass sie im Rahmen eines prozessualen Verwendungszwecks durch andere Ressourcen ergänzt werden. Das Prozessmodell des Unternehmens erhält dann einen unternehmensspezifischen Charakter, wenn die Ressourcenallokation in den betreffenden Kernprozessen unternehmensspezifische Interdependenzen aufweist. Komplexe Formen interdependenter Zusammenarbeit verlangen ebenso komplexe Interaktionsbeziehungen, die oft nur in einem dafür geeigneten sozialen Umfeld entstehen können. *Barney* (1991, S. 110) weist darauf hin, dass häufig viele Unternehmen vergleichbare Technologien (tangible Ressourcen) besitzen, jedoch nur wenige es verstehen, diese mit Hilfe einzigartiger Ressourcenbündelung in erfolgswirksame Strategien umzusetzen. Die Nicht-Imitierbarkeit resultiert gerade aus der Einmaligkeit der integrativen Verknüpfung von tangiblen und intangiblen Ressourcen in der Prozessarchitektur. Organisatorische Kompetenzen wie Qualitätssicherung, crossfunktionale Integration, Innovationskraft oder Kundenbindung sind jedoch nicht nur auf interdependente Aktivitäten einzelner Wertschöpfungsprozesse, sondern auch auf die Integration diverser Wertschöpfungsprozesse untereinander zurückzuführen.

- **Multifunktionalität der Ressourcen:** Eine weitere Imitationshürde entsteht durch die Fähigkeit einzelner Ressourcen, unterschiedlichen Verwendungszwecken zu dienen. Spezialisierte Ressourcen, insbesondere tangible Ressourcen, sind für einen einzelnen spezifischen Prozess bzw. eine definierte Sequenz eines Prozesses ausgelegt. Multifunktionales akkumuliertes Wissen ermöglicht multiprozessualen Ressourceneinsatz. Multiprozessual einsetzbare Ressourcen entfalten auch in unterschiedlichen Kontexten ihre Fähigkeiten. Vielseitige Verwendbarkeit bildet die Grundlage für Synergie- bzw. Scopeeffekte. Innerbetrieblicher Wissenstransfer und hohe Ressourcenauslastung durch flexiblen Ressourceneinsatz sind besondere Wettbewerbsvorteile, die kaum durch alternative Ressourcenkonstellationen substituierbar sind. „Cross-Utilisation and Cross-Training" (*Pfeffer* 1995, S. 62) sind Quellen für Wettbewerbsvorteile. Je weniger spezialisiert bzw. je komplexer knappe Ressourcen im Prozessmodell des Unternehmens eingesetzt werden, umso unvollständiger und schwieriger gestalten sich Imitationsversuche.

- **Interdependenz der Prozesse:** Eine nicht minder erfolgreiche Imitationsbarriere bildet das Ausmaß der Vernetzung eines Prozesses im Prozessmodell des Unternehmens. Die Parallelisierung von einzelnen Vorgängen, Teilprozessen oder Geschäftsprozessen immunisiert gegen Imitation, weil das, was imitiert werden soll, nicht in einen vorausbestimmbaren Endzustand konvergiert, sondern einer laufenden Erfahrungsakkumulation unterliegt. Die Beherrschung von horizontalen Interdependenzen kann nur unternehmensspezifisch befriedigend gelöst werden. Das Beispiel des „Simultaneous Engineering" mittels Workflow-Systemen wurde bereits angeführt. Die vertikale Interdependenz von Geschäftsprozessen erhöht jedoch nicht nur den Abstimmungsbedarf der Prozesse untereinander, auch die Anzahl der Schnittstellen mit Geschäftsprozessen der Kunden nimmt mit der Vernetzung zu. Systemlieferanten in der Automobilindustrie beispielsweise integrieren ihre diversen Geschäftsprozesse (von der Entwicklung, Fertigung, Logistik bis hin zu Controlling und Ordersystemen) mit den Prozessen des OEM (Original Equipment Manufacturer), wobei die Integration der Geschäftsprozesse auf allen Detaillierungsebenen stattfinden kann. Ebenso führt die horizontale Integration von Prozessen entlang der Wertschöpfungskette, sofern sich diese der Parallelisierung entziehen, zum Abbau bzw. zur Auflösung von Schnittstellen.

Prozessinterdependenz hat daher eine zweifache Wirkung hinsichtlich der internen Komplexität des Unternehmens. Einerseits werden Geschäftsprozesse in ihrer Struktur vereinfacht und hinsichtlich ihrer Leistung transparent gemacht (intraprozessuale Komplexitätsreduktion). Andererseits wird jedoch gleichzeitig die Komplexität durch die Netzwerkstruktur interdependenter Prozesse erhöht (interprozessuale Komplexitätssteigerung). Die Forderung nach Simultanität und Parallelität unterschiedlicher Kern- bzw. Supportprozesse verbreitert das Prozessmodell des Unternehmens und erhöht damit den interprozessualen Abstimmungsbedarf.

- **Kausale Ambiguität von Prozess und Prozessergebnis als Imitationsbarriere:** Prozesse als Bindeglieder zwischen Ressourcen, über die das Unternehmen verfügt, und den Kompetenzprofilen, die das Unternehmen von anderen unterscheidet, sind vorrangige Imitationsobjekte. Dabei ist jedoch der Zusammenhang zwischen Ressourceneinsatz und erzeugtem Zusatznutzen eines Geschäftsprozesses beim Kunden für Außenstehende oftmals nicht rekonstruierbar, da die Teilprozesse nicht in eindeutiger Weise kausal verknüpft, sondern interdependent sind. Zwischen Ressourceneinsatz und Prozessleistung bestehen infolgedessen dann nur diffuse Kausalzusammenhänge („Causal Ambiguity" vgl. *Barney* 1991, S. 108), die einerseits die Folge des Einsatzes intangibler Ressourcen – insbesondere des Verhaltensrepertoires der Akteure im Prozessvollzug – andererseits jedoch die Folge von Geschäftsprozessdefinitionen sind, die auf „Verstehen", nicht aber auf „Analysieren" von Arbeitszusammenhängen gerichtet sind. Dadurch wird auf die Fixierung sequentieller Routinen verzichtet und auf Vielfalt assoziativen Handelns angesichts sich ändernder Umwelteinflüsse gesetzt. Prozessvollzüge erscheinen dann kausal mehrdeutig und die Erklärungen für Erfolg und Misserfolg entsprechend vielfältig. Auch Kompetenz ausstrahlende Prozessleistungen sind mitunter aufgrund verschiedener Prozessvarianten nicht eindeutig qualifizierbar. Die Wege zum Ziel sind in solchen Fällen nicht definitiv gegeben, sondern Veränderungen durch Erfahrung und Lernen unterworfen.

Kernprozesse, die die Innovationskraft eines Unternehmens sicherstellen sollen, sind daher in ihren Entwurfs- und Strukturmustern eher offen und unbestimmt gehalten, um so ablauforganisatorische Handlungskomplexität zu erzeugen. Wenn deren Beherrschung und die Verbesserung von Prozessroutinen auf wissensbasierten Lernprozessen beruhen und dieses akkumulierte Wissen auf mehrere Prozessbeteiligte verteilt ist, erscheint die Gefahr von Imitationen eher gering. So hat gerade die Einführung der Gruppenfertigung gezeigt, dass einfache Imitationsversuche erfolgreicher Beispiele nicht erfolgversprechend sind; vielmehr muss in jedem Einzelfall eine betriebsspezifische Struktur gefunden werden, die nur längerfristig nach intensiven Lernprozessen Wettbewerbsvorteile verspricht.

(4) Nicht-Substituierbarkeit

Vorteilsgenerierende Prozesse unterliegen der Gefahr der Substitution. Als Substitute erfolgreicher Geschäftsprozesse können innovative Informationstechnologien, alternative Ressourcenkombinationen oder neuartige Konfigurationen des Prozessmodells von Wettbewerbern ebenso wirken wie das Outsourcing von Geschäftsprozessen. Nicht zuletzt kann die leihweise Beschaffung von Ressourcen ein alternativer Weg zur Realisierung von Wettbewerbspositionen sein. Im Zuge von Allianzen, Joint Ventures oder Lizenzübernahmen kann die Leistungsfähigkeit von Wettbewerbern eingeholt oder gar übertroffen werden. Erweist sich zudem die einen Geschäftsprozess substituierende Ersatzleistung als leicht beschaffbar, was auch Technologieführern drohen kann, dann werden Wettbewerbsvorteile relativ schnell obsolet.

Komplexe Ressourcenbündel innerhalb eines integrierten Prozessleistungssystems entziehen sich der einfachen Substituierbarkeit einer Prozessleistung und sind weniger problemlos als die Leistung einzelner Ressourcen bzw. Prozesse zu ersetzen. Ist der Geschäftsprozess mit mehreren Schnittstellen in die Prozessarchitektur des Unternehmens eingebunden und mit Kundenprozessen verknüpft, dann erschwert der Entwicklungsaufwand den Erfolg einer Substitutionsstrategie beträchtlich. Ebenso ist die Gefahr gering, dass Wettbewerber Vorteile durch Outsourcing nicht wettbewerbsfähiger Geschäftsprozesse an spezialisierten Dienstleistungsunternehmen erhalten. Zudem ist im Einzelfall zu überprüfen, ob die Substitutionsstrategien tatsächlich zu einer Stärkung der Wettbewerbsfähigkeit und nicht zu Kompetenzverlusten führen. Substitutionsstrategien müssen entweder den Kundennutzen vergrößern oder die Kosten im Vergleich zu Wettbewerbern verringern.

Die aufgeführten vier Merkmale **Nutzenstiftung, Unternehmensspezifität, Nicht-Imitierbarkeit und Nicht-Substituierbarkeit** zeichnen Prozesse aus, die zu nachhaltigen Wettbewerbsvorteilen führen können. Aus ihnen lassen sich eindeutige Schlussfolgerungen bezüglich des Wandlungsbedarfs von Prozess und Prozessergebnis ableiten. Stiften die Kernkompetenzen generierenden Geschäftsprozesse keinen besonderen Kundennutzen, sind sie standardisiert und Prozessleistungen gegebenenfalls extern problemlos beschaffbar, leicht imitierbar oder einfach zu substituieren, dann bedarf es einer „tiefgreifenden" Veränderung einzelner Kernprozesse oder gar der gesamten **Prozessarchitektur**, um die noch verbliebenen Überlebenschancen des Unternehmens wahrzunehmen.

Wettbewerbsvorteile können nur unter extremen Umständen, großem Aufwand und äußerstem Druck mit ungewöhnlichen Mitteln („Quantensprünge") neu geschaffen werden. Sind dagegen **einzelne** Ressourcen, Prozesse oder Kompetenzen bedroht, kann Wandel im Sinne einer „kontinuierlichen" Verbesserung initiiert werden. Wandel hat hier die Funktion, die Nachhaltigkeit und Verteidigungsfähigkeit von Wettbewerbsvorteilen sicherzustellen. Sind die wettbewerbsrelevanten Kompetenzen im Wettbewerbsumfeld erst einmal obsolet geworden, dann sind tiefgreifende Veränderungen im Geschäftsprozessmodell notwendig, um ein vorteilsstiftendes Kompetenzprofil zu restaurieren.

In diesem Sinne besteht die Unternehmensstrategie darin, eine unternehmensspezifische Prozessarchitektur zu entwerfen, umzusetzen und zu implementieren, für die Ressourcen des Unternehmens zu entwickeln und zur Entfaltung zu bringen sind. Zur Schaffung und Verteidigung von Wettbewerbsvorteilen bedarf es allerdings erst einer routinierten Beherrschung der Prozesse und ihrer Vernetzung, um ihre Nachhaltigkeit zu gewährleisten.

5.3 Fazit: Strategisches Prozessmanagement im Kontext von MBV und RBV

Prozessmanagement erfüllt angesichts des gewählten strategischen Paradigmas MBV oder RBV unterschiedliche Funktionen:

1. Im MBV hat das Prozessmanagement die Funktion der „**Exploitation**" (vgl. *Benner/Tushman* 2003, S. 238 ff.). Es liefert alle Voraussetzungen für die effiziente Umsetzung insbesondere von Differenzierungs- und Schwerpunktstrategien. Da bei diesen strategischen Optionen die potentiellen Skalenerträge einer funktionalen Organisation entfallen, können Effizienzhebel bei engerer innerorganisatorischer Verknüpfung, Schnittstellenbeseitigung, Qualitätsverbesserungen, Prozesskosten- und Durchlaufzeitsenkungen ansetzen. Prozessmanagement erlaubt es, trotz strategischer und organisatorischer Differenzierung die Vorteile stabilisierter und rationalisierter organisatorischer Routinen zu nutzen.

2. Im RBV hat das Prozessmanagement die Funktion der „**Exploration**". Prozessmanagement hat die strategische Aufgabe, Potentiale zu erkennen und zu heben und sie in Wettbewerbsvorteile zu transformieren. Dabei handelt es sich um die Umsetzung vorhandener entwicklungs-, produktions- oder produktspezifischer Fähigkeiten in neue Anwendungen. Prozessmanagement initiiert Innovation, wenn etablierte Kompetenzen innovativen Anwendungen zugeführt und neue Kunden bzw. Märkte erschlossen werden. Andererseits kann Prozessmanagement auch radikale Innovationen dadurch herbeiführen, dass die verfügbaren Ressourcen neu gebündelt und integriert werden. Durch Lernen und Rekonfiguration entstehen neues Wissen und neue Fähigkeiten. Die „Dynamic Capabilities" zeichnen sich dadurch aus, dass neu formierte und neu einzuübende Routinen entwickelt, eingeübt und evaluiert werden. Solch radikaler Wandel verändert nicht nur die technologischen Entwicklungspfade (Trajektorien), sondern vor allem auch die damit verbundenen organisatorischen Kompetenzen (vgl. *Benner/Tushman* 2003, S. 243 f.).

Was Prozessmanagement leistet bzw. leisten kann, ist letzthin eine Frage, die nur aus dem strategischen Kontext heraus zu beantworten ist. Während Prozessmanagement im MBV die Aufgabe hat, die Aktivitäten der Wertkette entsprechend der strategischen Marktpositionierung so zu strukturieren, dass einzigartige Güter und Leistungen entstehen können, besteht im RBV die Aufgabe des Prozessmanagements darin, die Fähigkeitspotentiale der verfügbaren Ressourcen zu bündeln, zu entwickeln und auszuschöpfen, um sie hinsichtlich des Kundennutzens einer einzigartigen Verwendung zuzuführen.

Die unterschiedlichen Perspektiven beider Ansätze sollen an einem Beispiel verdeutlicht werden: 1999 fusionierten Karstadt und Quelle zur KarstadtQuelle AG. Dieser Merger war aus Sicht des MBV konsequent. Produkte und relevante Märkte ergänzten sich hinsichtlich der Stärken und Schwächen beider Unternehmen. In der primären Aktivität Eingangslogistik und den sekundären Aktivitäten, z. B. Beschaffung und Produktion, wurden Synergiepotentiale geschaffen. Der gemeinsame größere Marktanteil ließ Stückkostensenkungen erwarten. Aus der Sicht des RBV stellt sich die Lage anders dar. Die Geschäftsprozesse im Versandgeschäft und im stationären Warenhaus unterschieden sich wesentlich. Andere Lager- und Lieferzyklen, Vertriebswege, Bestell- und Zahlungsmodalitäten, die vor allem von den Erscheinungsterminen der Kataloge bestimmt wurden, stellten spezifische Anforderungen an die Kompetenzausprägungen des Versandgeschäfts. Der Zusatznutzen des Mergers war in den jeweiligen Kundensegmenten äußerst gering, da die jeweils zu erbringenden Prozessleistungen im stationären Handel und im Versandhandel nicht vergleichbar waren und daher auch keine Integration der Geschäftsprozesse vollzogen werden konnte.

Ein typisches Beispiel für den RBV liefert der Internetbuchhändler Amazon. Hier wurden Erweiterungen im Programmangebot im Wege von Unternehmenskooperationen vorgenommen. Neben Büchern und Tonträgern wurden auch Fotokameras, Spielwaren oder Computerzubehör angeboten, um Potentiale des Cross-Selling zu nutzen. In die Kernprozesse des Online-Versandgeschäfts, der eigentlichen Domäne des Unternehmens, wurde jedoch nicht eingegriffen. Vielmehr wurden durch Sortimentserweiterungen neue Anwendungsfelder für die exzellenten Potentiale der vorhandenen Geschäftsprozesse im Online-Shop-System gesucht.

6

Organisation von Geschäftsprozessen

Inhaltsverzeichnis

Der Organisationsbegriff hat eine institutionelle und eine funktionelle Ausprägung. Unter **funktioneller Prozessorganisation** sollen die Aktivitäten der Strukturierung verstanden werden, die zur Definition, zu Design/Architektur, zur Optimierung und zur Entwicklung von Geschäftsprozessen notwendig sind (vgl. Abbildung: 6.1).

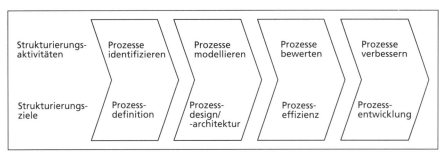

Abb. 6.1: Organisatorische Aktivitäten der Prozessgestaltung

Dabei werden die Gestaltungsaktivitäten der Prozessidentifikation, -modellierung, -bewertung und -verbesserung unterschieden. Die Aktivitäten verstehen sich nicht als isolierte Phasen oder Abfolgen der Prozessstrukturierung. „Prozesse identifizieren" kann als Folge einer Aktivität „Prozesse verbessern" notwendig sein. Ebenso kann die „Bewertung von Prozessen" Modellierungsaktivitäten nach sich ziehen. Die Entwurfslogik von Geschäftsprozessen ist rekursiv, d. h. die einzelnen Entwicklungsschritte bedingen einander. Mit zunehmendem Lern- und Wissensfortschritt der Prozessbeteiligten mündet das Interdependenzproblem in einen kontinuierlichen Organisationsentwicklungsprozess, der von sich selbst steuernden Prozessteams getragen wird. Jede der Strukturierungsaktivitäten stellt spezifische Anforderungen an die Aufgabenerfüllung und die Handlungskompetenzen der Prozessakteure.

Bei der **Prozessidentifikation** handelt es sich um den Entwurf, Ab- und Ausgrenzung von Geschäftsprozessen. Sie bestimmt auch den Tätigkeits- und Entscheidungsspielraum der Prozessakteure (vgl. *Ulich/Groskurth/Bruggemann* 1973). Die Übertragung von Handlungsspielräumen verlangt von den Akteuren, dass sie die Prozessverantwortung übernehmen.

Prozessmodellierung beginnt mit der Analyse des definierten Geschäftsprozesses. Sie umfasst darüber hinaus sowohl die Strukturierung eines Prozesses (Prozessdesign) als auch die Bündelung von Prozessen zu Komplexen (Prozessarchitektur). Die organisatorische Prozessarchitektur einer Unternehmung ist Ergebnis der Modellierungsaktivitäten. Prozessmodellierung soll das Wissen über die Abläufe und die Transparenz des Unternehmensgeschehens verbessern. Das Wissen der Akteure ist Voraussetzung für eine ganzheitliche Bearbeitung eines Geschäftsprozesses und die Integration von Teilprozessen.

Handlungskompetenz für „Rundumbearbeitung" kann nur entstehen, wenn Autonomie gewährleistet wird, die den Akteuren zum Lernen und zur Wissensakkumulation Raum gibt, und Prozessarbeit damit zur Routine werden lässt.

Prozessbewertung zielt auf die Effizienzbeurteilung und das Benchmarking des Geschäftsprozesses ab (*Ahlrichs/Knuppertz* 2010, S. 197 ff.). Mittels Kennzahlen und Leistungsvereinbarungen (Service Level Agreements) kann die Prozesseffizienz und die strategische Funktionalität überprüft werden, in deren Kontext auch Qualifikation und Motivation der Prozessverantwortlichen zu evaluieren sind.

Der Anspruch, **Prozesse** kontinuierlich zu **verbessern**, bedeutet, Prozessorganisation als ein Organisationsentwicklungsprojekt zu begreifen. Erfolgreiche Entwicklungsprojekte führen in aller Regel zu Arbeitsstrukturen in Gestalt von Gruppenarbeit. Prozessteams sind für eine schnittstellenfreie Abwicklung ihres Geschäftsprozesses zuständig und verantwortlich. Gegenüber der traditionellen „Strukturierung von Gruppenarbeit" unterscheiden sie sich jedoch durch ihre Lieferantenrolle zu anderen internen oder externen Kunden. Interne Marktsteuerung der Prozesse verhilft dem **Prozesseigner** zu einer unternehmerischen Aufgabe. Als selbständig handelnde Prozessverantwortliche sind sie Intrapreneure, die marktfähige, dem Outsourcing zugängliche Leistungen erstellen und daher auch externem Wettbewerbsdruck ausgesetzt sind. Auswahl und Förderung der Prozesseigner müssen daher nach unternehmerischen Schlüsselqualifikationen erfolgen. Permanente Verbesserungen der organisatorischen Routinen sind als Investitionen in unternehmensspezifisches Humankapital zu erkennen.

Im Unterschied zum selbständigen Unternehmer befindet sich der Prozessverantwortliche jedoch im Zwiespalt von Wettbewerb und Kooperation, der von ihm Extra-Rollen-Verhalten abverlangt (vgl. *v. Rosenstiel* 2003, S. 90 f.). Neben Kooperationsfähigkeit wird auch eigenverantwortliches und innovatives Verhalten gefordert, um den kontinuierlichen Verbesserungsprozess in Gang zu halten. Basis dafür ist ein System der „Performance Measurement" bzw. der Leistungsbeurteilung. Das Coaching der Prozessteams muss dabei ebenso Eingang finden wie die Überprüfung von Indikatoren für Prozesskosten, -zeit und -qualität.

Routinearbeit in Prozessteams ist nicht a-priori festgeschrieben, sondern unterliegt dynamischem Wandel. Die Prozesseigner und Mitglieder der Prozessteams entwickeln laufend ihre Kooperationsroutinen durch ihre Lern- und Erfahrungsprozesse weiter.

6.1 Prozessidentifikation

Jedes Unternehmen besteht aus einer Vielzahl von Geschäftsprozessen, die möglicherweise nicht explizit gemacht und den beteiligten Aufgabenträgern nicht bekannt sind. Im ersten Schritt geht es darum, aus der Menge möglicher Unternehmensaktivitäten diejenigen zu identifizieren und abzugrenzen, die zur Erstellung einer Marktleistung notwendig sind. Entwurf, Definition und

Abgrenzung von Prozessen finden meist auf abstrakter Ebene statt. Dabei handelt es sich zunächst um sprachliche Kennzeichnungen, die inhaltlich noch nicht operationalisiert sind.

6.1.1 Deduktiver versus induktiver Prozessentwurf

Wie bereits im Zusammenhang mit den Phasen des Business Process Reengineering dargestellt wurde, kann bei der Prozessidentifikation auf allgemein differenzierbare Leistungsprozesse oder direkt auf Kundenleistungen zurückgegriffen werden, um einen Ordnungsrahmen für die Geschäftsprozesse zu entwickeln.

Der **deduktive Prozessentwurf** geht von „allgemeinen differenzierbaren Leistungsprozessen" (vgl. *Sommerlatte/Wedekind* 1990, S. 24 ff.) aus, die in allen Unternehmen implizit und in abstrakter Form vorfindbar sind. Es handelt sich bei Identifikation und Definition um die Konkretisierung dieser **generischen** Prozesse. Allgemeine Prozesse im Sinne von „Rahmenprozessen" werden auf der Basis idealtypischer Geschäftsprozesse identifiziert, deduktiv unternehmensspezifisch differenziert und in ihrer Struktur der konkreten Situation angepasst. Ein Beispiel dafür geben die sogenannten „allgemein differenzierbaren Leistungsprozesse" in Abbildung 6.2.

Häufig werden auch von sog. Referenzmodellen (vgl. *Hansmann/Neumann* 2008, S. 364 ff.) Gebrauch gemacht. Übliches Beispiel für dieses Vorgehen sind die ERP-Referenzmodelle der Softwarehersteller, die Angebote für die Prozessidentifizierung und -strukturierung machen. Es handelt sich dabei um Sollmodelle, die zunächst in ihrer Funktionalität angepasst und sodann in ein unternehmensspezifisches Modell überführt werden müssen.

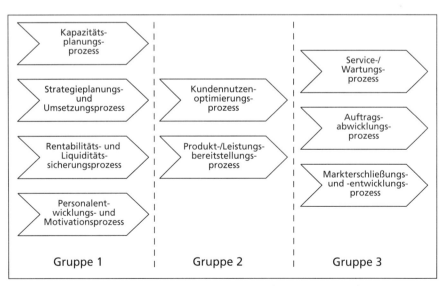

Abb. 6.2: Allgemeine idealtypische Geschäftsprozessidentifikation (nach *Sommerlatte/Wedekind* 1991, S. 2).

Probleme entstehen bei dieser Vorgehensweise dann, wenn die Prozessarchitektur auf der Makroebene verändert und an Umweltbedingungen angepasst werden muss. Änderungen im Design einzelner Prozesse müssen top down vorgenommen und die Gesamtarchitektur einer Konsistenzprüfung unterzogen werden. Da die konkrete Ausformung der „Rahmenprozesse" branchen- oder unternehmensspezifisch erfolgt (vgl. *Striening* 1988, S.201), geht es hierbei weniger um die Identifikation als um die Beschreibung von Geschäftsprozessen.

Demgegenüber sieht die **induktive** Prozessidentifikation, die an konkreten Leistungen zur Generierung von Kundennutzen ansetzt, den schrittweisen Aufbau von Kernprozessen bzw. Supportprozessen vor (vgl. *Gaitanides* u.a. 1994, S.17f.; *Gerpott/Wittkämper* 1995, S.152). Diese Entwurfslogik führt zu unternehmensspezifischen Prozessen, da sie entsprechend den konkreten Kundenbedürfnissen und der Wettbewerbssituation entworfen werden. Das Vorgehen setzt generell bei Kundenbedürfnissen an, wobei die Prozesse zielgerichtet als spezifische Kunden-Lieferanten-Beziehungen definiert werden (vgl. Abbildung 6.3).

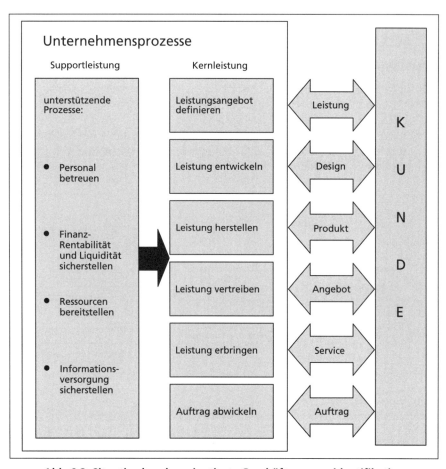

Abb. 6.3: Situative kundenorientierte Geschäftsprozessidentifikation (Quelle: *Gaitanides/Scholz/Vrohlings/Raster* **1994, S.17)**

Das Prozessmodell des Unternehmens besteht aus den kundenorientierten Kernleistungen und den sie unterstützenden Supportleistungen. Entsprechend den Fähigkeiten und Kompetenzen, die durch Einsatz und Bündelung von Ressourcen geschaffen werden, beinhaltet das Prozessergebnis wettbewerbskritische Leistungen, welche die Stärken bzw. Schwächen des Unternehmens im Vergleich zu seinen Konkurrenten reflektieren. Wettbewerbsstrategische Problemformulierung und Prozessidentifikation sind untrennbar miteinander verbunden. Sie sind kreative und innovative Akte, die von erfahrenen Mitarbeitern oder Arbeitsgruppen erbracht werden müssen. Erst für die sich anschließende Prozessbeschreibung bieten sich die gebräuchlichen Softwaretools an.

Ob eine singuläre oder allgemeine Prozessidentifikation bzw. eine induktive oder deduktive Prozessentwurfslogik gewählt wird, ist für Umfang und Intensität des Wandels von maßgeblicher Bedeutung. Fundamentaler und radikaler Wandel – wie häufig gefordert – scheint nur bei induktiver Prozessgenerierung denkbar. In diesem Fall lassen sich jedoch keine Gestaltungsempfehlungen für das Vorgehen bei der Prozessidentifikation geben. Die induktive Vorgehensweise ist mit dem **Prozessverstehen** verbunden.

Während bei gegebenen allgemeinen Prozessmodellen die Prozessleistung bzw. das Prozessergebnis als eine definierte, gegebenenfalls verbesserbare Größe betrachtet wird, geht das Prozessverstehen von einer Reflexion des Prozessergebnisses aus. Prozessverstehen bedeutet, Ziele und Probleme des Prozesskunden zu erkennen. Es besteht demzufolge nicht darin, die **Funktionsweise** eines identifizierten Prozesses, sondern allein die **Funktion** dieses Prozesses zu erkennen. Für das Prozessverstehen reicht es meist aus, die Prozesse abstrahiert von der Ist-Situation zu beschreiben. Eine aufwendige Datenerhebung mit dem Ziel, die Ist-Prozessanalyse auf unterschiedlichen Detaillierungsebenen durchzuführen, ist daher eher nachrangig. Stattdessen geht es bei der Prozessbeschreibung um einfache offene Prozessmuster, die ca. 80 % der Fälle erfassen.

Die Grundproblematik der deduktiven Vorgehensweisen liegt darin, dass weder strategisch relevante noch wettbewerbskritische Prozesse **vor** der Prozessbeschreibung identifiziert werden können. Eine sinnvolle Unterscheidung in Kern- und Supportprozesse ist mit diesem Konzept nicht vereinbar. Allenfalls ließe sich unterstellen, Kernprozesse sind diejenigen Geschäftsprozesse, die Kernleistungen zum Prozessergebnis haben. Kernprozesse wären damit jedoch für alle Unternehmen gleich, da alle Unternehmen mit „Leistung definieren", „Leistung vermarkten", „Leistung erbringen" etc. zu tun haben. Die strategische Dimension der Kernprozessidentifikation findet in der Prozessarchitektur keine Berücksichtigung. Kernprozesse verstanden als diejenigen Prozesse, die Wettbewerbsvorteile bewirken können, können daher erst ex post identifiziert werden.

6.1.2 Markt- versus ressourcenorientierter Prozessentwurf

Marktorientierter Prozessentwurf

Die Konzepte der Prozessidentifikation sollten unmittelbar an der Unternehmensstrategie bzw. an dem zu Grunde liegenden strategischen Paradigma anknüpfen. Im marktorientierten Prozessentwurf werden Geschäftsprozesse von außen nach innen, im ressourcenorientierten von innen nach außen entworfen. Kernprozesse sind in beiden Fällen die Prozesse, die unmittelbar dazu beitragen, einen strategischen Wettbewerbsvorteil zu realisieren.

Die Strategie der **Kostenführerschaft** fokussiert die relative Kostenposition des Unternehmens. Die Identifikation von Kernprozessen muss demnach

- an den Kostentreibern der Aktivitäten der Wertkette
- an der Zusammensetzung der Wertkette

eines Unternehmens im Vergleich zu Konkurrenzunternehmen ansetzen. Stiften allerdings einzelne Aktivitäten der Wertkette Kostenvorteile und führen ihre Kostentreiber zu einem erheblichen Anteil an den Gesamtkosten, dann spricht dies für eine funktionale Zentralisierung dieser Aktivitäten, um die Ressourceneffizienz zu gewährleisten. Dagegen lassen sich durch einen an der Integration der Wertkettenaktivitäten orientierten Prozessentwurf Kostensenkungspotentiale heben. Werden dadurch einzelne Aktivitäten der Produktkonstruktion, des Kundenmanagements oder der Auftragsabwicklung in **einem** Prozesskonzept integriert, dann können durch Reduzierungen der Koordinationskosten auch Kostenvorteile bei der Durchführung der Wertkette insgesamt erzielt werden. Die Entwurfslogik der Prozessidentifikation ist bereits darauf angelegt, Geschäftsprozesse so zu dimensionieren, dass durch die Modellierung der Geschäftsprozesse komparative Kostenvorteile ausgeschöpft werden können.

Die Strategie der **Differenzierung** besteht in der Schaffung von einmaligen Produktmerkmalen, die Abnehmer- bzw. Kundenwert schaffen. Der Prozessidentifikation liegen die Nutzenkriterien der Abnehmer wie Einhaltung von Spezifikationen, Liefertreue, Produktattributen oder Service-Qualität zugrunde. Diese Leistungsmerkmale werden durch einzelne Wertaktivitäten und darüber hinaus durch deren Kombination und Integration erzeugt. Prozessidentifikation besteht daher in der Bündelung von Wertaktivitäten zu übergreifenden Geschäftsprozessen, deren Prozessleistungen diesen wettbewerbskritischen Nutzen befriedigen können.

Die Identifikation von Kernprozessen ist ein konstruktiver Akt, der darin besteht, diejenigen Wertkettenaktivitäten, die in unmittelbarer Beziehung zu Nutzenkriterien der Abnehmer stehen, in Geschäftsprozessen zu fokussieren und deren Wirksamkeit im Geschäftsprozess sicherzustellen. Dabei ist auch die sprachliche, begriffliche Kennzeichnung des Prozesses ein nicht unwesentlicher Faktor für spätere Umsetzungschancen. Da es sich bei der Identifizierung um implizite kausale Hypothesen über Wirkungszusammenhänge zwischen Wertaktivitäten und Kaufentscheidungen von Kunden handelt, ist der Entwurfsprozess nicht nur ein kreativer Akt, sondern verlangt Erfahrungswissen über die Wirkung operativer Aktivitäten im Kontext der Triebkräfte des Branchenwettbewerbs.

Ausgangspunkt der Prozessidentifikation ist die Produkt/Markt- Konstellation (vgl. *Becker/Meise* 2008, S. 127):

Welche Leistungen bzw. Zusatzleistungen werden den Kunden angeboten?

Welche Beziehungen/Schnittstellen existieren zu Kunden?

Welche Beziehungen/Schnittstellen existieren zu Absatzmittlern?

Welche Erwartungen haben Kunden an die Kunden für die Zukunft?

Der Ansatz marktorientierter Prozessidentifikation ist demnach top down angelegt. Ob Differenzierung oder Kostenführerschaft als strategische Option gewählt wird, die Entwurfslogik setzt an **kritischen Erfolgsfaktoren** an. Gesucht werden zunächst diejenigen Wertaktivitäten, die erfolgswirksam hinsichtlich der Marktperspektive sind. Sodann werden diese in gegebenenfalls funktions-übergreifenden Komplexen gebündelt. Unter Berücksichtigung interdependen-ter Wertaktivitäten wird der entsprechende Geschäftsprozess konstruiert. Ist z. B. die Lieferzeit ein kritischer Erfolgsfaktor, dann sind zunächst die kritischen Wertaktivitäten aus Vertrieb, Eingangslogistik, Konstruktion, Operations und Ausgangslogistik zu gruppieren und sodann als Geschäftsprozesse zu kon-zeptualisieren, voneinander abzugrenzen und Schnittstellen zu identifizieren. Prozesse auf abstrakter Ebene werden im Verlauf der weiteren Prozessstruktu-rierung dekomponiert und verfeinert.

Der Vorteil des top down-Entwurfs liegt in der strikten Orientierung an der strategischen Ausrichtung. Probleme entstehen dann, wenn für die verschie-denen Produkt-Markt-Segmente unterschiedliche Strategien („Konzentration auf Schwerpunkte") gewählt und mithin zu ihrer Durchführung auch unter-schiedliche Prozesse entworfen werden. **Strategische Prozessidentifikation** zieht unter Umständen Suboptimierungen nach sich, die vor allem die **Ressourcenef-fizienz** beeinträchtigen. Sie wird dann in Frage gestellt, wenn mehrere Prozesse auf eine Ressource (tangible oder intangible Ressourcen) zugreifen und die Ressource von mehreren Prozessen in Anspruch genommen wird. Dadurch entstehen ressourcenbezogene Autonomiekosten (vgl. *Frese* 1998, S. 269). Knappe Ressourcen werden dabei entweder aufgrund der Unteilbarkeit vervielfacht oder andernfalls auf mehrere Prozesse verteilt. In beiden Fällen können sie nicht mehr der optimalen Auslastung zugeführt werden. Entweder entstehen Leerkapazitäten oder die Ressource erfährt Einbußen an Leistungsfähigkeit, die zu Lasten der Prozesseffizienz gehen. In diesem Fall können mittels Ressourcen die Kompetenzen nicht mehr vollständig zur Geltung gebracht werden.

Beispiel: Ein Kreditversicherungsunternehmen besitzt ein Kompetenzcenter „Kreditwürdigkeitsprüfung", in dem ein Team von Experten tätig ist, das über kollektives Wissen und Routinen verfügt. Wird die Kreditwürdigkeitsprüfung bei der Prozessidentifizierung und -abgrenzung in einzelne Prozesse der Kre-ditbearbeitung dezentralisiert, kann implizites und explizites Wissen bei der Kreditwürdigkeitsprüfung verloren gehen. Schon bei der Prozessidentifikation sind Prozesseffizienz und Ressourceneffizienz gegeneinander abzuwägen.

Ressourcenorientierter Prozessentwurf

Der Ansatz der ressourcenorientierten Prozessidentifikation geht von der Gesamtheit aller im Ist-, gegebenenfalls auch im Sollzustand geplanten Tätigkeiten oder Aktivitäten einer Unternehmung aus (vgl. *Speck/Schnetgöke* 2000, S. 165). Zur Identifikation der Kernprozesse sind diejenigen zu isolieren, die als Wettbewerbsvorteile erzeugende Ressourcen zu kennzeichnen sind. Es handelt sich dabei um die Tätigkeiten, welche die einzigartigen Fähigkeiten des Unternehmens zu erzeugen in der Lage sind. Die Identifikation von Kernprozessen besteht dann in der Bestimmung von Tätigkeitsclustern, die für das Entstehen von Kernfähigkeiten verantwortlich sind. Bei der Prozessidentifikation wird also danach gefragt, welches die im Rahmen der strategischen Analyse festgehaltenen wettbewerbskritischen Aktivitäten sind, und wie sie in Geschäftsprozessen zu organisieren und zu beherrschen sind. Der Prozessentwurf erfolgt insofern bottom up, als spezifisches Wissen, Routinen, Rechte oder Technologien als Prozesse identifiziert und auf hierarchisch höherer Ebene zu Prozessstrukturen gruppiert werden.

Zusammenfassend erfolgt der **Entwurf von Kernprozessen** wie folgt:

- Erfassung und Darstellung aller Aktivitäten, die einen wettbewerbskritischen Ressourcenverzehr verursachen,
- Identifikation aller zusammengehörigen Aktivitäten zu Teilprozessen, die auf die Erzielung von Kundennutzen gerichtet sind,
- Aggregation zu einem übergeordneten Kernprozess.

Beispiel: Ein Hersteller von Verdränger-Pumpen hat die „Pumpenauslegung" als seine herausragende Kernfähigkeit identifiziert. Durch die Pumpenauslegung werden die Eigenschaften der Pumpe für das Pump-Medium definiert. So müssen u. a. Drücke, Umdrehungszahl, Geometrie und Material sowie Auslegung von Motor, Rotor und Stator aufeinander abgestimmt und in Labortests überprüft werden. Aus der Fähigkeit zur exakten Pumpenkonfiguration sind nachhaltige Wettbewerbsvorteile entstanden, da der Energieverbrauch verringert und die Lebensdauer und Leistung erhöht werden können. Die Fähigkeiten hinsichtlich der äußerst differenzierten Applikationsanalyse haben den Anbieter zu einem der Weltmarktführer gemacht. Es liegt nahe, den Prozess „Pumpenauslegung" selbst als Kernprozess zu identifizieren. Da dieser Beratungsprozess aber nicht unabhängig von dem Kundenakquisitionsprozess ist, könnte er mit Teilprozessen dieses Prozesses verknüpft werden, wie z. B. „Zielgruppe auswählen", „Kunden anschreiben", „Potentiale erkennen", „Kundenbedarf ermitteln" etc. Auch nachgelagerte Prozesse wie „Angebote erstellen" oder „Vertragsverhandlungen führen" sind integrierbar. Da alle Teilaktivitäten interdependent sind und zum Wettbewerbsvorteil beitragen, wurden sie integrativ als ein Subprozesse des „Customer Relations-Prozess" identifiziert und entsprechend modelliert.

Das Unternehmen erhielt dafür 2011 von Frost & Sullivan für seine innovativen, für Kunden maßgeschneiderten Produkte und Lösungen den Award als das kundenfreundlichste Unternehmen seiner Branche.

Entscheidend für die Identifizierung einzelner Tätigkeitskomplexe als Teile eines Kern- oder Supportprozesses ist einzig die Frage, ob die betreffenden

Aktivitäten allein oder im Verbund mit der Kernfähigkeit zur Generierung und Festigung von Wettbewerbsvorteilen beitragen können.

Die ressourcenorientierte bottom up-Konstruktion von Geschäftsprozessen hat aber auch Nachteile. Zwar wird der **Ressourceneffizienz** Rechnung getragen, da die Ressourcenhebung bereits im Entwurfsstadium der Geschäftsprozesse konstitutiv ist. Dadurch bilden aber Einzelaktivitäten sehr frühzeitig den Nukleus für die Geschäftsprozessmodelle, so dass eine spätere Integration in andere, interagierende Geschäftsprozesse und mithin iterative Identifizierungsschritte notwendig sind. Auch wenn sich bei diesem Vorgehen Ressourceneffizienz und Prozesseffizienz nicht ausschließen und gegebenenfalls miteinander versöhnen lassen, kann es zu Konflikten bei der Verwirklichung markteffizienter Prozessmodelle kommen. **Markteffizienz** beruht auf der Erzielung von Prozess, Produkt und Regionen übergreifenden Verbundeffekten (vgl. *Frese* 1998, S. 268 f.). Koordiniertes Auftreten auf Absatz- und Beschaffungsmärkten ist immer nur dann sichergestellt, wenn eine Prozessspezialisierung nach einzelnen Kunden-(-guppen) oder Lieferanten realisiert wird. Eine Spezialisierung nach Kundenprozessen bietet sich dann an, wenn die spezifischen Geschäftsbeziehungen zu Kunden als intangible Ressource (Key Account Management) identifiziert werden. Werden jedoch Prozesse nach Produkten oder Produktgruppen gegliedert, dann besteht die Gefahr, dass ein Kunde mit mehreren, gegebenenfalls konkurrierenden Geschäftsprozessen konfrontiert wird. Entgangene Absatzchancen und erhöhte Transaktionskosten sind dann nicht mehr auszuschließen.

Ferner ist der bottom up-Ansatz der Prozessidentifikation immer dem Risiko ausgesetzt, die relevanten Kernprozesse nicht vollständig zu erfassen. Die strategische Analyse muss daher sämtliche erfolgskritischen Fähigkeitskomplexe nicht nur identifiziert haben, sondern auch deren dynamische Entwicklung als Input für die Prozessidentifikation zur Verfügung stellen können. Die ressourcenorientierte Prozessidentifizierung liefert zusammenfassend einen Grobentwurf (vgl. *Speck/Schnetgöke* 2000, S. 166), in dem

- die wesentlichen Quellen für Wettbewerbsvorteile eines Unternehmens in Kernprozessen abgebildet sind,

- alle Kern- und Supportprozesse eines Unternehmens und deren Leistungsbeziehungen aufgeführt sind,

- grobe Prozessbeschreibungen den Ausgangspunkt für die weitere Modellierung bilden,

- eine erste Gruppierung der Kern- und Supportprozesse nach der Schnittstellenintensität vorgenommen wird, derart, dass die Prozessinterdependenzen zwischen den einzelnen Komplexen möglichst gering sind.

Beispiel: Das mittelständische Maschinenbauunternehmen MX ist Spezialist auf dem Gebiet der Trockenvermahlung. Das Produktprogramm umfasst Maschinen und Anlagen zur Zerkleinerung und Feinstvermahlung, sowie Klassifizierung feinster Pulver und Agglomeration thermoplastischer Kunststoffe. Ein erfolgreicher Markteintritt mit Produkten der Nanotechnologie für die pharmazeutische Industrie ist gelungen.

Diverse Mühlentypen wie Fließbettstrahlmühlen, Sichtermühlen, Zahnscheiben- und Hammermühlen werden angeboten. Die Mühlen finden für verschiedene Einsatzgebiete Verwendung: für die Tonerverarbeitung, Zellstoffzerkleinerung, Folienentsorgung, Herstellung von Pulverlacken u. a. m. Als weltweit führendes Unternehmen im Bereich der Aufbereitung trockener Materialien verfügt das Unternehmen über diverse Kompetenzen. Die besonderen Fähigkeiten des Unternehmens liegen einerseits in der branchenspezifischen Applikation und Auslegung der Maschine, andererseits in der konstruktiven Umsetzung und dem Engineering der Anlagen. Vor Vertragsabschluss war das die Versuchsdurchführung, technische Beratung und Angebotsausarbeitung für Kunden, nach Vertragsabschluss die konstruktive Anpassung der Maschinen an Kundenwünsche, Engineering, Dokumentation, Lieferantenkooperation, Elektro-Engineering und Inbetriebnahme. Die einzelnen Fähigkeiten haben in der Vergangenheit gewisse Wettbewerbsvorteile gegenüber Konkurrenten geschaffen, sind jedoch organisatorisch isoliert und nicht systematisch integriert gewesen. So ist es zu gelegentlich hohen Nachlaufkosten gekommen, da Detaillösungen nicht hinreichend aufeinander abgestimmt waren. Hohe Transaktionskosten verhinderten die Umsetzung von Wettbewerbsvorteilen in ökonomischen Erfolg.

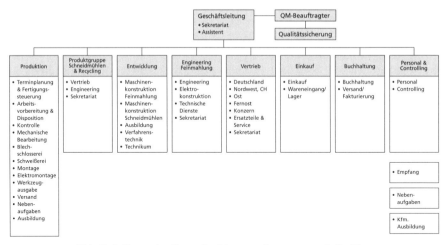

Abb. 6.4: Organisationsstruktur vor Prozessneudefinition

Durch deren organisatorische Verknüpfung sollte vorhandenes Wissen akkumuliert und vorhandene Potentiale besser ausgeschöpft werden. Aus diesem Grund wurden die Wettbewerbsvorteile begründenden Fähigkeitspotentiale für die Prozessidentifikation hinsichtlich ihrer Interdependenz untersucht und zusammengefasst. Auf diese Weise wurden zwei Kernprozesse entworfen: der „Applikationsprozess" und der „Fullfillmentprozess". Der Applikationsprozess umfasst sämtliche Aktivitäten bis Vertragsabschluss, der Fullfillmentprozess alle weiteren bis zur Auslieferung, wobei die Bereiche Materialdisposition und

Produktions- und Montageprozesse als Supportprozesse identifiziert wurden. Bestandteil des Kernprozesses (Fullfillment) ist jedoch die Terminkontrolle, um den Teilprozess „Inbetriebnahme" sicher zu stellen. Die Bündelung dieser Aktivitäten in zwei Kernprozesse war indessen nicht unkritisch. Durch die Schnittstelle wurden Leistungsanforderungen nicht konsequent konstruktiv umgesetzt oder im Engineeringprozess nicht eingehalten. Um Leistungsvereinbarungen mit Kunden und die daraus folgenden Lasten in dem Fullfillmentprozess transparent zu halten und interpretieren zu können, wurden beide Prozesse integriert. Abbildung 6.5 zeigt die Prozessarchitektur nach der Redefinition der Geschäftsprozesse.

Supportprozesse, die in unmittelbaren Lieferbeziehungen zu den Kernprozessen stehen, sind Vertriebsprozesse und Fertigungs- bzw. Montageprozesse und Prozesse der Materialbeschaffung.

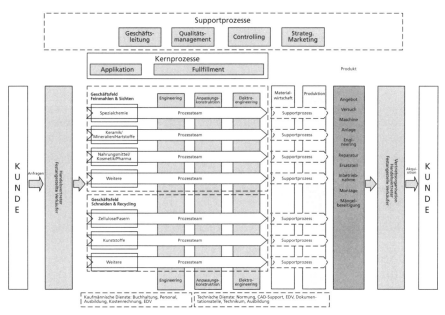

Abb. 6.5: Ressourcenorientierte Prozessdefinition

6.2 Prozessmodellierung

Prozessmodellierung besteht im Entwurf des Prozessdesigns aller bereits identifizierten Kern- und Supportprozesse. Ziel ist eine Prozessstrukturdarstellung, die unter Berücksichtigung der Prozessverknüpfungen die Prozessarchitektur eines Unternehmens dokumentiert. Bei diesen handelt es sich jedoch nicht nur um Blaupausen („Blue Prints"). Sie gehen über eine reine Tätigkeitsdarstellung hinaus und sollen vor allem die wettbewerbskritischen Aktivitäten in ihrem interdependenten Zusammenhang und in Bezug zur Kundenleistung verdeutlichen.

Modellierungszwecke

Folgende Zwecke der Prozessmodellierung sind zu unterscheiden (vgl. *Gaitanides/Scholz/Vrohlings/Raster* 1994, S. 41):

- **Schaffung von Wertschöpfungstransparenz:** Die Darstellung der logischen bzw. zeitlichen Sequenzen erlaubt es, kritische Bereiche aufzuspüren und in den Prozessablauf zur Eliminierung von Schwachstellen gezielt einzugreifen.

- **Bestimmung der Prozessverantwortlichkeiten (CPOs):** Die Zuordnung der einzelnen Arbeitsschritte zu den beteiligten Kernprozessen zeigt, wann bzw. welche der Tätigkeiten an der Leistungserstellung beteiligt sind. In Anlehnung an die Prozessarchitektur ist nun eine Verantwortungszuordnung nach prozessualen Aspekten möglich, was eine Reduzierung des Koordinationsaufwandes zur Folge hat. Es ist vorteilhaft, die Verantwortung für jeweils komplette Geschäftsprozesse organisatorisch in eine Hand zu legen, um die Identifikation mit der erstellten Leistung zu fördern. Künstliche organisatorische Trennungen zwischen Aufbau- und Prozessorganisation sind so vermeidbar. Die Gesamtverantwortung bzw. die Führung der Prozessverantwortlichen liegt in Händen des CPO (Chief Process Officer).

- **Definition eines strukturierten Mess- und Steuerungssystems:** Für die auf den Prozessebenen dargestellten Teilprozesse sind relevante Prozesskennzahlen ableitbar, mit denen die Prozessleistung bezüglich Zeit, Qualität, Prozesskosten und Kundenzufriedenheit zu überprüfen ist. Schwachstellen im Prozessablauf sind somit neben der Ablaufanalyse auch mittels Indikatoren feststellbar.

- **Ausarbeitung von Leistungsvereinbarungen:** Auf der Basis visualisierter Abläufe lassen sich Vereinbarungen mit externen und internen Lieferanten, z. B. über den Zeitpunkt der Leistungserbringung und über den Leistungsumfang festlegen.

- **Schulung und Einarbeitung von Mitarbeitern:** Anhand einer nach einheitlichen Kriterien aufgebauten transparenten Prozessarchitektur erhalten die Mitarbeiter einen Gesamtüberblick über ihr Arbeitsumfeld. Die Prozessvisualisierung ist damit gleichzeitig Grundlage für ein besseres Verständnis des Unternehmensgeschehens und fördert die abteilungsübergreifende Zusammenarbeit. Die Annäherung impliziter Handlungsmodelle der Mitarbeiter mit den offiziellen „Prozess-Blue Prints" soll vereinfacht werden. Das Reden über Geschäftsprozesse wird erleichtert.

- **Erstellung von Richtlinien:** Die häufig in Richtlinien vorhandene Beschreibung von Prozessabläufen ist in Verbindung mit einer transparenten Prozessdarstellung deutlich reduzierbar. Der Nachweis eines Qualitätssicherungssystems nach DIN ISO 9000 ff. ist mit Hilfe der Prozessdarstellung stark zu vereinfachen, da ein zusätzliches Verfassen von Verfahrens- und Arbeitsanweisungen entfallen kann.

Grundsätzlich ist die Darstellung von Prozessabläufen möglichst kurz und prägnant zu gestalten. Prozessbeschreibungen eignen sich nur bedingt dazu, logische oder zeitliche Sequenzen übersichtlich abzubilden. Dazu dienen softwaregestützte Ablaufdiagramme, in denen einzelne Arbeitsschritte und deren

Abhängigkeiten zu internen und externen Lieferanten sowie zu Kunden abgebildet werden können.

Je nach strategischem Paradigma wird das Design der Kernprozesse entweder in einem Analyseprozess top down oder in einem Konstruktionsprozess bottom up zu entwickeln sein. Für beide Ansätze gelten jedoch nachfolgende Modellierungsgrundsätze.

6.2.1 Prozessanalyse als Ausgangspunkt der Modellierung

Gliederungskriterien, wie z.B. Kunden, Produkte, Projekte oder spezifische Verrichtungen, nach denen die Geschäftsprozesse zu strukturieren bzw. konstruieren sind, müssen zunächst an den Fähigkeitspotentialen (capabilities) anknüpfen, die für die Identifikation der Geschäftsprozesse als Kernprozesse konstitutiv waren. Die oberste Gliederungsebene orientiert sich daher an dem Wettbewerbsvorteil, der durch den Prozess umgesetzt werden soll. Dabei ist die horizontale von der vertikalen Prozessanalyse zu unterscheiden. Die horizontale Differenzierung führt zur Mengenteilung eines Prozesses, durch die unterschiedliche Prozessvarianten generiert werden (z.B. das Triage-Konzept), die vertikale Zerlegung zu der Artenteilung, durch die ein Prozess in Teilprozesse untergliedert wird. Die Abbildung 6.6 zeigt beispielhaft die Prozessanalyse des Auftragsabwicklungsprozesses und seine Interdependenzen zu vor- und nachgelagerten Prozessen.

– Paralleles Prozessdesign

Kern- und Supportprozesse sind grundsätzlich so in Teilprozesse zu gliedern, dass sie in paralleler Bearbeitung vollzogen werden können. Gegenüber sequentieller Bearbeitung verringert sich dadurch die Durchlaufzeit. Allerdings verschärft sich dadurch das Problem der Ressourceninterdependenz der Teilprozesse, wenn diese gleichzeitig auf eine knappe Ressource zugreifen müssen.

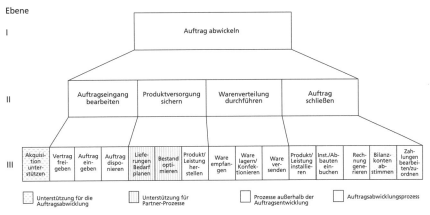

Abb. 6.6: Prozessanalyse der Auftragsabwicklung und Schnittstellen zu Lieferantenprozessen (Quelle: *Gaitanides* **u. a. 1994, S. 47 f.)**

– Ganzheitliche Rundumbearbeitung

Ganzheitliche Bearbeitungssequenzen, die eine kundenorientierte „Rundumbearbeitung" ermöglichen, sind anzustreben. Dabei kann es sich um eine prozessverantwortliche Person bzw. einen Prozessbearbeitenden (Case Worker) oder ein Team (Case Team) handeln. Teilprozesse sollten so zugeschnitten werden, dass Selbstkontrolle der Prozessverantwortlichen möglich ist. Auch die Qualitätssicherung ist schnittstellenfrei zu gewährleisten.

– One face to the customer

Jeder Geschäftsprozess hat **eine** Schnittstelle zum Kunden(-prozess). Es gilt das Prinzip: „one face to the customer". Vor allem Kundenbewusstsein und Kundennähe sollen dadurch gefördert werden. Darüber hinaus sollte das „one face is accountable"-Prinzip (vgl. *Osterloh/Frost* 2006, S. 213) verwirklicht sein. Dadurch kann die Ergebnisverantwortung der Prozessarbeitenden gestärkt werden. Verrechnungspreise können zudem leichter mit Marktpreisen verglichen werden.

– Handlungsspielräume für case worker

Mitarbeitern, denen die Durchführung des Prozesses übertragen wird, muss das Design des Geschäftsprozesses Entfaltungsmöglichkeiten bieten, um Lernprozesse vollziehen, Prozessverbesserungen initiieren und Routinen im Sinne von Könnerschaft entwickeln zu können. Prozesstransparenz bezieht sich daher nicht nur auf die Prozessdokumentation, sondern auch auf die Fähigkeit der Mitarbeiter, ihre Tätigkeit im Wertschöpfungsprozess einzuordnen und ihren Wertbeitrag für die Prozessleistung zu erkennen. Eine zu differenzierte Prozessanalyse schränkt die Entfaltungsmöglichkeiten ein und wirkt als statische Handlungsvorgabe.

6.2.2 Vertikale Ausdifferenzierung von Geschäftsprozessen

Die Modellierung der Prozessarchitektur wird u.a. davon bestimmt, ob und in welcher Tiefe ein Prozess in Subprozesse zu verfeinern ist, die wiederum als eigene Prozessfolgen zu modellieren sind. Prozesse können auf mehreren Detaillierungsebenen analysiert und modelliert werden. Dabei entsteht das **Modellierungsdilemma:** Einerseits verringert sich mit zunehmender vertikaler Gliederungstiefe die Transparenz und Übersichtlichkeit der Gesamtstruktur des Geschäftsprozesses. Auf der obersten Gliederungsebene sind Aktivitäten nur implizit erfasst, die bei hohem Detaillierungsgrad explizit ausdifferenziert werden müssten, was aus Komplexitäts- und Wirtschaftlichkeitsgründen aber oft vernachlässigt werden muss. Andererseits wird ein hoher Detaillierungsgrad benötigt, wenn Entwurf und Umsetzung von Geschäftsprozessen mittels einschlägiger Modellierungs- und Workflow-Software unterstützt werden sollen. Nur so können Geschäftsprozesse in Ihrer Auswirkung auf Zeiten, Kosten und Kapazitäten simuliert und Informationen für Steuerung und Vollzug der Prozesse bereitgestellt werden.

Modularisierung im Prozessentwurf kann einen Ausweg aus dem Dilemma von Präzision und Übersichtlichkeit darstellen. Modulbildung besteht darin, dass ein Prozesssystem in Komponenten zerlegt wird, die voneinander abhängig sind und nach festen Regeln untereinander interagieren (vgl. *Heckl* 2010, S. 183 ff.). Die einzelnen Komponenten (Aktivitäten) sind derart zu Teilprozessen („Modulen") zusammenzufügen, dass diese jeweils möglichst unabhängig von den anderen Modulen sind. Dieses Vorgehen bei der Synthese zu Hauptprozessen bzw. Geschäftsprozessen ist nicht notwendigerweise identisch mit einem Vorgehen nach dem Flussprinzip.

Dem Prinzip der Modularisierung von Prozessen liegt einerseits das *Prinzip der hohen Bindung* (Kohäsion) zu Grunde (vgl. *Hilgert* 2010, S. 161). Es betrifft die Zusammenfassung eng verknüpfter Aktivitäten zu einem Prozessmodul. Gleichzeitig sollen dadurch Interdependenzen zu anderen Prozessmodulen reduziert werden. Dies betrifft sowohl Schnittstellen im Leistungsaustausch als auch den Datentransfer. Dementsprechend sollen nach dem *Prinzip der losen Koppelung* andererseits die Schnittstellen zwischen Modulen überschaubar sein und Prozessgrenzen spezifiziert werden. Dies geschieht durch Standardisierung der Schnittstellen, wodurch die Prozessleistung eines Moduls den Anforderungen des Kundenmoduls, d.h. den Service Level Agreements, angepasst wird. Die einzelnen Module können entsprechend der Leistungserstellung innerhalb der Wertschöpfungskette kombiniert oder auch ausgelagert werden. Outsourcing oder Kombinationen von Prozessmodulen in interorganisationalen Netzwerken werden damit erleichtert.

Im Wesentlichen wird es sich bei den Modulen um sog. Hauptprozesse handeln. Zur Analyse der Abhängigkeiten zwischen den Aktivitäten werden Matrizen genutzt, deren Elemente die Abhängigkeitsbeziehungen abbilden (vgl. *Heckl* 2010, S. 188 f.; vgl. *Hilgert* 2010, S. 169 ff.). Dazu werden zunächst die Aktivitäten jeweils in Zeilen und Spalten abgetragen und sodann für jede einzelne Aktivität die Abhängigkeit zu allen anderen markiert. Dabei können unterschiedliche Cluster entstehen, beispielsweise rein *sequentielle Abhängigkeiten*, in denen die Aktivitäten in einer festen Reihenfolge aufeinander folgen, oder *Blockstrukturen*, in denen eine Teilmenge von Aktivitäten wechselseitig auf einander bezogen sind. Blockstrukturen beinhalten immer auch Möglichkeiten zur Modularisierung.

Modularisierung beim Prozessentwurf bietet sich an, wenn das Prozessmodul eine marktfähige Leistung erbringt und einen abgeschlossenen Verantwortungsbereich bildet. Nicht zu vernachlässigen sind jedoch Probleme, die aus der Modularisierung erwachsen können wie z. B. nicht genutzte Skaleneffekte oder Schnittstellenprobleme beim Leistungsaustausch zwischen verschiedenen an der Leistungserstellung beteiligten Modulen.

Der Kompromiss zwischen Wirtschaftlichkeit, Detaillierungsgrad und Vollständigkeit kann sich an folgenden Kriterien orientieren (vgl. *Gaitanides* 1983, S. 81 ff.; *Speck/Schnetgöke* 2000, S. 172 f.):

1) Schnittstellen mit Kunden- und Lieferantenprozessen

Koordinationsprobleme treten auf, wenn Input- und Outputdaten eines Prozesses, die in einem anderen Prozess generiert bzw. verwendet werden, nicht den gleichen Detaillierungsgrad aufweisen. An den Schnittstellen der Prozesse sind daher die Prozesse auf der gleichen Hierarchieebene zu modellieren. Wird beispielsweise im Rahmen des Prozesses „Auftrag abrechnen" die Teilaktivität „Buchung durchführen" realisiert und wird der aus dieser Aktivität resultierende Buchungsbeleg in einem anderen Prozess benötigt, dann ist die Aktivität „Buchung durchführen" als Teilprozess des Prozesses „Auftrag abrechnen" zu modellieren. Service Level Agreements zwischen Prozesslieferanten und -kunden lassen sich bei gleichem Detaillierungsgrad der zu verknüpfenden Prozesse leichter formulieren und vor allem auch durchsetzen. Auch können dadurch Transaktionskosten gesenkt werden.

2) Qualifikation der Mitarbeiter

Prozesse und Teilprozesse, die Teams in Selbstverantwortung zur Selbstabstimmung ganzheitlich zur Bearbeitung übertragen werden können, bedürfen normalerweise keiner weiteren Untergliederung, da dies mit einer Einengung der Handlungsspielräume verbunden ist. Regeln und Routinen sind Speicher organisationalen Wissens und Erfahrungen, die bei der Prozessstrukturierung erhalten bleiben müssen. Geschlossene Prozessbeschreibungen, die Handlungsspielräume verschließen, kämen einer Entwertung von Investitionen in das unternehmensspezifische Humankapital gleich. Prozessbeschreibungen praktizierter Routinen sollten Raum für implizite und explizite Prozessverbesserungen eröffnen. Die Missachtung vorhandener Routinen bei der Prozessmodellierung ist nur dann gerechtfertigt, wenn tradierte Verhaltensmuster abgelehnt und grundlegende Veränderungsprozesse initiiert werden sollen. In diesem Fall kollidieren Routinen mit den „Blue Prints" der Prozesse, so dass vorhandene Qualifikationen gegebenenfalls obsolet geworden sind.

3) Spezifität der Prozesselemente bezüglich des Durchlaufs einzelner Objekte

Die Prozesse müssen der Heterogenität der Prozessabläufe verschiedenartiger Objekte, z. B. Kunden oder Produkte, genügen. Ab einem bestimmten Differenzierungsgrad bewirken die objektspezifischen Eigenschaften unterschiedliche Prozessabläufe. Beispielsweise werden in der Praxis üblicherweise Geschäftsprozesse für Standard- und für Sonderprodukte unterschieden. Die Prozessorganisation kann je nach ihrer wettbewerbsstrategischen Bedeutung von einer generalisierten Prozessbeschreibung für alle Objekte bis zu jeweils produkt- oder kundenspezifischer Prozessidentifikation ausdifferenziert sein. Im letzteren Fall ist für jedes abzuwickelnde Objekt (= Projekt) eine eigene Prozessdefinition erforderlich. Soll demnach das Prozessdesign für eine Menge oder Teilmenge unterschiedlicher Objekte gelten, dann ist die Prozesshierarchisierung spätestens auf der Ebene abzubrechen, auf der alle Prozessobjekte von einer gemeinsamen Prozessstruktur beschrieben werden können. Objektspezifische Prozessstrukturen sind dann von den Stelleninhabern fallweise zu entwerfen und zu steuern. Ein prozessunspezifisches Objektprogramm verleitet demzufolge auch zu weitergehender Untergliederung und Detaillierung als dies bei prozessual-heterogenen Objekten der Fall ist. Die Allgemeingültigkeit der Prozessarchitektur kann daher mit ihrer Präzision konkurrieren. Nicht zuletzt begrenzen Skalenerträge durch Standardisierung (z. B. in Gestalt eines

Referenzmodells) und Transaktionskosten das Ausmaß, in dem Teilprozesse nach Objekten gegliedert werden können.

4) Strategische Bedeutung des Geschäftsprozesses

Unabhängig davon, ob ein Geschäftsprozess für Kostenführerschaft bzw. Differenzierung oder ob er als eine kritische Ressource von strategischer Bedeutung ist, in beiden Fällen wird es geboten sein, den Geschäftsprozess einer differenzierteren Analyse und Evaluierung zu unterziehen. Eine weitergehende Detaillierung des Prozesses wird sich an den jeweiligen Modellierungszielen zu orientieren haben, die mit der Generierung von Wettbewerbsvorteilen verbunden sind. Sind beispielsweise Prozesskosten und -zeiten von besonderer strategischer Relevanz und beansprucht der betreffende Prozess eine relativ hohe Bearbeitungszeit oder relativ hohe Prozesskosten im Vergleich zu den anderen an der Wertschöpfung beteiligten Prozessen, dann kann eine Zerlegung des Prozesses Risiken bei der Verfolgung strategischer Optionen vorbeugen. Auch für Zwecke des Benchmarkings kann eine tiefere Gliederung der Teilprozesse vorteilhaft sein.

6.2.3 Software-Tools zur Unterstützung der Prozessmodellierung

Eine Vielzahl von Software-Tools unterstützt die Strategie, Gestaltung, Optimierung und Handling von Geschäftsprozessen. Grundsätzlich lassen sie sich nach unterschiedlichen Funktionen einteilen. Zur Unterstützung des Prozessmanagement stehen folgende Arten von Tools zur Verfügung:

* Analysetools
* Visualisierungstools
* Modellierungstools
* Simulationstools
* Workflow-Management-Systeme
* Dokumentenmanagement-Systeme.

Die Prozessmanagementtools unterscheiden sich hinsichtlich der Schnittstellen zu anderen Datenbanken und Programmen, Architektur und Konfigurierbarkeit, Anwenderfreundlichkeit und Support (vgl. *Fischermanns* 2006, S. 450).

Die Funktionalität eines Tools läßt sich am Beispiel von ADONIS darstellen. Sie erstreckt sich auf folgende Themenfelder:

Erfassung von Daten:

* Mengengerüste
* Wahrscheinlichkeiten
* Bearbeitungszeiten
* Liegezeiten

Modellierung:

* Ablauf- und Aufbauorganisation werden graphisch und tabellarisch dargestellt

- Kopieren/Ausschneiden/Einfügen/Verschieben von Objekten samt ihrer Attribute

Analyse:

- Auswertungen der Aktivitäten hinsichtlich Durchlaufzeit, Häufigkeit, Personalbedarf u. a. m.

Simulation:

- Darstellung der Ergebnisse graphisch und tabellarisch
- Pfadanalyse („Durchspielen" von GP hinsichtlich Bearbeitungs-, Warte-, Liege-, Transport-, Durchlaufzeiten und Kosten)
- Belastungsanalyse von Bearbeitern bzw. Ressourcen
- Auslastungsanalyse (Warte- bzw. Lagerzeiten)

Evaluation:

- Reale, laufende Geschäftsprozesse können mit Informationen aus der Simulation überprüft werden.

Der Einsatz von Prozessmanagementtools setzt allerdings die Identifizierung der Prozesse voraus. Die Tools unterscheiden sich vor allem durch ihre Komplexität. Relativ einfache, wie z. B. das Prometheus Organisationssystem von ibo mit den Modulen Process-Manager, Process-Designer und Process-Analyser, erleichtert den Process Ownern die Dokumentation der Prozesserfassung, die Prozessmodellierung sowie die Auswertung nach Zeiten, Mengen, Kosten und Mitarbeiterkapazitäten. Aufwendigere Systeme wie Binner IMS, iGrafx oder IQ-optimize Software AG (vgl. *Binner/Schnägelberger* 2011, S. 122 ff.) verlangen einen entsprechend höheren Einarbeitungsaufwand. Auch hier dienen als Basis der Modellierung die identifizierten Objekte (Aktivitäten und Entscheidungen), die aus einer groben Ablaufskizze entnommen mittels eines Modelleditors zu einem Geschäftsprozess verknüpft werden. Sog. Konnektoren bilden die Ablauflogik ab, mit deren Hilfe die „Beziehungen" zwischen den Objekten beschrieben werden (z. B. „Nachfolger"). Ebenfalls modellierbar ist die Arbeitsumgebung eines Geschäftsprozesses. Sie weist die beteiligten Bearbeiter und Abteilungen, d. h. die Aufbauorganisation zu, so dass deren Inanspruchnahme durch den Geschäftsprozess simuliert werden kann. Auf Basis der einmal erstellten Geschäftsprozessmodellierung bauen weitere Funktionalitäten wie Qualitätsmanagement, Prozesscontrolling (Prozesskostenrechnung) sowie Personalmanagement (Personal- und Ressourcenplanung) auf. Ein komplexeres, umfassenderes Tool ist ARIS (Architektur integrierter Informationssysteme). Seine Komplexität entsteht durch die verschiedenen Sichten, die auf den Geschäftsprozess gerichtet sind. Neben der *Funktionssicht*, die Tätigkeiten und die zwischen ihnen bestehenden Anordnungsbeziehungen beschreibt, erfasst die *Datensicht* Zustände (Stammdaten) und Ereignisse (Bewegungsdaten) des Arbeitsumfeldes. Die *Organisationssicht* bildet den organisatorischen Aufbau hinsichtlich der bestehenden Kommunikations- und Weisungsbeziehungen ab. Organisationseinheiten können auch nach prozessorientierten Kriterien modelliert werden. Die *Leistungssicht* enthält das Ergebnis von Prozessen. Produkte oder Dienstleistungen (auch Informationsdienstleistungen) veranlassen die Prozessausführung und bilden daher die Kernfunktion der Prozessbeschreibung. Die *Steuerungssicht* schließlich verbindet die getrennt modulierten Sichten (Funktion, Daten, Organisation und Leistung). Sie werden zu einem Gesamtmodell des Geschäftsprozesses ganzheitlich zusammengefügt. Sie erfasst mithin, welche Tätigkeiten (Funktionen) von welchen Aufgabenträgern unter Verwendung welcher Daten in welcher Reihenfolge ausgeführt werden.

Die Anzahl der Anbieter von Prozesstools ist kaum übersehbar (vgl. *Fischermanns* 2010, S. 451; *Binner/Schnägelberger* 2011, S. 123 f.). Auswahlkriterien erstrecken sich auf die Datenbank-, Modellierungs-, Analyse-, Optimierungs- und Workflowfähigkeit des Tools.

Binner/Schnägelberger 2011 unterscheiden vier Entwicklungshauptrichtungen bzw. Anwendungszwecke von BPM Tools:

- *Modellierung, Dokumentation, Analyse, Simulation.* Sie sollen vor allem die Transparenz in Unternehmensabläufe fördern.
- *BPM/Suiten/Human Workflow/Serviceorientierte Architektur.* Sie zielen auf die Integration der Prozessbeteiligten und sollen eine aufgabenorientierte Vorgangsbearbeitung erleichtern.
- *Prozessorientierte Softwarelösungen.* Sie beinhalten BPM-Technologien zur Prozessanalyse, -modellierung, -durchführung und -monitoring.
- *Unternehmensarchitektur.* Unternehmensorientierte Prozessmodelle bezwecken die Integration von Informationstechnologien und Geschäftsprozessen mit dem Ziel, die Schnittstellen zu optimieren sowie Daten- und Funktionsredundanzen zu vermeiden.

Auch wenn die Software-Tools das Geschäftsprozessmanagement hinsichtlich der effizienten Realisierung von Kosten- und Zeiteinsparungen unterstützen können, bemisst sich der Erfolg eines Reorganisationsprojektes vor allem nach seiner Effektivität. Prozessmanagement wurde in diesem Sinn als strategische Ressource begriffen. Prozesse sind Werttreiber. Nur wenn es gelingt, nachhaltige Wettbewerbsvorteile durch nicht einfach zu imitierende Kernkompetenzen aufzubauen, sind nachhaltige Wertsteigerungen des Unternehmens zu erwarten. Dies jedoch garantiert die Software-Unterstützung allein noch nicht.

Was Modellierung ist und was es leisten kann, hat mit den Eigenschaften eines „Modells" zu tun:

Modelle sind Abbildungen „von etwas". Sie repräsentieren ein natürliches *oder* künstliches Original, das selbst wieder ein Modell sein kann. Ein Prozessmodell kann mithin auch eine Abbildung eines Modells sein.

Modelle bilden also nicht alle Eigenschaften des Originals ab, sondern vor allem diejenigen, die der Modellierer relevant für den Nutzer hält.

Modelle zeichnen sich demzufolge durch ein Subjektivierungsmerkmal aus, Die perzeptiven und kognitiven Aspekte eines Abbildungsvorgangs bewirken, dass die Repräsentationsfunktion einer Abbildung nur für das modellierende Subjekt gewährleistet ist.

Modelle haben keinen Selbstzweck, sondern erfüllen pragmatische Funktionen für modellierende, nutzende und schließlich handelnde Subjekte. Die im Modell repräsentierten Eigenschaften des Originals sind mithin beeinflusst von den der Modellbildung zugrunde liegenden Motivationen, den geplanten Operationen und schließlich auch den antizipierten Verwendungszwecken.

Zur Modellierung von Geschäftsprozessen haben sich unterschiedliche Varianten herausgebildet. Allgemein werden u. a. unterschieden (vgl. *Wagner/Patzak* 2007, S. 110 ff.):

- Pfeilformdarstellung
- Ereignisgesteuerte Prozessketten
- BPMN/Prozessablaufdarstellung
- Swimlanedarstellung

Die **Pfeilformdarstellung** wird vor allem auf Grund ihrer Übersichtlichkeit häufig genutzt. Unternehmensmodelle und besonders umfangreiche Prozesse lassen sich in ihrer Grundstruktur einfach entwerfen und übersichtlich strukturieren. Jedes Pfeilelement symbolisiert eine Funktion bzw. einen Teilprozess (vgl. Abbildung 6.7). Modellierungen dieser Art sind vor allem zur horizontalen Differenzierung eines Geschäftsprozesses geeignet. Verzweigungen und Verantwortlichkeiten sind allerdings nicht darstellbar.

Abb. 6.7: Prozessmodellierung in Pfeilform (F steht für Funktion)

Differenziertere Modellierungstechniken liegen in Form von **Prozessablaufdarstellungen** vor. Die Modellierung von Geschäftsprozessen unterscheidet sich dabei nach den benutzten Sinnbildern (Symbolen) und nach dem Umfang der Informationsobjektklassen, die im Modell erfasst werden. Die benutzten Symbole ähneln sich zwar in den unterschiedlichen Modellierungstools, jede Notation ist jedoch durch spezifische Eigenheiten charakterisiert. Die Breite des abgebildeten Objekttypen reicht von der Beschränkung auf die „Funktion" (Vorgang, Aktivität oder Abfolge von Tätigkeiten) bis hin zu ihrer Ergänzung um

- die Ereignisse, die eine Funktion auslöst bzw. hervorbringt,
- die Organisationseinheit, in der die Funktion angesiedelt ist,
- die Daten, die zur Erfüllung der Funktion notwendig sind,
- die Leistungen bzw. Produkten, die den Zweck der Funktion ausmachen.

Darüber hinaus lassen sich weitere „Sichten" in Ansatz bringen. Bei der graphischen Modellbildung ist allerdings zu berücksichtigen, dass Vollständigkeit keinesfalls ein Kriterium der Modellierung sein kann. Vielmehr geht es um das Interesse des Modellierers bzw. Nutzers des Prozessmodells.

Die Modellierung von Geschäftsprozessen erfolgt mittels unterschiedlicher Beschreibungssprachen. Zu diesen zählen u. a. die DIN-Norm 66001, die ereignisgesteuerten Prozessketten (EPKs) als Kern einer „Architektur integrierter Systeme" (ARIS) und die Business Process Management Notation (BPMN). Ferner finden sich Kombinationen verschiedener Darstellungstechniken (vgl. *Rosenkranz* 2002, S. 32 f.). Die EPK-Darstellung gilt als diejenige mit dem höchsten Detaillierungsvermögen, während die BPMN-Modellierung besonders für die Berücksichtigung der Organisationseinheiten (Swimlanes) geeignet erscheint.

Bei den Darstellungsverfahren handelt es sich jeweils um semiformale Sprachen, die durch eine vorgegebene Struktur und eindeutig definierte Syntax gekennzeichnet sind (vgl. *Lehmann* 2008, S. 17). Zusätzlich werden freie Beschreibungen als Ergänzung genutzt.

Ausgangspunkt der Prozessmodellierung sind die **Aufgaben, Funktionen, Aktivitäten** oder auch **Tätigkeiten**. Für die Prozessmodellierung entscheidend ist die Wahl der Gliederungstiefe der Modellierung. Funktionsbäume bilden die möglichst vollständige Untergliederung einer einzelnen Funktion/Aktivität in ihren Teilaktivitäten ab (vgl. auch Abbildung 6.6). Ein Funktionsbaum zerlegt einen Prozess in seine Teilprozesse. Funktionsbäume dienen der Verfeinerung von Prozessen bzw. Prozessmodellen. So kann beispielsweise der Prozess „Kundenbestellung" in „Bestellung prüfen", „Artikel versenden", „Rechnung schreiben" zerlegt werden.

Ereignisse können Start-, Zwischen- und Endereignisse sein (vgl. *Allweyer* 2008, S. 57 ff.). Sie kennzeichnen einen Zustand, den der Prozess während seiner Abarbeitung erreicht hat.(vgl. *Freund u. a.* 2010, S. 134). Ereignisse drücken aus, dass etwas passiert ist. Sie markieren einen Zeitpunkt und keinen Zeitablauf bzw. -bedarf. *Lehmann* (2008, S. 52 f.) kennzeichnet Ereignisse wie folgt: Ein Ereignis beschreibt

- ein neu entstandenes Prozessobjekt (Auftrag ist eingebucht),

- den Endzustand eines Prozessobjektes (Auftrag storniert),

- die Änderung einer Eigenschaft bzw. eines Attributes (Auftrag ist geprüft),

- den Eintritt eines Zeitpunktes (Liefertermin ist fällig),

- eine prozessrelevante Bestandsveränderung (Lagerbestand hat die Meldemenge erreicht).

Auch Ereignisse lassen sich gegebenenfalls hierarchisieren und als Ereignisdiagramm darstellen. Dabei können die Teilereignisse unterschiedlich verknüpft sein. UND- und ODER-Verknüpfungen sind möglich. Das Ereignis „Anfrage bearbeitet" kann beispielsweise die Teilereignisse „Kundendaten erfasst", „Angebot erstellt" und „Lagerbestand geprüft" umfassen. Grundsätzlich beginnt und endet jede Aktivität mit einem Ereignis, was insbesondere bei der EPK-Darstellung explizit ausgewiesen ist.

Aktivitäten sind durch einen eineindeutigen Sequenzfluss (Kantenzug) verbunden, falls eine vorgelagerte Aktivität (Teilprozess) unmittelbar eine nachfolgende auslöst. Wenn Aktivität A erfolgt, dann folgt darauf unmittelbar B. Häufig sind jedoch auch **Verzweigungen** ausgehend von einem Prozess und **Zusammenführungen** mehrerer zu einem Prozess zu modellieren. Üblicherweise werden zur Abbildung solcher Vorgänge Entscheidungsknoten (Gateways) genutzt, die in ihrer logischen Struktur als JA/NEIN, UND, inklusives ODER sowie exklusives (ENTWEDER-) ODER modelliert werden können (vgl. *Freund* 2010, S. 131; *Allweyer* 2009, S. 28 ff.; *Lehmann* 2008, S. 69 ff.). In Abbildung 6.8 sind die skizzierten Sachverhalte mit ihren entsprechenden Symbolen dargestellt.

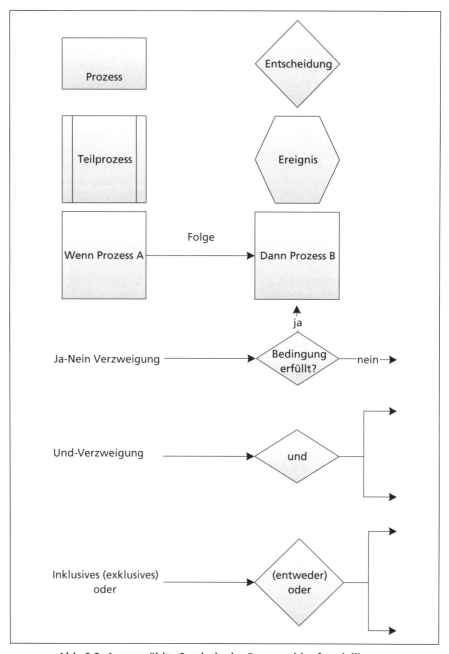

Abb. 6.8: Ausgewählte Symbole der Prozessablaufmodellierung

Die **ereignisgesteuerte Prozesskette** unterscheidet sich von alternativen Darstellungstechniken wie etwa **BPMN** dadurch, dass jedem Teilprozess ein Ereignis folgt. Der vorangegangene Teilprozess wird mit dem Ereignis abgeschlossen, dem ein weiterer Teilprozess folgt. Jede Aktion wird durch ein Ereignis ausgelöst und jede Aktion führt gleichzeitig zu einer Zustandsveränderung. Ein Prozess ist mithin eine Folge von Ereignissen und Funktionen bzw. Aktivitäten. Mittels Ereignissen, Funktionen und Operatoren, die Entscheidungen über Verzweigungen bzw. Zusammenführungen im Prozessablauf abbilden, wird der „Kontrollfluss" modelliert.

Die wichtigsten Modellierungselemente sind in der Abbildung 6.9 in einer vereinfachten Prozessfolge untereinander verknüpft (vgl. *Rosemann u.a.* 2008, S. 68; *Allweyer* 2010, S. 183 ff.).

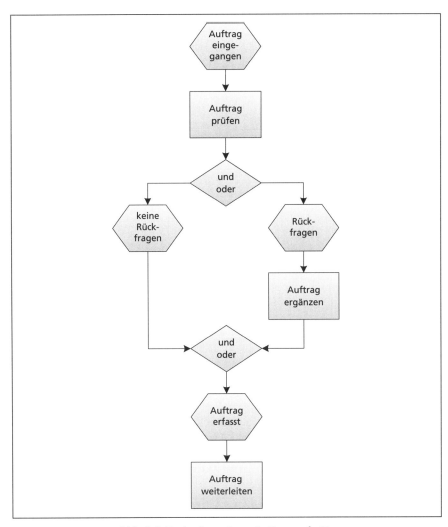

Abb. 6.9: Ereignisgesteuerte Prozesskette

Neben der Kontrollspalte, die den eigentlichen Prozessablauf abbildet, können ergänzende vertikale Spalten eingeführt werden. Dazu zählen die beteiligten Organisationseinheiten (Abteilungen, Stellen, u. a.). Ferner lassen sich Spalten für Input- und Outputobjekte (Entities, Dokumente) sowie für Anwendungssysteme einrichten.

In den bisher aufgeführten Darstellungstechniken wurde die aufbauorganisatorische Dimension von Geschäftsprozessen weitgehend vernachlässigt. Dieser Aspekt kann insbesondere in der **BPMN**-Darstellung explizit berücksichtigt werden. Ein Geschäftsprozess kann stellenübergreifend, abteilungsübergreifend und mitunter auch unternehmensübergreifend angelegt sein. Diese Organisationseinheiten (Lanes) werden in horizontaler Richtung abgebildet. Die einzelnen Teilprozesse sind den betreffenden Organisationseinheiten zugeordnet, Der Prozessablauf traversiert die Organisationseinheiten (Lanes). Wenn auch diverse Erweiterungen möglich sind, verzichtet die BPMN-Spezifikation häufig auf den Detaillierungsgrad, mit dem die Ereignisse abgebildet sind. Die Start-, Zwischen- und Endereignisse werden durch Kreise unterschiedlicher Symbolik markiert. Gegebenenfalls kann auch auf Konnektoren verzichtet werden, um Verzweigungen abzubilden. Mehrere Sequenzflüsse können auch direkt in eine Aktivität münden.

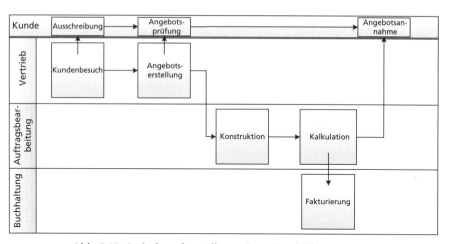

Abb. 6.10: Swimlanedarstellung eines Geschäftsprozesses

Die Swimlanedarstellung im Rahmen der BPMN (vgl. Abbildung 6.10) geht von einer gegebenen Aufbauorganisation aus. Damit geht ein nicht unwesentlicher heuristischer Vorteil der Prozessorganisation verloren, indem man sich der Gestaltungsmöglichkeit begibt, die Aufbauorganisation den konkreten Gegebenheiten der Ablauforganisation anzupassen. Die prozessorientierte Maxime „structure follows process" lässt sich allenfalls bedingt realisieren. Dies betrifft sowohl die Bildung von Stellen bzw. Abteilungen durch Zuweisung von Aufgabeninhalten als auch die Berücksichtigung der Auslastung bei der Stellenbildung. Damit wird offenkundig, dass die zu wählende Prozessdokumentation vor allem vom Verwendungszweck abhängig ist. Für aufbauorganisatorische Entscheidungen dürfte eine Simlane-Darstellung eher ungeeignet sein.

Die Vorteile der Prozessablaufdarstellung liegen darin, dass Verzweigungen und Zusammenführungen von Prozessen übersichtlich modellierbar sind. In Verbindung mit Pools und Lanes sind nicht nur Stellen- bzw. Abteilungsüberschreitungen von Prozessen nachvollziehbar und übersichtlich modellierbar. Schließlich lassen sich Ergänzungen durch unterschiedliche Sichtweisen wie Leistungs-, Steuerungs-, Organisations- oder Datensicht einführen und veranschaulichen.

Besonders hervorzuheben ist die **Universalität** der Modellierungstools. Sie sind geeignet, jedwede organisatorische Tätigkeit zu strukturieren und zu kontrollieren. Die universelle Nutzbarkeit ermöglicht eine nahezu unbegrenzte Anwendbarkeit, die sich auch in der Praxis durchgesetzt hat. Nicht nur in der öffentlichen Verwaltung, auch in anderen nicht wirtschaftlichen Anwendungsfeldern konnten diese Tools erfolgreich eingesetzt werden. Ein besonders interessantes Anwendungsfeld der Prozessmodellierung ist der Krankenhausbetrieb. Um die Vielfalt der Einsatzmöglichkeiten zu illustrieren, wird ein Beispiel für den Patientenpfad „Gallenblasenleiden" in Abbildung 6.11 vorgestellt. Auch wenn es sich hier nur um die Grobstruktur handeln kann, die im Unterbau durch einschlägige Workflow-Systeme unterstützt werden muss, lässt sich doch die praktische Relevanz erkennen. Ein Beispiel dafür ist die modulare Software „Soarian" von Siemens, die Prozesse der Krankenversorgung qualitativ und kostenmäßig verbessern helfen soll, in dem sie den Fortgang einzelner Therapieschritte, Patientenbehandlung und Medikamentierung dokumentiert.

6.2.4 Horizontale Differenzierung und Variantenbildung bei der Modellierung

Unter Prozessvarianten werden Geschäftsprozesse verstanden, die in hohen Abstraktionsgraden identisch sind, deren detaillierte Modellierung bei verschiedenen Prozessobjekten zu Unterschieden im Prozessdesign führt.

Als Alternativen der Variantenbildung bieten sich grundsätzlich die beiden Kriterien **Produkt** und **Kunde** an, die im Folgenden auch als Beispiele für horizontale Prozessvariantenbildung herangezogen werden sollen. Die Variantenbildung kann auf den unterschiedlichen Hierarchieebenen der Prozessstrukturierung vollzogen werden. Je höher das Abstraktionsniveau, auf dem die Prozessvarianten gebildet werden, umso weniger werden sich die Wertschöpfungsaktivitäten der einzelnen Prozessobjekte unterscheiden.

6.2.4.1 Modellierung am Beispiel „Produktmanagementprozess"

Produktmanager sind üblicherweise mit einer Vielzahl von interdependenten Teilaufgaben betraut, die Planung, Realisierung und Kontrolle der ihnen anvertrauten Produkte in ihren Zielmärkten umfassen, was Informations- und Koordinationsaufgaben vor- und nachgelagerter Prozesse mit einschließen kann (vgl. *Köhler* 2000, S. 686). Im Einzelnen geht es dabei um folgende Tätigkeiten:

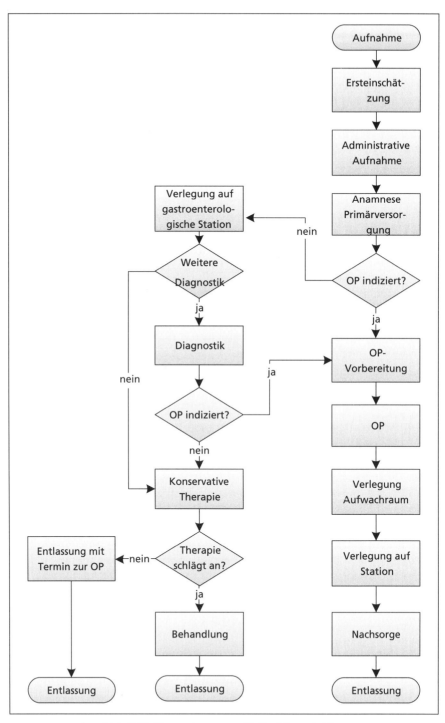

Abb. 6.11: Therapieprozess Gallenblasenleiden
(in Anlehnung an *Bartz* 2006, S. 138 f.)

- Beobachtung der Marktsituation und Analyse der Wirkungen des Marketing-Mix wie Produkt- und Sortimentsgestaltung, Preisgestaltung, Gestaltung der Absatzwege etc.

- Planung und Kontrolle von Absatz und Umsatz des Produkts

- Ausarbeitung der Marketingstrategie

- Erstellung der Produktbudgets

- Erarbeitung von Produktänderungen und -varianten, sowie Initiierung von Produktinnovationen

- Integration der Marketingstrategie in die Planung anderer Bereiche wie Marktforschung, Verkauf, Entwicklung, Produktionsplanung, Werbung, Verkaufsförderung und Finanzen sowie Abstimmung der Teilpläne

- Verwaltung und Kontrolle der Budgets

- Erfolgskontrolle und Produkterfolgsrechnung

Im Folgenden werden entsprechend dem strategischen Paradigma die Vorgehensweisen bei markt- und ressourcenorientierter Modellierung unterschieden.

Die oben genannten Aufgaben des Produktmanagements entsprechen einer funktional gegliederten Organisation. Dabei ist unerheblich, ob Produktmanagement als Linien-, Matrix- oder Stabsfunktion organisiert ist. Sowohl beim Produktmanagement als auch beim Category Management bleibt die Grundstruktur der funktionalen Organisation erhalten. Es stellt sich mithin die Frage, wie sich die Konzepte als Varianten horizontaler Differenzierung im Prozessmanagement umsetzen lassen. Die horizontale Variantenmodellierung im Prozessmanagement findet nach unterschiedlichen Produktgruppen statt.

Die Integration von Produkt- und Prozessmanagement ist u. a. bei der Volkswagen AG zu erkennen (vgl. *Köhler* 2000, S. 701). In die Kerngeschäftsprozesse Produktentstehung, Produktionsoptimierung, Beschaffung sowie Vermarktung ist das Produktmanagement eingebunden. Es begleitet aus seiner strategischen Perspektive die verschiedenen aufeinander folgenden Prozesse von der Produktentstehung (z. B. Konstruktion, Design, Prototypenbau, Gesamtfreigabe) bis hin zu den Verkaufsprozessen und der Distributionslogistik. Produktmanagement ist dabei über Teamstrukturen in die Wertketten prozessual eingebunden.

Variantenmodellierung bedeutet, dass für jede Produktart/-gruppe ein spezifischer Geschäftsprozess entworfen wird (vgl. Abbildung 6.12). Allerdings müssen die produktspezifischen Prozesse auf einer detaillierteren Ebene nicht

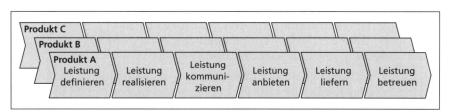

Abb. 6.12: Produktspezifische Variantenmodellierung in Pfeilformdarstellung

identisch sein. In der Phase der Prozessidentifikation werden sie in aller Regel noch gemeinsame Prozessdefinitionen aufweisen.

Die marktorientierte Prozessmodellierung beginnt, wie bereits oben dargelegt, bei der Leistung für Kunden, die einen gewissen Einzigartigkeitsanspruch erfüllen soll. Im Sinne des *Porterschen* Grundmodells werden sechs Kernprozesse identifiziert (vgl. auch *Gaitanides u. a.* 1994, S. 17 f.). Ausgehend von einer auf die Marktleistung bezogenen Prozessdefinition werden folgende kundenorientierte Kernprozesse unterschieden (vgl. *Saatkamp* 2002, S. 81):

Leistungsangebot definieren (Abbildung 6.13) beinhaltet die Identifikation von Marktleistungen, für die im Zielkundensegment Nachfrage besteht. Inputdaten für diesen Geschäftsprozess setzen sich im Wesentlichen aus externen Informationen über Kundenbedürfnisse, Marktpotentiale und Wettbewerbsprodukte zusammen. Die Value-Proposition als Ergebnis des Geschäftsprozesses enthält Informationen über Zielkundensegmente, Wettbewerbsvorteile in diesen Segmenten und das daraus entwickelte Leistungsangebot. Im Absatzplan werden Marktdurchdringung und erreichbare Marktanteile, im Umsetzungsplan die benötigten Kapazitäten und sonstigen Ressourcen festgelegt.

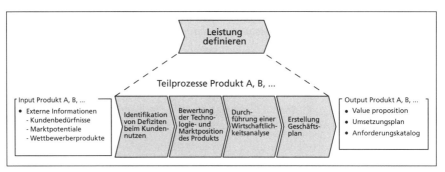

Abb. 6.13: Produktgruppenspezifischer Geschäftsprozess „Leistung definieren"
(in Anlehnung an *Saatkamp* 2002, S. 89)

Der Geschäftsprozess wird von dem Teilprozess **Identifikation von Defiziten beim Kundennutzen** bestimmt. Einerseits handelt es sich dabei um die Suche nach neuen Märkten für vorhandene Produkte, zum anderen um die Verbesserung des Leistungsangebots in vorhandenen Märkten. Mittels Portfolioanalyse der Technologie- und Marktpositionierung des Produkts können dessen Chancen und Risiken im Wettbewerbsumfeld identifiziert und wettbewerbsstrategische Aktivitäten zur Defizitbeseitigung eingeleitet werden. Die Evaluierung und Bewertung von Differenzierungspotentialen und -kosten bilden die Grundlage für die Planung der produktbezogenen Marketingstrategie und deren Umsetzung seitens des Produktmanagements.

Bei unterschiedlichen Produktgruppen führt ein marktorientierter Prozessentwurf zu horizontaler Differenzierung des Produktmanagements. In der Praxis wird dem dadurch Rechnung getragen, dass für einzelne Produktgruppen jeweils Produktmanager eingesetzt werden. Unterschiedlicher Kundennutzen, unterschiedliche Marktpositionierungen und unterschiedliche Wettbewerbs-produkte einzelner Produktgruppen machen unter dem Aspekt der Kunden-orientierung eine entsprechende organisatorische Differenzierung notwendig. Die Teilprozesse A und B sind daher auch nicht identisch, sondern weisen im praktischen Fall unterschiedliche Ausprägungen und Schwerpunkte auf. Auch können sich einzelne Wertkettenaktivitäten hinsichtlich ihrer Einzigartigkeit unterscheiden.

Ob die Prozessorganisation auch personell die einzelnen Produktmanagement-Prozesse unterstützt oder ob teamartige Lösungen präferiert werden, ist zunächst unerheblich. Entscheidend ist, dass die **horizontale Prozessmodellierung der Marketingstrategie folgt** („structure follows process follows strategy"), die sich bei heterogenen Produkten/Kunden unterscheiden wird.

Wichtige Messgrößen des Prozessergebnisses sind neben der Durchlaufzeit („Time to Market"), die Floprate oder die Pay-back-Periode einer neuen Produktart.

Der Geschäftsprozess **Leistung realisieren** (vgl. Abbildung 6.14) besteht in der Umsetzung der Leistungsspezifikationen und des Produktdesigns in ein fertiges Leistungsangebot. Der Prozess beinhaltet sämtliche Entwicklungsaktivitäten, die notwendig sind, ein Anforderungsprofil in den Prototyp eines Produkts zu überführen. Dabei ist die Interdependenz zwischen Leistungsidentifikation und -realisierung durch Leistungsvereinbarungen sicherzustellen, sofern diese Prozesse durch eine Schnittstelle getrennt werden.

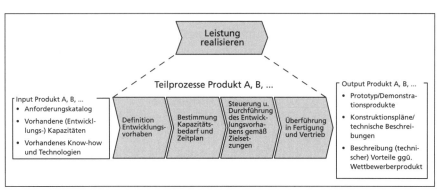

Abb. 6.14: Produktspezifischer Geschäftsprozess „Leistung realisieren"
(in Anlehnung an *Saatkamp* 2002, S. 91)

Neben den Anforderungen an das Leistungsangebot benötigt der Geschäftsprozess Informationen über verfügbare Entwicklungskapazitäten und vorhandenes Know-how für die technische Umsetzung.

Prozessergebnis sind Informationen über die Eigenschaften des Leistungsangebots (Konstruktionen, Rezepturen, explizites Prozesswissen) für die Fertigung.

Allerdings sind hier die Anforderungen, die an die Prozessmodellierung gestellt werden, weniger produktspezifisch ausdifferenziert. Der Entwicklungsprozess kann in aller Regel für mehrere Produktgruppen angelegt sein. Jedoch gibt es auch hier Fälle von hoher Transaktionsspezifität, die spezialisiertes implizites und explizites Wissen erfordern und eine produktspezifische Modellierung des Prozesses „Leistung realisieren" im Sinne der Kreation technologischer Wettbewerbsvorteile notwendig erscheinen lassen.

Der Geschäftsprozess **Leistung kommunizieren** (vgl. Abbildung 6.15) erstreckt sich auf die Ausrichtung der Kommunikationsinstrumente mit dem Ziel der Darstellung des Produkts und seines Kundennutzens sowie auf die Ansprache der Zielgruppe. Wichtige Inputfaktoren für den Geschäftsprozess sind sein funktionaler Kundennutzen, Marktdaten und Testergebnisse. Sie dienen dazu, das zu vermarktende Produkt bezüglich seiner funktionalen und technischen Merkmale in Nutzenversprechen zu übersetzen und durch die Produktpositionierung gegenüber Wettbewerberprodukten abzugrenzen. Entsprechend der Zielsegmente ist der Kommunikationsmix festzulegen und der Aufwand für Kommunikationsinstrumente und -medien zu budgetieren. Der Geschäftsprozess mündet in Kundenkontakte, die gegebenenfalls zur Angebotserstellung führen. Letzthin wird der Erfolg des Prozesses aber in Absatz und Umsatz zu beurteilen sein. Die Messung des Prozessergebnisses schließt aber auch Markenimage und Markenbekanntheit ein.

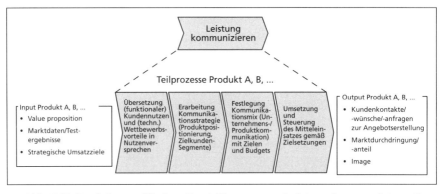

Abb. 6.15: Produktspezifischer Geschäftsprozess „Leistung kommunizieren"
(in Anlehnung an *Saatkamp* 2002, S. 94)

An diesem Beispiel wird deutlich, dass auch der Geschäftsprozess „Leistung kommunizieren" produktspezifische Wertaktivitäten enthalten kann. Eine produktspezifische Modellierung des Geschäftsprozesses wird sich daher immer dann anbieten, wenn das Produktmanagement mit heterogenen Zielgruppen konfrontiert ist und jeweils zu unterschiedlichen Nutzenversprechen herausgefordert wird.

Der Geschäftsprozess **Leistung anbieten** (vgl. Abbildung 6.16) erfolgt zu weiten Teilen durch den Vertrieb und zielt auf die Gewinnung von Kunden. Das Prozessergebnis bemisst sich am Umsatzerfolg. Neben dem Vermarktungserfolg liefert der Geschäftsprozess auch wichtige Informationen über die Kundenwünsche und Marktdaten, die wiederum in den Geschäftsprozess **Leistung definieren** einfließen. Der Geschäftsprozess wird mit dem Auftragseingang abgeschlossen.

Der Prozess besteht zunächst in der Erarbeitung der Marketingstrategie. Diese umfasst die Erstellung eines Produktangebotskonzeptes einschließlich der Festlegung von Preiszielen. Ferner sind Umsatz- und Marktanteilsziele in den einzelnen Vertriebskanälen zu planen und Absatzaktivitäten zu budgetierten. Die Einsatzplanung der Vertriebsressourcen und die Kundenansprache selbst erfolgen je nach Branche und Vertriebskanal unterschiedlich. Kundenkontakte können durch Rahmenverträge über längere Zeiträume fixiert werden und von hoher Transaktionsspezifität sein oder bei atomistischer Nachfragesituation standardisiert abgewickelt werden. Entsprechend variiert auch die Spezifität der Produktkonfiguration, durch welche den Kundenanforderungen im Angebot entsprochen wird.

Der abschließende Teilprozess, der Vertragsverhandlungen und -abschluss sowie eventuelle Nachverhandlungen beinhaltet, liefert wiederum Informationen für den Prozess der Kundenbetreuung. Das Prozessergebnis wird an der Zahl der gewonnenen Kunden, der beantworteten Kundenanfragen oder der Bearbeitungszeit einer Kundenanfrage gemessen.

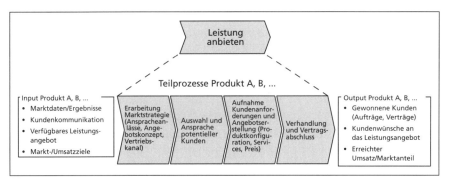

Abb. 6.16: Produktspezifischer Geschäftsprozess „Leistung anbieten"
(in Anlehnung an *Saatkamp* 2002, S. 97)

Grundsätzlich stellt sich auch hier die Frage, in welchem Ausmaß produkt- und vertriebskanalspezifische Unterschiede bei der Prozessmodellierung vorgenommen werden müssen. Notwendige Differenzierungen resultieren vor allem aus der Transaktionsspezifität, die sich aus Kundenanforderungen ergibt. Strategische Instrumente der Kundenansprache wie Großkundenmanagement (Key Account Management), Kundengruppenmanagement, aber auch besonders erklärungsbedürftige Produkte machen Prozessdifferenzierungen bereits auf hoch aggregierter Prozessebene erforderlich.

Der Geschäftsprozess **Leistung liefern** (vgl. Abbildung 6.17) schließt unmittelbar an den Prozess **Leistung anbieten** an. Er umfasst sämtliche Aktivitäten der Auftragserfüllung, d.h. er beginnt mit der Lieferung der vertraglich vereinbarten Leistung und endet mit der Rechnungsstellung bzw. Prüfung des Zahlungseingangs. Nach dem Auftragseingang folgt der Auftragsabwicklungsprozess, der die Kommissionierung, Teiledisposition, Konstruktionsprozesse

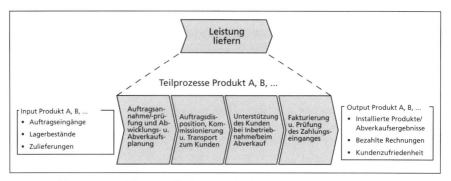

**Abb. 6.17: Produktspezifischer Geschäftsprozess „Leistung liefern"
(in Anlehnung an *Saatkamp* 2002, S. 99)**

und Produktionsprozesse sowie gegebenenfalls externe Beschaffungsvorgänge auslöst. Bei der Unterstützung der Inbetriebnahme bei Kunden handelt es sich um Aktivitäten bei Investitionsgüterherstellern, bei der Unterstützung des Abverkaufs um Aktivitäten von Gebrauchsgüterherstellern. Sie sind besonders bei Markenartikelherstellern relevant, die für den Handel Leistungen wie Merchandising, Regalpflege oder Beratungsleistungen am Point of Sale erbringen. Diese Teilprozesse knüpfen unmittelbar an Leistungsprozesse des Kunden an.

Differenzierungen des Geschäftsprozesses nach Produkten sind vor allem bei heterogenen Produktgruppen notwendig. Insbesondere im Falle von konstruktiven, auftragstechnischen und vertraglichen Besonderheiten einzelner Produktgruppen können prozessspezifische Segmentierungen angebracht sein.

Messgrößen des Prozessergebnisses **Leistung liefern** sind Lieferzeit und Liefertreue, fehlerhafte Lieferungen/Rechnungen oder Kundenzufriedenheit.

Der Geschäftsprozess **Kunden betreuen** (Abbildung 6.18) umfasst alle Aktivitäten, die im Zusammenhang mit der Analyse Gestaltung und Kontrolle der Geschäftsbeziehung mit Kunden stehen. Prozessinput sind verfügbare Kundendaten, die über die Kaufhistorie, Kundenwünsche und Kundenbedürfnisse Auskunft geben. Dieser Prozess kann durch Kundeninformationssysteme (CIS) unterstützt werden.

Der Prozess ist produktspezifisch angelegt. Differenzierungen des Geschäftsprozesses können daher im Unterschied zu den anderen Produktmanagementprozessen nur kundenspezifisch vorgenommen werden. Inputinformationen betreffen zunächst den Kundenstatus. Er bildet die Grundlage für den Kundenentwicklungsplan, der vor allem für Schlüsselkunden erstellt wird. Dieser enthält die Ziele des Prozesseigners, die er mit seinen Kunden zu erreichen hat. Den Zielen wie Kundenumsatz oder Kundendeckungsbeiträgen sind Aktivitäten gegenübergestellt, die zur Erreichung dieser Ziele eingesetzt werden. Auch qualitative Ziele wie Aufbau und Ausbau der Geschäftsbeziehungen ergänzen die Kundenstrategie. Im Kundenentwicklungsplan finden sich vor allem Dienstleistungen für Kunden wie produkt- und kundenspezifische Beratung, Service und sonstige Unterstützungsleistungen.

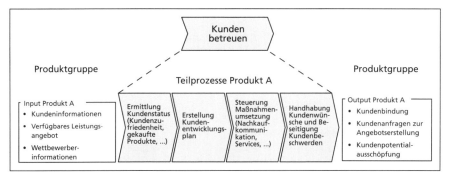

Abb. 6.18: Produktspezifischer Geschäftsprozess „Kunden betreuen"
(in Anlehnung an *Saatkamp* 2002, S. 102)

Nachkaufkommunikation und Betreuung der Kunden in der Nachkaufphase zielen auf nachhaltige Kundenbindung. Hierzu zählen auch die Bearbeitung auftragsunabhängiger Kundenanfragen und das Beschwerdemanagement.

Das **Prozessergebnis** kann an der Wiederholkaufrate, am Kundendeckungsbeitrag, an der Ausschöpfung des Kundenpotentials sowie an der Beschwerdehäufigkeit der Kunden gemessen werden.

Der beispielhaft vorgestellte Geschäftsprozess „**Produktmanagement**" und dessen Teilprozesse haben analytischen Charakter. Ob es sich bei ihnen um Kern- oder Supportprozesse handelt, ist für die weitere Analyse unerheblich. Diese Frage kann nur in Kenntnis der konkreten Unternehmensstrategie und dem zu Grunde liegenden strategischem Paradigma (Differenzierung oder Kostenführerschaft) beantwortet werden.

Die innerbetrieblichen Einflussgrößen der Prozessspezialisierung ergeben sich aus den organisatorischen Konfigurationsmerkmalen. Sie bestimmen die Anforderungen aus dem Kommunikations- und Abstimmungsbedarf, der mit den Aufgaben der Querschnittskoordination nach innen und nach außen verbunden ist.

Bei den außerbetrieblichen Kontextbedingungen handelt es sich vor allem um die **Umweltkomplexität und -dynamik** (vgl. hierzu *Kieser/Walgenbach* 2003, S. 418 ff.). Umweltkomplexität wird durch Anzahl und Verschiedenheit der Faktoren hervorgerufen, die bei der Entscheidungsfindung zu berücksichtigen sind. Die fraglichen Faktoren werden vor allem durch Merkmale von Kunden und Wettbewerbern bestimmt. Die Umweltkomplexität wird dabei nicht zuletzt durch die eigene Produktvielfalt und Heterogenität des eigenen Programms induziert, da durch diese die Zahl der relevanten Umweltsegmente entsprechend erhöht wird. Umweltdynamik resultiert aus der Häufigkeit, Stärke und Irregularität von Änderungen der Umweltfaktoren.

Je höher Komplexität und Dynamik der inner- und außerbetrieblichen Beziehungen sind, desto mehr muss die Prozessorganisation auf einzelne Produkte bzw. Produktgruppen ausgerichtet sein. Dagegen wären bei ausschließlich funktionaler Kompetenzverteilung die Instanzen von den Herausforderungen durch Vielfalt und Änderungsgeschwindigkeit politischer Entscheidungen überfordert.

6.2.4.2 Modellierung am Beispiel „Kundenmanagementprozess"

Die Differenzierung der Geschäftsprozesse nach Kunden bzw. Kundensegmenten wird im sogenannten Key Account Management bzw. im Kundengruppenmanagement vollzogen.

Der Geschäftsprozess des Kundenmanagements kann sowohl ressourcen- als auch marktgetrieben entworfen werden.

Marktorientierte Modellierung

Teilprozesse, wie **Leistung definieren, realisieren, kommunizieren, anbieten, liefern und Kunden betreuen**, werden in diesem Modell als kundenspezifische Geschäftsprozesse strukturiert (vgl. Abbildung 6.19).

Besondere Aktivitäten des Kundenmanagementprozesses sind (*Diller* 1988):

1. **Pre Sales-Aktivitäten** wie

   • Kundenspezifische Informationssammlung und Aufbau eines Kunden-informationssystems

   • Analyse der Umsatzpotentiale und Deckungsbeiträge des Kunden, Position im Vergleich zu Wettbewerbern

   • Entwicklung kundenspezifischer Strategien, Konzepte und Aktionen

   • Planung und Kontrolle kundenspezifischer Verkaufsziele

   • Aufbau und Pflege der Beziehungen zu Entscheidungsträgern des Kunden

2. **Sales-Aktivitäten** wie

   • Verkaufsverhandlungen mit dem Kunden

   • Durchsetzung und Koordination der Vereinbarungen mit dem Kunden nach Innen und Überwachung der Auftragsabwicklung

   • Überwachung der Zusagen des Kundens

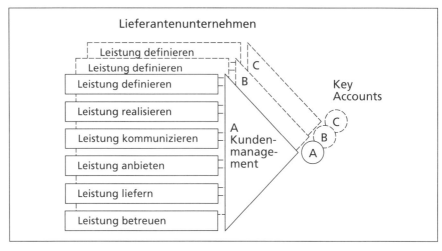

Abb. 6.19: Teilprozesse des Kundenmanagements

3. **After Sales-Aktivitäten** wie

- Unterstützung beim Abverkauf des Kunden
- Service und Support, Ersatzteilgeschäft.

Gegenstand kundenspezifischer Leistungen sind u. a. spezifische Konditionenpolitik (einschließlich Werbekostenzuschüsse, Listungsgebühren etc.), Produkt- und Sortimentsgestaltung, Dienstleistungen sowie eine kundenspezifische Warenflusskontrolle. Im Rahmen des Efficient Consumer Response (ECR) werden darüber hinaus einzelne Geschäftsprozesse bzw. Teilprozesse des Kunden auf den Lieferanten übertragen. Dies betrifft insbesondere Order- und Logistikprozesse des Kunden, so dass die Wertschöpfungsketten von Anbieter und Key Account schnittstellenarm integriert werden können. Dadurch werden nicht nur Transaktionskosten, sondern auch Produktionskosten beim Anbieterunternehmen gesenkt. Letzteres geschieht vor allem dadurch, dass die Einlastung der Produktionsaufträge beim Lieferanten von den Schwankungen des Abverkaufs beim Kunden entkoppelt werden können. Das vorgestellte Beispiel verdeutlicht eindrucksvoll die Möglichkeiten modular entwickelter Geschäftsprozesse. Für kundennahe Aktivitäten bietet sich eine kundenspezifische Modularisierung an, während vorgelagerte Aktivitäten sich eher standardisieren und zu einem gemeinsamen kundenübergreifenden Prozess integrieren lassen.

Marktgetriebenes Key Account Management setzt beim Kunden an und versucht die Wettbewerbsposition des Lieferanten beim Kundenunternehmen zu stärken. Die Logik des Prozessentwurfs beginnt mit der Frage, wie die Kaufentscheidung des Kunden stimulierbar ist. Gegenstand der Prozessmodellierung sind die Leistungen, die unmittelbare Anreizwirkungen beim Kunden zeitigen können. Die strategische Stoßrichtung ist „push"- und eher vertriebs- als marketingorientiert (vgl. auch *Gaitanides/Diller* 1989, S. 185 ff.; *Gaitanides/Westphal/ Wiegels* 1991, S. 15 ff.). Das Aktivitätenbündel wird sich auf solche finanziellen Anreize konzentrieren müssen, die sich auch in einem „geldwerten" Kundennutzen, wie z. B. Rabatte oder die Übernahme von Logistikprozessen, niederschlagen. Da sie unmittelbar mit Wettbewerberleistungen vergleichbar sind, muss sich eine strategisch orientierte Prozessmodellierung auf diese fokussieren. Die (Wert-)Aktivitäten, die diese Leistungen generieren und umsetzen können, sind sodann in Teilprozesse zu zerlegen und zu gruppieren.

Ressourcenorientierte Modellierung

Ressourcenorientiertes Prozessmanagement setzt bei den internen Ressourcen des Lieferanten an, die in Bezug auf Zusatznutzen des Kunden Wettbewerbsvorteile generieren können. Der Key Account Management-Prozess profitiert hierbei insbesondere von intangiblen Ressourcen wie:

- Verfügbarkeit expliziten Wissens über Endkunden, Produkteigenschaften und Wettbewerber
- Kooperationsfähigkeit der am Key Account Management-Prozess beteiligten Bereiche und Instanzen.

Der Geschäftsprozess ist mithin eher marketing- als vertriebsorientiert angelegt. Die strategische Stoßrichtung setzt auf Pull-Effekte. Das Key Account-

Management fokussiert eher „weiche" Stimulierungsinstrumente wie Beratung des Kunden, Verkaufsunterstützung und -schulung, vor allem aber Endverbrauchermarketing. Diese Leistungen stiften für den Key Account Zusatznutzen, der nicht unmittelbar als in Geld messbar ist, sondern sich eher als langfristig stimulierende Effekte entfalten wird.

Der Prozessentwurf beginnt daher mit den Kernprozessen des Key Account Managements, aus denen heraus Leistungen generiert werden, die Wettbewerbsvorteile aus der Kundenbetreuung versprechen. *Jensen* (2004, S. 61 ff.) verweist in diesem Zusammenhang auf das kooperationsfördernde Klima, durch das interne Zusammenarbeit zum entscheidenden Erfolgsfaktor werden könne. „A relationship orientation must pervade the mind-sets, values, and norms of the organization" (*Day* 2000, S. 284 zit. nach: *Jensen* 2000, S. 61). Der Key Account Manager solle auf die beteiligten Funktionsbereiche innerhalb wie außerhalb von Marketing und Vertrieb nicht nur zugreifen können. Vielmehr solle interne Kooperation durch diese Bereiche nicht nur gefördert, sondern umgekehrt auch vom Key Account Manager abverlangt werden können.

Kooperationsprozesse stehen also bei ressourcenorientierter Prozessidentifikation im Vordergrund. Kernprozesse sind danach diejenigen Teilprozesse, in denen durch exzellente Kooperationsfähigkeiten einzigartige Leistungen erzeugt werden, die dem Key Account Zusatznutzen stiften, den dieser für seine Kaufentscheidung als maßgeblich ansieht und auch zu honorieren bereit ist. Die Bedeutung der Prozessintegration lässt darauf schließen, dass der Einsatz integrativer Prozessteams ein besonders wirksames Instrument prozessorientierten Kundenmanagements ist. Darauf wird auch in der Literatur zum Team Selling nachdrücklich verwiesen (vgl. *Kleinaltenkamp/Rieker* 1997, S. 208).

Im Unterschied zur marktorientierten Variantenbildung sind die Spielräume bei der **ressourcenorientierten Variantenmodellierung** geringer. Einzigartige Teilprozesse bzw. Prozessvarianten haben Ressourcenstatus und bilden damit die Basis für innovative Identifikation von Geschäftsprozessen, die ihrerseits Kundenbedürfnisse befriedigen sollen. Die produktspezifische Variantenbildung „Leistung definieren", „Leistung realisieren" etc. für die Produkte A, B, C erfolgt auf der Basis eines Kernprozesses, der das Unternehmen in die Lage versetzt, einen Wettbewerbsvorteil bei der Erstellung bzw. Vermarktung von A, B, oder C zu realisieren. Die Variantenbildung erfolgt danach „von innen nach außen" und nicht „von außen nach innen". Welche Leistung definiert, realisiert, kommuniziert, angeboten, geliefert und welche Kunden betreut werden sollen, entsteht durch das **Stretching** und **Leveraging** der in den Kernprozessen gepoolten Ressourcen. Dabei ist davon auszugehen, dass einzelne dieser Teilprozesse Kernprozesse des Unternehmens darstellen und Kernkompetenzen konstituieren.

Ressourcenorientierte Prozessstrukturierung setzt an den Fähigkeitsbündeln an, über die das Unternehmen verfügt und für dieses Kundenwert schaffen. Die Leistung für den Kunden ist **nicht der Ausgangspunkt, sondern das Ergebnis der Modellierung**. Sie ergibt sich aus der herausragenden Beherrschung einzelner Prozesse des Kundenmanagements, welche die Kaufentscheidung des Kunden bestimmt. Differenzierung erfolgt durch die Prozessqualität und nicht durch

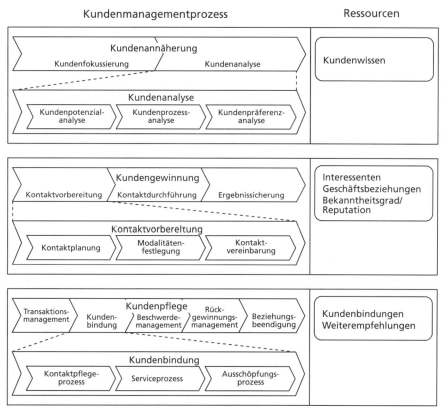

Abb. 6.20: Ressourcenorientierte Variantenbildung des Kundenmanagement-prozesses (Quelle: in Anlehnung an Diller/Haas/Ivens 2005, S. 318)

die Spezialisierung nach Kunden. Nicht kundengetrieben, sondern prozessge-trieben erfolgt daher die Variantenbildung (vgl. Abbildung 6.20).

Besondere Fähigkeiten der Kundenannäherung, -gewinnung und -pflege sind in den betreffenden Geschäftsprozessen historisch entwickelt. Lernprozesse und Erfahrungen erschweren daher die Imitierbarkeit. Die kundenspezifische Segmentierung und Variantenbildung für einzelne Kundengruppen kann dazu beitragen, diese Fähigkeiten zu akzentuieren, erschwert jedoch deren Übertrag-barkeit auf neue Kunden bzw. Kundengruppen.

6.2.4.3 Kontextabhängigkeit kundenspezifischer Prozessmodellierung

Das Ausmaß kundenorientierter Modellierung von Prozessvarianten kann im Zusammenhang mit der Intensität von den Wettbewerberaktivitäten und der damit zusammenhängenden Umweltunsicherheit gesehen werden. Dies entspricht auch den Grundannahmen der Transaktionskostentheorie. Hohe Wettbewerbsintensität und Wandel im Wettbewerberverhalten führen zu Inves-titionen in die Geschäftsprozesse mit Schlüsselkunden. Eine nach Key Accounts differenzierte Bildung von Prozessvarianten soll die damit einhergehende

Unsicherheit reduzieren. Je höher die Umsatzkonzentration und mithin die Abhängigkeit von einzelnen Großkunden, umso intensiver und differenzierter sind die Aktivitäten, mit denen der Anbieter die Kundenbindung zu fördern versucht (vgl. *Jensen* 2004, S. 152 f.). Trotz hoher Spezifität der Geschäftsbeziehung weisen relationale Arrangements die relativ niedrigsten Transaktionskosten auf, was sich insbesondere durch geringe ex post-Transaktionskosten begründen lässt.

Eine interessante Deutung für die kundenspezifische Differenzierung liefert *Jensen* (2004 S. 152). Hohe Marktdynamik bei Kunden wird als Ursache für den Aufbau spezifischer Beschaffungsaktivitäten zu Lieferanten empirisch festgestellt. Hohe Marktdynamik macht für die Key Accounts die Versorgung mit Ressourcen unsicher, was sie dazu zwingt, die Zusammenarbeit mit ihren Lieferanten proaktiv zu intensivieren. Prozessdifferenzierung ist danach eher als eine Reaktion der Lieferanten auf entsprechende Aktivitäten der Abnehmer zu deuten als eine von diesen selbst initiierte strategische Stoßrichtung. Gerade in der Automobilzulieferindustrie scheint vieles für diese These zu sprechen (vgl. *Gaitanides* 1997).

6.2.4.4 Integrative Modellierung der Produkt- und Kundenmanagementprozesse

Die Spezialisierung nach Geschäftsprozessen hat grundsätzlich auch unter Berücksichtigung von Ressourcen- und Markteffizienz zu erfolgen. Dies gelingt dann relativ einfach, wenn nur wenige bzw. homogene Marktsegmente mit einem vielfältigen Produktangebot zu bearbeiten sind, oder umgekehrt, wenn nur wenige bzw. homogene Produkte in unterschiedlichen Marktsegmenten angeboten werden. Im ersten Fall wird man sich für die Prozessspezialisierung nach Produkten, im zweiten nach Kunden entscheiden. Probleme entstehen freilich immer dann, wenn weder ein homogenes Operationsgebiet, noch ein einheitliches Produktprogramm existiert. Auf beiden Feldern hat in den letzten Jahren eine starke Eskalation eingesetzt. In zahlreichen Märkten muss ein differenziertes Angebot offeriert werden. Eine einseitige Segmentierung nach Produkt- oder Kundenprozessen fällt schwer. Die Entscheidung für eine Spezialisierungsvariante könnte daher zu Lasten von Wettbewerbsvorteilen ausgehen.

Beim Prozessentwurf wird man daher in vielen Fällen **sowohl Kunden- als auch Produktspezialisierung** modellieren. Dabei ist zu entscheiden, ob produkt- bzw. kundenspezifische Prozesse isoliert zu entwerfen, zu strukturieren und Akteuren zuzuordnen sind, oder ob eine integrative Entwurfslogik verfolgt werden soll, bei der produkt- und kundenspezifische Aktivitäten integriert modelliert werden. In diesem Fall ist allerdings davon auszugehen, dass Prozessdesign und Prozessverantwortung nicht mehr eindeutig zuzuordnen sind, und teambasierte Koordination der Prozesse notwendig wird.

Die Prozessanalyse muss sich bei integriertem Prozessdesign auf ein relativ abstraktes Niveau beschränken. Die mit konkreten Aktivitäten zu unterlegenden Teilprozesse müssen daher Prozessteams ("Selling Teams") zugeordnet werden, deren Akteure durch prozessumfassende Kommunikation und Koordination unterstützt werden. Im vorliegenden Beispiel sind die genannten Teilprozesse

Leistung definieren, realisieren, kommunizieren, anbieten, liefern und Kunden betreuen für das Kunden- und Produktmanagement auf abstrakter Ebene weitgehend identisch. Prozessspezialisierung erfolgt erst auf der Ebene konkreter Einzelmaßnahmen.

Eigenschaften integrierter Prozessteams

Eine weitergehende Prozessmodellierung ist mit folgenden Abstimmungsproblemen konfrontiert:

- Produkt- und Kundenprozesse weisen auf der operativen Ebene nicht dieselben Aktivitäten auf. Beispielsweise sind Wertkettenaktivitäten wie Marktforschung, Endverbrauchermarketing oder Produktentwicklung in erster Linie Kernaktivitäten des Produktmanagementprozesses. Der Kundenmanagementprozess ist damit nur indirekt betraut.

- Produkt- und Kundenmanagement unterscheiden sich durch die Leistungsniveaus der Teilprozesse, auch wenn diese auf abstrakter Ebene identisch sind. Beispielsweise werden Aktivitäten wie die Rabattgestaltung oder die Kundenbetreuung wesentlich differenzierter durch den Kundenmanager gehandhabt. Nicht zuletzt sind konfligierende Workflows nicht auszuschließen, da die Prozessleistung des Kundenmanagementprozesses auf kundenspezifische Differenzierung des Angebots, während diejenige des Produktmanagementprozesses auf Vereinheitlichung kundenspezifischer Aktivitäten gerichtet ist. Die Preis-, Rabatt- und Sortimentspolitik des Kundenmanagers kollidiert mit der entsprechenden Politik des Produktmanagers. Ebenso unterliegen z. B. auch Produktions- oder Entwicklungsprozesse jeweils einer eigenen Logik, die in einem übergreifenden Prozess in Einklang gebracht werden müssten.

Wie dargelegt, setzen Unternehmen häufig auf Teams statt auf einzelne Akteure an der Schnittstelle zu ihren Kunden (vgl. *Moon/Gupta* 1997). *Moon/Armstrong* (1994, S. 17) führen aus: „As products and services become more technologically complex, and as buyers come to expect increasing levels of service, team selling is becoming more prevalent". Im Firmenkundengeschäft liegt ein wesentlicher Grund für die zunehmende Bedeutung von Prozessteams im Vertrieb darin, dass viele Kunden in den letzten Jahren die Zahl der Anbieter, mit denen sie zusammenarbeiten, reduziert haben und mit den verbleibenden Anbietern eine intensivierte Kooperation anstreben (vgl. u. a. *Cannon/Perreault* 1999; *Dorsch/Swanson/Kelley* 1998). Im Rahmen derartiger Kooperationen werden auf Anbieterseite in der Regel Kompetenzen und Fähigkeiten benötigt, die nicht durch eine einzelne Person abgedeckt werden können. Durch den Einsatz von Prozessteams streben Unternehmen die Realisierung folgender **Vorteile** an:

- Verbesserung aller kundenbezogenen Prozesse durch die Bündelung von Ressourcen innerhalb eines Teams,

- Erbringung integrierter komplexer Problemlösungen für die Kunden durch die Einbindung von Spezialisten in das Prozessteam,

- Steigerung der Effizienz und Verkürzung der Entscheidungswege durch Integration unterschiedlicher Funktionsbereiche innerhalb eines Teams,

- Steigerung der Kundennähe durch Kundenbeteiligung im Team sowie
- Steigerung der Kundenzufriedenheit und -bindung durch Intensivierung der Betreuung der Kunden.

Vor dem Hintergrund der wachsenden Bedeutung in der Unternehmenspraxis haben sich wissenschaftliche Arbeiten in den letzten Jahren verstärkt mit integrierten Prozessteams auseinandergesetzt (vgl. u. a. *Deeter-Schmelz/Ramsey* 2003; *de Jong/de Ruyter/Lemmink* 2004; *Gaitanides/Stock* 2004; *Helfert* 1998; *Moon/ Armstrong* 1994; *Moon/Gupta* 1997; *Napolitano* 1997; *Perry/Pearce/Sims* 1999; *Stock* 2003; *Weilbaker/Weeks* 1997). Diese Teams umfassen mindestens drei Personen, die gemeinsam mit der Betreuung von Kunden betraut und diesbezüglich auf die Zusammenarbeit untereinander angewiesen sind (vgl. *Stock* 2003). Solche Prozessteams unterscheiden sich neben ihren Aufgaben durch ihre grundlegende Ausrichtung. Sie lassen sich anhand von vier Merkmalen charakterisieren:

Zeitliche Befristung

Im Hinblick auf die zeitliche Befristung wird zwischen permanenten und zeitlich befristeten Vertriebsteams unterschieden. **Integrierten Prozessteams** im Vertriebsbereich obliegt die kontinuierliche Betreuung eines bestimmten Kundenstammes. Das Team nimmt hier Vertriebs-, aber auch Dienstleistungsaufgaben (z. B. Kundenberatung) wahr. Zeitlich befristete **Projektteams** befassen sich dagegen mit einem Projekt eines Kunden. Beispielhaft seien kundenbezogene Projektteams in der Unternehmensberatung oder in der Software-Branche genannt. Wenn ein Kunde sich beispielsweise zur Einführung eines neuen Informationssystems in Kooperation mit einem Software-Anbieter entschließt, so wird auf Anbieterseite üblicherweise ein Team zusammengestellt, das die Bedürfnisse des Kunden fundiert analysiert und mit dem Kunden eine Lösung realisiert.

Crossfunktionale Integration

Im Hinblick auf das Ausmaß der Funktionsintegration wird zwischen ausschließlich im Vertrieb angesiedelten Teams und funktionsübergreifenden Prozessteams unterschieden. Reine Vertriebsteams bestehen aus den Mitgliedern eines Funktionsbereichs und weisen in der Regel sehr ähnliche fachliche Fertigkeiten und Erfahrungen auf. Funktionsübergreifende Prozessteams werden im Rahmen von Kundengeschäftsbeziehungen eingesetzt, in denen komplexe Problemlösungen für die Kunden zu erbringen sind. Neben Vertriebsmitarbeitern gehören also auch Mitglieder weiterer Funktionsbereiche im Unternehmen (Produktentwicklung, Produktion, Marketing, Controlling usw.) prozessintegrierten Kundenbetreuungsteams an (vgl. *Moon/Armstrong* 1994, S. 18 f.).

Leitungsintensität

Ein weiteres Merkmal von integrierten Vertriebsteams bezieht sich auf die Leitungsintensität. Sie kennzeichnet, inwieweit ein Teamleiter Einfluss auf die Verteilung und Ausführung der Aufgaben innerhalb eines Teams nimmt. Während in reinen Vertriebsteams eine hohe Leitungsintensität vorliegt, d. h. ein Mitglied mit der Leitung eines solchen Teams betraut ist, existiert in multifunktionalen, prozessintegrierten Teams oft kein explizit beauftragter Führer (vgl. *de Jong/de Ruyter/Lemmink* 2004, S. 18; *Moon/Gupta* 1997, S. 32; *Perry/Pearce/Sims* 1999).

Interorganisationalität

Nach dem Merkmal der institutionellen Breite ist zwischen intraorganisationalen und interorganisationalen Teams zu unterscheiden. **Intraorganisationale** Teams sind ausschließlich aus Mitgliedern einer Organisation (z. B. Kunden-, Produkt-, Regionalmanager) zusammengesetzt. **Interorganisationale** Teams zeichnen sich dagegen dadurch aus, dass ihnen sowohl Mitglieder des Anbieter-Unternehmens als auch Mitglieder des Kunden-Unternehmens angehören. Letzteres zielt auf eine intensive Verflechtung zwischen Anbieter- und Kundenunternehmen (vgl. hierzu ausführlich *Gaitanides/Stock* 2004; *Stock* 2003).

Unternehmensübergreifende Prozessteams finden sich beispielsweise bei integrierten Supply Chain-Prozessteams, bei Produktentwicklungsteams in der Automobilzulieferindustrie oder im Category Management. Category Management wird als überbetriebliches und Wirtschaftsstufen übergreifendes Prozessmanagement definiert (vgl. *Diller* 2001, S. 211), das sich vom Hersteller bis zum Verbraucher erstreckt. Gegenstand der Prozessoptimierung ist das Management von Warengruppen, die nach Endverbraucher orientierten Kriterien gebildet werden. Auf Hersteller- und Handelsstufe wird eine Anzahl komplementärer Produkte, die aus Anwendersicht in einem Bedarfszusammenhang stehen, von dem **Category Management** betreut.

Hierbei richtet sich die horizontale Differenzierung nach Bedarfskomplexen und Einkaufsgewohnheiten der Abnehmer. Categories sind strategische Geschäftseinheiten, die komplementäre Produkte umfassen. Ihre Zusammenstellung ist an den Bedürfnissen der Verbraucherzielgruppen ausgerichtet. Categories entsprechen daher meist nicht mehr den traditionellen Produktgruppen. Das Category Management erfordert eine funktionsübergreifende Koordination der Wertschöpfungskette, die einer einheitlichen Ergebnisverantwortung unterstellt wird, um Zielkonflikte zwischen Beschaffung und Vertrieb zu vermeiden. Im Körperpflegebereich handelt es sich z. B. um Pflegeserien, die als Warengruppe entwickelt und vermarktet werden. Diese Koordinationsprozesse obliegen Produkt- und Kundenmanagement zugleich, sofern sie nicht einem speziellen Category Manager übertragen werden müssen (vgl. Abbildung 6.21).

Die Prozesse der Warengruppe B werden als traditionelles Kundenmanagementkonzept seitens des Herstellers geführt. Aufgaben des Supply-Teams sind Lieferantenmanagement, Disposition und Nachbevorratung, Aufgaben des Demand-Teams Sortimentsmanagement, Flächenmanagement, Verkauf und vor allem kooperative Produkteinführung (vgl. *Ahlert/Borchert* 2000, S. 112 ff.). Die Wertkette wird durch mehrere Schnittstellen unterbrochen, die nicht nur an der Unternehmensgrenze, sondern auch zwischen Einkauf und Verkauf auftreten können. In der Warengruppe A wird die integrative Prozessdefinition des Geschäftsprozesses Warengruppenmanagement dargestellt. Zur Definition und Modellierung dieses Prozesses werden folgende Gestaltungsvorschläge gemacht (*Ahlert/Borchert* 2000, S. 114):

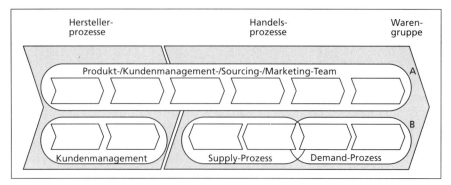

Abb. 6.21: Prozessorientiertes Category Management

- Je individueller der Kundenkontakt ist und je mehr die Warengruppe der Profilierung dient, desto differenzierter sollten Varianten des Geschäftsprozesses definiert und modelliert werden.

- Je bedeutender die Warengruppe für die Ertragsgenerierung ist, desto integrierter und umfassender sollte der Geschäftsprozess definiert und modelliert werden.

Prozesse von Routine- und Mitnahmewarengruppen können dagegen weniger variantenreich modelliert sein. Gemeinsame Aktivitäten können zusammengefasst, Transaktionskosten gesenkt sowie Synergie- und Skaleneffekte genutzt werden.

Wettbewerbsvorteile entstehen dadurch, dass durch integrative Geschäftsprozesse über Unternehmensgrenzen hinweg Kosten-, Profilierungs- und sonstige Wettbewerbsvorteile gehoben werden, die sich von der Produktentwicklung und -einführung, über Sortimentspolitik bis zur Regaloptimierung und Verkaufsförderung erstrecken. Eine vororganisatorische Prozessanalyse stößt allerdings bei ressourcenorientiertem Prozessentwurf an Grenzen, wenn der Geschäftsprozess umfassend angelegt und detailliert geplant werden soll. Prozessinhalte und -design sind von den Koordinationsteams selbst zu strukturieren, wenn von den Prozessverantwortlichen erwartet wird, dass angesichts eines noch weitgehenden offenen Prozessdesigns eine **dynamische Kompetenzentwicklung** (dynamic capabilities) erfolgt, und so Wettbewerbsvorteile erschlossen werden sollen. Die Koordination durch unternehmensübergreifende Teams wird zudem dadurch erschwert, dass Teammitglieder divergente Lieferanten- und Kundeninteressen verfolgen müssen. Obwohl solche Grenzüberschreitungen immer wichtiger werden, bleiben die Grenzziehungen, d. h. das Spannungsverhältnis von „Wir und Ihr", erhalten (*Sydow/Duschek* 2011, S. 51).

An die interorganisationalen Prozessteams werden damit besondere Anforderungen gestellt. Sie haben zweierlei Aufgaben zu erfüllen: Einerseits können die Teilprozesse, für die Teams eingesetzt werden, oft erst durch das Team selbst definiert und modelliert werden, andererseits sind die Geschäftsprozesse durch das Team zu vollziehen. Beides wird sich nur in einer Handlungs-Struktur-Rekursivität vollziehen können. Prozesshandeln bildet „Prozesspraktiken" heraus, diese Prozessstrukturen ermöglichen wiederum Prozesshandeln. Prozessstrukturen sind sowohl das Medium als auch das Ergebnis des Handelns von Akteuren. Allein dieser Konstruktionslogik ist es zu verdanken, dass Geschäftsprozesse die Funktion von Kernprozessen erhalten, die durch ihre Einmaligkeit Wettbewerbsvorteile generieren können. Die Rekursivität als Konstruktionselement von Geschäftsprozessen verleiht ihnen den Charakter von intangiblen, unternehmensspezifischen und nicht transaktionsfähigen Ressourcen, die Imitationsbarrieren aufwerfen und daher knappe Güter darstellen.

Zur Wechselwirkung von Variantenbildung und Integration von Geschäftsprozessen

Grundsätzlich besteht eine Wechselwirkung zwischen Variantenbildung und Integration der Geschäftsprozesse auf aggregierter Ebene. Je umfänglicher ein Geschäftsprozess integriert ist, und je weniger Schnittstellen er aufweist, desto mehr und früher kann die Variantenbildung erfolgen. Der beispielhaft aufgeführte Produktmanagementprozess ist im vorliegenden Fall noch weitgehend funktional differenziert. Die durch die funktionale Spezialisierung der Teilprozesse verursachten Schnittstellen können allenfalls durch prozessorientierte Stabsstellen oder eine übergreifende Matrix entschärft werden.

Ein alternatives Prozesskonzept könnte darin bestehen, einen integrierten Produktmanagementprozess zu entwerfen, der die verschiedenen Teilprozesse der Leistungsdefinition, -realisierung, -kommunikation, -offerte und -lieferung integriert. Die damit verbundene crossfunktionale Komplexität kann nur durch ein hohes Maß an **Prozessspezialisierung** und entsprechend spezialisiertes Case Management kompensiert werden. Je umfassender der Geschäftsprozess angelegt ist und je weniger er sich an funktionale Grenzziehungen hält, desto früher muss auch die horizontale Variantenbildung mit dem Ziel hoher Prozesstransparenz durch Prozessspezialisierung vorgenommen werden. Um allerdings die vielfältigen Aktivitäten hoch spezialisierter und funktional integrierter Geschäftsprozesse beherrschen zu können, müssen interdisziplinär zusammengesetzte Prozessteams zur Bearbeitung der Geschäftsprozesse eingesetzt werden.

Ein **Vorteil der Variantenbildung** ist also die Komplexitätsreduktion der entstehenden Modelle (vgl. *Speck/Schnetgöke* 2000, S. 173). Spezialisierte Prozessvarianten können unabhängig voneinander entwickelt werden und den unterschiedlichen Eigenarten der Produkte und ihrer strategischen Positionierung besser gerecht werden.

Redundanzen entstehen allerdings dann, wenn die einzelnen Prozesse innerhalb der Varianten ähnliche Strukturen und gleiche Funktionalitäten aufweisen. Die Vorteile einer Prozessspezialisierung treten dann nicht in Erscheinung, vielmehr werden Chancen für die Nutzung von Ressourceninterdependenzen und Skaleneffekten verdeckt. Die Hebung von Synergieeffekten und koordinierte Nutzung von Ressourcen durch mehrere spezialisierte Prozesse sind daher schon in der Entwurfsphase zu berücksichtigen.

6.2.5 Grenzen der Prozessmodellierung „am Reißbrett"

Geschäftsprozesse, die einen besonderen Wertbeitrag bzw. Kundennutzen stiften, lassen sich nach den Quellen von Wettbewerbsvorteilen untersuchen. Hier allerdings sind der Prozessanalyse Grenzen gesetzt, da die den Geschäftsprozessen zu Grunde liegenden Routinen pfadabhängig und idiosynkratisch sind. Diese lassen sich nur teilweise explizieren, da sie oft auf implizitem Wissen („tacit knowledge") der handelnden Personen beruhen. In solchen Fällen muss sich die Definition von Teilprozessen auf ganzheitliche Ressourcenbündel bzw. Routinen erstrecken. Der Hierarchisierung sind Grenzen gesetzt, wenn das Handeln bzw. die Tätigkeit der Akteure nicht mit den Prozessleistungen in einem eindeutigen kausalen Zusammenhang beschrieben werden können. Allenfalls unter explizitem Veränderungsdruck bei Anwendung der „Bombenwurfstrategie" (vgl. *Osterloh/Frost* 2006, S. 255 f.) kann eine solche weitergehende vertikale Analyse des Geschäftsprozesses Erfolg versprechend sein, auch wenn dabei die Zerschlagung von Routinen in Kauf genommen wird. Gelegentlich ist dies gerade erwünscht.

Die Organisation der Geschäftsprozesse zielt auf die bewusste Erweiterung des Handlungsfeldes von einzelnen funktionalen Verrichtungen hin zu funktionsübergreifenden Aktivitäten und deren Bündelung und Strukturierung. Ein einmal definierter Teilprozess kann allerdings noch nicht unmittelbar als optimale Expertenlösung, die „am Reißbrett" (*Osterloh/Frost* 2006, S. 232) erarbeitet wurde, umgesetzt werden. Es handelt sich vielmehr um ein interpretatives Schema, das durch Kommunikation zu einem Element der kognitiven Ordnung im Sinne der Handlungs-Struktur-Rekursivität wird. Geschäftsprozesse und deren Teilprozesse sind Normen. Sie sind interpretationsbedürftig. Ein Teilprozess wie „Auftrag disponieren" ist nicht selbsterklärend. Prozesskonzepte bilden sich erst durch **rekursive Handlungs-Strukturmuster** und nicht schon durch eine Vorgabe von Prozessbeschreibungen heraus. Sie werden erst durch die Handlungen der Akteure selbst initiiert, wenn man dem strukturationstheoretischen Konzept der Rekursivität von Handlung und Struktur folgt (vgl. Kapitel 4.2.2).

Giddens bemerkt, dass Regeln im Sinne von Spielregeln nicht mit formalen organisatorischen Regeln assoziiert werden und als Prototyp für Regel geleitete Eigenschaften sozialer Systeme dargestellt werden dürfen. Regelartige Prozessbeschreibungen im Sinne des Strukturbegriffs von Giddens verlangen, dass sie kontextfrei sind, d.h. auf zahlreiche Kontexte angewendet werden können. Regelhafte Prozessbeschreibungen im vorgetragenen Sinn sind dagegen spezifisch und konkret. Handlungskompetenz besteht darin, eine Regel auf den richtigen Kontext anzuwenden. Da allein Interaktion die Vermittlung von individuellem Handeln und organisatorischer Regulation leisten kann, muss Kommunizierbarkeit des Prozessdesigns gewährleistet sein. Interaktion gelingt umso leichter, je vager und unbestimmter Prozessbeschreibungen angelegt sind. Sie müssen Raum für das In-die-Tat-Umsetzen eines Interaktionsentwurfs wie auch die soziale Struktur lassen, um Medium und Produkt des Handelns von Prozessbeteiligten zugleich sein zu können.

Der Entwurf von kodifizierten Soll-Prozessen ist mithin immer auch als Eingriffs- bzw. Veränderungsversuch zu verstehen: Veränderung der Interpretation der eigenen Handlungen, Schaffung neuer Normen, Veränderung der Kooperationsmechanismen und Arbeitsabläufe, Veränderung der Verfügungsrechte (Empowerment). In ihrer Mehrdimensionalität als interpretative Schemata, Normen sowie organisatorische Regeln und Ressourcen werden sie mit der Absicht „formalisiert", Interaktionen und Handlungskontext einem Wandel zu unterziehen. Dies kann gerade ressourcenbasierte Wettbewerbsvorteile gefährden, die ja durch ihre institutionelle und kulturelle Einmaligkeit geprägt sind. Erfolgskritische Fähigkeiten sind nicht kontextgebunden. Daher können nur unvollständige Prozessmodellierungen und Prozessbeschreibungen den notwendigen Raum für die Entfaltung von Kompetenzen bei der Anwendung von prozessgestaltenden „Regeln" in dem Sinne eröffnen, dass organisationales Wissen hervor- und in immer neue „rekursive Schleifen" organisationalen Handelns eingebracht werden kann (vgl. *Ortmann/Sydow/Windeler* 1997, S. 317).

6.3 Entwicklung von Prozessen

Prozessentwicklung soll nicht auf die technokratischen Optimierungsvorschläge des Business Process Reengineering reduziert werden (vgl. hierzu Kapitel 3). Diese Maßnahmen fokussieren Kriterien wie Kosten, Qualität oder Zeit als Gestaltungsziele. Dabei handelt es sich um formal strukturelle Eingriffe wie „Integrieren", „Parallelisieren" oder „Eliminieren" von Teilprozessen. Vielmehr soll sich die „Entwicklung von Prozessen" auf die **Qualität von Prozessteams** beziehen, die eine notwendige Folge der Integration interdependenter Teilprozesse ist. Teams im Besonderen und Prozessteams im Speziellen sind durch folgende Merkmale gekennzeichnet (vgl. *Gebert/v. Rosenstil* 2002, S. 141 f.):

- Personenmehrheit
- Mindestdauer gemeinsamer Interaktion
- Face to face-Kontakt
- Aufgaben- und Rollendifferenzierung
- Entwicklung gemeinsamer Normen
- Gruppenidentifikation und -zugehörigkeitsgefühl
- Abgrenzung von der Organisationsumwelt.

Die Entwicklung von Geschäftsprozessen betrifft Bedingungen, Strukturen und Mechanismen, die für den Teamerfolg maßgeblich sind. Ziel ist es, die Gründe für den Erfolg bzw. Misserfolg speziell von **Prozessteams** herauszuarbeiten. Dabei wird davon ausgegangen, dass der Erfolg von Prozessteams auf Transfer und Austausch von Wissen beruht. Es wird daher zu untersuchen sein, welche Bedingungen den Wissensaustausch und damit erfolgreiche Teamarbeit fördern und unterstützen können.

6.3.1 Modelle zur Erklärung des Erfolgs von Prozessteams

Eine Vielzahl von Modellen liefert Erklärungen für den Teamerfolg (vgl. auch *Stock* 2003, S. 89 ff.). Grundlegende Arbeiten liegen in dem

- Input-Process-Output-Modell von *McGrath* (1964) und dem
- normativen Modell der Gruppeneffektivität von *Hackman/Oldham* (1980)

vor. Beide Modelle systematisieren die Einflussgrößen des Teamerfolgs.

Zu dem ursprünglich von *McGrath* (1964) entwickelten Modell liegen mittlerweile eine Reihe von konzeptionellen Arbeiten und empirischen Untersuchungen vor (vgl. im Überblick hierzu u. a. *Deeter-Schmelz/Ramsey* 2003; *de Jong/de Ruyter/Lemmink* 2004; *Helfert* 1998; *Stock* 2004). In Anlehnung an dieses Modell lassen sich zwei Kategorien von Einflussgrößen des **Erfolgs von Kundenbetreuungsteams** identifizieren:

- Die Input-Größen weisen gemäß der Logik dieses Ansatzes keinen unmittelbaren Effekt auf den Teamerfolg auf, sondern beeinflussen diesen über die prozessbezogenen Variablen. Als Input-Variablen werden zumeist umweltbezogene Faktoren (Technologie des Anbieter- bzw. Kunden-Unternehmens, Kundenmerkmale, Merkmale der Geschäftsbeziehung, Ressourcenverfügbarkeit usw.) sowie teambezogene (Homogenität, Kohäsion, Normen usw.) und personenbezogene (Persönlichkeit, Kundenorientierung, kundenbezogene Kenntnisse usw.) Merkmale betrachtet.

- Die Prozess-Größen werden von den Input-Größen beeinflusst und wirken sich unmittelbar auf den Teamerfolg aus. Dieser Kategorie werden insbesondere die interne und kundenbezogene Kommunikation, die Kooperation sowie die Konflikte innerhalb eines Teams zugeordnet.

- Der Output repräsentiert die abhängige Variable innerhalb des Input-Process-Output-Modells. Hinsichtlich der Kundenbetreuungsteams werden wirtschaftliche Erfolgsgrößen (wie z. B. Umsatz, Marktanteil, Marktwachstum), kundenbezogene Erfolgsgrößen (wie z. B. Anzahl der Kundenbeschwerden, Kundenzufriedenheit, Kundenbindung) und psycho-soziale mitgliederbezogene Erfolgsgrößen (wie z. B. Mitgliederzufriedenheit, organisationales Commitment, Kundenorientierung usw.) betrachtet.

Unter Zugrundelegung der Logik des **Input-Process-Output-Modells** kann gezeigt werden, dass sich die personenbezogenen Merkmale (Sozialkompetenz, Fachkompetenz, Teamorientierung) in erster Linie direkt auf den Teamerfolg auswirken, wohingegen teambezogene Merkmale (Homogenität, Kohäsion, Führung usw.) indirekt (über die Prozessgrößen) den Teamerfolg beeinflussen.

Der Erfolg von Prozessteams wird also wesentlich von der Fähigkeit zur Kommunikation und Kooperation bestimmt. Es handelt sich dabei offensichtlich um diejenigen Ressourcen, die in der Literatur als „dynamic capabilities" bezeichnet werden, denn es geht hierbei um Erwerb, Verteilung und Ausbau kollektiver Wissensbestände durch Kommunikation und Kooperation.

Die Outputgrößen entsprechen den Zeit-, Qualitäts- und Kostenzielen von Prozessteams. Daneben werden individuelle und gruppenspezifische Ergebnisse aufgeführt wie Zufriedenheit, Einstellungswandel, Kohäsion und soziometrische Struktur. Teambezogene Interaktionsprozesse intervenieren zwischen Input und Output. Ein Geschäftsprozess wird danach als teamspezifischer Interaktionsprozess verstanden. Allerdings bleibt die Beschreibung der Aufgabenstruktur relativ unscharf, so dass gefolgert werden kann, dass Geschäftsprozesse zwar immer teamartige Interaktionsprozesse sind, aber nicht jeder teamartige Interaktionsprozess auch ein Geschäftsprozess ist. Die Existenz von Prozessteams setzt Aufgabenmerkmale voraus, die typischerweise aus der Modellierung eines Geschäftsprozesses hervorgehen. Hierzu zählt insbesondere das Vorliegen crossfunktionaler, integrierter Aufgabenkomplexe. Prozessteams zeichnen sich vor allem durch die der Teamarbeit zu Grunde liegende Aufgabenstruktur aus. Da diese das Hauptmerkmal von Prozessteams gegenüber anderen Teams ausmacht, muss sie als unabhängige Variable für Teamprozesse diskutiert werden.

Das Erklärungsmodell von *Hackman* (1988) will vor allem Ansatzpunkte für die Steigerung des Teamerfolgs identifizieren. Bedingungen für den Gruppenerfolg sind organisationaler Kontext und Design der Gruppe. Ansatzpunkte für die Erklärung des Erfolgs von Teams sind einerseits in der Aufgabenstruktur der Gruppe, andererseits aber in den moderierenden Variablen „Arbeitstechnologie" und hier speziell in den Anforderungen der Aufgabe zu sehen (vgl. Abbildung 6.22).

Der Teamerfolg lässt sich nach *Hackman* (1988, S. 331) vor allem durch das Team selbst beeinflussen. Der Grad der Autonomie des Teams ist groß, wenn es nicht nur Verantwortung für die Aufgabenausführung und Steuerung des Leistungsprozesses, sondern auch für die Organisation des Teams als Leistungseinheit besitzt. Entsprechend werden **geführte, selbstgeführte** und **selbstgestaltete** Ar-

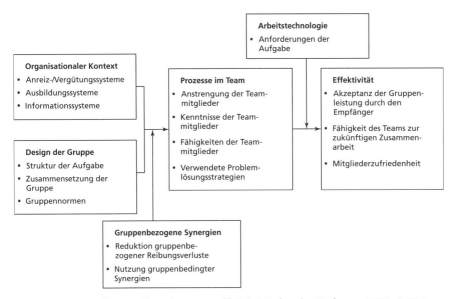

Abb. 6.22: Einflussgrößen der Teameffektivität (nach: *Hackman* 1988, S. 331, sowie *Stock* 2003, S. 98)

beitsteams unterschieden. Je autonomer ein Team ist, umso mehr Möglichkeiten besitzt es, auf die Bedingungen des Teamerfolgs mithin auch auf Prozessentwurf und -design Einfluss zu nehmen. Die **Effektivität des Teams** muss sich an drei Dimensionen messen lassen (vgl. *Hackman/Wageman* 2005, S. 272):

- Teams erfüllen Standards, die Kunden in mengenmäßiger, zeitlicher und qualitätsmäßiger Hinsicht an das Prozessergebnis stellen.

- Teams entwickeln großes Geschick, Fehler so frühzeitig zu erkennen und zu korrigieren, dass kein ernsthafter Schaden entsteht, sowie sich bietende Chancen zu erkennen und zu nutzen. Mit jeder Vorgangsbearbeitung vervollkommnen sie diese Fähigkeiten.

- Teamerfahrung der Gruppenarbeit trägt positiv zu Lernfortschritten und Wohlbefinden der Gruppenmitglieder bei.

Die Effektivität von Prozessteams ist danach vor allem von dem **Design der Teams** abhängig. Dazu zählen insbesondere die Anstrengungsbereitschaft, die Strategie der Aufgabenerfüllung sowie Wissen und Fähigkeiten der Mitglieder (vgl. *Hackman/Wageman* 2005, S. 281):

Die Bereitschaft des Teams bzw. seiner Mitglieder sich anzustrengen, hängt davon ab, wie die **Aufgabe strukturiert** ist, und welches **Belohnungssystem** die Organisation dem Team bietet. Eine motivierende Teamaufgabe umfasst einen ganzheitlichen und sinnvollen Geschäfts(teil-) prozess, für den die Mitglieder Verantwortung übernehmen und verlässliche Informationen über die Arbeitsausführung erhalten müssen. Das Belohnungssystem sollte vermeiden, unter den Mitgliedern Konkurrenzdruck herbeizuführen und sie dadurch zu demotivieren.

Die **Zusammensetzung eines Teams** hinsichtlich aufgabenrelevanten Wissens und geeigneter Fähigkeiten zur Verfolgung der Aufgabenziele ist ebenfalls für die Gruppeneffektivität entscheidend. Mangelndes Talent kann gegebenenfalls durch organisatorische Entwicklungssysteme kompensiert werden.

Die Gruppeneffektivität von Prozessteams, die sich durch hohe Anforderungen aus der Aufgabenumwelt auszeichnen, wird jedoch nicht nur durch diese Bedingungen befördert. Als weitere Einflussgrößen für die Gruppeneffektivität lassen sich anführen:

„Teamgeist"

Wesentlich für den Teamerfolg ist das „kooperative Engagement". Es handelt sich dabei um den Aspekt des Teamgeistes, der auch als „Organizational Citizenship Behavior (OCB)" bezeichnet wird. Dieses Zusatzengagement der Gruppenmitglieder, das auch altruistische Züge trägt, kennzeichnet ein Verhalten, das

- außerhalb der normierten, vertraglichen Verpflichtungen liegt,

- nur in kritischen und neuartigen Situationen auftritt,

- nicht in Zielvereinbarungen erfassbar ist,

- nicht immer nur Freude bereitet.

Gebert (2004, S. 26 f.) betont, dass es sich dabei gerade nicht um opportunistisches Verhalten handelt, wie es die Agency Theorie im Speziellen und die Institutionenökonomie im Allgemeinen unterstellt. Das Handeln im Interesse der Gemeinschaft steht eher dem „reziproken" Handeln nahe. **Reziprokes Verhalten** thematisiert darüber hinaus den wechselseitigen Charakter einer von Solidarität und Fairness bestimmten Kooperations- und Austauschbeziehung. Der signifikante enge positive Zusammenhang zwischen dem Grad des OCB und den ökonomischen Erfolgsdaten verweist auf die Bedeutung dieses Aspekts von Teamgeist.

Der zweite Aspekt des Teamgeists ist die Fähigkeit des Teams, sein eigenes Vorgehen zu hinterfragen. Das Team gibt sich nicht mit den einmal eingeschlagenen Lösungswegen zufrieden, sondern sucht permanent nach Verbesserungsmöglichkeiten. Das Team bedient sich dazu interner Kommunikation ebenso wie externer Anregungen.

Die Art und Eignung der Strategie zur Aufgabenerfüllung einer Gruppe hängt von den Verhaltensnormen und dem Informationssystem der Organisation ab. Normen können sich auf die kontinuierliche Überprüfung der Leistungssituation und proaktive Planung der Zusammenarbeit der Teammitglieder beziehen. Wesentliche Einflussgröße für den Teamerfolg ist eine **Kultur ständigen Lernens und selbstkritischen Hinterfragens**. Kontinuierliches Bemühen, Kommunikation zu verbessern, neue Lösungsansätze zu suchen und proaktives Hinterfragen („exploration") stehen in einem hoch signifikanten Zusammenhang mit dem Teamerfolg (vgl. *Gebert* 2004, S. 25). Das organisatorische Informationssystem kann die Teams bei diesen Aktivitäten unterstützen und die Strategie überprüfen helfen.

Interdependenz der Aufgabenstruktur (Prozessdesigns)

Im Vordergrund der Analyse von Erfolgsfaktoren von Teamarbeit stehen die spezifischen Bedingungen von Prozessteams. Es ist daher notwendig, auf die speziellen Bedingungen dieses Typs von Teams einzugehen. Ihre Arbeitssituation ist vor allem durch die **Interdependenz** der Prozessaktivitäten gekennzeichnet.

Die Struktur der Aufgabe wird vor allem durch die Art von Interdependenzen zwischen den Teilprozessen bestimmt. Der Interdependenz gilt hier die besondere Aufmerksamkeit, da sie das Spezifikum von Prozessteams ausmacht.

Thompson (1967) unterscheidet drei verschiedene Arten von Interdependenzen. Sie werden im Folgenden auf die Organisation von Aktivitäten innerhalb einer Gruppe übertragen. Das Kooperationsproblem innerhalb eines Teams ist letzthin von der Form der Interdependenz abhängig. Die Mikrostruktur der Arbeitsteilung innerhalb des Teams ist vielfach durch die Sachlogik, z. B. im Fall von Fertigungsprozessen, häufig jedoch auch das Ergebnis organisatorischer Designentscheidungen wie z. B. in administrativen Geschäftsprozessen bestimmt (vgl. *Wagemann* 1995, S. 146 f.). Die strukturelle Interdependenz der Teilprozesse lässt sich danach wie folgt unterscheiden (vgl. auch *Schreyögg* 2003, S. 123):

1. Gepoolte Interdependenz

Die Teilprozesse sind parallel angeordnet (Abbildung 6.23a). Unmittelbare Interdependenz bei der Prozessabwicklung besteht nicht. Allenfalls greifen die Prozesse auf eine gemeinsame Ressource zu (Ressourceninterdependenz). Konkurrenz um eine knappe Ressource kann z. B. bei der Nutzung von Fertigungsanlagen (zentralen Bearbeitungsstationen) oder bei Zugriff auf zentrale Dienstleistungen (Service Center) auftreten.

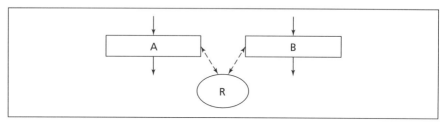

Abb. 6.23a: Gepoolte Interdependenz

Bei dem Geschäftsprozess „Kreditvergabe" einer Bank greifen die Teilprozesse A (Privatkunden), B (Firmenkunden) bei Bedarf auf das Kompetenz-Center „Kreditwürdigkeitsprüfung" zurück.

2. Sequentielle Interdependenz

Die Teilprozesse sind sequentiell angeordnet (Abbildung 6.23b). Der Teilprozess B ist Kunde von A. Das Prozessergebnis von A ist Input von B. A determiniert zeitlich, quantitativ und qualitativ die Prozessleistung von B. Sequentielle Interdependenz führt zu Abhängigkeiten nachgelagerter Teilprozesse.

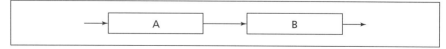

Abb. 6.23b: Sequentielle Interdependenz

3. Reziproke Interdependenz

Die Teilprozesse bzw. Aktivitäten einzelner Teammitglieder bedingen sich gegenseitig (Abbildung 6.23c). Zwischen den Prozessschritten besteht wechselseitige Abhängigkeit. Prozessarbeit vollzieht sich simultan, der Vollzug eines Vorgangs A benötigt den Output eines anderen Vorgangs B als Input und umgekehrt.

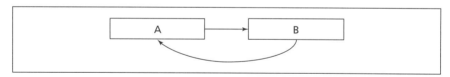

Abb. 6.23c: Reziproke Interdependenz

Reziproke Interdependenz wird immer dann auftreten, wenn Wege und Ziele der Teilprozesse nicht scharf definierbar sind und sich erst im Vollzug präzisieren lassen, wie dies z. B. in Geschäftsprozessen des Kundenmanagements oder der Produktentwicklung häufig auftreten kann. Der hohe Abstimmungsbedarf kann letzthin nur innerhalb von Prozessteams geleistet werden. Koordination erfolgt durch Selbstabstimmung, da nur auf dem Wege der wechselseitigen Anpassung (mutual adjustment) und der reziproken Setzung von Handlungsprämissen Rechnung getragen werden kann.

Prozessteams sind durch eine zumindest zeitweise Reziprozität ihrer Arbeitsbeziehungen gekennzeichnet. Auch hybride Formen der Zusammenarbeit sind denkbar, bei denen die Mitglieder zeitweise sequentiell bzw. gepoolt kooperieren. Treffen diese Formen der Einzelarbeit ausschließlich zu, wird von „Caseworkern" gesprochen, da deren Arbeitsverrichtungen weitgehend unabhängig von anderen erfolgen.

Die genannten Interdependenzformen beziehen sich zunächst auf die Durchführung einer gemeinsamen Aufgabe. *Wageman* (1995, S. 156 ff.) analysiert die Folgen der Aufgabeninterdependenz für den Teamerfolg am Beispiel von Technikern in Serviceteams. Dabei wurden die Teams nach dem jeweiligen Aufgabendesign unterschieden:

- Teams, in denen jeder Techniker individuell seine Kunden betreut und Serviceaufgaben abwickelt.
- Teams mit hoher Aufgabeninterdependenz. Die Teammitglieder kooperieren, um die Aufgabe bzw. den ihnen übertragenen Geschäftsprozess erfolgreich abzuwickeln. Die Teams tragen gemeinsam die Verantwortung für Prozesse z. B. der Kundenbetreuung oder Wartung von Maschinen, darüber hinaus für Kostenbudgets, Arbeitspraktiken, Organisation gemeinsamer Meetings, Erfahrungsaustausch untereinander (vgl. *Wagemann* 2001, S. 562; 1995, S. 156 f.). Sie planen die Aktivitäten wie Kundenbesuche gemeinsam und stimmen sich bei der Aufgabenverteilung ab. Da jedes Mitglied für jeden Kunden und für jede Maschine verantwortlich ist, sind reziprok-interdependente Koordinationsprozesse erforderlich.
- Teams mit hybrider Aufgabeninterdependenz arbeiten in der Hälfte ihrer Arbeitszeit als Gruppenmitglied, während sie in der anderen Hälfte ihre fest zugewiesenen Kunden betreuen.

Neben dem Ausmaß an **Aufgabeninterdependenz** wird die **Ergebnisinterdependenz** als Einflussgröße für den Teamerfolg untersucht. Die Ergebnisinterdependenz, die im geringen Fall Additivität, im hohen Fall Komplementarität der Arbeitsergebnisse der Teammitglieder beschreibt, wird meist an der Entlohnungsform gemessen. Hohe Ergebnisinterdependenz bedeutet, dass die Gruppenmitglieder nur nach dem Gruppenergebnis und dem Gruppenverhalten entlohnt werden können.

Die Befunde von *Wageman* (1995/2001) zeigen, dass der durch die Aufgabeninterdependenz hervorgerufene höhere Koordinationsbedarf den Teamgeist fördert (vgl. *Gebert* 2004, S. 34 f.). Die Überwindung von Schnittstellenproblemen und die Beseitigung von Konfliktpotenzialen werden als Herausforderung verstanden und aktivieren die intrinsische Motivation. Teams mit interdependenten Aufgaben nutzen das kollektive Wissen und die Fähigkeiten ihrer Mitglieder, um die Aufgabenerfüllung zu perfektionieren. Sie erzeugen qualitativ hochwertige soziale Prozesse, extensives gegenseitiges Lernen und kollektive Gruppenverantwortung für die Gruppenleistung. Je höher die Interdependenz, desto mehr Kommunikation, gegenseitige Unterstützung und Wissenstransfer sind zu beobachten (vgl. auch *Campion/Medsker/Higgs* 1993, S. 827; *Campion/Pepper/Medsker* 1996, S. 823 ff.). Die Herausforderung der Aufgaben und die Anreize des Belohnungssystems zur kollektiven Zusammenarbeit sind geeignet, Verhaltensnormen zu erzeugen, die reziproke Formen der Kooperation und Leistungsbereitschaft der Mitglieder herausfordern. Mit anderen Worten: es besteht ein enger positiver Zusammenhang zwischen Interdependenz der Teilprozesse und „Teamgeist", den es bereits im Design der Prozessstrukturen zu berücksichtigen gilt. Die Ergebnisinterdependenz forciert dabei weniger den Koordinationsbedarf als vielmehr die Koordinationsmotivation, da bei hoher Ergebnisinterdependenz die Belohnung des einzelnen Teammitglieds von den Leistungsbeiträgen der anderen abhängt. Hilfsbereitschaft fördert, Unterlassen schmälert die eigenen Erträge. Abbildung 6.24 stellt diese Wirkungszusammenhänge dar.

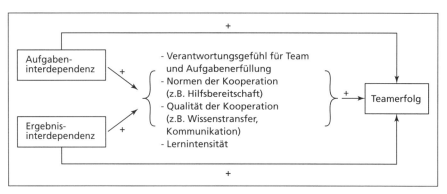

Abb. 6.24: Aufgaben-/Ergebnisinterdependenzen als Einflussgrößen für den Teamerfolg (Quelle nach *Gebert* 2004, S. 35)

Zwischen diesen Variablen liegt eine Beziehung „the more the better" (*Wageman* 1995, S. 148) vor. **Gruppeneffektivität** steigt mit wachsendem Ausmaß an Interdependenz bzw. Prozessintegration. Dabei wurde der Teamerfolg mittels ökonomischer Kriterien wie Besuchshäufigkeit, Arbeitsqualität, Leistung u. a. m. einerseits und Arbeitszufriedenheit andererseits gemessen. Ergebnisinterdependenz und Aufgabeninterdependenz sollten demnach konsequent in Einklang stehen, um gemeinsam Arbeitsmotivation und Anstrengungsbereitschaft hervorzurufen.

Die dargelegten Zusammenhänge gelten insbesondere für intrinsisch motivierende Prozessaktivitäten. Die Parallelität von Aufgaben- und Ergebnisinterdependenz hat positive Effekte auf Kreativitäts- und Teamgeistentwicklung der

Prozessteams. Die Entwicklung von Prozessteams muss auf die Interdependenz von Teilprozessen gerichtet sein, um über diesen Hebel der Prozessfähigkeit des Teams die **Prozesseffizienz** zu erhöhen.

Reziproke Formen der Kooperation in Prozessteams haben mithin eine selbstverstärkende, rekursive Wirkung zwischen der Interdependenz der Teilprozesse und dem Teamgeist. Beides kann sich zwar positiv auf den Teamerfolg auswirken, kann aber im Falle des Scheiterns auch in eine negative Spirale münden. In engem Zusammenhang damit steht das Phänomen der „group efficacy", dem **Selbstvertrauen** der Gruppe (vgl. *Gebert* 2004, S. 57). Der Glaube an das eigene Fähigkeitsniveau ist ein entscheidender Erfolgsprädikator. Je höher die Aufgabeninterdependenz der Mitglieder eines Prozessteams ist, desto stärker wirkt sich diese Selbstkategorisierung positiv auf das Teamergebnis aus. Da das Selbstvertrauen in die Prozessfähigkeit eines Teams nicht nur aus der Erfahrung einzelner Mitglieder, sondern auch aus kollektiven Anforderungsinterpretationen resultiert, können die eigenen Fähigkeitszuschreibungen einer Gruppe allerdings auch zu Überschätzungen führen.

Das Entstehen von **Teamgeist** setzt Vertrauen und Fairness innerhalb des Teams voraus. Teamentwicklung besteht in der Formulierung von Regeln der Zusammenarbeit (Routinen). Die Erarbeitung eines derartigen Spielregelkatalogs bildet die Basis für institutionelles Vertrauen, aus dem heraus sich wechselseitige Verlässlichkeit entwickeln kann (vgl. *Gebert* 2004, S. 76). Wird daher ein Team, dessen Mitglieder untereinander nicht „vertraut" sind und über keinerlei Verlässlichkeitserfahrungen verfügen, mit einer komplexen, interdependenten Prozessarchitektur betraut, ist die Gefahr des Scheiterns groß. Das Vertrauen steht auf einer brüchigen Basis. Reziproke Kooperation setzt grundsätzlich **Vertrauen** und **Fairness** voraus, die sich jedoch erst durch längerfristige Erfahrung herausbilden können. Dabei vermitteln die soziale Kategorisierung der Mitglieder, auf wen man sich verlassen kann, und der eingebrachte wechselseitige Vertrauensvorschuss die Initialisierung einer Vertrauensspirale (vgl. *Gebert* 2004, S. 77).

Fasst man die vorgetragenen Befunde zusammen, so sind es einerseits die Beziehungsintensität (Engagement, Teamgeist, (Selbst-)Vertrauen, Fairness) andererseits die Aufgaben- und Ergebnisinterdependenz, die als Bedingungen für den Erfolg von Prozessteams gelten können. Die Abbildung 6.25 zeigt die Entwicklungsrichtung der Teamgestaltung auf. Teilautonome Arbeitsgruppen sind führerlose Arbeitsgruppen, deren Mitglieder wesentliche Aufgaben eigenverantwortlich durchführen. Die teilautonome Arbeitsgruppe unterscheidet sich von dem reziproken Prozessteam in der Regel auch durch die sequentielle Interdependenz der Aufgabenstruktur der Gruppe. Reziproke Prozessteams kennzeichnen sich dadurch, dass die Mitglieder sich in ihren Fähigkeiten ergänzen, sich für eine gemeinsame Sache, gemeinsame Arbeitsziele und gemeinsamen Arbeitseinsatz engagieren, gemeinsam Verantwortung tragen und gemeinsam um die Verbesserung von Problemlösungen bemühen.

Die Entwicklung von Prozessen bedeutet daher, die organisatorischen, motivationalen und sozialen Bedingungen herzustellen, die das Entstehen von reziproken Prozessteams fördern. Prozessentwicklung zielt daher indirekt auf die Prozesseffizienz, indem sie die Bedingungen erfolgreicher Teamarbeit zum

Objekt von Verbesserungsmaßnahmen macht. Gerade im Falle ressourcenorientierter Prozessmodellierung ist die Beherrschung reziproker Interaktion in Prozessteams die Voraussetzung für die Schaffung von Wettbewerbsvorteilen. Reziproke Interdependenz bei der Abwicklung von Geschäftsprozessen ist eine Imitationsbarriere, die nicht durch einfache strukturelle Gestaltungsmaßnahmen seitens potentieller Wettbewerber überwunden werden kann. Imitationsversuche müssen von sequentiell strukturierten Arbeitsteams oder von einer Gruppe „Einzelkämpfer" begonnen werden. Neu gebildete Teams werden erst verschiedene Reifephasen (z. B. im Sinne des Maturity-Konzepts „Forming", „Storming", „Norming", „Performing" (vgl. *Tuckman* 1965, S. 419 ff.)) durchlaufen müssen, bevor die Prozessleistung an die reziproker Teams anschließen kann. Da es sich bei den Reifeprozessen um Lernvorgänge, Wissensakkumulation und Herausbildung von Normen und Einstellungen handelt, werden die Leistungsvorteile durch Lern- und Erfahrungskurveneffekte allenfalls langfristig einzuholen sein.

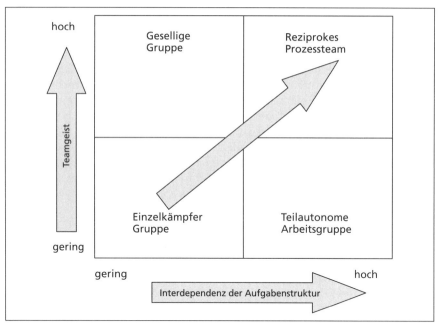

Abb. 6.25: Prozessteams als Ausprägung von Teamgeist und Aufgabeninterdependenz

6.3.2 Reziproke Motivation in Prozessteams

Prozessteams bilden Plattformen des Tausches von Wissen mit dem Ziel der Koordination von Entscheidungen. Die Prozessmodellierung sollte daher nicht nur den Rahmen für derartige Tauschvorgänge abgeben, sondern vielmehr dazu anregen, Tauschvorgänge zu initiieren. Fraglos mögen materielle Anreize Anstrengung und Engagement in vielen Fällen aktivieren, sind aber immer auch mit dem Risiko opportunistischen Verhaltens belastet. Das Grundproblem materieller Entlohnung als Leistungsanreiz besteht darin, dass der Funktionsmanager z. B. für Kostensenkungsziele in seinem Funktionsbereich, der Produktmanager für Produktdeckungsbeitragsziele und der Kundenmanager für Kundendeckungsbeitragsziele entlohnt wird, nicht aber für ihre Aktivitäten der Wissensverteilung und -generierung in Prozessteams. Prozessergebnisse sind hier meist nicht quantifizierbar und daher auch nur begrenzt als Anreiz für die Teamarbeit geeignet. Reziprozität beschreibt die kooperative Wechselwirkung zwischen zwei und mehr Akteuren, bei der einige mit zeitlicher Verzögerung die Vorteile der Kooperation genießen können.

Positive Reziprozität wurde in sog. Vertrauens- oder Geschenk-Austausch-Spielen beobachtet. In solchen Spielen kann ein Teilnehmer A freiwillig Ressourcen zu einem Teilnehmer B transferieren. Dieser Transfer repräsentiert ein „Geschenk", da Teilnehmer B nicht verpflichtet ist, für den Transfer zu bezahlen. Nachdem B die Wahlhandlung von A beobachtet hat, kann B ebenfalls Ressourcen zu A transferieren. Im Falle reziproken Ressourcentransfers gelangen beide Akteure in eine bessere Position als vorher, da sie nun über zusätzliche Ressourcen verfügen. Dagegen führt selbstsüchtiges Handeln der Akteure dazu, dass kein Ressourcentransfer stattfindet (vgl. *Akerlof* 1982, S. 548 ff.; *Fehr/Gächter* 1998, S. 845; *Ortmann* 2004, S. 130 ff.). Diese Reziprozität wird auch als Norm konditionalen Verhaltens in Gruppen bezeichnet. Damit wird die Reziprozität in die Nähe der kooperativen Strategien in der Spieltheorie gerückt (vgl. *Fehr/Fischbacher* 2004, S. 186).

Reziprozität unter Gruppenmitgliedern kann auch die Reziprozität der Perspektiven umfassen. Gemeint ist damit, dass sich ein Teammitglied in die Rolle eines anderen hineinversetzen und seinen Standpunkt einnehmen kann (vgl. *Stegbauer* 2002, S. 119 ff.). Dieses Sich-in-die-Situation-des-anderen-Hineinversetzen-können vermag darüber hinaus zu erklären, warum jemand für andere Unterstützung (z. B. als anonymer Spender oder als Blutspender für Naturkatastrophen) leistet, auch wenn er gar nicht persönlich davon profitieren kann.

Gerade unter der Bedingung unvollständiger Beschreibung der Aktivitäten von Prozessteams und damit auch der Schwierigkeiten, Anreize für erfolgreiche Teamarbeit aufgrund mangelnder Messbarkeit anzubieten, gewinnen Einstellungen bzw. Normen reziproker Zusammenarbeit besondere Bedeutung. Anderenfalls können **Moral Hazard-** bzw. **Shirking**-Probleme auftreten, da jedes Teammitglied nur sein eigenes Anstrengungsniveau kennt und aus der Teamleistung nicht auf das der anderen schließen kann. Erschwerend kommt hinzu, dass explizite Leistungsanreize in der Praxis nur für die leichter zu definierenden Prozessergebnisse des Produktmanagement- oder Kundenmanagementprozesses angeboten werden. Andererseits ist davon auszugehen, dass die explizite Honorierung der Teamarbeit keineswegs immer Erfolg versprechend ist: „explicit incentives may destroy trust- and reciprocity based incentives" und umgekehrt: „the presence of reciprocal motives may provide a reason for the absence of explicit incentives" (*Fehr/Gächter* 1998, S. 851).

Fehr/Gächter (1998, S. 848 f.) vergleichen die reziproke Zusammenarbeit mit Williamsons „consummate cooperation". Diese ist im Gegensatz zu „perfunctory cooperation" „an affirmative job attitude whereby gaps are filled, initiative is taken, and judgement is exercised in an instrumental way". Es versteht sich von selbst, dass bei vollständiger, detaillierter Prozessbeschreibung eine kooperative Einstellung der Teammitglieder überflüssig ist. Sie würden allenfalls ihre Anstrengung reduzieren und sich vielmehr auf die vorgegebenen Aktivitäten und Prozessperformance zurückziehen. Explizite, detaillierte Prozessmodellierung der Zusammenarbeit führt dazu, dass Interpretationsspielräume beschränkt und die relevanten Aktivitäten definiert und erzwungen werden. Innovative Strukturen als Ergebnis des Prozesshandelns können nicht mehr entstehen.

Unvollständige Prozessmodellierung bei Einsatz von Prozessteams verlangt Prozessverantwortliche, die dem Menschenbild des „homo reciprocus" (*Gouldner* 1960, S. 161) mit einer auf reziproken Verhaltensmustern basierenden, kooperativen Arbeitseinstellung entsprechen. Reziproke Verhaltensbereitschaft und Einstellungen der Prozessverantwortlichen bilden in diesem Fall Grenzen der Prozessmodellierung. Eine Vielzahl von Experimenten zeigt empirische Zusammenhänge zwischen Erfolg und Entlohnung, d. h. win-win-Situationen, wenn reziproke Verhaltensmuster von Akteuren mit unvollständigen Arbeitsverträgen konfrontiert werden (vgl. *Fehr/Gächter* 1998, S. 851 ff.).

Normative Orientierungen kooperativer Zusammenarbeit, die positiv reziprokes Verhalten in Prozessteams ermöglichen, sind Quellen für intangible Ressourcen, die Treiber für Wettbewerbsvorteile sind. Prozessmanagement muss sich daher bei der Modellierung von Teamprozessen dort Grenzen auferlegen, wo die Akteure **multitasking-Anforderungen** ausgesetzt sind. Dabei besteht die Gefahr, dass explizite Handlungsvorgaben durch formalisierte Prozessbeschreibungen reziproke Verhaltensmuster verhindern und opportunistische Verhaltensweisen durch Leistungsanreize gefördert werden. Unvollständige Prozessmodellierung eröffnet dabei die Spielräume, die den Prozessteams ermöglichen, reziproken Wissenstransfer und damit evolutionäre Handlungssequenzen im Koordinationsprozess zu erschließen.

6.4 Bewertung und Steuerung von Geschäftsprozessen

Die Bewertung von **Geschäftsprozessen** ist von der des **Geschäftsprozessmanagements** zu unterscheiden. Erstere setzt an den Geschäftsprozessen selbst an, letztere schließt darüber hinaus den Ressourceneinsatz, die Wettbewerbsfähigkeit bzw. die Kernkompetenzen und schließlich die Marktleistung ein. Rein ökonomische Kriterien zur Messung der Effizienz eines Geschäftsprozesses sind Produktivität, Rentabilität und Profitabilität (vgl. *Burger* 2009, S. 126 f.). Ein Geschäftsprozess kann aber auch unter Berücksichtigung seiner strategischen Funktion hinsichtlich der Kriterien **Kosten, Zeit und Qualität** beurteilt werden (vgl. *Burger* 2009, S. 28). Dies soll im Folgenden geschehen. Allerdings kann es sich dabei nicht um absolute Bewertungskriterien handeln – im Sinne von möglichst kostengünstig, möglichst schnell, oder möglichst fehlerfrei –, sondern diese Kriterien müssen sich an den Kundenerwartungen messen lassen. So ist die Kundenzufriedenheit, die sich angesichts des Prozessergebnisses einstellt, Kriterium für die Messung der Prozess Performance eines Geschäftsprozesses.

Die **Qualität des Geschäftsprozessmanagements** erstreckt sich über die Beurteilung eines einzelnen Geschäftsprozesses hinaus auf die effektive und effiziente Ressourcennutzung, die Signifikanz und Nachhaltigkeit der durch die Qualität der Geschäftsprozesse geschaffenen Wettbewerbsvorteile und deren Umsetzung im Unternehmenswert (vgl. Abbildung 6.26).

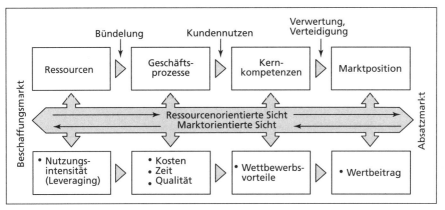

Abb. 6.26: Kriterien der Bewertung des Geschäftsprozessmanagements

Auch wenn im Vordergrund die Bewertung der Geschäftsprozesse hinsichtlich Kosten, Zeit und Qualität sowie die Wertschaffung durch Geschäftsprozesse stehen, soll kurz auch auf die übrigen Messkriterien eingegangen werden.

6.4.1 Ressourcennutzung

Die Bedeutung einer intensiven Ressourcennutzung durch Geschäftsprozesse wird von *Hamel/Prahalad* (1994, S. 160 ff.) hervorgehoben. Dabei werden fünf fundamentale Konzepte unterschieden:

- **Ressourcenkonzentration (Concentrating)**

Sind die Geschäftsprozesse, in denen die Ressourcen gebunden sind, auf ein konsistentes strategisches Ziel ausgerichtet? Die Ressourcenkonzentration soll dazu beitragen, die Fragmentierung von Ressourcen und deren Suboptimierung zu vermeiden. Geschäftsprozesse sollen zudem gegen einen „single strategic intent" (*Hamel/Prahalad* 1994, S. 160) konvergieren, um die Kumulation von Erfahrungen sicherzustellen. Geschäftsprozesse bestehen in der Orchestrierung von Ressourcen, um sie auf gemeinsame Vorhaben auszurichten („converging"). Ressourcen sollen darüber hinaus nicht dadurch „verdünnt" werden, dass gleichzeitig zu viele operative Ziele, z. B. Kosten-, Zeit- und Qualitätsziele, angestrebt werden. Fokussierung („focusing") bedeutet daher Teilziele sukzessiv zu verfolgen. Dies wirft schließlich die Frage auf, ob die Fokussierung des Geschäftsprozesses auf das richtige Ziel erfolgt („targeting"). Es ist daher zu prüfen, ob sich die Fokussierung an dem höchst erreichbaren Kundenwert orientiert.

- **Ressourcenakkumulation (Accumulating)**

Ist das Potential an Erfahrungen im Unternehmen gehoben worden? Sind die Lern- und Wissenspotentiale auch von Partnern außerhalb des Unternehmens genutzt worden? „Spezifisches Humankapital", d. h. Erfahrung und prozessspezifisches Wissen von Mitarbeitern, „auszubeuten" („mining"), kann durch Ausbildung gefördert werden. Spezifisches Humankapital ist die wichtigste Quelle für Verbesserungen von Kosten, Zeit und Qualität der Geschäftsprozesse. Auch die Exploitation von Erfahrung und Wissen bei Partnerunternehmen kann eigenes unternehmensspezifisches Wissen ergänzen („borrowing"). Dies gilt insbesondere dann, wenn die Geschäftsprozesse unternehmensübergreifend strukturiert und optimiert werden sollen.

- **Ressourcenkomplementierung (complementing resources)**

Sind die Möglichkeiten zur Kombination von Ressourcen ausgeschöpft worden, um den Wert der einzelnen Ressource durch Erzeugung und Hebung von Synergien steigern zu können? Dabei geht es um die Fähigkeit, unterschiedliche Technologien oder unterschiedliches funktionales Wissen in einem Geschäftsprozess zu integrieren („blending"). Die kreative Verknüpfung verschiedenartiger Fähigkeiten (Co-Spezialisierung) setzt voraus, dass die betreffenden Ressourcen hinsichtlich ihrer Kapazitäten ausgeglichen sind und die Auslastung des Geschäftsprozesses nicht durch Engpässe blockiert ist („balancing").

- **Bewahrung von Ressourcen (Conserving)**

Ist eine Ressource langfristig nutzbar? Je häufiger eine Fähigkeit einer Nutzung zugeführt und in Geschäftsprozessen eingesetzt wird, desto größer ist die Ausschöpfung ihres Potentials („recycling"). Ebenso erhöht eine gemeinschaftliche Nutzung einer Ressource in Geschäftsprozessen mehrerer Partnerunternehmen ihren Wert („co-opting"). Schließlich sollen Ressourcen nicht unnötigen Risiken ausgesetzt werden. So sollten sie nicht in Prozessen „verschlissen" werden, die mit denjenigen überlegener Wettbewerber konkurrieren. Vielmehr sollten sie von Wettbewerbern abgeschirmt werden („protecting").

- **Wiedergewinnung von Ressourcen (Recovering)**

Lässt sich die Amortisationsdauer einer Ressource verkürzen? Je kürzer die Wiedergewinnungszeit, desto größer ist die Chance zur Kapazitätserweiterung („expediting success"). Ressourcen sind also in solchen Geschäftsprozessen einzusetzen, die eine vergleichsweise schnelle Amortisation zulassen.

Die Analyse der Ressourcennutzung darf sich nicht auf inkrementale Verbesserungsmöglichkeiten beschränken. Das Potential für fundamentale Innovation ist durch neue Kombination und Bündelung von Ressourcen zu evaluieren. Die Fähigkeiten zu fundamentalem Wandel in den technologischen Trajektorien und den dazu notwendigen organisatorischen Kompetenzen zur Erzeugung neuen Wissens sowie zur Aufgabe bestehender Fertigkeiten sind in einem Bewertungskonzept zu erfassen. Ressourcennutzung bedeutet nicht nur Exploitation von Geschäftsprozessen, sondern muss die Überprüfung der Explorationsmöglichkeiten einschließen.

6.4.2 Messindikatoren: Prozessqualität, Durchlaufzeit und Prozesskosten

Die Messung der Leistung eines Geschäftsprozesses erfolgt mittels einer Vielzahl von Prozesskennzahlen, die jeweils für die Indikatoren Prozessqualität, Durchlaufzeit und Prozesskosten zu entwickeln sind (alternative Messkonzeptionen vgl. auch *Burger* 2009, S. 25 ff., 94 ff.; *Klimmer* 2012, S. 111 ff.). Diese wiederum lassen sich jeweils in operationale Messindikatoren untergliedern. In der Literatur finden sich weitere Klassifikationen von Indikatoren zur Messung des Prozesserfolgs wie z. B. input-, throughput- und output-orientierte Indikatorengruppen (siehe hierzu *Heckl* 2010, S. 112 ff.).

Da die Leistung eines Geschäftsprozesses aber immer auch an den Kundenbedürfnissen zu beurteilen ist, kann es nicht um Minimierung oder Maximierung der Performancegrößen gehen, sondern immer nur um die Übereinstimmung mit definierten Vorgaben, der „conformance to customer requirements" (vgl. *Gaitanides* u. a. 1994, S. 58).

Ob das Prozessergebnis den definierten Vorgaben entspricht – dies ist die Frage nach der **Qualität** des Ergebnisses –, ist davon abhängig, wie viele Fehler oder Abweichungen im Prozess toleriert werden. Prozessqualität ist in diesem Zusammenhang auf die bei der Leistungserstellung entstehenden Fehler reduziert. Sie ist nicht mit Begriffen wie Total Quality Management (TQM) oder Market Driven Quality gleichzusetzen. Die Erhebung der Abweichungen nur auf den Prozessoutput des Gesamtprozesses zu beschränken, ist nicht ausreichend, da alle Fehler ausnahmslos im Ablauf des Prozesses bzw. in den Subprozessen entstehen und durch rechtzeitige Erfassung frühzeitig erkennbar sind. Die Qualitätsmessung von Geschäftsprozessen muss daher analog zu den Fertigungsprozessen begleitend erfolgen. Eine Eingrenzung der Prozessbewertung auf Qualität erfasst allerdings nur eine Dimension der Prozessleistung.

Neben der Prozessqualität ist die **Durchlaufzeit** bzw. die Prozesszeit von Bedeutung. Gemessen wird die Zeitspanne vom Prozessbeginn bis zu dem Zeitpunkt, zu dem das geforderte Prozessergebnis für externe/interne Kunden oder für nachfolgende Prozesse verfügbar ist. Zum Prozessbeginn müssen alle benötigten Informationen, Daten oder Materialien in der definierten Form vorliegen, die ein reibungsloser Ablauf erfordert. Bestandteil der Messung sind Bearbeitungszeiten, Liegezeiten und Transferzeiten, die sich zu der gesamten Durchlaufzeit addieren. Erst die Kenntnis der so ermittelten Durchlaufzeit ermöglicht beispielsweise innerhalb der Auftragsabwicklung die Angabe von verbindlichen Lieferterminen.

Schließlich sind die **Prozesskosten** zu erheben. Betrachtet wird hier der gesamte Ressourceneinsatz, der zur Erbringung der Prozessleistung erforderlich ist, wie z. B. Gebäudekosten, Gehalts- und Gehaltsnebenkosten, Kosten für Datenverarbeitungssysteme etc. Die Zuordnung dieser Kosten zu Prozessen und Teilprozessen erfasst die tatsächlichen Kosten einer Transaktion wie z. B. die Kosten eines Fakturierungsvorganges in der Auftragsabwicklung.

Erst die Berücksichtigung aller drei Leistungsparameter erlaubt eine ganzheitliche Bewertung der Prozessleistung. Sie sind daher von wesentlicher Bedeutung für die Beurteilung eines Prozesses, und nicht nur, weil das Bereinigen von Fehlern Kosten und Zeitbedarf verursacht, sondern weil Prozesskosten und die Durchlaufzeit sich ergänzende Erfolgsfaktoren im Wettbewerb mit anderen Unternehmen darstellen.

Das Leistungsniveau eines Geschäftsprozesses wird durch dessen Ausprägungen im Hinblick auf Zeit, Qualität und Kosten bestimmt. Restrukturierungen eines Prozesses, die sich ausschließlich auf einen der drei Leistungsparameter, z. B. auf die Durchlaufzeit, konzentrieren, können daher die anderen, z. B. die Prozesskosten oder das Qualitätsniveau, negativ beeinflussen. Erst durch das Zusammenführen der drei Leistungsparameter ist eine im Sinne der Kundenorientierung effektive Auslegung eines Geschäftsprozesses realisierbar. Kundenzufriedenheit ist mithin Ergebnis einer integrierten Bewertung des Geschäftsprozesses hinsichtlich der drei Leistungsparameter. Entsprechend den Kundenanforderungen bzw. Kundenwünschen sind diese daher als Prozessziele zu formulieren und der Modellierung vorzugeben.

6.4.2.1 Der Faktor Qualität

Qualität ist gleichzusetzen mit der Erfüllung von (objektivierten) Anforderungen zur dauerhaften Kundenzufriedenheit (vgl. *Zink* 1992, S. 18).

Produktqualität und Prozessqualität

Qualitätsmanagement beinhaltet allgemein die Gestaltung und zielbezogene Abstimmung aller qualitätsfördernden Maßnahmen im Unternehmen. Das Management der Prozessqualität ist gleichbedeutend mit der Planung, Steuerung und Kontrolle der Geschäftsprozesse hinsichtlich des Parameters Qualität. Damit ist die Prozessqualität auch ein Ergebnis der Prozessoptimierung. Durch das Prozessqualitätsmanagement wird ein fehlerfreier Prozessablauf angestrebt, indem entlang des gesamten Geschäftsprozesses Qualitätssicherungsmaßnahmen eingeführt werden.

Traditionell wird die **Produktqualität** als eine Eigenschaft des Prozessoutputs gesehen. Dieser Ansatz gilt mittlerweile als überholt, da hohe Produktqualität systematisch nur durch die Fehleranalyse und -beseitigung über die gesamte Prozesskette hinweg stabilisiert werden kann. Aus diesem Grunde ist die Qualität nicht erst nach Fertigstellung des Produktes zu kontrollieren, sondern durch entsprechende Maßnahmen im Vollzug der Geschäftsprozesse proaktiv zu sichern. Hohe Qualität oder gar Null-Fehler-Produktion werden daher für die gesamte Wertkette gefordert. „Unübersehbar ist, dass die Qualitätssicherung nicht nur die Produkte, sondern auch die Prozesse" … „und – am deutlichsten im TQM-Konzept – letztlich die Gesamtunternehmung betrifft. In der Hoffnung auf Wettbewerbsvorteile werden Qualitätssicherungsprojekte gestartet, wobei autorisierte Gutachter Prozesse unter Berücksichtigung nationaler und internationaler Normen (ISO) zertifizieren" (*Grün* 1997, S. 286). Die Bedeutung einer im Prozess selbst entstehenden Qualität wird insbesondere im Verfahren der **Zertifizierung nach DIN 2000 ff.** hervorgehoben. Die Norm ISO 9004:2000 hat sich im Qualitätsmanagement Grundsatz 4 auf die Verbesserung der Unternehmensprozesse konzentriert. Ein „erwünschtes Ergebnis lässt sich effizienter erreichen, wenn die Tätigkeiten und die dazugehörigen Ressourcen als Prozess geleitet und gelenkt werden" (*Grünewald/Pagenkemper* 2004, S. 38).

Ein wichtiger Bestandteil der **Prozesssicherheit** ist die Wahrung grundlegender Sicherheitsvorschriften technischer Produkte. Das Verfahren zur CE-Kennzeichnung ist Voraussetzung für den Vertrieb technischer Produkte auf dem europäischen Binnenmarkt. Der Durchführung des aufwendigen Kennzeichnungsprozesses stehen Schadensersatzansprüche aus Personen- und Sachschäden, Produktrückrufaktionen und Imageverluste gegenüber. Durch eine hinsichtlich der Sicherheitsaspekte effektive Prozessgestaltung lässt sich die Produktsicherheit gewährleisten und der Verkaufsprozess durch die Sicherheitszertifizierung unterstützen (vgl. Abbildung 6.27).

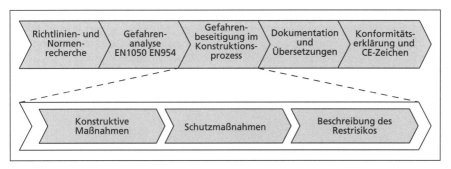

Abb. 6.27: Der CE-Managementprozess

Zudem können bereits durch die Teilnahme bei der Erstellung von Sicherheitsstandards Wettbewerbsvorteile realisiert werden. Wird das Dreistufenprinzip (konstruktive Maßnahmen – technische Schutzmaßnahme – Benutzerinformation) zur Berücksichtigung von Sicherheitsvorschriften erst am Ende des Produktionsprozesses eingehalten, so sind damit nicht nur zwangsläufig Mängel in der Produktsicherheit, sondern auch im Ablauf des Produktentstehungsprozesses progressiv ansteigende Kosten verbunden. Das richtige „Timing" und die crossfunktionale Einbettung des CE-Prozesses sind daher Voraussetzungen für ein effizientes CE Management.

Auch das **Gesetz zur Kontrolle und Transparenz im Unternehmensbereich (KonTraG)** stellt Anforderungen an das Management der Prozessqualität. Prozessrisiken können sich auf die Produktqualität, Kostenziele und Termineinhaltung auswirken und sind daher auch zum Gegenstand des Risikomanagements zu machen.

Mit dem Qualitätsziel ist also insbesondere die Prozessqualität angesprochen (*Vahs* 2009, S. 217 ff.). Sie äußert sich in einem reibungslosen Ablauf und der friktionsfreien Integration der Kern- und Supportprozesse und wird deshalb auch als **Prozesssicherheit** bezeichnet. Sichere Prozesse weisen wenige oder keine

Nachbearbeitungsvorgänge auf, die durch vorausgegangene Fehler verursacht wurden. Dies verkürzt auch die Durchlaufzeit. Letztendlich kommt das Qualitätsziel in dem Streben nach Fehlerfreiheit zum Ausdruck, das sich über alle Prozesse der Wertschöpfungskette erstreckt.

Total Quality Management (TQM) bezeichnet einen ganzheitlichen Qualitätsansatz, dem eine Denk- und Handlungsweise zu Grunde liegt, die auf permanente Qualitätsverbesserung ausgerichtet ist. Ein hohes Qualitätsniveau kann nur durch eine entsprechende Koordination des gesamten Leistungsprozesses auf Basis von Kunden-Lieferanten-Beziehungen sowie einer funktionsübergreifenden Optimierung erreicht werden. Zum anderen müssen die Mitarbeiter durch Selbstkontrolle, Gruppenarbeit und entsprechende Leistungsanreize dazu motiviert werden, eine qualitativ hochwertige Prozessarbeit zu leisten. Das Qualitätsbewusstsein soll alle Geschäftsprozesse und Aktivitäten eines Unternehmens erfassen und zu einem kontinuierlichen Verbesserungsprozess (KVP) führen (vgl. *Vahs* 2009, S. 218). Unter dem Begriff des Kaizen (Imai 1994, S. 15 ff.) wird diese systematische Ausschöpfung von Verbesserungspotentialen zu einem Bestandteil der Unternehmenskultur erhoben. Die Prozessqualität steht auch in den Ausschreibungskriterien der nationalen und internationalen Qualitätspreise im Vordergrund. Sowohl im **Malcolm Baldrige National Award** als auch im **European Quality Award** erhält sie den höchsten Punktwertfaktor (vgl. *Zink* 1995, S. 37 ff.).

Messung der Prozessqualität

Die Messung von Prozessqualität vollzieht sich häufig mittels internem, gegebenenfalls sogar externem Benchmarking. Beispielsweise unterzieht die IBM jeden identifizierten Geschäftsprozess einem Benchmarking mit dem Ziel der kontinuierlichen Prozessverbesserung. Jedem identifizierten Geschäftsprozess wird ein Ratingwert zugewiesen, der die **Güte** des Prozesses in 4 Rangstufen messen soll (vgl. *Böhnert* 1998, S. 222):

Stufe 4: Der Prozess ist dokumentiert und im Unternehmen eingeführt

Stufe 3: Die „Qualität" wurde bereits verbessert

Stufe 2: Der Prozess wurde einem Benchmarking unterzogen und weiter verbessert

Stufe 1: Der Prozess hat die Werte der Vergleichsentitäten übertroffen.

Im Vordergrund des Benchmarkings steht die Messung der Prozessqualität. Sie verfolgt üblicherweise die folgenden Ziele (vgl. hierzu *Gaitanides* u. a. 1994, S. 74):

- Reduzierung der Fehlerkorrekturkosten sowie der damit verbundenen Arbeitszeit
- Behebung prozessualer Schwachstellen
- Kundenzufriedenheit.

Schwerpunkt der Qualitätsmessung ist die Erfassung der Outputqualität, da die Inputqualität gleichzeitig die Outputqualität des vorgelagerten internen oder externen Lieferantenprozesses darstellt. Sie wird in der Regel durch Leistungsnachweise vom verantwortlichen Prozesseigner bzw. vom Lieferanten verifiziert.

Da die **Güte eines Prozesses** neben der Qualität auch den Leistungsparameter Zeit und Kosten umfasst, sind die Qualitätsmesspunkte in den Geschäftsprozessen so zu wählen, dass auch für die Durchlaufzeit ein entsprechender Messwert erhoben werden kann. Auch für die Prozessvarianten sind Qualitätsindikatoren zugleich mit den Zeitindikatoren festzulegen.

Qualitätswerte können ausschließlich an den Prozessnahtstellen und nicht wie bei der Zeitmessung aus der Differenz zwischen Eingangs- und Ausgangsschnittstelle eines Geschäftsprozesses ermittelt werden. Im Vordergrund stehen prozessuale Aspekte, d. h. wie und in welcher Form Leistungsvereinbarungen mit internen Servicenehmern und Servicegebern bzw. externen Kunden und Lieferanten eingehalten werden. Wichtig ist die Definition einer **Outputnorm**, die neben der Fehlerdefinition das zu erreichende Qualitätsniveau eindeutig festlegt. Diese Outputnorm kann zusätzlich zu der mit den externen Kunden vereinbarten Leistung weitere Qualitätsaspekte beinhalten, z. B. die Anzahl tolerierter, fehlerhafter Rechnungen in der Auftragsabwicklung. Dieser Prozessleistungsparameter ist Bestandteil der Outputnorm, wird aber nicht Gegenstand einer Leistungsvereinbarung mit einem externen Kunden sein. Für Prozesse mit externem Kundenkontakt sind aus der Output-Norm drei Arten von Qualitätsindikatoren abzuleiten:

- Qualitätsanforderungen, die Bestandteil der Leistungsvereinbarung mit externen Kunden sind,

- Qualitätsaspekte, die nicht in der Leistungsvereinbarung mit externen Kunden enthalten sind, deren Ergebnis aber einen maßgeblichen Einfluss auf die Kundenzufriedenheit haben, z. B. Rechnungsrichtigkeit,

- Qualitätsergebnisse, die primär interne Kunden bzw. Servicenehmer tangieren.

Die Einteilung der Qualitätsindikatoren in diese drei Kategorien wird also jeweils von der Kundennähe des betreffenden Prozesses oder Subprozesses beeinflusst. Wichtig ist die Unterscheidung insbesondere dann, wenn die intern ermittelten Qualitätswerte mit den externen, d. h. aus Kundenumfragen gewonnenen Ergebnissen, überprüft werden sollen.

Zur Messung der Prozessqualität wird häufig die Methode **Six Sigma** empfohlen (vgl. *Schmelzer/Sesselmann* 2010, S. 374 ff.; *Fischermanns* 2006, S. 370). 6 x Standardabweichung steht für das Qualitätsziel eines Prozesses. Das Verfahren beruht auf der statistischen Messung der Fehlerrate eines Prozesses bzw. Teilprozesses, die auf die absolute Zahl von 1 Million Fehlermöglichkeiten normiert wird (DPMO = defects per million opportunities). Die Fehlerrate wird auf kritische Qualitätsmerkmale des Geschäftsprozesses (CTQ = critical to quality characteristic) wie Prozesszeit, Fehlerfreiheit, Termintreue oder Kundenzufriedenheit bezogen. Kritische Qualitätsmerkmale sind solche, die aus Kundensicht wichtig sind. Das Vorgehen soll an folgendem Beispiel verdeutlicht werden (*Schmelzer/Sesselmann* 2006, S. 265 f.): In einem Teilprozess wurden 70 Fehler aus 1000 Cases erfasst, was einer Fehlerrate von 7 Prozent entspricht. 12 kritische Qualitätsmerkmale des Teilprozesses werden durch Kundenbefragung erhoben. Damit beträgt die Fehlerquote pro Fehlermöglichkeit (DPO) DPO =

0,07:12 = 0,0058. Bezogen auf 1 Million Möglichkeiten ergibt sich mithin DPMO = 0,0056 x 1 000 000 = 5833, was entsprechend der Six Sigma-Tabelle eine Fehlerquote von 4 x Sigma entspricht. Der Anteil fehlerfreier Teilprozesse beträgt 1-0,0058 = 0,9942 bzw. 99 Prozent.

Setzt sich ein Geschäftsprozess aus mehreren Teilprozessen zusammen, dann errechnet sich die Qualität des Teilprozesses aus dem Produkt der Güte der einzelnen Teilprozesse. Wurden bei 5 Teilprozessen beispielsweise die Ausbeutekennzahlen 0,99; 0,97; 0,95; 0,93 und 0,94 erhoben, dann beträgt der Anteil fehlerfreier Prozessleistungen: 0,99 x 0,97 x 0,95 x 0,93 x 0,94 = 80 Prozent. Die gilt freilich nur bei Unabhängigkeit der Güte der einzelnen Teilprozesse.

Eine hohe Prozesssicherheit ist dadurch gekennzeichnet, dass der Mittelwert der Prozessergebnisse in Bezug auf die Qualitätskriterien verbessert und die Standardabweichung verringert wird (vgl. *Schmelzer/Sesselmann* 2006, S. 357 f.). Auf diese Weise verbindet Six Sigma Kundenbedürfnisse mit der Prozessqualität, da die kritischen Qualitätsmerkmale aus Kundenanforderungen hergeleitet und als Steuerungsgrößen in das Prozessmanagement eingeführt werden.

Prozessqualität und Kundenbedürfnisse

Nicht unproblematisch ist die generelle Gleichsetzung von Qualitätsverbesserung und Erfüllung von Kundenbedürfnissen. Generell wird ein kundenbezogenes Verständnis von Prozess- bzw. Produktqualität unterstellt. Qualität ist danach die Fähigkeit eines Prozesses oder Produktes, die subjektiven Nutzenerwartungen und Anforderungen eines Kunden zu erfüllen. Umgekehrt wird auch die Entstehung von Loyalität bzw. die Kundenbindung als Indikator für das Vorhandensein der von Kunden wahrgenommenen Qualität gesehen (*Ringle* 2004, S. 82). Einschränkend ist jedoch anzumerken, dass die strategische Bedeutung von Qualität sich allein an der vom Kunden akzeptierten und wahrgenommenen Qualität bemisst, die er auch zu honorieren bereit ist. Differenzierung aufgrund von einer an der Qualität festzumachenden Überlegenheit gegenüber Wettbewerbern ist daher gegebenenfalls eine notwendige, keinesfalls immer auch hinreichende Bedingung für eine nachhaltige Generierung einer strategischen Rente.

Ob ein Kunde durch eine Leistung zufrieden gestellt wird, hängt in erster Linie von seinen Erwartungen ab. Zufriedenheit entsteht aus dem Vergleich von Erwartungen und wahrgenommenem Leistungsprofil. Dabei können unterschiedliche Produkt- bzw. Leistungseigenschaften Objekt der Erwartungsbildung sein. Üblicherweise (vgl. *Hinterhuber* 2004, S. 20 ff.) werden zwischen Erwartungen und Zufriedenheit der Kunden folgende Zusammenhänge im sog. Kano-Modell hergestellt:

- **Basisanforderungen**: Sie umfassen jene Leistungskomponenten, die der Kunde als selbstverständlich voraussetzt und auch nicht explizit einfordert. Sie müssen im erwarteten Ausmaß erfüllt werden, anderenfalls entsteht beim Kunden starke Unzufriedenheit. Übertreffen jedoch die angebotenen Leistungseigenschaften die Anforderungen des Kunden, hat das keine positiven Wirkungen auf dessen Zufriedenheit. Sie haben die Bedeutung eines „Hygienefaktors", der zwar Unzufriedenheit verhindern, jedoch nicht zur Zufriedenheit beitragen kann. Qualität fällt nur auf, wenn sie nicht vorhanden ist. Als Beispiel kann die pünktliche Lieferung innerhalb gewisser Toleranzgrenzen angeführt werden, sofern noch ein Sicherheitsbestand beim Kunden vorhanden ist. Ein pünktlicher Abflug eines Flugzeugs kann beim Passagier nicht außerordentliche Zufriedenheit hervorrufen, eine Verspätung hingegen kann außerordentliche Unzufriedenheit bewirken. Beim Kauf eines PKW können serienmäßige Klimaanlage oder Zentralverriegelung zu den Basisanforderungen zählen, deren Fehlen zur Unzufriedenheit führt.

- **Leistungsanforderungen**: Sie werden vom Kunden explizit in Leistungsvereinbarungen gefordert. Ihre exakte Erfüllung wird vom Kunden erwartet. Werden die Leistungsanforderungen nicht oder nur unzureichend erbracht, entsteht Unzufriedenheit, werden sie übertroffen, fördert das die Zufriedenheit. Zwischen Leistungsanforderungen und Zufriedenheit besteht ein proportionaler Zusammenhang. Wertschöpfungsprozesse müssen daher in besonderer Weise auf diese Qualitätskomponente fokussiert sein. Qualität trägt als ein spezifisches Attribut des Produktes („One Dimensional Quality") zur Kundenzufriedenheit bei. Der Käufer eines PKW erwartet z. B. eine bestimmte Motorleistung und einen bestimmten Benzinverbrauch. Im Einzelfall kann eine überragende Beratungs- oder Servicequalität besondere Zufriedenheit bewirken.

- **Begeisterungsanforderungen**: Besondere Eigenschaften von Produkten oder Leistungen können Begeisterung beim Kunden auslösen. Dabei handelt es sich um solche Eigenschaften, die der Kunde von vornherein nicht gefordert und auch nicht erwartet hat. Er wird von der Leistungseigenschaft überrascht. Werden solche Leistungen angeboten, dann üben sie allerdings einen überproportional großen Einfluss auf die Zufriedenheit aus. Da diese Leistungskomponenten nicht erwartet und auch nicht von Wettbewerbern angeboten werden, führt deren Fehlen auch nicht zu Unzufriedenheit. Für ein bestimmtes Kundensegment könnte es beim Kauf eines PKW zu den Begeisterungseigenschaften gehören, das Auto nach individuellen Kundenwünschen online konfigurieren zu können. Unerwartete Kulanzleistungen im After Sales Service könnten ebenfalls zu dieser Leistungseigenschaft zählen.

Die genannten Leistungskomponenten sind das Ergebnis von Geschäftsprozessen. Zur Bewertung der Prozessqualität lassen sich daher **Basisprozesse**, **Leistungsprozesse und Begeisterungsprozesse** unterscheiden. Geschäftsprozesse, die Basisanforderungen erfüllen, unterliegen höheren Qualitätsnormen als Prozesse, die auf die Erfüllung von Begeisterungsanforderungen ausgerichtet sind. Basisprozesse und Begeisterungsprozesse haben in aller Regel den Charakter von Supportprozessen (vgl. auch *Nassner* 2004, S. 84). Auch wenn Begeisterungsprozesse der Profilierung dienen, sind sie doch meist leicht zu imitieren und vermögen keinen nachhaltigen Wettbewerbsvorteil zu stiften. Demgegenüber sind Geschäftsprozesse, deren Zweck es ist, Leistungsanforderungen zu erfüllen, Kernprozesse. Sie unterliegen definitionsgemäß strikten Qualitätserfordernissen, da sie unmittelbar mit den Kundenerwartungen verknüpft sind. Negative Abweichungen gefährden die Kundenbindung. Allein wenn es gelingt, aufgrund der Prozessqualität die Kundenerwartungen zu übertreffen, kann der Geschäftsprozess dem strategischen Anspruch der Einmaligkeit genügen und die Kundenzufriedenheit sicherstellen. Auch die Begeisterungsprozesse verfolgen das Ziel, sich gegenüber den Kunden durch ein „einmaliges" Prozessergebnis zu profilieren. Dass jedoch Leistungsanforderungen durch Begeisterungsanforderungen substituiert werden können, erscheint nur bei sehr emotionalen Kaufentscheidungen denkbar. Aus den vorgetragenen Überlegungen folgt, dass die Prozessqualität im Sinne eines „je mehr, desto besser" nur bedingt zur Schaffung von Wettbewerbsvorteilen beitragen kann. Dies ist allenfalls bei erfolgskritischen Kernprozessen möglich. Als generelles Gestaltungsziel, wie etwa im Konzept des TQM gefordert, muss die Bedeutung der Prozessqualität aber relativiert werden.

Prozessqualität als Leistungseigenschaft

Die Prozessqualität ist im Konzept des **marktorientierten** Ansatzes in den meisten Fällen von mittelbarer, in wenigen von unmittelbarer Bedeutung, da allein die Produktqualität dem Anbieter einer Leistung Einzigartigkeit verleihen kann. Letzteres ist der Fall, wenn die Leistungseigenschaften des Tauschobjekts vor Vertragsabschluss durch den Kunden beurteilbar sind. Häufig existieren jedoch auf Seiten des Kunden Qualitätsunsicherheiten aufgrund einer asymmetrischen Informationsverteilung zwischen ihm und seinen Lieferanten (vgl. Abbildung 6.28). In diesem Fall kann der Kunde erst nach Vertragsabschluss die Produktqualität beurteilen. Im Extremfall ist er auch dazu nicht in der Lage und muss daher auf deren Vorhandensein vertrauen. Entsprechend lassen sich Produkte unterscheiden, bei denen die Qualität vor Vertragsabschluss eine Such-, Erfahrungs- oder Vertrauenseigenschaft sein kann. Als Beispiel für einen

	Leistungseigenschaften sind überwiegend		
Art des Austauschs	Such-eigenschaften	Erfahrungs-eigenschaften	Vertrauens-eigenschaften
Produktqualität als Austauschgut	open qualities	hidden qualities	veiled qualities
Prozessqualität als Leistungs-versprechen	open characteristics	hidden characteristics	veiled characteristics
	vor Vertrags-abschluss beurteilbar	nach Vertrags-abschluss beurteilbar	nach Vertrags-abschluss beurteilbar

Abb. 6.28: Qualität als Austauschgut bei asymmetrischer Information (in Anlehnung an *Vedder* 2001, S. 55)

„Suchkauf" wird der Kauf eines Elektrogeräts, für einen „Erfahrungskauf" ein Friseurbesuch, für einen „Vertrauenskauf" ökologisch produziertes Fleisch genannt (*Vedder* 2001, S. 56).

In Austauschprozessen, bei denen Erfahrungs- und Vertrauenseigenschaften überwiegen, kann die Prozessqualität nur indirekt zu Wettbewerbsvorteilen beitragen.

Prozessqualität als wettbewerbskritische **Ressource** kann allerdings Gegenstand eines **Leistungsversprechens** sein. Mit der Zertifizierung der Prozessqualität wird gegenüber Dritten die Prozessqualität signalisiert und damit indirekt ein Leistungsversprechen abgegeben. Dadurch soll dem Kunden der Suchaufwand vor Vertragsabschluss verringert und der Vergleich von alternativen Angeboten erleichtert werden. Im Business-to-Business-Geschäft ist darüber hinaus die Auditierung der Prozessqualität durch den Kunden selbst keine Seltenheit. Hierbei kommen auch Benchmark-Analysen zum Einsatz, um verschiedene Lieferanten vergleichen zu können. Bei der Prozessqualität kann es sich auch um Erfahrungs- und Vertrauenseigenschaften handeln. Dabei liefern zertifizierte Qualitätsmanagementsysteme (QM), wie die DIN-ISO-9000-Normen, Gütesiegel oder Prüfzeichen, dem Kunden Informationen, die seine Unsicherheit reduzieren und zur Vertrauensbildung beitragen sollen. QM-Zertifikate, die Prozessqualität dokumentieren, können Informationsasymmetrien vor allem in solchen Austauschbeziehungen verringern, bei denen Erfahrungseigenschaften überwiegen. Sie sind weniger geeignet in solchen Transaktionen, bei denen Vertrauenseigenschaften dominieren. (vgl. *Vedder* 2001, S. 65 f.).

Prozessqualität als Reifegrad

Die Bewertung von Geschäftsprozessen kann sich schließlich auf sog. „Reifegradmodelle" (Business Process Maturity Model) stützen (vgl. hierzu die Zusammenstellung dieser Modelle bei *Schmelzer/Sesselmann* (2010), S. 316 ff.). Das Prozessmanagement wird nach Qualitätsnoten meist auf einer Skala von 1 bis 5 bewertet. Die Klassifikation beginnt mit einem Zustand, in dem Prozesse noch unzureichend definiert, die Prozesskultur nicht erkennbar und Akteure nicht mit den Prozessrollen vertraut sowie die Technologien nicht in das Prozesssystem integriert sind. Prozessqualität ist vollendet (Reifegrad 5), wenn die Prozesse in die Unternehmensstrategie eingebettet und kontinuierliche Prozessverbesserungen implementiert sind, die Mitarbeiter Prozessqualifikationen und -kultur verinnerlicht haben, und die IT-Architektur in die Prozesswelt integriert ist. Bewertet werden die wichtigsten Komponenten und Erfolgsfaktoren des Geschäftsprozessmanagement, wie Prozessstrategie, -mitarbeiter, -rollen, -kultur, -methoden und IT-Einsatz. Die Themenbereiche der Evaluierung sind (*vom Brocke* 2010, S. 506):

Strategic Alignment: Ausrichtung des Prozessmanagements an strategischen Zielen

Governance: Organisatorische Verankerung des Prozessmanagements

Methods: Einsatz von Methoden in den Phasen der Prozessentwicklung

Technology: Einsatz von Informationstechnologien als Grundlage der Prozessgestaltung

People: Fähigkeitsprofile von Mitarbeitern und ihre Entwicklung im Umgang mit Geschäftsprozessen

Culture: Geteilte Wertvorstellungen und Bereitschaft für Prozessveränderungen.

Reifegradmodelle sollen ein anspruchsvolles Prozessassessment ermöglichen, das über die Bewertung hinsichtlich Schwächen und Risiken hinausgehend auf Handlungsbedarf und Verbesserungsstrategien sowie die zu realisierenden Maßnahmen hinweist. Im Fokus stehen dabei sowohl einzelne Geschäftsprozesse als auch das gesamte Prozesssystem.

Bemerkenswert ist einerseits die Vielzahl der existierenden Reifegradmodelle, die zwar alle hinsichtlich der Definitionen der Realisierungsniveaus und den benutzten Klassifikationskriterien ähnlich strukturiert sind, sich jedoch im Detail deutlich unterscheiden. Zum anderen ist festzuhalten, dass der Evaluierungsprozess des Prozessmanagement selbst als ein Prozess zu begreifen ist, dem ein spezifisches Vorgehensmodell zu Grunde liegt und damit selbst einer Bewertung unterzogen werden kann (vgl. *Knupperts/Feddern* 2011, S. 185 ff.).

Das Management der Prozessqualität setzt die Beherrschung einer Vielzahl, von komplementären, vielfach jedoch auch konfligierenden Mittel-Zweck-Beziehungen voraus (vgl. *Kühl* 2001, S. 106 ff.). Dazu zählen die Interdependenzen von Qualitätsnormen und -fähigkeiten zwischen Teil- und Geschäftsprozessen, zwischen Support- und Kernprozessen sowie zwischen den Kernprozessen untereinander. Darüber hinaus sind die Nebenwirkungen hinsichtlich der Bearbeitungszeiten und Prozesskosten zu berücksichtigen. Schließlich ist Prozessqualität kein abstrakter Wert, dessen Rationalität sich verselbständigen kann, sondern ist im engen Nexus von Kundenbedürfnissen, Umsatzsteigerung oder Kostensenkung zu verfolgen. Dabei geht es immer auch um Interessen und Strategien organisatorischer Akteure und um Sinn und Einfluss von Promotoren in Verbesserungsprozessen. Schon die Wirksamkeit von QM-Maßnahmen ist laufend zu hinterfragen. Wie wirken die QM-Maßnahmen auf die Prozessqualität, wie die Prozessqualität auf die Produktqualität, und wie wird die Produktqualität durch die Kunden wahrgenommen und honoriert? Die Beziehungen sind weder eindeutig noch zwangsläufig, sondern sind laufend neu zu rekonstruieren und der Bewährung auszusetzen.

6.4.2.2 Der Faktor Zeit

Die Verkürzung der Durchlaufzeit hatte bereits in den ablauforganisatorischen Modellen als Vorläuferkonzepte der Prozessorganisation herausragenden Stellenwert (vgl. Kapitel 2.4.2). Darüber hinaus gewinnt die Zeit als Wettbewerbsfaktor unter strategischen Aspekten neben der Preis- und Produktdifferenzierung wachsende Bedeutung. Die Durchlaufzeit in den unterschiedlichen Geschäftsprozessen beeinflusst die Kapitalbindung. Die Entwicklungszeit und die Dauer der Markteinführung neuer Produkte werden immer wichtigere Instrumente für die Gewinnung von Marktanteilen. Die kurzfristige Lieferbereitschaft und die Lieferflexibilität sind häufig die entscheidenden Wettbewerbsvorteile. In

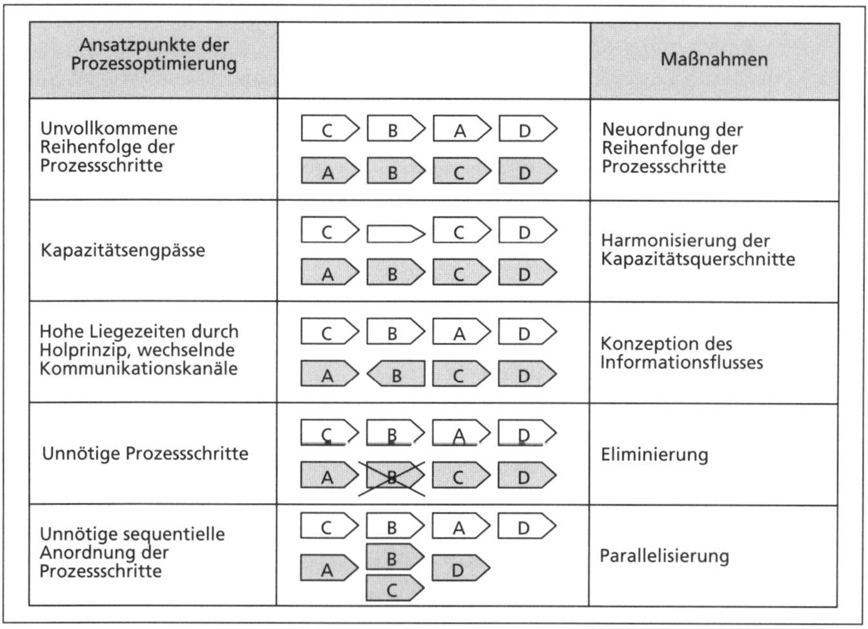

Ansatzpunkte der Prozessoptimierung		Maßnahmen
Unvollkommene Reihenfolge der Prozessschritte	C > B > A > D A > B > C > D	Neuordnung der Reihenfolge der Prozessschritte
Kapazitätsengpässe	C > ⬚ > C > D A > B > C > D	Harmonisierung der Kapazitätsquerschnitte
Hohe Liegezeiten durch Holprinzip, wechselnde Kommunikationskanäle	C > B > A > D A < B < C > D	Konzeption des Informationsflusses
Unnötige Prozessschritte	C > B > A > D A > B̶ > C > D	Eliminierung
Unnötige sequentielle Anordnung der Prozessschritte	C > B > A > D A > B > D C	Parallelisierung

Abb. 6.29: Ansatzpunkte und Maßnahmen der Beschleunigung der Prozesszeit (Quelle: *Fließ* 2006, S. 169)

allen Fällen spielt der Faktor Zeit bei der Bewertung von Geschäftsprozessen eine zentrale Rolle. Die Verkürzung der Durchlaufzeit erhöht die Kapazität eines Geschäftsprozesses, was wiederum zu Kostensenkungen genutzt werden kann („economies of speed"). Schnellere Reaktionsfähigkeit wird vor allem durch verkürzte Produktentwicklungszeiten ermöglicht (time to market).

Geschäftsprozesse bieten unterschiedliche Ansatzpunkte zur Beschleunigung der Durchlaufzeit (vgl. Abbildung 6.29).

Durch die Verbesserung der Lieferfähigkeit erlangt das Unternehmen eine hohe mengenmäßige Flexibilität bei Änderungen der Marktsituation. So können in einer Marktaufschwungphase schnell vorhandene Marktpotentiale ausgeschöpft und damit Marktanteile gegenüber Wettbewerbern gewonnen werden. Umgekehrt kann in Phasen des Marktabschwungs sofort auf die sinkende Nachfrage reagiert werden, so dass erst keine Bestände aufgebaut werden müssen. Eine verkürzte Durchlaufzeit führt also zu einer verkürzten Reaktionszeit.

Die Durchlaufzeit gibt den Zeitraum an, den ein Objekt in einem bestimmten Durchlaufweg gebunden ist, bzw. den es von dem Prozess auslösenden Ereignis bis zur Verfügbarkeit der Prozessleistung für den Kunden benötigt (vgl. *Gaitanides* u. a. 1994, S. 14).

Die Durchlaufzeit setzt sich aus drei Komponenten zusammen:

1. **Durchführungszeit (Ausführungs- und Rüstzeit),**

2. **Transferzeit und**

3. **Liegezeit.**

Während die Zeiten für die Ausführung (Be- und Verarbeitung eines materiellen oder immateriellen Objekts) und den Transfer im Wesentlichen vorgegeben sind, können die Rüstzeiten und vor allem die Liegezeiten als nicht wertschöpfende Zeitbedarfe durch eine umfassende Abstimmung der einzelnen Teilprozesse verringert werden. In der Literatur werden diese beiden Zeit-Kategorien auch unter dem Begriff **„indirekte Bearbeitungszeit"** zusammengefasst. Zudem lassen sich die häufig auftretenden Schnittstellenprobleme durch die Integration von Teilprozessen zu einem Gesamtprozess deutlich reduzieren oder sogar vermeiden (vgl. Abbildung 6.30).

Die Verkürzung der Durchlaufzeit kann durch konkrete Gestaltungsprinzipien umgesetzt werden:

- Neuanordnung der Prozessfolge:
  Die Neuanordnung der Prozessfolge bedeutet die Änderung der Reihenfolge der Aktivitäten. Einzelne Aktivitäten werden aus der zeitlichen Bearbeitungsfolge herausgelöst und entweder vorgezogen oder nach hinten verlegt. Im Rahmen der Neuanordnung von Aktivitäten ist auch über die Aggregation von mehreren Aktivitäten als Quelle der Beschleunigung sowie über die externe Vergabe von zeitneutralen Aktivitäten nachzudenken.

- Parallelisierung und Überlappung von Aktivitäten:
  Aktivitäten, deren sequentielle Reihenfolge nicht zwingend aufgrund der Aufgabenstellung erforderlich ist, sind parallel oder zeitlich überlappend auszuführen.

- Eliminierung von Aktivitäten durch Abbau von Tätigkeiten, die für den Kunden keinen Nutzen schaffen.

- Harmonisierung von Aktivitäten durch Beseitigung von Engpässen

- Pull-gesteuerter, kontinuierlicher Prozessablauf durch kundeninitiierte Auslösung der Bearbeitungsvorgänge

- Reduktion der Losgrößen durch auftragssynchrone Bearbeitung. Dadurch wird der stetige Fluss des Wertschöpfungsprozesses gefördert und Liegezeiten bis zur Zusammenstellung einer Serie gleichartiger Aufträge vermieden.

- Kurze Rückkopplungsschleifen zwischen Aktivitäten durch laufende Selbstkontrolle.

Die Durchlaufzeit wird nicht allein von der reinen Bearbeitungszeit eines Vorgangs, sondern von dem Abstimmungsaufwand (vgl. Kapitel 2.5) und den damit verbundenen Liegezeiten der Aufträge zwischen den funktionalen Bearbeitungsstationen bestimmt. Hinzu kommen redundante Bearbeitungsschritte an den Schnittstellen (Rüstzeiten). Z. B. müssen sich die Mitarbeiter jeder Bearbeitungsstation nach Übergabe in den Vorgang einarbeiten und Informationen erheben, die im vorhergehenden Arbeitsvorgang bereits erfasst waren. Beschleunigungen der Durchlaufzeit können in einem ersten Schritt durch crossfunktionale Integration der Bearbeitungsschritte und durch Prozessspezialisierung erreicht werden. Sie gehen auf die Verkürzung der Liegezeiten und Zeiten für die Koordination der Bearbeitungsstationen zurück. Weitere Beschleunigungen lassen sich durch den Einsatz von Prozessteams erzielen, durch die unmittelbare Interaktion und gegenseitige zeitliche Abstimmung

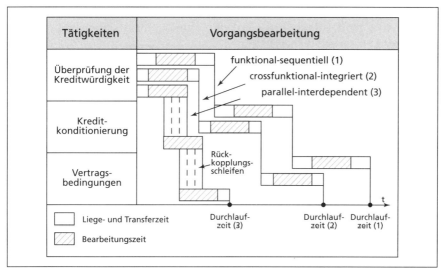

Abb. 6.30: Beispiel für Durchlaufzeiten bei alternativen Varianten der Prozessstrukturierung

im Bearbeitungsprozess erreicht werden. Die Durchlaufzeit wird dabei durch Parallelisierung im Arbeitsvollzug beschleunigt. Die Abbildung 6.30 zeigt ausschnittsweise Teilprozesse bei der Bearbeitung eines Kreditantrags und die Hebel der Verkürzung der Durchlaufzeit.

Erfahrungsgemäß beanspruchen die Liegezeiten ein Mehrfaches der reinen Bearbeitungszeit (vgl. *Gaitanides* u. a. 1994, S. 70 ff.). So lassen sich die Durchlaufzeiten häufig allein durch verkürzte Liegezeiten beschleunigen, ohne dass die Bearbeitungsintensität erhöht werden muss.

Eine große Streuung des Zeitbedarfs einzelner Teilprozesse kann zu Engpässen und unausgewogener Arbeitsverteilung führen. Schwankende Durchlaufzeiten können hier nach ihrem Komplexitätsgrad geclustert und durch Bildung entsprechender Prozessvarianten harmonisiert werden.

Die Verkürzung der Durchlaufzeit ist immer im Zusammenhang mit der Liefertreue zu beurteilen. Liegezeiten sind u. U. in Kauf zu nehmen, wenn dadurch eine termingerechte Belieferung erreicht werden kann. Insbesondere die Lieferflexibilität und die Lieferbereitschaft können gegebenenfalls durch geplante Liegezeiten erhöht werden.

Die Fähigkeit eines Unternehmens zu außergewöhnlicher Prozessqualität oder zu besonders schneller Abwicklung von Geschäftsprozessen ist eine **Ressource**, aus der, falls sich daraus eine Kernkompetenz entwickeln lässt, Wettbewerbsvorteile erwachsen können. Dies setzt voraus, dass für diese Prozessfähigkeiten Applikationen gefunden werden, bei denen sie Zusatznutzen für Kunden stiften können. Umgekehrt können termingerechte Auslieferung oder kurze Lieferzeiten aus **marktorientierter** Sichtweise wichtige **Leistungsanforderungen** darstellen, die nur durch ein auf Zeitziele ausgerichtetes Prozessmanagement zu realisieren sind. Beruhen entsprechende Fähigkeiten auf Imitation von Benchmarks, ist die Rente generierende Funktion von Wettbewerbsvorteilen allerdings keineswegs sichergestellt.

6.4.2.3 Der Faktor Kosten

Eine erfolgreiche Vermarktung von Produkten oder Dienstleistungen setzt preispolitische Entscheidungen und damit die genaue Kenntnis der Selbstkosten voraus (*Gaitanides* u. a. 1994, S. 76 ff.). Entsprechend der Bedeutung der Produktkostenkalkulation (Kostenträgerstückrechnung) wurden für den Fertigungsbereich diverse Kalkulationsmethoden entwickelt, um den Gemeinkostenblock aufzulösen. Die Zielsetzung dieser Kalkulationsverfahren ist einerseits, eine Basis für eine **Preiskalkulation** zu schaffen, und andererseits, Kostentransparenz herzustellen, um Ansatzpunkte für Kostenvergleiche alternativer Produktionsverfahren und nicht zuletzt für Kostensenkungsmaßnahmen zu erhalten. Kosten, die nicht unmittelbar in Fertigungsprozessen bei der Erstellung eines Produkts entstehen, wie z. B. Vertriebs- und Verwaltungskosten, werden in diesen Verfahren in der Regel mit Hilfe der Kostenstellenrechnung als Gemeinkostenumlage den Produkten bzw. Dienstleistungen (Kostenträgern) prozentual zugeschlagen. Die dabei gewählten wertmäßigen Bezugsgrößen spiegeln allerdings häufig nicht die tatsächliche Inanspruchnahme interner Leistungen und mithin auch nicht die Kostenverursachung wider. Informationen über Rationalisierungspotenziale lassen sich daher aus der traditionellen Kostenrechnung nur eingeschränkt gewinnen.

Neben der **Transparenz in Kostenstrukturen**, insbesondere in die Gemeinkosten des indirekten Leistungsbereiches, soll die Kostenrechnung Informationen zur konzeptionellen **Unterstützung der Prozessgestaltung** liefern. Dazu gehören auch die Entscheidungen über das Outsourcing von Prozessen, die durch Kostenvergleiche unterstützt werden können.

Ein weiteres Objekt von Kostenanalysen ist die Überwachung und Steuerung der **Kapazitätsauslastung** (vgl. *Reckenfelderbäumer* 2001, S. 31). Dabei gilt es aufzuzeigen, welche Aktivitäten und Prozesse welche Ressourcen in welchem Ausmaß beanspruchen. Die Informationen über den Ressourcenbedarf bei der Erstellung von Prozessleistungen dienen vor allem der konzeptionellen Unterstützung der mittel- und langfristigen Unternehmenssteuerung und -planung.

Schließlich bedarf es der Kosteninformationen, um **Verrechnungspreise** bzw. Lenkungspreise an den Schnittstellen organisatorischer Einheiten bzw. Geschäftsprozesse zu ermitteln. Nur dadurch lässt sich ein marktähnlicher Austausch von Produkten und Leistungen innerhalb der Unternehmung organisieren.

Das Vorgehen der traditionellen Zuschlagskalkulation geht von der Prämisse aus, dass die Vertriebs- und Verwaltungskosten im Verhältnis zu den Fertigungskosten vergleichsweise gering und die administrativen Leistungen unabhängig von den Geschäftsprozessen der zu erbringenden Leistung sind. Es wird dabei unterstellt, dass sich die Prozesskosten proportional zu einer wertmäßigen Bezugsgröße verhalten: Fertigungsgemeinkosten verhalten sich proportional zu Fertigungseinzelkosten, Materialgemeinkosten zu Materialkosten und Verwaltungs- und Vertriebsgemeinkosten zu Herstellkosten.

Diese Prämissen sind jedoch aus mehreren Gründen in Frage zu stellen. **Erstens** gewinnen die Vertriebs- und Verwaltungskosten im Verhältnis zu den Produktionskosten zunehmend an Gewicht. **Zweitens** werden Verwaltungsleistungen nicht von allen Produkten in gleichem Ausmaß in Anspruch genommen. Der administrative Aufwand in der Auftragsabwicklung ist beispielsweise entsprechend dem Konstruktionsaufwand oder dem Aufwand für die Vertragsgestaltung bei einzelnen Produkten unterschiedlich. **Drittens** ist der administrative Aufwand nicht oder nur in den seltensten Fällen vom Wert des Materialeinsatzes oder dem Arbeitseinsatz (Lohnkosten) abhängig. Vielmehr ist davon auszugehen, dass die administrativen Kosten eines Produkts (Kostenträger) allein durch die **Vorgangsbearbeitung** hervorgerufen werden. Da Geschäftsprozesse nichts anderes darstellen als Bearbeitungsfolgen an einem Objekt, kann der administrative Aufwand verursachungsgerecht nur als Kosten der Prozessabwicklung erhoben werden. Prozesskosten entsprechen dem bewerteten Verzehr an Ressourcen bei der Vorgangsbearbeitung in einem Geschäftsprozess. Prozesskosten umfassen alle Kosten eines Geschäftsprozesses, die nach dem Verursachungs- und Beanspruchungsprinzip anfallen (vgl. *Horváth* 2003, S. 553).

Im Folgenden werden die Grundzüge der **„Prozesskostenrechnung"** vorgetragen. Dabei soll gezeigt werden, dass sie vergleichsweise besser den Informationsbedarf als traditionelle Kalkulationsverfahren befriedigen kann. Zudem ist sie zur Steuerung prozessorientierter Organisationsstrukturen notwendig, die zur Auflösung des fixen Gemeinkostenblocks beitragen sollen.

Der Unterschied von Zuschlagsrechnung und Prozessrechnung soll an einem einfachen Beispiel illustriert werden (vgl. Abbildung 6.31). Das Beispiel zeigt deutlich unterschiedliche Selbstkosten bei Zuschlags- und Prozesskostenkalkulation. Die Zuschlagskalkulation nimmt als Zuschlagsbasis die Materialkosten zum Einkaufspreis und verteilt die Gemeinkosten für Bestellung etc. entsprechend dem Gemeinkostenzuschlag von 200 % (und somit dem Verhältnis von 275 €/550 €) auf die Kostenträger „Krawatte" vom Typ A bzw. B. Die Prozesskostenrechnung unterstellt, dass die Beschaffungs-, Lager- und Verkaufsprozesse für beide Typen gleich sind. Die gesamten Prozesskosten können daher durch die Anzahl der Vorgänge dividiert werden, so dass ein Prozesskostensatz (Kosten/Vorgang) in Höhe von 27,50 € (550 €/20 Vorgänge) ermittelt werden kann. Die Zuschlagskalkulation subventioniert Prozesse mit niedrigerem Materialeinsatz zu Lasten solcher mit hohem Materialeinsatz. Die Krawatte vom Typ „normal" verursacht danach nicht Kosten in Höhe von 7,50 €, sondern von 30 €, der Typ „elegant" nicht Kosten von 75 €, sondern von 52,50 €.

Ermittlung der Prozesskosten bei Prozessspezialisierung

Im Falle einer ausschließlich produkt- oder kundenorientierten Prozessspezialisierung ist die Ermittlung der Prozesskosten relativ einfach. Für die betreffenden Geschäftsprozesse sind die direkt zurechenbaren Prozesskosten zu erfassen und durch die Kosten verursachende Mengengröße zu dividieren. Für Auftragsabwicklungs-, Produktentwicklungs- oder Marketing- und Vertriebs-

	Typ A normal	Typ B elegant
Einkaufspreis	2,50 Euro	25,00 Euro
Menge	10 St.	10 St.
Gemeinkosten (Bestellung, Rechnung, Ein-/Auslagerung)	550,00 Euro	
Einzelkosten	275,00 Euro	
Gemeinkosten/St. (200%)	5,00 Euro	50,00 Euro
Gesamtkosten/Stück	7,50 Euro	75,00 Euro

Unter der Annahme, dass durch jede Krawatte gleich hohe Gemeinkosten für die betrieblichen Prozesse beim Bestellen, Ein-/Auslagern und Schreiben der Rechnung verursacht werden, wäre ein gleich hoher Verrechnungssatz zutreffend von:

$$\frac{550,00 \text{ Euro}}{20 \text{ Stück}} = 27,50 \text{ Euro/Prozess!}$$

Einkaufspreis	2,50 Euro	25,00 Euro
Kosten je Prozess	27,50 Euro	27,50 Euro
Gesamtkosten/Stück	30,00 Euro	52,50 Euro

Abb. 6.31: Vergleich der Stückkosten bei Zuschlagskalkulation und Prozesskostenrechnung

prozesse sind die Prozesse bereits definiert sowie in Teilprozesse zerlegt und strukturiert, so dass die Erhebung des prozessspezifischen Ressourcenverzehrs und dessen monetäre Bewertung vergleichsweise einfach möglich sind.

Nach der Zurechenbarkeit von Kosten auf Prozesse lassen sich jedoch üblicherweise

- Prozesseinzelkosten und
- Prozessgemeinkosten

unterscheiden.

Prozesseinzelkosten fallen ausschließlich für einen Prozess an und werden auch bei ihm erfasst (vgl. *Friedl* 2004, S. 402). Wird beispielsweise ein Mitarbeiter nur für einen einzigen Geschäftsprozess tätig, dann gehen seine Gehaltskosten in die Prozesskosten ein. Während diese Prozesseinzelkosten dem Geschäftsprozess direkt zurechenbar sind, werden in aller Regel auch Prozessgemeinkosten existieren, die mehreren Geschäftsprozessen zugerechnet werden müssen. Ist z. B. ein Marketing- und Vertriebsleiter für mehrere produkt- oder kundenspezifische Vertriebsprozesse zuständig, dann sind seine Kosten auf die betreffenden Geschäftsprozesse mit Hilfe von Kostenschlüsseln zu verteilen. Im Falle der

Prozessspezialisierung sind die Geschäftsprozesse Orte der Kostenentstehung. Als Kostenstellen übernehmen sie die Funktion, diejenigen Kostenarten den Kostenträgern (z. B. Produkten, Kunden) zuzurechnen, die diesen nicht direkt zurechenbar sind. Kostenträgergemeinkosten werden daher über die Geschäftsprozesse, die an der Erstellung und Vermarktung des Kostenträgers beteiligt sind, verrechnet.

Die Prozesskostenrechnung unterscheidet **Teilprozesse (Aktivitäten)** und **Hauptprozesse** aus rechnungstechnischer Sicht. Teilprozesse sind die Aktivitäten, die in einer einzelnen Kostenstelle ausgeübt werden. Sie sind Bestandteil eines sich über mehrere Kostenstellen erstreckenden Hauptprozesses. Dieser ist nicht notwendig identisch mit einem Kernprozess, wobei allerdings ein Hauptprozess ein Kernprozess sein kann, wenn er zu einem strategischen Wettbewerbsvorteil beiträgt. Umgekehrt kann Teil- und Hauptprozess ein Supportprozess sein.

Da die Kostenermittlung für Teil- wie für Hauptprozesse getrennt vorgenommen werden muss, sind die Kosten bei Durchführung eines Teilprozesses dem Hauptprozess verursachungsgerecht zu übertragen. Bei eindeutiger Leistungsbeziehung zwischen Teil- und Hauptprozess lassen sich die gesamten Kosten des Teilprozesses auf den Hauptprozess umlegen. Gibt ein Teilprozess Leistungen an mehrere Hauptprozesse ab, dann muss die Prozessleistung entsprechend der Inanspruchnahme auf die Kundenprozesse geschlüsselt werden.

Ermittlung der Prozesskosten bei Funktionsspezialisierung

Schwierig gestaltet sich die Prozesskostenermittlung bei Priorisierung der Funktion (vgl. auch *Ahlrichs/Knupperts* 2010, S. 132 ff.). Die funktionale Organisation wird dabei mittels prozessorientierter Stabstellen, Teams oder einer Prozessmatrix integriert. Grundlage der Prozesskostenermittlung sind die funktional differenzierten Kostenstellen, aus denen heraus „Geschäftsprozesse" rekonstruiert werden.

Die Vorgehensweise zur Ermittlung der Kosten eines Geschäftsprozesses (Hauptprozesses) lässt sich wie folgt darstellen (Abb. 6.32).

Die Kostenermittlung ist bottom up aufgebaut. Auf der untersten Stufe der Prozesshierarchie werden die Tätigkeiten bzw. Aktivitäten erhoben. Sie werden innerhalb einer Kostenstelle vollzogen. Sie bilden aus kostenrechnerischer Sicht die kleinste Einheit. Auf der nächsten Ebene werden die Aktivitäten zu „Teilprozessen" integriert. Diese sind immer noch innerhalb einer Kostenstelle lokalisiert. In der traditionellen Ablauforganisation handelt es sich hierbei um einen „Arbeitsgang" (vgl. Kapitel 2.3). Verschiedene Verrichtungen werden

Abb. 6.32 Vorgehensmodell der Prozesskostenrechnung

innerhalb einer Kostenstelle an einem Objekt vollzogen. Erst in den „Hauptprozessen" werden die sachlich zusammengehörenden Teilprozesse kostenstellenübergreifend zusammengeführt (vgl. Abbildung 6.33).

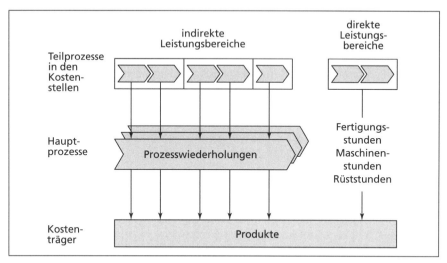

Abb. 6.33: Aufbau der Prozesskostenrechnung bei Funktionsspezialisierung

Durch die Zusammenfassung sachlich und zeitlich aufeinander folgender Teilprozesse sollen die hinter den Prozessen stehenden „Kostenantriebskräfte" ermittelt werden (vgl. *Jost-Sachse* 2006, S. 260). Letzthin ist beabsichtigt, die Kalkulationszuschläge für die Kosten der indirekten Bereiche zu reduzieren und den Kosten verursachenden Größen (cost drivers) direkt zuzurechnen. Über diese können sie dann Kostenträgern angelastet werden.

Zunächst müssen die **Prozesseinzelkosten** sowie **-gemeinkosten** (z. B. Kostenstellenleitung) in den funktional differenzierten Kostenstellen erhoben werden, die durch Ressourcenbeanspruchungen bzw. -verzehr bei der Durchführung von Aktivitäten bzw. Teilprozessen entstehen. Sodann müssen diese Teilprozesskosten in den Hauptprozessen aggregiert werden. Hierbei können verschiedene Varianten der Aggregation auftreten, mit denen die Teilprozesse einzelner Kostenstellen den Geschäftsprozessen zugeordnet werden. Es ergeben sich folgende Möglichkeiten (vgl. *Reckenfelderbäumer* 1998, S. 62):

- Mehrere Teilprozesse verschiedener Kostenstellen gehen in einen Hauptprozess ein,
- mehrere Teilprozesse einer Kostenstelle gehen in einen Hauptprozess ein,
- ein Teilprozess geht anteilig in mehrere Hauptprozesse ein,
- ein Teilprozess ist zugleich Hauptprozess.

Der Aufbau von Geschäftsprozessen hinsichtlich der zugehörigen Aktivitäten bzw. Teilprozesse ist zwar durch die Prozessbeschreibung und -dokumentation festgelegt (vgl. Abb. 6.34), doch müssen die Kosten in den Kostenstellen verur-

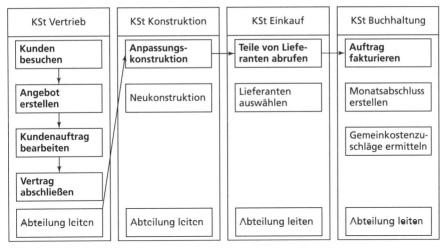

KSt Vertrieb	KSt Konstruktion	KSt Einkauf	KSt Buchhaltung
Kunden besuchen	**Anpassungs- konstruktion**	**Teile von Liefe- ranten abrufen**	**Auftrag fakturieren**
Angebot erstellen	Neukonstruktion	Lieferanten auswählen	Monatsabschluss erstellen
Kundenauftrag bearbeiten			Gemeinkostenzu- schläge ermitteln
Vertrag abschließen			
Abteilung leiten	Abteilung leiten	Abteilung leiten	Abteilung leiten

Abb.: 6.34: Erhebung der Aktivitäten des Prozesses „Auftragsmanagement"

sachungsgerecht erhoben und den Aktivitäten bzw. Teilprozessen zugerechnet werden.

Das Beispiel zeigt einen crossfunktionalen Hauptprozess, der sich horizontal über mehrere Funktionsbereiche erstrecken kann. Im ersten Schritt sind die Aktivitäten innerhalb eines Funktionsbereiches, im zweiten die korrespondierenden Aktivitäten in benachbarten zu erheben. Zu berücksichtigen ist, dass die Kostenverteilung sowohl Teil- als auch Hauptprozesse betreffen können. Einzelne Kostenstellen enthalten Aktivitäten bzw. Teilprozesse, die wiederum Teilleistungen von Teilprozessen beinhalten. Diese geben wiederum ihre Leistungen an die Hauptprozesse ab, die dort als Kosten des Hauptprozesses weiterverrechnet werden.

- **Auswahl der Prozessbezugsgrößen**

Für jeden Teil- bzw. Hauptprozess sind die Prozessbezugsgrößen, die sog. Cost Driver, zu ermitteln. Sie sind diejenigen Mengengrößen, derentwegen ein Prozess definiert, modelliert und ausgeführt wird. Sie sind eine Maßgröße, die in unmittelbaren Zusammenhang mit der Prozessleistung steht. Es handelt sich dabei um Objekte wie **Aufträge, Bearbeitungsvorgänge, Fälle, Aktionen, Kundenkontakte** oder **Projekte**, die als **Kostentreiber** zu identifizieren sind. Sie sind die Bestimmungsgrößen, die den Ressourcenverzehr bzw. -verbrauch auslösen und die Kosten eines Geschäftsprozesses verursachen. Die Prozessbezugsgrößen dienen der Verrechnung der Kosten des betreffenden Hauptprozesses auf die Kostenträger bzw. Produkte.

Die gewählte Prozessbezugsgröße muss folgende Anforderungen erfüllen (vgl. *Friedl* 2004, S. 400):

- Zwischen Prozessbezugsgröße und Ressourcenbeanspruchung sollte ein eindeutiger kausaler Zusammenhang bestehen,
- die Bezugsgröße sollte einfach messbar sein,

- der Prozesskoeffizient, d. h. das Verhältnis von Einheiten der Prozessleistung pro Einheit des Kostenträgers (Bezugsobjekt), sollte bestimmbar sein.

Für die Zusammenfassung zu Hauptprozessen gelten folgende Kriterien:

- Teilprozesse/Aktivitäten müssen den selben Kostentreiber aufweisen, oder
- die Kostentreiber der Teilprozesse müssen zu denjenigen der Hauptprozesse in einem festen Verhältnis stehen.

Grundsätzlich werden mengenmäßige, zeitliche und qualitative Arten von Bezugsgrößen unterschieden:

Mengenmäßige Bezugsgrößen geben die Zahl der Vorgänge an, die in einem Geschäftsprozess bearbeitet werden (Prozesswiederholungen). Sie entsprechen der Prozessleistung, wenn es sich um repetitive Prozesse handelt, d. h. wenn eine identische Bearbeitung der Vorgänge vorliegt bzw. mit jeder Wiederholung die Ressourcenbeanspruchung gleich ist.

Zeitliche Prozessbezugsgrößen werden genutzt, wenn sich der Zeitbedarf der Ressourcenbeanspruchung z. B. aufgrund der unterschiedlichen Komplexität der Prozessobjekte unterscheidet. Es muss jedoch unterstellt werden, dass die Ressourcenbeanspruchung pro Zeiteinheit für alle Bezugsobjekte gleich ist und lediglich die Anzahl der Zeiteinheiten variieren kann. Da die Prozesszeit bei der Bearbeitung verschiedener Bezugsobjekte in Grenzen schwanken wird, können mittlere Prozesszeiten angesetzt werden.

Unterscheiden sich die Bezugsobjekte dadurch, dass sie jeweils spezifische Ressourcen in Anspruch nehmen, werden **qualitative Prozessbezugsgrößen** eingesetzt. Der Auftragsabwicklungsprozess kann für einzelne Bezugsobjekte (z. B. Aufträge) zusätzliche Konstruktionsprozesse oder Vertragsausarbeitungen notwendig machen. Die Einsatzzeit eines Konstrukteurs oder eines Juristen bilden besondere qualitative Prozessbezugsgrößen. Für den Auftragsabwicklungsprozess werden daher mehrere Prozessbezugsgrößen benötigt.

Zur Ermittlung des Prozesskostensatzes der **Auftragsabwicklung** als Hauptprozess kann beispielsweise der Teilprozess bzw. die Aktivität „Angebot erstellen" als Bezugsgröße die Anzahl der Angebote, für die Aktivität „Kundenauftrag bearbeiten" die Anzahl der Aufträge herangezogen werden.

Die sog. **Leistungsmengeninduzierte Teilprozesse (lmi)** entstehen mit der in der betreffenden Kostenstelle erbrachten Leistung. **Leistungsmengenneutrale Teilprozesse (lmn)** fallen auch dann an, wenn in der betreffenden Kostenstelle keine Leistung erbracht wird. Beispielsweise werden Vertriebsbesprechungen oder Qualitätsauditierungen unabhängig von der in der jeweiligen Kostenstelle erbrachten Leistung durchgeführt.

Die **Planbeschäftigung** der Bezugsgröße erfasst das Mengengerüst der Prozessbezugsgröße. Sie wird gemessen als Anzahl der Prozesswiederholungen, der Bearbeitungszeit eines Prozesses oder der Einsatzzeit der im Prozess gebundenen Ressourcen, die für eine Periode geplant sind.

Kostenzuordnung zu Prozessen

Für die Kostenzuordnung gibt es grundsätzlich zwei Alternativen (vgl. *Jost-Sachse* 2006, S. 262). Erstens können die durch die Prozesse verursachten Kosten jeweils nach Kostenarten getrennt auf Basis der geplanten Prozessmengen analytisch ermittelt werden. Dazu müssen die angefallenen Kosten auf Prozesse kontiert werden. Der Ausweis der einzelnen Kostenarten nach funktional gebildeten Kostenstellen ist dazu unzureichend. In der Praxis wird dieses Verfahren durch ein an der traditionellen Kostenrechnung sich orientierendes indirektes Verfahren ersetzt. Die Ist-Kosten der Kostenarten werden hierbei auf den einzelnen Kostenstellen erfasst. Die Verteilung der Kostenstellenkosten auf die Teilprozesse erfolgt sodann, in Mannjahren (MJ) gemessen, an Hand der in den einzelnen Prozessen gebundenen Personalkapazität. Diese indirekte Zurechnung ist zulässig, wenn der Personaleinsatz hoch ist (> 65 %). Die übrigen Kosten, z. B. Maschinenstunden, lassen sich den Prozessbezugsgrößen häufig direkt zurechnen.

- **Ermittlung der Prozesskostensätze**

Auf Grundlage von Prozessmengen und Prozesskosten lassen sich die Prozesskostensätze errechnen. Der Prozesskostensatz sagt aus, welche Kosten die einmalige Durchführung eines Prozesses verursacht (vgl. hierzu *Joos-Sachse* 2006, S. 327 ff.).

Grundsätzlich gilt: Prozesskostensatz = Prozesskosten$_{gesamt}$/Prozessmenge.

Die Kostensätze der leistungsmengeninduzierten (lmi) Teilprozesse errechnen sich mithin als

Prozesskostensatz$_{lmi}$ = Prozesskosten$_{lmi}$ /Prozessmenge.

Die Verteilung der leistungsmengenneutralen (lmn) Prozesse ist von der betreffenden Kostenstellenleistung unabhängig. Die betreffenden Ressourcen werden nicht durch die Durchführung des Teilprozesses direkt beansprucht. Sie müssen vielmehr geschlüsselt und auf die leistungsmengeninduzierten Teilprozesse verrechnet werden.

Prozesskosten$_{gesamt}$ = Prozesskosten$_{lmi}$ /Prozessmange + Umlage Prozesskosten$_{lmn}$

mit: Umlage Prozesskostensatz$_{lmn}$ = Prozesskosten$_{lmn}$ ges./Prozesskosten$_{lmi}$ ges. x Prozesskostensatz$_{lmi}$

Sind die Prozesskostenanteile (lmn) vom Personaleinsatz bzw. von der Leitungsspanne abhängig, wie es häufig bei Führungsaufgaben der Fall ist, dann werden die Arbeitszeiteinheiten der Instanz ins Verhältnis zum Arbeitseinsatz der Mitarbeiter je Prozess gesetzt. Im Beispiel kommen auf ein Mann/Frau-Jahr sieben Zeiteinheiten Mitarbeitereinsatz (im Beispiel: 1/7).

Die drei Mitarbeiter (3,0 MJ) des Teilprozesses 1 „Kunden besuchen" partizipieren an den lmn-Kosten von 100.000 € im Umfang von 42 %. lmn-Kosten, was 42.000 € bzw. einem lmn- Prozesskostensatz von 5,25 € entspricht. Die Summe aus den Kosten des leistungsmengeninduzierten Teilprozesses und den anteiligen leistungsmengenneutralen Kosten ergibt die Gesamtkosten des leistungsmengeninduzierten Teilprozesses (vgl. *Horváth/Mayer* 1993, S. 22 f.).

Die Prozesskostensätze bei einmaliger Durchführung sind für die einzelnen Teilprozesse in Abbildung 6.35 errechnet.

Da es sich im vorliegenden Beispiel (vgl. Abbildung 6.36) um den Hauptprozess „Auftragsmanagement" handelt, müssen die Kosten der den Hauptprozess konstituierenden Teilprozesse und der Abteilung leitenden Instanz addiert werden. Die Kosten für die einmalige Abwicklung des Vorgangs „Vertriebsauftrag" addieren sich somit auf 153,00 €.

Kostenstelle Vertrieb					
Aktivität/Teilprozess (1)	Bezugs- größe (2)	Aktivitäts- menge (3)	Mitarbeiter- kapazität (4)	Aktivitäts- kosten (5)	Prozesskos- tensatz lmi (6)
1 Kunden besuchen	Anzahl der Kunden	8.000	3,0 MJ	160.000	20,00
2 Angebot erstellen	Anzahl der Angebote	4.000	1,5 MJ	100.000	25,00
3 Kundenauftrag bearbeiten	Anzahl der Aufträge	2.000	1,0 MJ	80.000	40,00
4 Vertrag entwerfen und abschließen	Anzahl der Aufträge	2.000	1,5 MJ	80.000	40,00
n Abteilung leiten			1,0 MJ	100.000	

Prozesskosten lmi = 125,00 €
Umlagesatz lmn für Teilprozess 1: 1MJ/7MJ = 0,14
Umlage lmn Teilprozess 1: 100.000 x 0,14 x 3 : 8.000 = 5,25 €
Prozesskosten Teilprozess 1: 20,00 + 5,25 = 25,25 €

Abb. 6.35: Indirekte Ermittlung der Prozesskosten für den Vertriebsauftrag

Die Kosten eines Hauptprozesses setzen sich aus all denjenigen Teilprozesssen zusammen, die an der Leistungserstellung beteiligt sind. Dabei können die jeweiligen Prozessskostensätze z. B. für Auftragsabwicklung, Einkauf, Vertrieb, Konstruktion oder Produktion aus den beteiligten Kostenstellen zusammengeführt werden. Die Gesamtkosten der Erstellung einer Marktleistung ermitteln sich mithin einerseits aus den einzelnen Prozesskostensätzen, zum anderen aus den leistungsmengenunabhängigen Kosten der Unternehmensführung, die ebenfalls auf die Hauptprozesse verteilt werden müssen (Abbildung 6.36).

Zudem sind mögliche **Prozessdifferenzierungen** zu berücksichtigen. Prozesskosten orientieren sich an dem Ausmaß, indem einzelne Teilprozesse kundenspezifisch bzw. weniger aufwendig strukturiert sind. Bei der Auftragsabwicklung eines Standardprodukts oder einer Standardleistung kann z. B. die „Anpassungskonstruktion" als Teilprozess entfallen, die entsprechenden Vorgangskosten werden um den betreffenden Teilprozess gekürzt.

- **Kostenträgerstückrechnung**

In der Kostenträgerstückrechnung (Produktkalkulation) werden als Prozesskosten nur die Kosten der direkten Leistungsbereiche berücksichtigt. Kosten, die durch nicht repetitive Prozesse entstehen, sowie Kosten des sekundären Be-

Teilprozess	Prozesskosten	Prozesskostensatz lmi	Prozesskostensatz lmn	Prozesskostensatz ges.
Kunden besuchen	160.000	20,00	5,25	25,25
Angebot erstellen	100.000	25,00	5,25	30,25
Kundenauftrag bearbeiten	80.000	40,00	7,00	47,00
Vertrag bearbeiten und abschließen	80.000	40,00	10,50	50,50
Abteilung leiten	100.000			
Gesamtkosten	680.000	125,00	28,00	153,00

Abb. 6.36: Ermittlung des Prozesskostensatzes für das „Auftragsmanagement"

reichs, wie der Personalentwicklung oder der Unternehmensplanung, werden nicht als Prozesskosten verrechnet, sofern sie nicht selbst als Hauptprozesse konzipiert und den primären Leistungsprozessen zugeordnet sind.

Die Prozesskosten fließen in die Kostenträgerstückrechnung in unterschiedlicher Weise ein. Wie die Kosten der Hauptprozesse auf die Kostenträger verrechnet werden, hängt von dem Objekt ab, für das der Hauptprozess Leistungen erbringt.

Nach dem Bezug zum Kalkulationsobjekt werden die folgenden Arten von Hauptprozessen unterschieden (vgl. *Friedl* 2004, S 427 ff.):

- produktnahe,

- auftragsnahe,

- auftragsferne und produktferne Prozesse.

Die **produktnahen Hauptprozesse** stehen in unmittelbarem Zusammenhang mit der Materialwirtschaft, der Fertigungsplanung und -abwicklung. Ihre Kosten werden über Bezugsgrößen auf die Kostenträger verrechnet. Die produktnahen Prozesse werden wiederum nach drei Arten von Hauptprozessen unterschieden:

Die **Vorleistungsprozesse** umfassen die administrativ-planerischen Aktivitäten, die nach Abschluss der Produktentwicklung bzw. Konstruktion die Leistungserstellung und -verwertung vorbereiten sollen. Die Prozesskosten stehen in unmittelbarem Zusammenhang mit der Produkt- bzw. Variantenentwicklung und werden daher über den Lebenszyklus des Produktes verteilt. Beispiele sind „Arbeitspläne erstellen", „Produktstammdaten dokumentieren" oder „Bedienungsanleitung erstellen". Die Prozesskosten dieser Vorleistungen sind daher auf die gesamte Produktionsmenge zu verteilen.

Die **Betreuungsprozesse** sind in ihrer Kostenverursachung zeitabhängig. Prozesskosten fallen auch dann an, wenn das betreffende Produkt in der fraglichen Abrechnungsperiode nicht produziert wird. Beispiele sind Prozesse wie „Teile verwalten" oder „Varianten verwalten". Die Prozesskosten werden auf die Produktionsmenge der Periode verrechnet, wenn Produktprogrammänderungen (Einführung oder Eliminierung von Produkten) Betreuungsaktivitäten auslösen.

Die **Abwicklungsprozesse** setzen sich aus Beschaffungs- und Produktionsprozessen zusammen. Beispiele sind „Standardteile beschaffen", „Fertigungsauftrag kommissionieren" oder „Fertigung steuern". Da diese Vorgänge meist in Losen vollzogen werden, sind die betreffenden Prozesskosten durch die Losgröße zu dividieren.

Die **auftragsnahen Hauptprozesse** enthalten Aktivitäten, die mit der Gewinnung und der Realisierung des Kundenauftrags zusammenhängen. Insbesondere Prozesse wie „Auftragsabwicklung" oder „Kunden betreuen" fallen darunter. Umfasst ein Auftrag mehrere Einheiten (z. B. Produkte), dann sind die Prozesskosten durch deren Anzahl zu teilen.

Die **produkt- und auftragsfernen Hauptprozesse** haben nur einen mittelbaren Bezug zu Produkten und Aufträgen. Die Prozessleistung ist nicht bezüglich des Bedarfs an Ressourcen durch den Kostenträger quantifizierbar. Der Prozesskoeffizient, der die Outputeinheiten eines Prozesses angibt, die zur Bearbeitung eines Kostenträgers benötigt werden, kann daher nicht bestimmt werden. Prozesse wie „Lieferanten betreuen" oder „Kunden betreuen" können daher nur durch eine wertmäßige Bezugsgröße (z. B. Herstellkosten) auf die Aufträge bzw. Kostenträger verrechnet werden.

• **Aufbau einer prozessorientierten Kostenträgerrechnung**

Für jeden Hauptprozess, der an der Erstellung eines Produkts beteiligt ist, muss zunächst der Prozesskoeffizient, der die mengen- oder wertmäßige Inanspruchnahme des Prozesses durch den Kostenträger (Bezugsgröße) abbildet, ermittelt werden. Durch Multiplikation des Prozesskoeffizienten mit dem Prozesskostensatz und mittels Umrechnung auf die Mengeneinheiten des Kostenträgers werden die Prozesskosten pro Kostenträgereinheit (Produkt) ermittelt. Die Summe der Prozesskosten aller durch die Leistungserstellung und -verwertung des Kostenträgers beteiligten Hauptprozesse, ergänzt um die Material- und Fertigungseinzelkosten, ergeben dann die prozessorientierten Selbstkosten (vgl. Abbildung 6.37).

	Materialeinzelkosten
+	Kosten der produktnahen Hauptprozesse des Beschaffungsbereichs
+	Fertigungskosten
+	Kosten der produktnahen Hauptprozesse des Fertigungsbereichs
=	Prozessorientierte Herstellkosten

Abb. 6.37: Struktur der prozessorientierten Produktkalkulation
(Quelle: *Friedl* 2004, S. 430)

Grenzen der Prozesskostenrechnung

Das Anliegen der Prozesskostenrechnung war die verursachungsgerechtere Verrechnung der Kosten indirekter Leistungsbereiche auf die Kostenträger (vgl. *Kaplan/Cooper* 1998, S. 79 ff.). Sie sollte ein Analyseinstrument zur Strukturierung des Gemeinkostenbereichs darstellen und damit auch das Gemeinkostenmanagement unterstützen (vgl. *Reckenfelderbäumer* 1998, S. 144). Als reines Kalkulationsverfahren wird jedoch ihre Bedeutung bestritten. Sie liefere keine hinreichend genaue Kosteninformation im Soll-Ist-Vergleich, da sie durch die Proportionalisierung der fixen Kosten bei der Berechnung der Prozesskostensätze die Beschäftigungsschwankungen nicht berücksichtigen könne. Ebenso könnten die Gemeinkosten der Kostenstellen des indirekten Bereichs sowie die Kosten der leistungsmengenneutralen Teilprozesse nicht verursachungsgerecht verrechnet werden.

Die vorgetragenen Argumente richten sich vor allem gegen die Prozesskostenrechnung als Kalkulationsverfahren. Immerhin vermeidet die prozessorientierte Rechnung drei verfälschende Effekte, die mit der traditionellen Zuschlagskalkulation durch die Proportionalisierung der Kosten des indirekten Bereichs verbunden sind (vgl. *Joos-Sachse* 2006, S. 334 ff.):

- Der **Allokationseffekt** besteht darin, dass in der traditionellen Zuschlagskalkulation Wert- anstelle von Mengenbezugsgrößen benutzt werden. Die Materialgemeinkosten werden üblicherweise auf Basis des beschafften Fertigungsmaterials verrechnet. Die Kosten einer Beschaffungstransaktion bemessen sich jedoch nicht am Wert des Beschaffungsobjekts (siehe auch das Krawattenbeispiel). Dieser Kalkulationsfehler setzt sich zudem in den Aufschlägen auf die Herstellkosten fort.

- Der **Degressionseffekt** kennzeichnet den Sachverhalt, dass die Prozesskosten pro Stück sinken, wenn Beschaffungsprozesse oder Auftragsabwicklungsprozesse in Losen abgewickelt werden. Die Prozesskosten verteilen sich auf die Bestell- oder Auftragsmenge. Bei der Zuschlagskalkulation wird ein konstanter Zuschlag pro Stück verrechnet. Bei niedriger Stückzahl verrechnet die Prozesskostenrechnung mehr, bei großer weniger als die Zuschlagskalkulation.

- Der **Komplexitätseffekt** beruht auf der kostenverursachenden Wirkung komplexerer Produktvarianten bzw. Aufträge. Komplexere Produktvarianten oder komplexere Auftragsabwicklungsverfahren nehmen die Ressourcen im indirekten Leistungsbereich stärker in Anspruch als einfache. Entsprechend der (zeitlichen) Inanspruchnahme werden in der Prozesskostenrechnung diese Kosten verrechnet. Die traditionelle Zuschlagsrechnung dagegen verteilt die Komplexitätskosten proportional zum Wert des Bezugsobjektes. Subventionierungen komplexer und zu hohe Kostenbelastung einfacher Varianten sind daher die Folge.

Hauptprozesse als Geschäftsprozesse?

Die Prozesskostenrechnung ist vor allem deshalb kritisiert worden, weil auch sie nicht um eine Proportionalisierung der fixen Kostenträger-Gemeinkosten, insbesondere im indirekten Leistungsbereich, herumkommt. Dieses Problem hängt nicht zuletzt mit der Ausgangssituation zusammen, für die die Prozesskostenrechnung konzipiert wurde. Grundsätzlich wird immer eine **funktionsspezialisierte** Organisationsstruktur unterstellt, die auf verrichtungsorientierten Kostenstellen aufbaut. Die Hauptprozesse sind synthetische Konstrukte. Sie ergeben sich aus den in den Kostenstellen identifizierten Tätigkeiten, die dann als „Aktivitäten" oder „Teilprozesse" kostenstellenübergreifend als „Hauptprozesse" zusammengeführt bzw. definiert werden. Es handelt sich dabei um eine rechnungstechnische Konstruktion, nicht notwendigerweise um einen organisatorischen Handlungszusammenhang. Funktionale Arbeitsteilung und funktionsspezifische Schnittstellen existieren unabhängig davon, ob eine Prozesskostenrechnung existiert oder nicht. Da das zugrundeliegende Organisationsmodell ein funktionales und kein prozessorientiertes ist, wird der hohe Anteil an Prozessgemeinkosten einschließlich der damit verbundenen Probleme der Proportionalisierung in der Prozesskostenrechnung nicht zu beseitigen sein. In einem rein prozessorientierten Organisationsmodell treten die Proportionalisierungsprobleme nicht auf. Allerdings sind auftrags- bzw. produktferne Prozesskosten wie z. B. die Kosten des Produktentwicklungsprozesses durch Zuschlagsätze zu berücksichtigen.

Die Entwurfslogik und Konstruktionsmerkmale von **Teil-** und **Hauptprozessen** sowie von **Support-** und **Kernprozessen** sind offensichtlich unterschiedlich. Zwar erfolgt auch der ressourcenorientierte Prozessentwurf bottom up, der Entwurf von strategischen Geschäftsprozessen orientiert sich jedoch an zu generierenden Wettbewerbsvorteilen, die nicht zuletzt durch die Funktionsintegration erreicht werden sollen. Völlig unterschiedlich werden Zuschnitt und Inhalt der Prozessdefinition bei marktorientierter Entwurfslogik ausfallen. Die top down-Vorgehensweise orientiert sich an der Wertkette und nimmt keinen Bezug auf die vorhandenen Kostenstellen. Die Kostenstellenstruktur ist in einer Geschäftsprozessorganisation vielmehr das Ergebnis der Prozessmodellierung und nicht deren Voraussetzung. Die Kostenstellen sind daher anders zugeschnitten als in der funktionalen Organisation. Die Unterscheidung in Kern- und Supportprozesse ist für die Definition von Hauptprozessen irrelevant. Welche Tätigkeiten welcher Kostenstelle zu einem Hauptprozess zusammengefasst werden, wird nicht von seiner Fähigkeit abhängig gemacht, Wettbewerbsvorteile zu erzeugen.

Die Definition und Abgrenzung von Hauptprozessen erfolgen unter operativen Aspekten und unterliegen den Restriktionen eines gegebenen Kostenstellenplans und den dazugehörigen Stellenbeschreibungen. Die Verteilung von Aufgaben, Entscheidungsbefugnissen und Verantwortung orientiert sich an den vorhandenen Kostenstellenstrukturen. Die Verantwortung für eine Kostenstelle ist daher nicht mit der Verantwortung für einen Geschäftsprozess gleichzusetzen. Kernprozesse und Hauptprozesse sind demzufolge aus Sicht der Prozesskostenrechnung in der funktionalen Organisation nicht notwendig identisch. Allenfalls im Produktionsbereich und in fertigungsnahen Bereichen sind Gemeinsamkeiten bzw. Überschneidungen zu erwarten.

Um zu vermeiden, dass die Kernprozesse und Hauptprozesse des indirekten Leistungsbereichs voneinander abweichen, ist es bei prozessorientierter Organisation notwendig, beide einem gemeinsamen Konstruktionsprinzip zu unterwerfen. Allerdings ist entscheidend, ob das Prinzip der Funktions- oder der Prozessspezialisierung dominant ist. Im Fall der reinen Prozessspezialisierung liegt es nahe, die Hauptprozesse aus den Geschäftsprozessorganisation herzuleiten. Die Hauptprozesse sind dann entweder identisch mit den Kernprozessen oder bilden deren Teilprozesse ab. Auch für eine Funktions-/ Prozessmatrix werden die Geschäftsprozesse für die Strukturierung der Hauptprozesse maßgebend sein, da anderenfalls die Prozesskostenrechnung keine Steuerungs- und Kontrollfunktion ausüben könnte. Allenfalls in der Stabsvariante kann die Konstruktion der Hauptprozesse aus den Aktivitäten bzw. Teilprozessen der verrichtungsorientierten Kostenstellen sinnvoll sein, da sich hier der Case-Manager auf die kostenstellenübergreifende Koordination der Tätigkeiten beschränken wird.

6.5 Bewertung der Kompetenzen von Kernprozessen

Die Bewertung der Kernkompetenzen ist auf die Nachhaltigkeit erfolgskritischer Eigenschaften gerichtet. Wettbewerbsvorteile sind weder per se dauerhaft noch zwangsläufig Renten generierend, sondern unterliegen trotz Imitations- und Substitutionsbarrieren einer lebenszyklusartigen Entwicklung. Kernkompetenzen entstehen – wie dargelegt – durch die Verankerung von Ressourcen in Prozessen. Sie unterliegen einem strikten Anwendungsbezug und sind stärker am Kundennutzen orientiert als das zugrundeliegende Ressourcenpotential. Kernkompetenzen sind daher in ihrer Leistungsfähigkeit weniger stabil und durch Umweltveränderungen, beispielsweise durch Veränderungen der Kundenbedürfnisse, gefährdet. Trotz kontinuierlicher Prozessverbesserungen kann daher auch eine Kernkompetenz im Verlauf ihrer Nutzungsdauer ihre Überlegenheit verlieren.

6.5.1 Lebenszyklus von Kernprozessen

Kompetenzen weisen in Analogie zu den Produktlebenszyklus-Phasen **Einführung**, **Wachstum**, **Reife** und **Rückgang** Lebenszyklen auf, die durch die Wettbewerbsfähigkeit der ihnen zu Grunde liegenden Geschäftsprozesse bedingt werden. Kernkompetenzen unterliegen ebenso wie die zu ihrer Entstehung und Nutzung notwendigen Geschäftsprozesse mithin der Veralterung.

Krüger/Homp (1997, S. 95) unterteilen die Kompetenzphasen wie folgt:

* **Identifikation:** Der Entwurf von Geschäftsprozessen und die durch sie identifizierten Kompetenzen sind noch im vormarktlichen Wettbewerb lokalisiert. Es handelt sich hierbei um die Geschäftsprozessdefinition und die durch die Geschäftsprozesse zu realisierenden Kompetenzausprägungen. In dieser Phase werden traditionelle zugunsten innovativer Geschäftsdefinitionen und Geschäftsziele neu definiert.

* **Entwicklung:** Entwicklung beinhaltet den kompetenzorientierten Auf- und Ausbau der Geschäftsprozesse. Ausgangspunkt sind die verfügbaren Res-

sourcen und Fähigkeiten, deren Potentiale durch die Einbettung in Geschäftsprozesse ausgeschöpft werden sollen.

- **Integration:** Hier geht es um die gezielte Bündelung und Integration von Ressourcen in Prozessen. In dieser Phase mutieren Potentiale zu Stärken des Unternehmens. Die Wettbewerbsvorteile, die in Geschäftsprozessen manifest werden, entstehen durch die organisatorische Kombination und Komplementierung der eingesetzten Ressourcen. Integration besteht in der dynamischen Entwicklung von Geschäftsprozessen durch kollektives Lernen und Akkumulieren von Wissen und Routinen.

- **Nutzung:** Hier geht es um das Ausschöpfen der Stärken der Kernprozesse. In dieser Phase werden die Früchte geerntet, die am „Baum" der Kompetenz gewachsen sind. Erst die Prozessaktivitäten führen dazu, dass Wettbewerbsvorteile verwertet werden können.

- **Transfer:** Sind die Kernkompetenzen aus der Prozessorganisation emergiert, dann können sie auf andere Produkte, Regionen oder Kunden übertragen werden. Die betreffenden Geschäftsprozesse können auf diese Weise entweder dupliziert oder ihre Kapazität für die Nutzung anderer Anwendungsgebiete erweitert werden.

Der Lebenszyklus der Kompetenzen und die damit verbundene relative Wettbewerbsstärke läßt sich in den Phasen Einführung, Wachstum, Reife und Rückgang abbilden. Beruhen die Kompetenzen auf technischen Prozessen, dann ist die daraus erwachsene Kompetenz durch den Lebenszyklus der Technologie bestimmt.

Relative Wettbewerbsnachteile durch Kompetenzverlust sind oft auch dann zu erwarten, wenn ein Unternehmen aufgrund starker Wettbewerbsvorteile über längere Zeiträume Erfolg hatte. In diesem Fall neigen Unternehmen zur Selbstsicherheit, die dann zu einem Erlahmen der Entwicklungsimpulse und zu Stagnation aufgrund nicht weiter verbesserter Prozessintegration führen kann (vgl. hierzu *Krüger/Homp* 1997, S. 96). Die Erhaltung dynamischer Wettbewerbsvorteile ist mithin eine wesentliche Prozessmanagementaufgabe. *Hamel/ Prahalad* (1994, S. 145 f.) bezeichnen die Managementaufgabe als „stretch", die notwendig sei, um die Ressourcen und Fähigkeiten eines Unternehmens erfolgreich zu nutzen. Anspannung und Unruhe soll die Akteure herausfordern, durch permanente Verbesserungen ihrer Prozessroutinen die Kompetenzen ihres Unternehmens weiter zu entwickeln. Freilich kann auch umgekehrt das „Reden" über Prozessverbesserungen „stretch" auslösen. Stretch allein wird keine Verbesserung bewirken. Erst Kommunikationsprozesse unter den Akteuren werden übereinstimmende Interpretationen dessen, was Wandel von Strukturen bedeutet, herbeiführen und mithin Prozessverbesserungen als soziale Konstruktion entstehen lassen können.

Die langfristige strategische Fokussierung von Ressourcen ist mithin in kurzfristigeren Anpassungsprozessen umzusetzen. Es sind daher im Rahmen der langfristigen Entwicklung von Kompetenzen folgende Fragen durch das Geschäftsprozesscontrolling zu stellen (in Anlehnung an *Krüger/Homp* 1997, S. 98):

1. Entwicklungspotential:

Stecken in den Geschäftsprozessen noch weitere Potentiale, um Kernkompetenzen auf- und auszubauen?

2. Entwicklungsaussichten:

Sind die auf der Basis von Geschäftsprozessen entstandenen Kompetenzen geeignet, für andere Zwecke genutzt zu werden? Müssen weitere Entwicklungsmaßnahmen hierzu eingeleitet werden?

3. Transferpotential:

Können vorhandene Geschäftsprozesse für andere Produkte, Regionen oder Kunden nutzbar gemacht werden?

4. Transferaussichten:

Welche Chancen und Risiken sind mit der Übertragung von Geschäftsprozessen auf andere Verwendungszwecke verbunden?

5. Kompetenzschutz:

Sind die Geschäftsprozesse schwer zu imitieren bzw. vor Imitation abzusichern? Welche Substitutionsmöglichkeiten und Risiken gibt es?

6. Kompetenzspezifität:

Sind die Kompetenzen an spezifische Geschäftsprozesse gebunden, mit denen bestimmte Produkte hergestellt, Regionen versorgt oder Kunden bedient werden? Mit anderen Worten: Handelt es sich um unternehmensspezifische oder prozessspezifische Kompetenzen?

7. Wachstumsstrategie:

Kann das Unternehmen mit den vorhandenen Geschäftsprozessen und den daraus abgeleiteten Kompetenzen Wachstum realisieren? Für welche Strategien sind die jeweiligen Kompetenzen geeignet: Innovations-, Marktdurchdringungs-, Marktausweitungs- oder Diversifikationsstrategien? Wird das Wachstum durch die vorhandenen Geschäftsprozesse begrenzt?

8. Timingstrategie:

Sind die Kompetenzen, die sich in den Geschäftsprozessen manifestieren, dazu geeignet, sich als Marktfolger oder Marktführer zu positionieren?

Werden diese Kriterien hinreichend erfüllt, dann ist davon auszugehen, dass mittels der aus den Geschäftsprozessen erwachsenen Kompetenzen relative Wettbewerbsvorteile erzielt werden können. Die Position des Unternehmens kann auf Dauer erhalten werden. Aus den Geschäftsprozessen lässt sich eine nachhaltige Rente erzielen.

6.5.2 Benchmarking als Instrument zur Bewertung von Kernprozessen

Unter Benchmarking wird der Vergleich von Produkten und Prozessen mit internen oder externen Vergleichsobjekten (z. B. Abteilungen, Unternehmensbereiche oder Wettbewerber) verstanden. Üblicherweise werden Kategorien wie Kundenzufriedenheit, Prozesszeiten, Termintreue, Prozessqualität, Prozesskosten und Ressourceneinsatz (vgl. *Rosenkranz* 2002, S. 229 f.) als Objekte des Vergleichs vorgeschlagen. Im Folgenden wird das Prozessbenchmarking im strategischen Kontext (Strategisches Benchmarking) entwickelt.

6.5.2.1 Marktorientiertes Prozess-Benchmarking

Die Aktivitäten des Benchmarking werden sich daran orientieren, ob die Strategie der Kostenführerschaft oder der Differenzierung verfolgt wird (vgl. Abbildung 6.38).

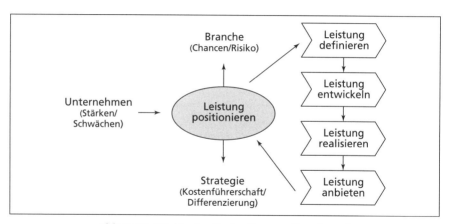

Abb. 6.38: Marktorientiertes Prozess-Benchmark

Die Abbildung illustriert die Einbettung kundenbezogener Teilprozesse in die wettbewerbsstrategische Konzeption *Porters*. Die Bündelung von Wertaktivitäten in Geschäftsprozessen erfolgt unter Berücksichtigung von Branchenattraktivität, Unternehmensstrategie und Stärken-/Schwächen-Profil. Um zu prüfen, ob die Einzigartigkeit der Wettbewerbsvorteile generierender Geschäftsprozesse gewährleistet ist, wird deren Evaluierung durch ein Benchmarking vorgeschlagen.

Strategie der Kostenführerschaft

Im Sinne der **Kostenführerschaft** muss das Unternehmen solche Wertaktivitäten identifizieren und adaptieren, die den eigenen Geschäftsprozessen unter Kostengesichtspunkten überlegen sind. Das Vorgehen ist jedoch aus Kundensicht nur dann sinnvoll, wenn gleichzeitig andere Parameter des Produktes (Zeit und Qualität) nicht beeinträchtigt werden. Es wurde bereits darauf hingewiesen, dass die Wertkette aus mehreren, ineinander verschachtelten und aufeinander aufbauenden Teilprozessen zusammengesetzt ist. Jede Prozessleistung besitzt ihren eigenen spezifischen Wert für den **Kundennutzen**. Demnach sind alle Teilleistungen unabhängig vom Prozessdetaillierungsgrad durch die Faktoren Input-Prozess-Output zu beschreiben. Dies wiederum bedeutet, dass das Prozessbenchmarking auf unterschiedlichen Ebenen der Wertschöpfung ansetzen kann. Ausgegangen wird dabei von einem **Ressourceneinsatz (Input)**, dem eine entsprechende **Leistung (Output)** in Form von Kundennutzen gegenübergestellt wird. Lässt sich bei gleicher Prozessleistung ein Referenzobjekt finden, das diese Leistung mit geringeren Prozesskosten bewältigt, so ist es vorteilhaft, diesen Prozess zu imitieren. Zu berücksichtigen ist dabei jedoch, dass sich die begrenzte Optimierung einzelner Teilprozesse auf nachgelagerte Geschäftsprozesse negativ auswirken kann. So ist denkbar, dass durch den Einsatz eines minderwertigen Materials Rohstoffkosten eingespart werden können, dieser Vorgang aber nachträglich zu einem Anstieg der Qualitätskontrollkosten führt. Um derartige Effekte erfassen und berücksichtigen zu können, ist ein Benchmarking von Teilprozessen im Kontext der Prozessarchitektur zu sehen und immer in Hinblick auf die Kundenleistung zu beziehen.

Zu dieser Methodik ist anzufügen, dass mit höherem Grad der Aggregation des Geschäftsprozesses die Wahrscheinlichkeit steigt, ein geeignetes Vergleichsobjekt zu identifizieren. Während z. B. für ein Produkt nur innerhalb der Branche vergleichbare Objekte existieren, lassen sich für einzelne Teilprozesse auch in anderen Branchen Referenzprozesse finden. Es kommt im Einzelfall immer darauf an, ob eine vergleichbare Spezifikation einer Teilleistung in einem anderen Unternehmen gefunden werden kann. Mit größer werdender Anzahl von Vergleichspartnern steigt die Wahrscheinlichkeit dafür, dass eine überlegene Leistung gefunden werden kann. So kann die Neueinführung einer noch nicht bekannten „**Best Practice**" innerhalb der Branche zu einem Sprung in der Wettbewerbsfähigkeit führen. Zu bedenken ist allerdings, dass die Identifikation sinnvoller Vergleichsobjekte sich schwieriger und folglich auch kostenintensiver gestalten wird.

Auf die dargestellte Beziehung Input-Prozess-Output übertragen kann eine quantitative Analyse nicht nur an dem Output eines Geschäftsprozesses ansetzen. Darüber hinaus muss das Benchmarking folgerichtig auch an den Faktoren Input und Prozess ansetzen. Dies bedeutet, dass für jeden einzelnen Analyse-Benchmark die zugrundeliegenden Ressourcen und die daran anknüpfenden Teilprozesse zu identifizieren sind. Gemeinsam stellen diese beiden Faktoren die Werttreiber dar, die, mit Kosten bewertet, das Zustandekommen der Outputgröße zu erklären vermögen. Allerdings sind bei nachhaltig erfolgskritischen Geschäftsprozessen auf Grund der fehlenden Kausalitätstransparenz häufig Vergleichbarkeits- bzw. Imitationsbarrieren gegeben.

Der dargelegte Zusammenhang spiegelt nur die internen Einflussgrößen auf einen Prozessoutput wider. Im Rahmen einer qualitativen Analyse müssen aber auch externe Faktoren berücksichtigt werden, die ebenfalls auf den Prozessoutput Einfluss nehmen. In der Literatur werden diese externen Einflussgrößen auch als „materielle Störfaktoren" bezeichnet, weil sie die Aussagekraft der aus einem Vergleich gewonnenen Daten beeinträchtigen können. Für materielle Störfaktoren lassen sich dabei folgende Beispiele anführen (vgl. *Schnettler* 1961, S. 29 ff.):

- Unterschiedlicher Beschäftigungsgrad
- Unterschiedliche Menge einheitlicher Leistungen (Spezialisierung)
- Unterschiedliche Produktionstechnik
- Unterschiedliches Produktionsprogramm
- Unterschiedliche Produktionstiefe
- Unterschiedliche Betriebsgröße
- Unterschiedlicher geographischer Standort
- Unterschiedliche Unternehmungsform und Finanzstruktur.

Die Analyse der kausalen Zusammenhänge gestaltet sich äußerst schwierig, da ihre Wirkung sich nicht systematisch erfassen lässt. Derartige Faktoren wirken isoliert, interdependent, direkt oder indirekt. Teils handelt es sich um innerbetriebliche, teils um außerbetriebliche Faktoren. Einige Faktoren wiederum sind messbar, andere hingegen nicht. Folglich lässt sich keine allgemeingültige Aussage zur Wirkung exogener Faktoren treffen.

Differenzierungsstrategie

Neben der Kostenführung stellt sich aus der Marktperspektive die Differenzierung als Strategiealternative dar. Danach entsteht ein Wettbewerbsvorteil dann, wenn das Unternehmen sich in einer Leistung, die für den Kunden einen **Zusatznutzen** stiftet, von der Konkurrenz abhebt. Diese Leistung kann sowohl durch entsprechende Produkte selbst (z. B. Produkt-Spezifikationen, Gebrauchswert, Qualität) als auch durch Dienstleistungen im Umfeld der Leistung erzeugt werden (z. B. Service, Lieferzeit). Das Unternehmen kann dann für seine Leistung entweder einen Preiszuschlag durchsetzen oder die jeweilige Leistung bei gleichem Preis in höherer Stückzahl absetzen.

Aus diesem Grunde empfiehlt *Porter* sowohl eine Quantifizierung der Kundenbedürfnisse als auch eine Bewertung der eigenen Leistungsfähigkeit. Mit Hilfe dieses Verfahrens kann die eigene Position in Hinblick auf kaufentscheidende Kriterien relativiert und die Gefahr einer Produktfehlentwicklung gesenkt werden.

Aus diesen Ergebnissen lassen sich Nutzungskriterien und Anwendungsmöglichkeiten für das Benchmarking ableiten. Heben sich erfolgreiche Produkte durch Differenzierungsmerkmale von anderen Produkten ab, dann bietet sich das **Produkt-Benchmarking** als Informationslieferant an. Durch eine vergleichende Gegenüberstellung einzelner Produkte können sowohl Ausstattungs- als auch Leistungsunterschiede zwischen den Produkten erfasst und dokumentiert werden. Das Produkt-Benchmarking ist demzufolge ein wichtiges Instrument zur Identifikation von Differenzierungsattributen, wenn die Bedeutung einzelner Produkteigenschaften für den Kundennutzen beurteilt werden kann. Als Instrumente zur Ermittlung und Messung von Präferenzen für die

Differenzierungsattribute bieten sich einerseits die kompositionellen Verfahren des Analytic Hierarchy Process (AHP), andererseits die dekompositionellen Verfahren, z. B. die Conjoint-Analyse, an. Das Produkt ist jedoch nicht die einzige Variante für die Erzeugung von Differenzierungsattributen, denn neben den Produkten werden auch Wertaktivitäten in Form von Dienstleistungen einen Nutzen für den Kunden kreieren.

Für das **Benchmarking von Dienstleistungen** ergeben sich Besonderheiten, da im Gegensatz zum Produktvergleich der Kundennutzen einer Dienstleistung nicht nur aus der finalen Prozessleistung resultiert (vgl. *Maleri* 1994, S. 38 ff.). Er kann bereits in den einzelnen Phasen entstehen, in denen das anbietende Unternehmen mit dem Kunden in Kontakt tritt. Versteht man eine Dienstleistung als mehrteiligen Geschäftsprozess, dann muss sich das Benchmarking auch auf alle Teilprozesse beziehen, die an der Leistungserstellung beteiligt sind. Diese Anforderung erfüllt das Produkt-Benchmarking aber nicht, da es ausschließlich auf das Resultat der Leistungserstellung abzielt. Der Wert einzelner Teilprozesse und deren Ergebnis für den Kundennutzen kann folglich nicht quantifiziert werden. Eine Lösung bietet das **Prozess-Benchmarking** an, weil ein Geschäftsprozess aus einer Lieferanten-Kunden-Beziehung definiert ist. So schließt die Prozessdefinition annahmegemäß Prozessergebnisse aus, für die nicht explizit ein Kunde existiert. Kunden können dabei sowohl nachgelagerte Geschäftsprozesse (interner Kunde) als auch externe Kunden sein.

Das Prozess-Benchmarking bietet sich deshalb für den Vergleich von Dienstleistungen an. Dieses Ergebnis wird auch durch die explizite Darstellung von Logistik-, Service- bzw. Auftragsabwicklungsprozessen in Referenz-Prozess-Modellen gestützt.

Die vergleichende Identifikation von Produkt- bzw. Prozessattributen ermöglicht aber noch keine Aussage über den strategischen Wert einzelner Differenzierungsattribute. Der Grund dafür ist in der abweichenden Bedeutung einzelner Kriterien für eine Kaufentscheidung zu sehen. Da das Produkt sich als Summe unterschiedlicher Leistungsattribute darstellt, fällt es schwer, eine kausale Beziehung zwischen einem Leistungsattribut, der Prozessqualität und der Kaufentscheidung herzustellen. Vor diesem Hintergrund erscheint auch das traditionelle Produkt-Benchmarking in Form eines **Reverse-Engineering** als fraglich, weil das Reverse-Engineering grundsätzlich ohne Marktbezug durchgeführt wird (*Kleinfeld* 1994, S. 20). Daraus folgt, dass eine Umsetzung identifizierter Produktattribute in Prozess-Benchmarks erst dann zweckmäßig ist, wenn die Bedeutung einzelner Kriterien in Hinblick auf deren strategischen Wert geklärt werden konnte. Das Benchmarking von Geschäftsprozessen muss sich daher auf die Kernprozesse erstrecken. Zur Identifikation prozessbezogener Differenzierungsattribute bieten sich der SERVQUAL-Ansatz, die Critical Incident Technique sowie die sequentielle Ereignismethode an (vgl. *Schmidt* 2000, S. 116).

6.5.2.2 Ressourcenorientiertes Prozess-Benchmarking

Die meisten Benchmarking-Protagonisten gehen von der Annahme aus, dass insbesondere die Geschäftsprozesse eines Unternehmens für dessen Erfolgsaussichten verantwortlich sind. Im Folgenden werden zwei Varianten des Benchmarking erläutert, die diese Eigenschaft zum Gegenstand des Vergleichs machen. Die Evaluierung der Geschäftsprozesse hinsichtlich ihrer Fähigkeit zur Wertschaffung und Rentengenerierung lässt sich also ebenfalls durch Benchmarking unterstützen. Dabei lässt sich offensives und defensives Benchmarking unterscheiden (vgl *Schmidt* 2000, S. 194 ff.).

Defensives Prozess-Benchmarking

Die erste Variante des ressourcenorientierten Benchmarkings besteht in einem **defensiven-Prozess-Benchmarking**. Diese Benchmarking-Methodik basiert auf der Annahme, dass ein Unternehmen zwar über eigene Kompetenzen verfügt, diese den Entscheidungsträgern aber bislang noch unbekannt sind. Um die strategischen Vorteile solcher Kompetenzen in der Praxis konsequenter nutzen zu können, bedarf es eines Leistungsvergleichs, der die verborgenen Vorteile des Unternehmens identifiziert. In diesem Leistungsvergleich müssen die eigenen Geschäftsprozesse denen anderer Unternehmen gegenübergestellt werden. Nur auf diesem Wege lassen sich relevante Rückschlüsse über die relative Leistungsfähigkeit eines Unternehmens gewinnen (vgl. *Boos/Jannai* 1994, S. 20). Diese Form des Benchmarkings konzentriert sich weniger auf den Transfer fremden Wissens als vielmehr auf die Identifikation und Absicherung eigener Kompetenzen. Diese Aufgaben kann das Benchmarking sowohl durch seine **Analysefunktion** als auch durch seine **Positionierungsfunktion** unterstützen.

Als mögliche Benchmarking-Objekte kommen in einem ersten Arbeitsschritt vor allem kundennahe Geschäftsprozesse in Frage. In diesen Geschäftsprozessen werden die spezifischen Ressourcen des Unternehmens zu absatzfähigen Leistungen gebündelt, wodurch die Prozesse ihrerseits zu potentiellen Trägern von Kompetenzen avancieren. Um die relative Leistungsfähigkeit dieser Prozesse beurteilen zu können, sind ihre Prozessparameter den Prozessen der Konkurrenz quantitativ gegenüberzustellen. Maßstab für die Bewertung der Prozessleistung ist in erster Linie die Kundenzufriedenheit. Aufgrund der mangelnden Kenntnis der eigenen Fähigkeiten ist eine derartige Prozess-Evaluation möglichst umfassend zu gestalten. Welche Geschäftsprozesse als Benchmarking-Objekte ausgewählt werden, kann anhand von Kriterien vorgenommen werden wie:

- ökonomische Größen (z. B. Kernprozess mit dem größten Umsatzvolumen, Kostenanteil oder Zeitbedarf),
- außergewöhnliche technisch/fachliche Fähigkeiten (aufwendige Fertigungsverfahren, auf Prozessintegration beruhendes Anwendungsgewissen etc.),
- mitarbeiterorientierte Merkmale (Prozess mit der größten Anzahl von Mitarbeitern, Anforderungen an die Teamfähigkeit, einzigartiges Expertenwissen einer Person).

Können entsprechende Leistungsvorteile identifiziert werden, ist der quantitative Vergleich um eine qualitative Analyse zu erweitern. In dieser Phase sind die dem Wettbewerbsvorteil zugrunde liegenden Geschäftsprozesse auszudifferenzieren. Da diese für die Nachhaltigkeit des erzielten Wettbewerbsvorteils maßgeblich sind, kann durch Prozessoptimierung und -entwicklung die Kontinuität des Wettbewerbsvorteils beeinflusst werden. Hierbei bilden alle Aspekte eine Arbeitsgrundlage, anhand derer eine zusätzliche Prozesssicherheit zu erzielen ist. Folgende Maßnahmen sind u. a. denkbar:

- Vertragliche Bindung von Schlüsselpersonen

- Patentierung von Techniken oder Geschäftsprozessen

- Verstärkter Einsatz spezifischer Ressourcen

- Steigerung der Komplexität durch die Einbindung zusätzlicher Methoden mittels Leistungstransfer.

Für das Benchmarking selbst ergibt sich daraus eine dreifache Aufgabenstellung: Qualitativer **Leistungsvergleich der Geschäftsprozesse, Prozessanalyse sowie Prozessoptimierung und -entwicklung**. Vor allem für die Arbeitsschritte zwei und drei sind Prozessspezialisten notwendig, die sowohl über die technischen Gegebenheiten als auch über die betriebswirtschaftlichen Rahmendaten des jeweiligen zu bewertenden Geschäftsprozesses informiert sind. In funktional gegliederten Unternehmen muss dafür aus allen Funktionsbereichen, die an dem Geschäftsprozess beteiligt sind, ein kompetenter Ansprechpartner gefunden werden. In der Prozessmatrix ist neben den jeweiligen Funktionsspezialisten die Mitarbeit des Process-Owners notwendig. Da ihm die Verantwortung über die gesamte Bandbreite der einzelnen Teilprozesse obliegt, verfügt er über das notwendige Prozessverständnis sowie über eine ausreichende Datenbasis.

Offensives Prozess-Benchmarking

Im Gegensatz zum defensiven Prozess-Benchmarking basiert die **offensive Variante** auf der Hypothese, dass das Unternehmen über keine eigenen erfolgskritischen Kompetenzen verfügt. Aufgrund dieses Wettbewerbsnachteils muss das Unternehmen die Leistungsfähigkeit seiner eigenen Geschäftsprozesse forcieren. Das Unternehmen braucht mithin Impulse, sich neue Kompetenzen anzueignen. Andernfalls ist sein Verbleib am Markt nicht gesichert. Für den Erwerb neuer Kompetenzen können die Funktionen des Benchmarkings, d. h. Prozessvergleich, -analyse und -optimierung, wertvolle Hilfestellung leisten. Denn wenn der Zweck des Benchmarkings im Transfer von Kompetenzen überlegener Geschäftsprozesse liegt, dann kann diese „Leistungsüberlegenheit" auch im Sinne des Ressourcenansatzes interpretiert werden. Der Transfer von Prozess-Wissen, d. h. Wissen über eine Prozessorganisation, die einerseits zusätzlichen Kundennutzen kreiert und der sich andererseits durch spezifische Ressourcen auszeichnet, könnte folglich zur Ausbildung eigener Kompetenzen beitragen. Aus der Perspektive des problemorientierten Lernens kann der Aufbau von „core competences" oder „core capabilities" dort forciert werden, wo Wettbewerber Leistungsunterlegenheit aufweisen.

Aus der „aggressiven" Ausrichtung dieser Benchmarking-Variante resultieren Konsequenzen, die das „offensive" Prozess-Benchmarking von der „defensiven" Variante abheben. Sowohl Vergleichszweck als auch Objektwahl des Benchmarkings sind unterschiedlich. Die Unterschiede in der Objektwahl erklären sich durch die offensive Ausrichtung. So ist die Leistungsfähigkeit des eigenen Unternehmens für die Identifikation fremder Kompetenzen weitgehend unbedeutend. Das offensive Prozess-Benchmarking konzentriert sich demzufolge vor allem auf **externe Leistungsprozesse**. Der Unterschied im Vergleichszweck ist durch den Transfergedanken begründet, denn während für das defensive Prozess-Benchmarking ein deskriptiver Vergleich ausreichend ist, bedarf die offensive Variante eines **Kausalvergleichs**. Der durch das offensive Prozessbenchmarking angestrebte Wissenstransfer kann schließlich nur funktionieren, wenn die für einen Erfolg ursächlichen Fähigkeiten bzw. Kompetenzen identifiziert und in ihrer Bündelung zu einem Geschäftsprozess verstanden werden konnten. Als potentielle Erkenntnisobjekte sind demnach alle Geschäftsprozesse anzusehen, die in der Lage sind, den Erfolg eines überlegenen Unternehmens zu erklären. Die Suche nach geeigneten Partnern muss hierbei vorrangig an anerkannten Unternehmen ansetzen. Ob die Wahl des Benchmarking-Partners allerdings branchenabhängig bzw. branchenunabhängig erfolgen sollte, ist durchaus differenziert zu beurteilen.

Für die Wahl eines Konkurrenten spricht, dass aus einem Kausalvergleich im Idealfall die für eine Branche derzeit maßgeblichen Kompetenzen bzw. Kundenbedürfnisse identifiziert werden können. Eine Verwertung dieses Wissens im Sinne des Ressourcenansatzes ist allerdings nur möglich, wenn die ermittelten Kundenbedürfnisse durch Geschäftsprozesse erfüllt werden können, deren Mechanismen und Prinzipien aus branchenunabhängigen Benchmarking-Studien hergeleitet sind. In diesem Falle führt der branchenbezogene Vergleich zur Identifikation der Kundenbedürfnisse, während der branchenunabhängige Vergleich auf die Aneignung einer „best practice" abzielt. Diese „best practice" ist für die imitierende Branche mit einem Grad der Neuartigkeit versehen, der wiederum eine gewisse Nachhaltigkeit des erzielten Erfolges garantieren kann. Die Hauptaufgabe für einen Benchmarkingprozess besteht demnach in einer **branchenbezogenen Kundenzufriedenheitsanalyse**, der die Leistung entsprechender Geschäftsprozesse gegenüberzustellen ist. Basierend auf den für die Zufriedenheit ursächlichen Geschäftsprozessen muss das Benchmarking anschließend auf branchenfremde Unternehmen ausgedehnt werden, um so überlegene Detaillösungen in den eigenen Geschäftsprozess integrieren zu können.

Gegen eine derartige Vorgehensweise spricht, dass eine kundenabhängige Deduktion von Benchmarking-Objekten grundsätzlich den Nachteil der Gebundenheit hat, da letztendlich nur solche Leistungsprozesse für eine Benchmarking-Studie relevant sind, für deren Leistung ein offensichtlicher Kundennutzen bereits besteht. Die von Vertretern des Ressourcenansatzes oft geforderte Konzentration auf neue Märkte ließe sich auf diese Art und Weise sicherlich nicht realisieren. Desweiteren hat diese Form des Benchmarkings den Nachteil, dass der Wert einer Kompetenz, die im Wege der Imitation bzw. Nachahmung entstanden ist, am Absatzmarkt schnell versiegt.

Der Ressourcenpool, der durch das Unternehmen kontrolliert wird, kann entweder über entsprechende Faktormärkte oder aber durch diverse Lernprozesse beschafft werden. Diese Lernprozesse können durch Benchmarking initiiert werden, da es auf die Identifikation und den Transfer fremden Systemwissens abzielt. Insofern trägt das Benchmarking zur Steigerung des Ressourcenpotentials bei und erweitert den Spielraum für die Herausbildung neuer Kompetenzen. Es geht also nicht um den Transfer bereits vorhandener Kompetenzen, sondern um den Aufbau neuer Fähigkeiten, die im Verbund mit den eigenen Ressourcen zur Profilierung neuer Kompetenzen führen.

Für die Managementpraxis treten somit zwei Aufgaben im strategischen und organisatorischen Bereich in den Vordergrund. Auf der Ebene des strategischen Managements sind durch eine ressourcenorientierte Analyse „core capabilities" zu identifizieren und zu entwickeln. Hinter diesem Begriff verbergen sich die Schlüsseltechnologien, auf deren Basis eine Erweiterung des bislang angebotenen Produktprogrammes zu gewährleisten ist. Die Hauptaufgabe des Benchmarkings besteht demnach in der Identifikation und dem Transfer von Geschäftsprozessen, durch die die Entwicklung eigener Schlüsseltechnologien angeregt wird. Die Mitglieder des Benchmarking-Teams müssen demzufolge den Status Quo des eigenen Unternehmens analysieren und dieses Potential den Eigenschaften fremder Technologien gegenüberstellen. Im Hinblick auf die Innovationskompetenz sind Fähigkeiten gefragt, die durch das „Vergleichen" neue Wege für das Unternehmen initiieren können.

Eine ständige Verbesserung der eigenen Leistungsfähigkeit kann jedoch nur dann erreicht werden, wenn es dem Unternehmen gelingt, die vorhandenen Technologien zu beherrschen und adäquat einzusetzen. Dabei ist zwischen zwei Ebenen zu unterscheiden. Für die Ebene „**Aufbau von Schlüsseltechnologien**" ist entscheidend, inwiefern und wie schnell das angesammelte Wissen aus einer Unternehmenseinheit über das Gesamtunternehmen diffundiert, in anderen Teilen aufgenommen und entsprechend weiterentwickelt werden kann. Auf der Ebene der „**Verwertung der Schlüsseltechnologien**" stellt sich die Herausforderung, diesen Diffusions- und Entwicklungsprozess mittels geeigneter Prozessstrukturen nachhaltig sicherzustellen, um die Schlüsseltechnologien in absatzfähige Leistungen überführen zu können. Die Gestaltung des Produktentwicklungsprozesses ist somit das erfolgskritische Bindeglied zwischen den akquirierten Ressourcen einerseits und den auf dem Absatzmarkt verwertbaren Kompetenzen andererseits. Die Aufgabe für ein Benchmarking-Team besteht demnach in der Identifikation des Koordinationssystems, das die Gestaltung des Innovationsprozesses ermöglicht. Als potentielle Benchmarking-Partner sind hierbei Unternehmen auszuwählen, die sich durch eine beträchtliche Fluktuationsrate in ihrem Produktangebot auszeichnen. Am Beispiel der Firma 3M lässt sich diese Aussage veranschaulichen. Das Unternehmen produziert über 60.000 verschiedene Produkte auf der Basis von ca. 100 Schlüsseltechnologien (vgl. *Raub/Büchel* 1996, S. 29 ff.). Die größten Umsätze werden dabei von Produkten erzielt, die vier Jahre vorher noch nicht auf dem Markt waren. Für diesen Erfolg sind nicht nur die zugrundeliegenden technologischen Potentiale ausschlaggebend, sondern auch die organisatorischen Fähigkeiten, mit deren Hilfe die Schlüsseltechnologien zu neuen Produkten vernetzt werden.

6.5.3 Ermittlung des Wertbeitrags von Kernprozessen

Damit das Management von Geschäftsprozessen und die ökonomische Erfolgsmessung nicht auseinanderdriften, soll im Folgenden geprüft werden, ob die Instrumente des Wertmanagements auch zur ökonomischen Bewertung der Geschäftsprozesse herangezogen werden können. Wertmanagement stellt den Zusammenhang zwischen strategischen bzw. organisatorischen Entscheidungen und der Ergebnisrechnung her. Es wird dabei untersucht, welche Faktoren oder „Treiber" Wert erzeugen oder vernichten. Die wertorientierte Unternehmenssteuerung muss daher an den Geschäftsprozessen ansetzen. Die konstruktiven Merkmale der Kernprozesse wie Kostensatz, Menge, Zeit oder Qualität bilden die Werttreiber, durch die der Wertbeitrag eines Geschäftsprozesses bestimmt werden kann. Mit ihrer Hilfe kann das wertorientierte Controlling der Geschäftsprozesse unterstützt werden.

6.5.3.1 Prozess-Impact-Matrix

Werttreiber sind diejenigen Steuerungsgrößen, die durch die Prozessmodellierung selbst und durch das Outputniveau der Geschäftsprozesse maßgeblich determiniert werden. Sie sind die Größen, mit deren Hilfe die Prozesseffizienz überwacht, gesteuert und die Effektivität der Geschäftsprozesse hinsichtlich der Wertschaffung überprüft werden kann. Beispiele sind Preise für Prozessleistungen, Prozessmengen, Kostenarten der durch den Prozess verzehrten Ressourcen, Working Capital, aber auch Investitionen in die Geschäftsprozesse und Kapitalkosten. Sie sind Steuerungsgrößen des Vollzugs von Geschäftsprozessen.

Erfolgsindikatoren sind die Größen, die den ökonomischen Erfolg des Geschäftsprozessmanagements maßgeblich messen. Erfolgsindikatoren bilden daher die strategische Position des Unternehmens im Vergleich zu Wettbewerbern ab. Sie geben den strategischen Erfolgsbeitrag des Prozessmanagements wider. Sie quantifizieren den Erfolg des im Prozessentwurf und in der Prozessmodellierung zu Grunde gelegten strategischen Ansatzes. In den Erfolgsindikatoren manifestieren sich Wettbewerbsvorteile, seien sie markt- oder ressourcenorientiert erzeugt worden.

Welche Erfolgsindikatoren gewählt werden, hängt von dem gewählten Ansatz ab. Bei marktorientierter Prozessentwicklung stehen beispielsweise der relative Marktanteil oder Marktwachstum, relative Produktqualität oder vertikale Integration im Vordergrund. Beispielhaft werden diese Erfolgsindikatoren im **Profit Impact of Market Strategies-Programm** (PIMS-Programm) (vgl. *Buzzell/ Gale* 1989) erhoben und zur Erfolgsprognose benutzt. Bei ressourcenorientiertem Prozessentwurf stehen die Erfolgsfaktoren Innovationsfähigkeit sowie Zeit- oder Qualitätseigenschaften der Prozessaktivitäten im Vordergrund.

Bei den **Steuerungsgrößen** handelt es sich einerseits um ökonomische Input-Größen, die den durch die Prozessdurchführung ausgelösten Werteverzehr abbilden. Jede Abwicklung von Geschäftsprozessen führt beispielsweise zur Kapitalbindung, die sich auf das investierte Kapital niederschlägt. Andererseits handelt es sich um Outputgrößen, wie z. B. Umsatzerlöse, die die Kapitalfreisetzung durch Geschäftsaktivitäten erfassen sollen. Beides lässt sich in Hierarchien von bekannten Steuerungskennzahlen zusammenfassen, die das Betriebsergebnis, ROI (Return on Investment) bzw. ROCE (Return on Capital Employed) und darüber hinaus finanzwirtschaftliche Ergebnisgrößen wie Cash Flow Return on Investment (CFROI) ausweisen können. In Abbildung 6.39 wird eine Cash Flow orientierte Betrachtung gewählt, die als Beispiel für ein wertorientiertes Steuerungssystem dienen soll.

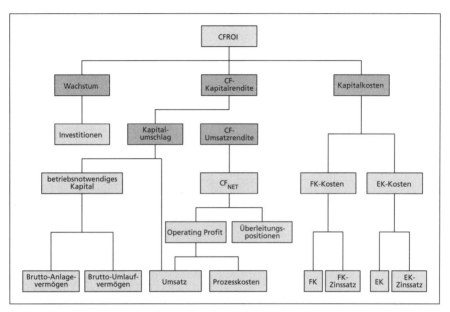

Abb. 6.39: Werttreiberhierarchie (in Anlehnung an *Gentner* 1999, S. 49)

Die Basis der Werthierarchie enthält u. a. die **Prozesskosten**. Es handelt sich dabei um die Summe der Kosten aller Kern- und Supportprozesse. Da die Geschäftsprozesse Einfluss auf den Verzehr von Gütern und Leistungen haben, lösen die Aktivitäten in den einzelnen Geschäftsprozessen Vertriebs-, Beschaffungs-, Entwicklungs-, Fertigungs- oder Overheadkosten aus. Diese werden in den Prozesskostensätzen der betreffenden Geschäftsprozesse verrechnet. Der entsprechende Faktorverzehr bildet damit einen wichtigen Hebel für die Wertschaffung in den einzelnen Geschäftsprozessen. Die **Prozessmenge** beeinflusst über die Umsatzerlöse die Cash Flow-Rendite. Ebenso wirken das in den Geschäftsprozessen gebundene Kapital und die Kapitalkosten als Werttreiber. Die Werttreiber sind diejenigen Steuerungsvariablen, mit deren Hilfe das ökonomische Erfolgscontrolling – im Beispiel die Cash Flow-Rendite – beeinflusst werden kann. In Abbildung 6.40 sind die „Impacts" der Steuerungskennzahlen auf die Wertschaffung in den einzelnen Geschäftsprozessen eines Medienunternehmens markiert. Allerdings ist die Wirkung ihrer Veränderung nicht quantifizierbar. Es handelt sich vielmehr um Plausibilitätsüberlegungen, die

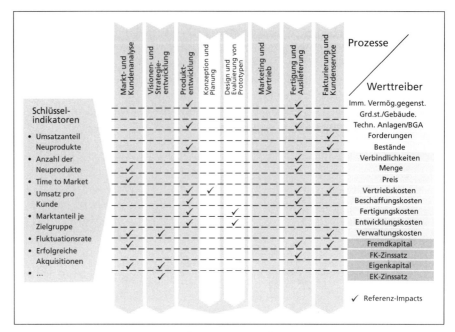

Abb. 6.40: Steuerungskennzahlen von Geschäftsprozessen: „Prozess-Impact-Matrix" eines Medienunternehmens (in Anlehnung an *Gentner* 1999, S. 55)

weder die Synchronisierung der vernetzten Geschäftsprozesse berücksichtigt, noch die Abstimmung der Wirkungen unterschiedlicher Werttreiber untereinander und in ihrer Rückwirkung auf die Geschäftsprozesse erfasst.

Die beispielhaft genannten **strategischen** Erfolgsfaktoren bzw. Erfolgsindikatoren können sowohl die Zielgröße („Impact") als auch das Ergebnis der Durchführung der betreffenden Geschäftsprozesse darstellen. Den aufgeführten Faktoren liegt eine **marktorientierte** Sichtweise der Generierung strategischer Wettbewerbsvorteile zugrunde. Dagegen müsste ein **ressourcenorientiertes** Indikatorenraster an den Kernkompetenzen ansetzen. Dabei sind Know-how- bzw. wissensbasierte Kenngrößen zu entwickeln, die Indikatoren für zeit- oder innovationsgetriebene Wettbewerbsvorteile bilden.

6.5.3.2 Die Balanced Scorecard

Auch die Balanced Scorecard lässt sich für das Controlling des Geschäftsprozessmanagements einsetzen. Sie ergänzt das rein finanzwirtschaftliche Wertkonzept durch ein Werttreibersystem. Dabei werden verschiedene Ebenen der Einflussnahme unterschieden, durch die die Unternehmensleistung determiniert wird. Ausgehend von der Unternehmensvision und -strategie werden vier **Perspektiven** abgeleitet (vgl. *Kaplan/Norton* 1996, S. 7; *Kaplan/Norton* 2001), die einerseits Felder darstellen, durch die Strategie und Vision umgesetzt werden, zum anderen Sichtweisen bzw. Interessensphären einzelner Stakeholder kennzeichnen:

- die finanzielle Perspektive,

- die Kundenperspektive,

- die Perspektive der Geschäftsprozesse,

- die Lern- und Entwicklungsperspektive.

Die Beziehungen innerhalb und zwischen den Perspektiven werden als Rahmen („Map") verstanden, mit dessen Hilfe die Unternehmensstrategie in operationale Begrifflichkeiten übersetzt und umgesetzt werden kann. Sie sollen ferner dazu dienen, die Organisation an der Strategie auszurichten, die Strategie den Mitarbeitern zu vermitteln und den Bezug zur eigenen Arbeit zu verdeutlichen sowie durch Soll/Ist-Vergleiche die Strategie als einen kontinuierlichen Wandlungsprozess zu begreifen. Die Perspektiven werden auf Grundfragen konzentriert wie (vgl. *Kaplan/Norton* 1996, S. 9):

- „Wie sollten wir vor unseren Shareholdern auftreten, um finanziell erfolgreich zu sein?",

- „wie sollten wir gegenüber unseren Kunden auftreten, um unsere Vision zu erreichen?",

- „welche Geschäftsprozesse müssen einzigartig sein, um Shareholder und Kunden zu befriedigen?",

- „wie können wir unsere Fähigkeiten zu Wandel und Verbesserung erhalten, um unsere Vision zu verwirklichen?".

Die Perspektiven werden jeweils in Ziele, Messgrößen, Vorgaben und Maßnahmen untergliedert. Dadurch soll die Verknüpfung von Strategie und operativer Umsetzung im konkreten Handlungszusammenhang gewährleistet werden. Die Struktur des Balanced Scorecard-Rahmens ist in Abbildung 6.41 dargestellt.

Für das Management von Geschäftsprozessen steht sowohl die Kundenperspektive als auch die Perspektive der internen Geschäftsprozesse im Vordergrund. Typische Messgrößen erfolgreicher Strategieumsetzung der Kundenperspektive sind (vgl. *Kaplan/Norton* 2004, 34 ff.):

- Kundenzufriedenheit,

- Kundenbindung,

- Kundenakquisition,

- Kundenertrag,

- Marktanteil,

- Anteil am Kundenbudget.

Diese Kundenmessgrößen sind wiederum vom Kundenwertbeitrag der Lieferung und Leistung an den Kunden abhängig, der aus Produkt- und Serviceeigenschaften, der Kundenbeziehung und dem Image resultiert. Die Produkt- und Serviceeigenschaften werden durch einen Mix aus Preis, Qualität, Verfügbarkeit, Auswahl und Funktionalität, die Kundenbeziehungen durch Service und Partnerschaft und das Image durch die Marke bestimmt.

Sowohl die Messgrößen untereinander als auch die zugrundeliegenden Kundenwertbeiträge stehen in vielfältigen Ursache-Wirkungsbeziehungen zueinan-

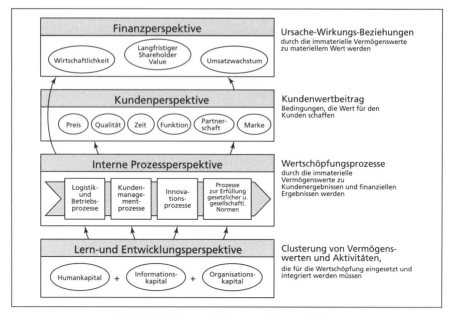

Abb 6.41: Balanced Scorecard Perspektiven
(Quelle: *Kaplan/Norton* 2004, S. 29)

der. Kundenzufriedenheit führt zu Kundenbindung, diese über Mundpropaganda zu Neuakquisition, was wiederum eine Erhöhung des Marktanteils nach sich zieht. Zwischen Wertbeitrag für Zielkunden und Messgrößen bestehen ebenfalls komplexe Ursache-Wirkungsbeziehungen. Der Erfolg der Wertbeitragsstrategie wird an den erwünschten Ergebnissen der Kunden- und darüber hinaus an den Messgrößen der Finanzperspektive gemessen.

Ausgehend von Kunden- und Finanzzielen zeigen die internen Prozessziele, wie die Kunden- und Finanzziele zu verwirklichen sind. Dabei hat das Management der internen Prozesse zwei strategische Funktionen zu erfüllen (vgl. *Kaplan/Norton* 2004, S. 38):

(1) der **Wertbeitrag für Kunden** ist zu erzeugen und zu vermitteln,

(2) die permanente Prozessverbesserung und Kostenmanagement in Hinblick auf die **Wirtschaftlichkeit** der Prozesse.

Kaplan/Norton (2004, S. 38/S. 149 ff.) gruppieren die Geschäftsprozesse in vier Cluster:

• Produktions- und Logistikmanagementprozesse,

• Kundenmanagementprozesse,

• Innovationsprozesse,

• Prozesse zur Erfüllung gesetzlicher und gesellschaftlicher Normen.

Die operativen Prozesse des „Produktions- und Logistikmanagements" liefern Güter und Leistungen an Kunden. Der Prozess lässt sich wiederum in Teilprozesse wie „Entwicklung von Lieferantenbeziehungen", „Erzeugung von

Produkten und Dienstleistungen", „Vertrieb an Kunden" und „Risikomanagement" unterteilen. Die einzelnen Teilprozesse setzen sich wiederum aus Subprozessen bzw. Aktivitäten wie z.B. „Bestellung des Materials" zusammen. Alle Prozesse sind letztlich am Wertbeitrag für Kunden zu messen. Die genannten „kritischen" Geschäftsprozesse schaffen für das Unternehmen Wertbeitrag, stellen die Prozessleistungen den Kunden zur Verfügung und fördern so die Profitabilitätsziele in der Finanzperspektive. Die immateriellen Vermögenswerte (Human-, Informations- und Organisationskapital) bilden Inputs für die Geschäftsprozesse.

Die Zielsetzungen der vier Perspektiven werden mit ca. 20-30 Messgrößen kontrolliert. Die Steuerungskennzahlen einer Ebene stehen in funktionaler Beziehung zur nächst höheren. Dabei können die Messgrößen der Prozessebene z.B. auch die Kundenperspektive überspringen und direkt in die Finanzperspektive münden. *Kaplan/Norton* (2004, S. 60 ff.) geben für alle Teilprozesse Ziele und Messgrößen an. Sie sind meist auf die Reduzierung von Prozesskosten sowie auf die Verbesserung der Prozessleistung, -qualität und -zeit gerichtet. Abbildung 6.42 zeigt ein Beispiel für Messgrößen der Prozessperspektive.

Prozessmerkmale		Beispiele für Messgrößen
Prozessstruktur	Komplexität	• Zahl der Produkte und Produktvarianten • Zahl der zu durchlaufenden Fertigungsstufen • Zahl der auftragsbezogenen benötigten Materialarten
	Kohärenz	• Zahl der für einen einzelnen Auftrag von der Annahme bis zur Auslieferung verantwortlichen Stellen • Grad der Auftragsbezogenheit des Wertschöpfungsprozesses • Zahl der Wechsel des Dispositionsverfahrens über die Auftragsbearbeitungskette hinweg
	Fehlertoleranz	• Schnelligkeit der Beseitigung aufgetretener Fehler • Ausfallsicherheit von Teilprozessen • Umstellungsmöglichkeit von Teilprozessen
Prozessleistung	Schnelligkeit	• Prozesszeiten einzelner Stufen der Wertschöpfungskette • Durchlaufzeit von Aufträgen und Auftragselementen • Lieferzeiten
	Flexibilität	• Umstellungszeiten von Bearbeitungsstationen • Frist der spätesten Änderungsmöglichkeit eines bestätigten Auftrags durch den Kunden • Umstellungsdauer auf neue Produkte
	Präzision	• Lieferzuverlässigkeit • Struktur und Umfang von Fehlmengensituationen • Servicegrade
	Effizienz	• Verlauf der Auftrags- bzw. Kundenindividualisierung über die Wertschöpfungskette • Stellung von Pufferlägern im Wertschöpfungsprozess • Prozesskosten einzelner Auftragsklassen

Abb. 6.42: Messgrößen der Prozessperspektive
(Quelle: *Weber/Schäffer* 2000, S. 266)

Schließlich kann das Prozesscontrolling durch die Auflösung der Unternehmensprozesse in Kern-, Haupt-, Teil- und Elementarprozesse (vgl. *Neumann/Wernsmann* 2008, S. 308) operationalisiert werden. Dadurch können Steuerungskennzahlen im Sinne einer ressourcenorientierten Vorgehensweise genauer verfolgt und in ihrer Relevanz beurteilt werden.

Die Balanced Scorecard hat dort **Schwächen**, wo ihre vermeintlichen Vorteile als Controllingsystem liegen. Gefordert wird eine enge Verknüpfung der Strategie mit den Scorecard-Perspektiven und ihren Messgrößen. Die dadurch erforderliche Top-Down-Konstruktion ist marktorientiert angelegt. Die hierarchischen Mittel-Zweck-Beziehungen zwischen Strategien und Perspektiven einerseits und zwischen den Perspektiven andererseits gehen von konfliktfreien, konsistenten Ableitungen von einem ökonomischen Oberziel in die Verästelungen einzelner Aktivitäten in den einzelnen Perspektiven aus (vgl. auch *Neumann/Probst/Wernsmann* 2008, S. 301). Allein dieser hierarchische Aufbau erlaubt es umgekehrt, Maßnahmen und Aktionen in einen Ursache-Wirkungs-Zusammenhang hinsichtlich übergeordneter Perspektiven und Strategien zu stellen.

Die Balanced Scorecard verfolgt daher vor allem pragmatische Ziele. Sie will nicht kausale Beziehungen zwischen den Zielen, Maßnahmen und deren Nebenwirkungen auf den verschiedenen Ebenen abbilden, sondern Mittel-Zweck-Beziehungen darstellen, mit deren Hilfe die Strategie erklärt werden kann (vgl. *Horváth&Partner* 2004, S. 59 ff.; *Kaplan/Norton* 1997). Verbindungsdarstellungen sollen dokumentieren, wie bestimmte Ziele erreicht werden sollen und welche Zielwerte der diversen strategischen Ziele auf den jeweiligen Ebenen erreicht werden müssen, um das strategische Vorhaben zu verwirklichen. Die **Strategy Map** hat vor allem eine pädagogische Funktion, indem sie Handlungskomplexität reduziert und einzelne Zusammenhänge zwischen Maßnahmen und Zielen hervorhebt. Sie soll zu konkreten Handlungen anstoßen und als Handlungsnorm dienen.

Dieser linearen, eher mechanistischen Entwurfslogik kann allerdings nur bedingt gefolgt werden. Zu viele interdependente Verknüpfungen neutralisieren die Steuerungsfunktion. Unübersichtlichkeit, die durch eine der Realität angenäherten Vielzahl kausaler Verbindungsdarstellungen hervorgerufen wird, schmälert den Wert der Scorecard. Dies gilt insbesondere dann, wenn Widersprüchlichkeiten in den Ursache-Wirkungs-Verbindungen auftreten. Höhere Qualität und verkürzte Durchlaufzeiten des Auftragsabwicklungsprozesses fördern kürzere Lieferzeiten und damit die Kundenakquisition. Beides macht jedoch auch zusätzliche und aufwendigere Teilprozesse notwendig, die der Senkung von Prozesskosten entgegenwirken.

Die Balanced Scorecard erweitert das Prozessmanagement nur scheinbar um die Kunden-, Entwicklungs- und Finanzperspektive. Diese Perspektiven müssen bereits bei der Identifikation, Modellierung und Steuerung der Geschäftsprozesse einfließen. Die Perspektiven stehen für das Management von Geschäftsprozessen. Ohne sie könnte weder ihr Entwurf noch ihr Controlling erfolgen. Die Scorecard dokumentiert den strategischen und personellen Impetus der Geschäftsprozesse, gewährleistet jedoch nicht die Umsetzung von Geschäftsprozessen in konkrete Handlungen. In der Balanced Scorecard werden die strategischen Hypothesen in Regeln gegossen. Sie stellen gewissermaßen die Blaupause des Strategieprozesses dar. Eine unmittelbare Umsetzung in Handlungen gewährleistet dies allerdings noch nicht. Die Strategy Map stellt nur das Regelwerk für den Strategieprozess zur Verfügung. Sie kann sich allenfalls als Anleitung für soziale Konstruktion verstehen. Handlungen sind vielmehr an „Schemata" (*Kieser/Hegele/Klimmer* 1998, S. 141) geknüpft. Darunter wird ein von konkreter Erfahrung abstrahierender Wissensbestand verstanden, den die Akteure benutzen, um zwischenmenschliche Situationen zu strukturieren und ihnen Bedeutung zu verleihen. Die Interpretationen der Scorecard-Regeln werden von Routinen und impliziten Organisationstheorien geleitet und vermitteln sich den Akteuren nicht unmittelbar und zwangsläufig.

Die Scorecard muss daher erst auf Grundlage vorhandener Schemata interpretiert werden, um in Handlungen umgesetzt werden zu können. Nur über Kommunikation der Organisationsmitglieder im Allgemeinen und der Prozessbeteiligten im Speziellen lassen sich Annäherungen in den Interpretationen herstellen, die dann in gemeinsames kooperatives Handeln münden können.

6.5.3.3 Wertmanagement

Voraussetzung für eine nachhaltige Rentengenerierung ist die Schaffung von Unternehmenswert.

Die Grundidee des Wertmanagements ist es, den Ziel- und Entscheidungskriterien des Kapitalmarktes auch bei unternehmensinternen Entscheidungen Geltung zu verleihen. Die Ressourcenallokation soll innerhalb des Unternehmens nach Kriterien erfolgen, die auch die Entscheider am Kapitalmarkt zur Beurteilung der Werthaltigkeit eines Unternehmens anlegen. Es muss daher ein Anliegen einer wertorientierten Unternehmenssteuerung sein, die Bewertung der Aktivitäten eines Unternehmens, aber auch seiner Teilbereiche (Geschäftsbereiche, Abteilungen, Projekte) an Indikatoren festzumachen, die auch die **Wertsteigerung** aus Sicht der Aktionäre befördern. Mittels Korrelationsanalysen wurde versucht, diesen Zusammenhang zu validieren und damit die Erklärungskraft der internen Steuerungskennzahlen zu begründen (vgl. *Lewis* 1994, S. 46 f.).

Die Kapitalperspektive

Die verschiedenen Kennzahlen zur Analyse von Werttreibern haben bei aller Unterschiedlichkeit im Einzelnen ihr Fundament in der Kapitalorientierung. Welche Wertsteigerungsmaße auch vorgeschlagen wurden, sei es der Discounted Cash Flow als Maß für den Vermögenswert, Economic Value Added (EVA®*) als Residualgewinn oder Cash Flow Return on Investment (CFROI) als Rentabilitätsmaß; das eingesetzte Kapital wird als Basis für die Erfolgsermittlung herangezogen (vgl. hierzu *Copeland/Koller/Murrin* 1993; *Hostettler* 1997; *Ballwieser* 2000, S. 160 ff.).

Im einfachsten Fall ist die Wertkennzahl der sog. **Economic Value Added (EVA®)**.

---

*) EVA® ist eine eingetragene Marke von *Stern Stewart & Co.*

$$EVA = \left(\frac{Umsatz - Kosten*}{Investiertes~Kapital} - Kapitalkosten \right) \times Investiertes~Kapital$$

$$\qquad\qquad (ROI) \qquad\qquad\quad (KK) \qquad\qquad\quad (IK)$$

*) Material-, Personal- und sonstige Kosten

Bei aller Kritik, die insbesondere die buchhalterische Datenerfassung betrifft, wird doch der Beitrag dieser Konzepte dahingehend gewürdigt, dass

- die Kosten des Eigenkapitals und
- die Fokussierung der Rentabilität von Investitionen

im Gefolge der wertorientierten Unternehmensführung in den Vordergrund gerückt wurden.

Wenn der Zusammenhang von internen Steuerungsgrößen und externen Erfolgsindikatoren, wie z. B. der Marktwert des Eigenkapitals oder der Total Shareholder Return (Dividenden und Kurssteigerungen), die alles entscheidende Validierungsinstanz ist, dann erscheint in der Tat die Prämisse zu einseitig, kapitalorientierte bzw. investitionsbasierte Kennzahlen als (ausschließlichen) Prädiktor für den Marktwert heranzuziehen. In vielen Branchen, insbesondere in der Medienindustrie, sind es eher die intangiblen, nicht transferierbaren und nicht über den Beschaffungsmarkt beziehbaren Ressourcen, die in der Lage sind, langfristig nachhaltige Wettbewerbsvorteile zu generieren.

Konzeptionelle Erweiterungen des kapitalorientierten Grundmodells

- **Personalperspektive**

Eine erste Modellvariante wurde unter dem Logo „Workonomics™" von *Strack/Franke/Dertnig* 2000 sowie *Strack/Villis* 2001, S. 76 ff.) vorgeschlagen und inzwischen im Beratungsgeschäft der Boston Consulting Group auch eingesetzt. Die Wertschaffung wird nicht mehr (nur) auf die Kapitalbasis, sondern auf die Mitarbeiter bezogen. Wertschöpfung pro Mitarbeiter und Kosten pro Mitarbeiter werden einander gegenübergestellt und daraus die Überrendite ermittelt.

$$EVA = \left(\frac{Umsatz - Kosten*}{Anzahl~Mitarbeiter} - \frac{Personalkosten}{Anzahl~Mitarbeiter} \right) \times Anzahl~Mitarbeiter$$

$$\qquad\qquad (VAP) \qquad\qquad\quad (ACP) \qquad\qquad\quad (P)$$

*) Kosten ohne Personalkosten

Mit:

VAP: Value Added pro Mitarbeiter

ACP: Kosten pro Mitarbeiter

P: Anzahl Mitarbeiter

Der Human Ressourcen-Ansatz erlaubt es, analog dem ROI und den Kapitalkosten die Steuerungskennzahlen VAP und ACP weiter auszudifferenzieren und entsprechende Werttreiber zu identifizieren. Ein entsprechendes Kennzahlensystem ist allerdings nur in arbeitsintensiven Unternehmen geeignet, das Wertmanagement zu unterstützen. Während in den eher traditionellen Branchen wie Energieversorgung, Chemie oder Automobilindustrie die Personalkosten allenfalls das Dreifache der Kapitalkosten ausmachen, erreichen sie in der Medienbranche, z.B bei Bertelsmann, mehr als das Zehnfache der Kapitalkosten. Dabei sind die kapitalintensiven Druckereibetriebe schon berücksichtigt. Zusätzlicher Personaleinsatz lohnt sich in dieser Branche immer dann, wenn VAP > ACP, d.h. die Wertschöpfung pro Mitarbeiter größer als dessen Kosten ist.

- **Kundenperspektive**

Eine zweite Variante besteht in der Berücksichtigung der Kundenperspektive, die mit dem Logo „Custonomics^{TM}" versehen wurde. Die Wertsteigerung wird in kundenrelevanten Größen ausgedrückt. Analog der kapitalorientierten Sicht und der Human Ressource-Perspektive wird die Wert-Kennzahl als Value Added per Customer (VAC), den Vertriebs- und Marketingkosten pro Kunde (ACC) und der Anzahl der Kunden (C) formuliert.

$$EVA = \left(\underbrace{\frac{\text{Umsatz} - \text{Kosten} *}{\text{Anzahl der Kunden}}}_{(VAC)} - \underbrace{\frac{\text{Vertriebs- u. Marketingkosten}}{\text{Anzahl der Kunden}}}_{(ACC)} \right) \times \underbrace{\text{Anzahl der Kunden}}_{(C)}$$

*) Kosten ohne Vertriebs- und Marketingaufwand

Mit:

VAC: Value Added pro Kunde

ACC: Kosten pro Kunde

C: Anzahl der Kunden

Diese Herleitung der Wertsteigerung wird immer dann besonders aussagekräftig sein, wenn Vertriebs- und Marketingaufwendungen einen größeren Kostenanteil bilden. Bei diesen Unternehmen ist die Kundenbasis ein entscheidender Wettbewerbsfaktor. Ein gutes Beispiel ist das Unternehmen Amazon.com, das es verstand, einerseits durch Cross-Selling-Angebote den Customer Value und andererseits durch Akquisitionen und Internetangebote die Kundenbasis (C) kontinuierlich zu erhöhen. Nicht anders ist die Strategie der Mobilfunkunternehmen ausgerichtet, die ihre Wettbewerbsstärke ebenfalls mit der Größe ihrer Kundenbasis erklären. Die Kundenperspektive wird in all den Unternehmen der relevante Ansatz sein, bei denen die Grenzkosten der Leistungsversorgung für den zusätzlichen Kunden gegen Null tendieren. Dies gilt in erster Linie für Rundfunk- und Fernsehsender, sowie für Printmedien, Mobilfunkunternehmen und alle internetbasierten Medienanbieter.

Die Prozessperspektive

Bereits *Kaplan/Norton* haben in ihrem Konzept der Balanced Scorecard nachdrücklich auf eine vierte Dimension hingewiesen – die **Prozessperspektive**. Sie verbindet dort die Mitarbeiterperspektive mit der Kundenperspektive. Es liegt daher nahe, im Wertmanagement die Prozessperspektive nicht zu vernachlässigen, sondern sie explizit als Werttreiber zu erfassen.

Im Folgenden wird daher ein Vorschlag gemacht, die Prozessperspektive als Steuerungskennzahl zu formulieren und konzeptionell dem Wertmanagement zugänglich zu machen. Das Geschäftsprozessmanagement wurde als zentrales Instrument für die Schaffung nachhaltiger Wettbewerbsvorteile angesehen. Kernprozesse, die annahmegemäß durch

- wahrnehmbaren Kundennutzen
- **unternehmensspezifische** Ressourcenbündelung und -nutzung
- Imitationsbarrieren
- Nicht-Substituierbarkeit mittels alternativer Problemlösungen,

identifiziert wurden, generieren unternehmensspezifische Wertbeiträge. Sie sind demnach hinsichtlich ihres Value Added zu analysieren und zu vergleichen. In dem Maße, wie sich dynamische Kernkompetenzen aus einer gezielten Prozessverbesserung in zeitlicher, qualitativer oder kostenmäßiger Hinsicht entfalten, können Geschäftsprozesse als Werttreiber auch in den Kennzahlen des Wertmanagements erfasst werden.

Analog den vorgetragenen Definitionsgleichungen kann die prozessbezogene Formulierung des EVA® im einfachsten Fall am Beispiel des Kundenmanagementprozesses wie folgt skizziert werden.

$$EVA = \left(\underbrace{\frac{Umsatz - Kosten *}{Anzahl\ der\ Kundenprozesse}}_{(VACP)} - \underbrace{\frac{Vertriebs-\ u.\ Marketingkosten}{Anzahl\ der\ Kundenprozesse}}_{(CCP)} \right) \times \underbrace{Prozessmenge}_{(PM)}$$

*) Kosten ohne Vertriebs- und Marketingaufwand

mit:

VACP: Value Added des Kundenmanagementprozesses

CCP: Marketing und Vertriebskosten des Kundenmanagementprozesses (Prozesskostensatz)

PM: Anzahl der Kundenmanagementprozesse (Prozessmenge)

Graphisch lässt sich der Value Added des Geschäftsprozesses entsprechend Abbildung 6.43 darstellen.

Die Pfeile zeigen Möglichkeiten auf, mittels prozessbezogener Werttreiber den EVA® zu vergrößern. Werttreiber sind danach Prozesskosten, Prozessmenge und die Differenz aus prozessunabhängigen Ergebnisanteilen. Zu bemerken ist, dass sich die Wertermittlung hier nur auf **einen** von mehreren Kernprozessen bezieht. Prozessverbesserungen sind jedoch in ihren wertmäßigen Auswirkungen keineswegs unabhängig. Beispielsweise führen Prozesskostensenkungen (PrKS) eines Prozesses A definitionsgemäß immer zu Erhöhungen des Value Added (VAPr) des Prozesses B, wenn anschließend nach dessen Wertbeitrag gefragt wird. Das Werttreibermanagement muss sich daher mit folgenden Kernfragen befassen:

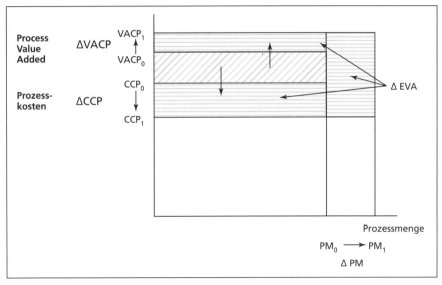

Abb. 6.43: Value Added des Kernprozesses Kundenmanagement

1. Welcher (Kern-)Prozess liefert welchen Value Added?
2. Wie lässt sich der Value Added des einzelnen (Kern-)Prozesses erhöhen?
3. Welche Multiplikatoreffekte der Wertsteigerung ergeben sich aus der Prozessinterdependenz?

ad 1. Werttreiberanalyse durch Vergleich des Value Added verschiedener Geschäftsprozesse

Mittels dieser Steuerungskennzahl lassen sich zunächst die identifizierten (Kern-)Prozesse untereinander vergleichen. Zwar weisen z. B. die Geschäftsprozesse eines Unternehmens **Kundenmanagement** und **Operations** den gleichen EVA® aus, was durch die Fläche oberhalb ihrer Prozesskosten veranschaulicht wird, der Process Value Added beider unterscheidet sich jedoch. Die relative Höhe des Value Added eines einzelnen Kernprozesses liefert Informationen über den Bedarf an Restrukturierungsmaßnahmen. Im Falle negativer Wertbeiträge ist zu prüfen, ob sie als Kandidaten für Outsourcing behandelt werden müssen. Die Analyse unterschiedlicher Überrenditen einzelner Kernprozesse zeitigt somit erste Anhaltspunkte für das Werttreibermanagement. So ist z. B. erkennbar, ob die strategische Positionierung eines Kernprozesses und seine Priorität bei der Ressourcenallokation mit seiner Werthaltigkeit im Einklang stehen. Diskrepanzen geben Hinweise auf Restrukturierungsbedarfe bzw. Wertsteigerungspotentiale.

Neben dem Wertgerüst bildet das Mengengerüst der Kernprozesse einen weiteren Erfolgsfaktor für das Werttreibermanagement. Problematisch sind allerdings Fälle, in denen horizontale bzw. vertikale Prozessinterdependenzen zwischen den Kernprozessen vorliegen. Meist sind **Produktentwicklungsprozesse** nicht unabhängig von **Kundenmanagementprozessen** zu gestalten. Die Anzahl der Vorgänge (Prozessmenge) des ersteren kann nur in Grenzen unabhängig von letzterem als Werttreiber variiert werden. Ähnlich verhält es sich mit dem **Service** oder der **Ersatzteilversorgung** als Prozesse, die strategisch mit der **Neukundenakquisition** verknüpft sind.

ad 2. Werttreiberanalyse des einzelnen Prozesses

Prozessmenge als Werttreiber

Die Höhe des Value Added ist nicht nur eine Frage des Benchmarks eines Geschäftsprozesses mit anderen bzw. solchen von Wettbewerbern. Vorrangig ist die Frage, ob und in welchem Ausmaß der Zusatznutzen, den ein Prozess stiftet, sich auch in der Prozessmenge bzw. im Umsatz niederschlägt. Dabei sind diejenigen Geschäftsprozesse, die Schnittstellen zu Kunden aufweisen, von besonderem Interesse, da sie unmittelbaren Einfluss auf die Umsatzgröße nehmen. Tragen die Teilprozesse des Kundenmanagementprozesses wie „Leistung entwickeln" oder „Leistung vertreiben" zur dauerhaften Befriedigung und damit auch Bindung von Kunden bei (vgl. Abbildung 6.44), dann wird sich daraus auch entsprechender Umsatz generieren lassen.

Das Wertmanagement im Bereich kundennaher Geschäftsprozesse nimmt hier eine Controllingfunktion wahr. Leistungsniveaus einzelner Geschäftsprozesse bzw. ihrer Teilaktivitäten sind hinsichtlich ihres akquisitorischen Potentials zu evaluieren. Dabei lassen sich mittels einer Sensibilitätsanalyse Informationen darüber gewinnen, wie unterschiedliche Leistungsniveaus einzelner Aktivitäten des Geschäftsprozesses zu Veränderungen seines Added Value beitragen.

Prozesskosten als Werttreiber

Die Ermittlung der Prozesskosten wird ausführlich in der Literatur zur Prozesskostenrechnung beschrieben (vgl. auch Kapitel 6.4.2.3). Der Prozesskostensatz, der dem „Process Value Added" zur Ermittlung der Überrendite gegenüber-

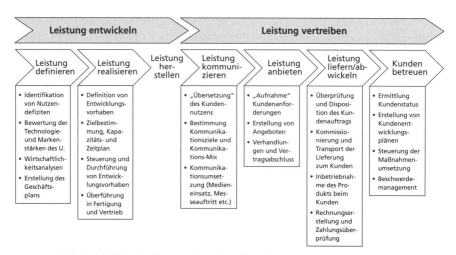

Abb. 6.44: Werttreiberanalyse des Kundenmanagementprozesses

gestellt wird, ist von verschiedenen Kosteneinflussgrößen abhängig. Es wurde zwischen prozessmengenproportionalen (leistungsmengeninduzierten) und prozessmengenfixen (leistungsmengenneutralen) Kosten unterschieden, wobei diese Differenzierung von der Wahl der „cost driver" abhängt. Cost driver sind Objekte, wie z. B. „Kundenaufträge", „Kundenkontakte", „Bestellungen", „Entwicklungsaufträge", „Fertigungsaufträge", die Ressourcenverbrauch auslösen und mithin Prozesskosten verursachen. Es handelt sich dabei um diejenigen Objekte, deren Definition das Mengengerüst der Prozessmenge (PM) bestimmt.

ad 3. Werttreiberanalyse bei interdependenten Prozessen

Die Werttreiber Prozessmenge, -kosten und -qualität unterliegen bei interdependenten, vernetzten Prozessstrukturen besonderer Sensibilität. Ein prozessübergreifendes Wertmanagement zielt auf die Steuerung des „Prozessertrags" (*Fröhling/Baumöl* 1996, S. 141 ff.), in dem die diversen kundennutzenstiftenden Prozessleistungen mit den verfügbaren quantitativen und qualitativen Prozesskapazitäten abgestimmt werden. Durch eine kapazitätsorientierte, dynamische Preis- und Mengensteuerung der Kernprozesse kann eine wertgetriebene Ausschöpfung der Prozessmengenkontingente erreicht werden, die über die reine Prozessoptimierung hinausgeht.

Sollen Erhöhungen des EVA® über den isolierten Restrukturierungserfolg eines Prozesses hinaus realisiert werden, dann sind also

- Prozessinterdependenz und
- Prozessauslastung

als weitere Werttreiber zu berücksichtigen.

Zwar bedeuten Prozesskostensenkungen eines Prozesses definitionsgemäß immer auch Steigerungen des Value Added der innerhalb der Wertschöpfungskette interdependenten Prozesse. Investitionen in einen Prozess mit der Folge von Prozessmengensteigerungen bei interdependenten Prozessen haben darüber hinaus zusätzliche, synergiebedingte EVA®-Steigerungen zur Folge, wenn diese zu zusätzlichen Auslastungen bei korrespondierenden Prozessen führen. Prozessmengensteigerung beispielsweise beim **Kundenmanagementprozess** aufgrund von Marketinginvestitionen haben einen Multiplikatoreffekt für die Wertsteigerung, wenn sie nicht nur eine Kostensatzsenkung in diesem, sondern zudem auch Kapazitätsauslastungen in anderen, z. B. in den **Operationsprozessen**, bewirken. Sind solche Koordinationsgewinne nicht zu erzielen, dann müssen gegebenenfalls Preis- anstelle von Prozessmengenerhöhungen als ein erfolgversprechenderer Hebel für Wertsteigerungen in Betracht gezogen werden.

Das komplexe Zusammenspiel der Werttreiber resultiert aus Interdependenzproblemen bei der Ressourcenallokation. In der Vernetzung der Prozesse liegen die größten Wertsteigerungspotentiale des Prozessmanagements. Die Abstimmung und Steuerung mengen- und wertmäßig verkoppelter Prozesse, die üblicherweise auch mit dem Begriff des „Yieldmanagement" (*Dandel/Vialle* 1992) versehen werden, sind Promotoren für den Value Added. Die Steuerungskennzahl erleichtert die Abstimmung der Prozesse unter Wertgesichtspunkten.

Umgekehrt kann das Wertmanagement dazu dienen, auf notwendige Restrukturierungsmaßnahmen aufmerksam und diese hinsichtlich ihrer Effizienz überprüfbar zu machen.

Die **Prozessperspektive** ist bislang in den Ansätzen des Wertmanagements unberücksichtigt geblieben. Dies ist zumindest konzeptionell unverständlich, da im Prozessmanagement diejenigen Erfolgspotentiale liegen, die letzthin die Kernkompetenzen eines Unternehmens ausmachen. Solange **Prozesse als Werttreiber** vernachlässigt werden, bleiben auch weitere Erfolgsquellen wie das Supply Chain Management für das Werttreibermanagement verschlossen.

Der vorgestellte Ansatz, der einen ersten Versuch zur Überwindung des Defizits darstellt, hat zweifellos seine Schwachpunkte. Größtes Problem ist, dass einzelnen Prozessen Wertbeiträge nicht eindeutig zugerechnet werden können. Der Wert einer Unternehmung entsteht aus dem Zusammenspiel verschiedener Geschäftsprozesse, so dass eine isolierte Ermittlung des Wertbeitrags eines einzelnen Prozesses nicht unproblematisch ist. Dennoch wird man bei Konzentration auf wenige, strategisch wichtige Kernprozesse mit Hilfe der Steuerungskennzahl die Unternehmensstrategie validieren und Szenarien für alternative strategische Fokussierungen wertmäßig simulieren können. Die Prozessperspektive gestattet damit einen wesentlich differenzierteren Blick auf wertschaffende Aktivitäten als dies bei Fokussierung auf die durchschnittlich investierte Kapitaleinheit, den durchschnittlichen Mitarbeiter oder den durchschnittlichen Kunden möglich ist.

7

Outsourcing von Geschäftsprozessen

Inhaltsverzeichnis

Die Unterscheidung in Kern- und Supportprozesse verwies bereits auf Outsourcingoptionen. Supportprozesse gelten im Sinne des **ressourcenorientierten** Ansatzes als Kandidaten für Outsourcing, während das Outsourcing von Kernprozessen zu Kompetenzverlusten führen würde. Da Kernprozesse Träger von Wettbewerbsvorteilen sind, gefährdet ihr Outsourcing die nachhaltige Erzielung von strategischen Renten und sollte daher unterlassen werden. Als Argumente für das Outsourcing von Supportprozessen wird angeführt, dass dadurch die Komplexität der Kernprozesse reduziert, diese überschaubarer und „schlanker" gemacht werden, und die Kundennähe der Kernprozesse erleichtert wird.

Auch im Konzept des **marktorientierten** Ansatzes zieht das Outsourcing strategisch relevanter Differenzierungsaktivitäten der Wertkette den Verlust von Einzigartigkeit und damit von Differenzierungsvermögen nach sich. Nicht anders verhält es sich im Falle der Kostenführerschaft. Outsourcing von Wertaktivitäten kann nicht dazu beitragen, innerhalb der Branche einzigartige Kostenstrukturen zu realisieren, da Wettbewerbern analoge Outsourcingstrategien offen stehen.

In beiden Fällen gilt daher die Hypothese, dass nur hinsichtlich der eigenen Wettbewerbsvorteile unkritische Prozesse dem Outsourcing zugänglich gemacht werden sollten. Dennoch kann nicht davon ausgegangen werden, dass Supportprozesse generell Kandidaten für Outsourcingmaßnahmen sind. Kern- und Supportprozesse sind nicht definitiv festgelegt und in ihrer strategischen Funktion unabänderlich. Am Beispiel der Discount-Broker lässt sich zeigen, wie sich die strategische Bedeutung von Kernfähigkeiten ändern kann. Mit Gründung der Direktbanken im Jahr 1994 und dem Angebot des Discount-Brokerage 1996 via Internet galt eine effiziente IT als wesentlicher Wettbewerbsvorteil. Die Kompetenz einer Direktbank leitete sich aus der Beherrschung der technologischen Entwicklung ab. Ihre Leistungsfähigkeit und Transaktionskosten waren ein wichtiges Differenzierungsmerkmal der Anbieter. Inzwischen steht jedoch die Befriedigung von Kundenbedürfnissen durch Beratung, innovative Produkte und Service im Mittelpunkt der Wettbewerbsstrategie (vgl. *Walter* 2001, S. 53). Die IT-Kompetenz spielt allenfalls als Enabler eine Rolle.

Umgekehrt können sich Supportprozesse zu Kernprozessen entwickeln. Die Deutsche Bank hat die Abwicklung ihres Zahlungsverkehrs der Postbank übertragen, die damit weit über 5 Mrd. Transaktionen jährlich abwickelt. Für die Postbank avanciert der Zahlungsverkehr damit zu einem Kerngeschäft, das mit einem Insourcing des Geschäftsprozesses verbunden ist. Ebenso hat sich die BHW mit ihrem Kreditcenter zu einem Outsourcing-Dienstleister entwickelt, nachdem sie ihre Kreditbearbeitungsabteilung ausgebaut hat. Sie ist nun mandantenfähig und bietet das gesamte Processing von der Antragsprüfung und Darlehnsvertragserstellung bis hin zum Mahn- und Vollstreckungswesen an (vgl. *Gasda* 2003, S. 86 ff.). Schon diese Beispiele zeigen, dass bestimmte Supportprozesse auch zu Kernprozessen mutieren können. Umgekehrt gilt natürlich auch, dass Kernprozesse ihre wettbewerbskritische Eigenschaft verlieren und zu Supportprozessen werden.

Outsourcing erzeugt zunächst „sunk costs", wenn Geschäftsprozesse auf andere Dienstleister übertragen werden. Pfadabhängigkeiten entstehen hinsichtlich einer Insourcingoption, wenn die Geschäftsprozesse unter fremder Regie bereits abgewickelt werden. Beides gilt es möglichst gering zu halten, um sich der Optionen des „make or buy" nicht grundsätzlich zu verschließen. Nachdem die Deutsche Bank ihre weltweite Beschaffung und die Kreditorenbuchhaltung an Accenture übertragen hat, wird sie nur unter größten Schwierigkeiten und Aufwendungen diese Prozesse reinternalisieren können, da der einmal eingetretene Kompetenzverlust allenfalls nur sehr langfristig zu kompensieren ist.

7.1 Business Process Outsourcing in der Praxis

Business Process Outsourcing (BPO) beinhaltet die Vergabe der Leistungserstellung an einen externen Dienstleistungsbetreiber. Dabei können auch Finanzierungskomponenten enthalten sein. Die Prozessleistung wird an Hand von Leistungsmerkmalen (Service Level Agreements) definiert. Der Geschäftsprozess kann seitens des Dienstleisters nach eigenen Standards strukturiert werden, so dass dieselbe Prozessstruktur für mehrere Kundenprozesse benutzt werden kann.

Outsourcing von Geschäftsprozessen konzentriert sich auf bestimmte Prozesstypen. Klassische Outsourcing-Prozesse finden sich im **Personalmanagement, Finanz- und Rechnungswesen** sowie in der **Materialwirtschaft und Logistik**. Darüber hinaus gibt es spezielle Teilprozesse, die sich besonders für das Outsourcing eignen, wie Reisekostenmanagement und Spesenabrechnung, Kreditkartenabrechnung etc. (vgl. *Dittrich/Braun* 2004, S. 67 ff.).

Im Bereich des **Personalwesens** ist vor allem die Lohn- und Gehaltsabrechnung für das Outsourcing geeignet. Allerdings gilt auch hier, dass Unternehmen, die sich durch einen hohen Grad an individueller Vertragsgestaltung auszeichnen, die über komplexe Zeiterfassungssysteme verfügen und die sich ein differenziertes Provisionssystem leisten, das Outsourcing dieser Prozesse erschwert haben. Outsourcing verlangt bereits im Vorwege ein hohes Maß an Standardisierung dieser Prozesse (vgl. *Wullenkord/Kiefer/Sure* 2005, S. 53). Weitere Prozesse sind Reisekostenabrechnung, Personalaktenverwaltung, Bewerberverwaltung, Weiterbildung und Personalbeschaffung. Auch hinsichtlich dieser Prozesse gilt, dass die Outsourcingeignung mit zunehmender Spezifität abnimmt.

Im Bereich des **Finanz- und Rechnungswesens** eignen sich besonders die Debitorenbuchhaltung („Order-To-Cash-Prozess") und die Kreditorenbuchhaltung („Procedure-To-Pay-Prozess") für das BPO. Der Order-To-Cash-Prozess umfasst Teile des kaufmännischen bzw. buchhalterischen Auftragsabwicklungsprozesses. Im Einzelnen umfasst er die Teilprozesse Bestelleingang, Versand, Bestandsführung, Fakturierung bis hin zur Kontrolle des Zahlungseingangs (vgl. *Wullenkord/Kiefer/Sure* 2005, S. 83). Da es sich hierbei um die Herauslösung einzelner datenverarbeitungsfähiger finanzwirtschaftlicher Transaktionen handelt, wird der Geschäftsprozess Vertriebslogistik durch das Outsourcing unterbrochen und Schnittstellen geschaffen, auch wenn die an einer Transaktion beteiligten Unternehmen online auf den gleichen Datenbestand zugreifen können. Die Teilprozesse der Kreditorenbuchhaltung („Procedure-To-Pay-Prozess") beginnen mit der Sichtung und Sortierung der Eingangsrechnungen. Anschließend erfolgt die Kreditorenbuchung in der Buchhaltung, in der Rechnungsnummer, -datum, Nettobetrag und Mehrwertsteuer ausgelesen und die Kreditorennummer hinzugefügt wird. Die Rechnung wird im ERP-System erfasst und zur Prüfung an die Bestellabteilung weitergegeben und sodann freigegeben bzw. bezahlt. Auch dieser Prozess kann durch entsprechende Standardisierung auf die Formate des Dienstleistungsanbieters einem Outsourcing zugänglich gemacht werden. Hierbei handelt es sich um logistische Teilprozesse mit hohem IT-Support-Potential, die selektiv aus dem Geschäftsprozess der Beschaffungslogistik isoliert wurden. Die Eignung des „Procedure-To-Pay-Prozess" für Outsourcingmaßnahmen wird an einem Beispiel wie folgt beurteilt (vgl. *Wullenkord/Kiefer/Sure* 2005, S. 92):

Hohe Standardisierbarkeit:

- Prozess ist nahezu identisch bei allen Unternehmen unabhängig von Branche und Größe
- Breiter Anwendungsbereich
- Etabliertes Erfahrungswissen über das Handling des Teilprozesses

Kostenvorteile:

Beispiel: Unternehmen mit 10.000 Ausgangsrechnungen/Monat

intern: ca. 10 €/Vorgang bzw. 1,2 Mio. € p. a. (Gehälter, NK, Hardware, Software, Schulungen, Dienstleistungen etc.)

extern: ca. 5 €/Vorgang bzw. 6.000.000 € p. a.

Service/Qualität:

Interne Vorteile: spezifisches Wissen über Lieferanten und Transaktionsbedingungen

Externe Vorteile: – übergreifendes Fachwissen und Referenzprozesse

– hohe technische Kompetenz

– Dienstleistungsorientierung

Von der Prozessexternalisierung wird häufig eine **Prozesskostensenkung** erwartet. Dass Outsourcing die Prozesskosten reduzieren kann, ist weitgehend unumstritten. Wie empirische Untersuchungen zeigen (vgl. *Wullenkord/Kiefer/ Sure* 2005, S. 92), ist es jedoch weder das einzige noch das wichtigste Motiv. An erster Stelle steht die Veränderung der Kostenstruktur (mehr als 2/3 der Befragten). Da Outsourcing gebundenes Kapital reduziert, schlagen sich Auslastungsschwankungen nicht unmittelbar auf die Prozesskosten nieder. Auch der Zugang zu spezialisierten Ressourcen (IT, Cloud Computing, Spezialisten) ist für BPO-Nutzer attraktiv. Als ein weiteres bedeutendes Argument werden die mit dem BPO einhergehenden Möglichkeiten genannt, sich stärker auf die eigentlichen Kernprozesse zu konzentrieren. Das Kostenargument hat dagegen eher nachrangige Bedeutung. Als noch weniger wichtig werden seitens der Outsourcing-Nutzer etwaige Leistungssteigerungen gesehen, die durch die Übertragung von Geschäftsprozessen auf spezialisierte Prozesseigner erzielt werden (etwa 1/3 der Befragten).

7.2 Produktionskosten und Business Process Outsourcing

BPO kann sich aus den verschiedensten Gründen für ein Unternehmen lohnen. Wenn im Folgenden einzelne Kriterien und Bedingungen für die Externalisierung von Prozessen diskutiert werden, so wird unterstellt, dass es sich beim Outsourcing um marktorientierte, kaufvertragsbasierte Transaktionen handelt, die an Stelle hierarchischer bzw. hybrider Koordinationsmuster treten sollen. Ausgelagerte Geschäftsprozesse werden aus ihrem organisatorischen Kontext gelöst und durch den Preismechanismus von ihren jeweiligen Lieferanten- und Kundenprozessen entkoppelt. Ökonomische Vorteile entstehen allerdings nur dann, wenn die damit verbundenen Produktions- und Transaktionskosten gesenkt werden können.

1. Economies of Scale

Das am meisten vorgetragene Argument für BPO beruft sich auf die Economies of Scale. BPO verhilft dem Dienstleister zu höheren Prozessmengen, die ihn in die Lage versetzen, Transaktionen zu niedrigeren Stückkosten durchzuführen und seinem Kunden preisgünstiger anzubieten, als dessen Prozesskosten bei Eigenfertigung betragen. BPO ist für den Kunden attraktiv, wenn er in den Genuss einer „strategischen Rente" des Outsourcings gelangt. Die Skaleneffekte gehen zum einen auf die Bündelung der Aufträge zurück, was dem Dienstleister zu einer höheren kumulierten Ausbringungsmenge verhilft und dadurch in die Lage versetzt, Fixkostendegression, Lern- und Erfahrungseffekte auszunutzen. Zum anderen hat er die Möglichkeit, spezialisierte Ressourcen mit günstigeren Kostenstrukturen auszulasten. Dies betrifft insbesondere Branchen-, Prozess- und Technologiespezialisten. Hinzu kommt, dass die höher aggregierten Volumina beim Dienstleister zu einer größeren Einkaufsmacht führen, falls das Outsourcing mit Materialbeschaffung oder Investitionen verbunden ist. Gegebenenfalls können Rahmenverträge abgeschlossen werden, die das working capital auch des Kunden reduzieren helfen.

Die Realisierung von Skaleneffekten setzt allerdings voraus, dass der Dienstleister gleichartige Prozesse in denselben Formaten mit demselben Ressourceneinsatz (z. B. beim Ausrollen von SAP R/3) bearbeiten kann. Nur identische Transaktionen, wie sie z. B. beim Zahlungsverkehr auftreten, lassen Stückkostensenkungen durch Fixkostendegression und Lerneffekte erwarten. Zudem muss der Dienstleister bereit sein, Opportunitätskosten zu Gunsten seiner Kunden in Kauf zu nehmen und eine entsprechende Preispolitik zu realisieren.

2. Spezialisierungsvorteile

Spezialisierungseffekte knüpfen unmittelbar an den Skalenerträgen an. Die Supportprozesse eines Kunden sind in der Regel Kernprozesse des BPO-Dienstleisters. Seine Kernkompetenz liegt in der Prozess- und Branchenerfahrung, über die das Kundenunternehmen nicht verfügen kann. Sein Wettbewerbsvorteil liegt in der Fähigkeit, Anbieter von „best practices" bei der Durchführung der betreffenden Prozesse zu sein. Dazu benötigt er spezialisiertes Wissen, innovative Verfahren und Technologien, die ihn als Dienstleister wettbewerbsfähig machen. Dieser Marktdruck des Dienstleistungsanbieters, kontinuierliche Prozessverbesserungen zu realisieren, unterscheidet ihn wesentlich von seinen Kunden, die solchen Wettbewerbsbedingungen in ihren Supportbereichen nicht ausgesetzt sind. Der hinsichtlich tangibler und intangibler Ressourcen spezialisierter Dienstleister kann bestimmte Leistungen auf höherem Niveau anbieten, ohne dass zwangsläufig höhere Kosten damit verbunden sind. Der BPO-Dienstleister kann daher folgende **Spezialisierungsvorteile** anbieten (vgl. *Dittrich/Braun* 2004, S. 36):

- die Verfügbarkeit von Branchen-, Prozess- und Technologiespezialisten,

- ein auf die Dienstleistungserstellung fokussiertes Prozessmanagement, das hinsichtlich des betreffenden Prozesstyps „best practice"-Ambitionen verfolgt,

- ein Anreizsystem, das Mitarbeiter in einem innerbetrieblichen Wettbewerbsumfeld zu hoher Prozessqualität anhält und ein Prozesscontrolling, das die Wettbewerbsfähigkeit des BPO-Dienstleisters laufend überwacht.

Produktivitätsvorteile im Leistungsvollzug durch Outsourcing setzen bereits Spezialisierung und Standardisierung auch bei den Kundenprozessen voraus, da ansonsten weder die Mengen- noch die Spezialisierungssynergien beim BPO-Dienstleister gehoben werden können.

3. Economies of Scope

Das BPO von Teilprozessen hat u.U. zusätzliche Schnittstellen zur Folge. Beispielsweise löst die Ausgliederung des „Procedure-To-Pay-Prozesses" diesen von anderen Teilprozessen des Beschaffungs- bzw. Lieferantenmanagements. Das BPO muss daher Verbundeffekte berücksichtigen, wenn es nicht zusätzliche Schnittstellen hervorrufen will. Die Einzelprozesse sind in einem homogenen IT-System zu betreiben und Medienbrüche zu vermeiden. Ein wirtschaftliches Prozessmanagement muss dem BPO-Dienstleister die Möglichkeit einräumen, den Gesamtprozess zu kontrollieren. Je größer sein Einflussbereich, desto größer sind die positiven Verbundeffekte (vgl. *Dittrich/Braun* 2004, S. 34). BPO sollte keine zusätzlichen Schnittstellen in einem Geschäftsprozess hervorrufen. Andernfalls ist weder die Leistung des Dienstleisters noch die Effizienz des externalisierten Geschäftsprozesses überprüfbar.

Zu beachten ist allerdings, dass mit zunehmendem Prozessumfang (Scope) das Nutzungspotential von Skaleneffekten abnimmt. Die Geschäftsprozesse sind unternehmensspezifischer und differenzierter als einzelne ihrer Teilprozesse. So mag im Falle des Kreditvergabeprozesses der Teilprozess „Auszahlung" für mehrere Institute identisch sein, Teilprozesse wie „Auftragsprüfung", „Erstellung von Besichtigungsberichten", „Angebotsbearbeitung/Erstellung Darlehensvertrag", „Bestandsführung" etc. können jedoch unterschiedlich sein. Gegenläufige Kostenentwicklungen zwischen Scale- und Scopeeffekten sind daher nicht auszuschließen.

4. Flexibilisierungsvorteile

Eines der wesentlichen Motive des BPO ist die **Variabilisierung fixer Gemeinkosten**. Im speziellen Fall der Prozesskostenrechnung geht es darum, die verbleibenden leistungsmengenneutralen Prozesskosten ebenfalls an Beschäftigungsschwankungen anpassen zu können. Durch BPO sollen die verrechneten Prozesskosten mit der Prozessmenge variieren. Dadurch kann letzthin der Break-Even des Unternehmens herabgesetzt werden. Allerdings gelingt es nur bedingt, Prozesskosten gleichsam wie Materialkosten proportional zur Produktmenge zu kalkulieren. Preise für Prozessleistungen müssten sich ausschließlich an der Prozessnutzung orientieren. Für jede Transaktion müsste unabhängig von der Abnahmemenge ein Preis bezahlt werden. In der Praxis werden jedoch nicht transaktionsbasierte Preismodelle verhandelt, sondern Transaktionsvolumen festgelegt, für die eine entsprechende Gebührenstruktur fixiert wird. So werden Abnahmevolumen garantiert, die bezahlt werden müssen, auch wenn die Untergrenze der vertraglichen Leistungsabnahme unterschritten wird. Damit kann der Vorteil der Kostenvariabilität wesentlich eingeschränkt sein (vgl. *Dittrich/Braun* 2004, S. 48 f.).

Zur Flexibilisierung trägt auch die Vermeidung von Kapitalbindung in nicht wettbewerbskritischen Supportprozessen bei. Durch Outsourcing können prozessspezifische Investitionen in Hardware, Software und vor allem in die Personalentwicklung zurückgeführt und damit das entsprechende „capital employed" reduziert werden. Insbesondere wenn Ersatz- und Erweiterungsinvestitionen anstehen, bietet sich die Alternative Prozessoutsourcing an, da hier durch das BPO keine **sunk costs** entstehen und mithin auch keine Abschreibungen von Investitionen in Supportprozesse notwendig sind.

Schließlich liegen Flexibilitätsvorteile im Risikotransfer. Der Kunde wird von Risiken entlastet, der BPO-Dienstleister belastet. Neben dem Risiko der Übernahme fixer Kosten, trägt der BPO-Dienstleister gegebenenfalls einen Teil des Mengenrisikos sowie des Funktionsrisikos. Das **Funktionsrisiko** umfasst alle operativen Risiken, die in Fehlerhaftigkeit, Berechtigung, Responsezeit, Verfügbarkeit oder Datensicherheit der Dienstleistung bestehen können. Das Mengenrisiko kann für den Dienstleister durch die Vertragsgestaltung abgefedert werden und verbleibt damit teilweise beim Kunden. Das Funktionsrisiko wird dadurch reduziert, dass der BPO-Dienstleister nur solche Prozesse übernimmt, die er vollständig beherrscht und die hoch standardisiert und automatisiert sind (vgl. *Dittrich/Braun* 2004, S. 49). Ein Hauptproblem liegt mithin in der Formulierung der Service Level Agreements, die die Anforderungen für den Risikotransfer und die Risikoverteilung enthalten müssen, um ex post-Transaktionskosten möglichst gering zu halten.

5. Freisetzung von Managementkapazität

BPO führt zur Reduzierung von Komplexitätskosten, da zumindest Steuerungs- und Kontrollaufgaben der ausgelagerten Geschäftsprozesse entfallen. Die Konzentration verfügbaren knappen Talents auf Kernprozesse verbessert die Wettbewerbssituation durch Optimierung der Ressourcenallokation. Die Freisetzung von Managementkapazitäten für Supportaktivitäten unterstützt die Konzentration auf Kernkompetenzen. Geschäftsprozesse, die sich gegenüber Wettbewerbern als Schwächen erweisen, können, ohne Managementkapazität zu binden, auf ein „state of the art"-Niveau gehoben werden.

Übersehen wird jedoch häufig, dass das **Schnittstellenmanagement** bei BPO anspruchsvoller als bei „Eigenfertigung" ist. Fehler- bzw. mangelhafter Prozessinput kann bei dem BPO-Dienstleister weniger leicht erkannt und behoben werden, als dies im „face-to-face-Kontakt" im eigenen Unternehmen möglich ist. Eingriffe in laufende Prozesse gestalten sich schwieriger und verursachen höhere Kosten. Der Aufwand für das Management der Schnittstelle zum Dienstleister kann daher Einsparungen durch Outsourcing teilweise kompensieren, insbesondere dann, wenn hohe Komplexität, Variabilität und Unsicherheit der Inputdaten vorliegen.

7.3 Transaktionskosten und Business Process Outsourcing

Die Entscheidung über „make or buy" von Geschäftsprozessen wird sich neben den Produktions- an den Transaktionskosten orientieren. Geht man davon aus, dass die Entscheidung nicht nur von den Effekten für die „Produktionskosten" wie Scalen- oder Scopeeffekten, Spezialisierungs- und Flexibilitätsvorteilen bestimmt wird, dann müssen auch die Transaktionskosten bei dieser Entscheidung berücksichtigt werden. Soll also die Koordinationsform von Geschäftsprozessen von deren Transaktionskosten abhängig gemacht werden, so sind die Einflussgrößen der Transaktionskosten zu untersuchen. Es ist also der Frage nachzugehen, unter welchen Bedingungen BPO als institutionelles Arrangement relevant ist.

7.3.1 Spezifität des Geschäftsprozesses

Das wohl entscheidende Kriterium für die Outsourcing Tauglichkeit eines Geschäftsprozesses ist dessen Spezifität. Es geht dabei um die Frage, ob die Eigenschaften des betreffenden Prozesses allein auf die Bedürfnisse eines bestimmten internen oder externen Kundenprozesses ausgerichtet sind. Dies betrifft alle Aspekte der Spezifität, d. h. die „site specifity", „physical asset specifity", „human asset specifity" und die „dedicated assets". Sind derartige Investitionen in den Geschäftsprozess vorgenommen worden, um Leistungen für einen anderen internen Kundenprozess zu erzeugen, dann ist der Prozess für ein Outsourcing äußerst ungeeignet. Wird zum Beispiel spezifische Software entwickelt bzw. eingesetzt und kann diese nicht für andere Prozesse genutzt werden, dann müssten entsprechende Investitionen erst durch den BPO-Dienstleister getätigt werden. Hohe Spezifität bildet daher immer eine Markteintrittsbarriere für BPO-Dienstleister.

Ebenso ist denkbar, dass in dem Lieferantenprozess des auszulagernden Geschäftsprozesses transaktionsspezifische Investitionen vorgenommen worden sind, die nach dem BPO ganz oder teilweise obsolet werden. Auch in diesem Fall wird die Externalisierung eines Geschäftsprozesses dadurch erschwert, dass interne Lieferprozesse in ihrer Spezifität angepasst werden müssen. Grundsätzlich gilt also, dass **hohe Spezifität der Prozessarchitektur** das BPO verhindert, nicht zuletzt deshalb, weil sich gerade in der Spezifität des Prozesssystems aus ressourcenorientierter Sicht die Kompetenzen des Unternehmens ausdrücken. Ist beispielsweise ein intensiver Informationsaustausch mit einem eine spezifische Leistung anbietenden Lieferanten notwendig, dann führt eine Auslagerung des Beschaffungsprozesses zu unangemessen hohen Transaktionskosten, die bei Selbstabwicklung reduzierbar sind.

BPO ist grundsätzlich nur für solche Aktivitäten geeignet, für die das erforderliche Wissen explizit gemacht werden kann, ohne die Nicht-Imitierbarkeit der eigentlichen Kernprozesse zu gefährden (vgl. *Osterloh/Frost* 2006, S. 217). Über Unternehmensgrenzen hinweg lässt sich in erster Linie nur explizites Wissen transferieren und in Verträgen spezifizieren. Explizites Wissen ist formal und reproduzierbar, ist den Akteuren bewusst und kann in seiner Anwendung logisch und methodisch nachvollzogen werden. Bei dem impliziten firmenspezifischen Prozess-Wissen, den intangiblen Ressourcen des Unternehmens, handelt es sich um individuelles verinnerlichtes Können und um organisationale Routinen. Beides ist nicht handelbar und kann ergo auch nicht ausgelagert werden. Solches Wissen über Handlungen und Handlungsfolgen wird in kollektiven Interaktions- und Lernprozessen generiert und organisatorisch eingebettet (vgl. *Frost* 2005, S. 156 ff.). Outsourcing verlangt Wissen, das verbalisiert und dokumentiert werden kann. Prozessleistungen, die auf in organisatorischen Routinen geronnenem Wissen und auf persönlichen Qualitäten in einem spezifischen sozialen Kontext beruhen, entziehen sich daher dem BPO, es sei denn, der Verlust impliziten Wissens wird in Kauf genommen oder ist gar beabsichtigt.

7.3.2 Standardisierbarkeit des Geschäftsprozesses

Eine hohe Standardisierbarkeit ist Voraussetzung dafür, Prozesse bündeln und sie einem externen Dienstleister übertragen zu können. Zeichnen sich Prozesse durch unternehmensspezifische Besonderheiten aus, dann besteht die Gefahr, dass die Kosten des Schnittstellenmanagements die günstigere Kostenstruktur des BPO-Dienstleisters überkompensieren können (vgl. *Wullenkord/Kiefer/Sure* 2005, S. 36 f.).

BPO setzt eine Prozessstandardisierung voraus, die nicht unternehmensspezifischen, sondern den Normen des BPO-Dienstleisters oder anderen allgemeinen

Normen (wie z. B. DIN-Normen) folgt. Geschäftsprozesse unterschiedlicher Unternehmen ähneln sich allerdings durch den Einsatz betrieblicher Standardsoftware wie SAP R/3 oder Navison, so dass schon dadurch ein Standardisierungseffekt eintritt. Unternehmensspezifische Standards betreffen den Prozessinput, die Modellierung von Prozessstrukturen und -abläufen sowie die Prozessleistung bzw. die Service Levels, die hinsichtlich Kosten-, Zeit- und Qualitätskriterien vereinbart sind. Im Falle des BPO sind diese bzw. die einzelnen Teilprozesse eines Geschäftsprozesses so zu standardisieren, dass alle auslagerungswilligen Unternehmen, die Kunden des BPO-Dienstleisters sind, identische Formate besitzen. Nur dadurch lassen sich die Produktivitätspotentiale des BPO erschließen. Standardisierungsnormen bilden dabei die Referenzprozesse des BPO-Dienstleisters. Am Beispiel der IT-Konsolidierung lassen sich die Standardisierungseffekte verdeutlichen (vgl. *Dittrich/Braun* 2004, S. 40 f.): Anstelle kundenspezifischer Hard- und Software kann eine Vereinheitlichung dieser Ressourcen eine kostengünstigere Prozessabwicklung gewährleisten. In der Regel verfügen die Outsourcing willigen Unternehmen über unterschiedlich konfigurierte SAP-Systeme auf heterogenen Hardware-, Betriebssystem-, Datenbank- und Anwendungsplattformen. Prozessstandardisierung bedeutet in diesem Fall, dass statt der individuell konfigurierten SAP-Systeme ein einziges Prozesstemplate (technischer Prozessstandard) eingeführt wird. Werden zudem die unternehmensspezifischen Hardware- und Softwareplattformen auf ein einziges physisches SAP-System „ausgerollt", das die Outsourcing-Partner als gleich konfigurierte Mandanten führt, dann lassen sich Komplexität der Anwendung und Aufwand für Datenbanken, Betriebssystem und Hardware-Infrastruktur deutlich reduzieren. Dies gilt allerdings nur für diejenigen Geschäftsprozesse eines Unternehmens, die sich in unternehmensübergreifenden Standardprozessen konzentrieren lassen, ohne dass dadurch Einbußen an Wettbewerbsfähigkeit für die betreffenden Unternehmen entstehen.

Jeder BPO-Dienstleister verfügt über sein eigenes Prozess-Referenz-System, das die Standards für die zu übernehmenden Geschäftsprozesse vorgibt. Gegebenenfalls manifestiert sich darin die Wettbewerbsstärke des Dienstleisters. Diese Prozessstandards kollidieren in aller Regel mit der Prozessstandardisierung des potentiellen Kundenunternehmens. Beispielsweise enthält das Siemens Referenz-Prozesshaus (vgl. *Feldmayer/Seidenschwarz* 2005, S. 21 ff.) Prozessstandardisierungen für

- **Managementprozesse** wie strategische Planung & Controlling, Finanzplanung & Controlling sowie Internal Audit,

- **Geschäftsprozesse** wie Customer Relationship Management (CRM), Supply Chain Management (SCM) und Product Lifecycle Management (PLM),

- **Supportprozesse** wie Human Resources, Financial Management oder Procurement.

Das Konzept enthält Grundsätze und Definitionen einer ganzheitlichen hierarchischen Prozessarchitektur für alle Geschäftsarten der Siemens AG. Die Prozessstandardisierung vollzieht sich auf mehreren Ebenen (Levelkonzept). Während die ersten vier Ebenen generischen Charakter haben, d. h. konzernweit verbindliche Standardprozesse darstellen, sind die Ebenen 4 bis n für

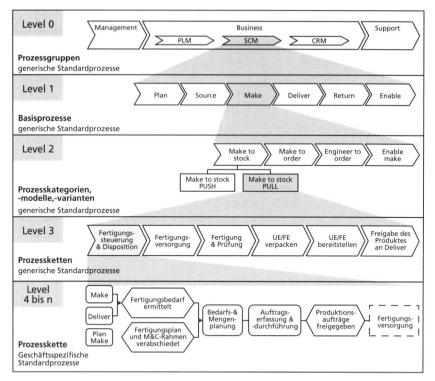

Abb. 7.1: Level-Systematik im Siemens Referenz-Prozesshaus
(Quelle: *Feldmayer/Seidenschwarz* 2005, S. 28)

geschäftsspezifische Prozessstandardisierungen in den einzelnen Geschäftsfeldern vorgesehen (vgl. Abbildung 7.1).

Die Geschäftsprozesse auf den Ebenen 0 bis 3 sind konzernweit verbindliche Standardprozesse, auf den Ebenen 4 und den folgenden handelt es sich um geschäftsbereichsspezifische Standardprozesse.

Das System standardisierter hierarchischer Geschäftsprozesse ist die Grundlage für eine einheitliche Implementierung der Referenzprozesse in der gesamten Organisation. Die Prozessarchitektur wird mit dem Modellierungswerkzeug ARIS dargestellt. Die Prozessmodellierung selbst folgt den Vorgaben eines Konventionen-Handbuchs, das die anzuwendenden ARIS-Modelle, Symbole, Attribute, Namenskonventionen sowie Modellierungsregeln definiert, und eines Modellierungshandbuchs, das den Anwendungsleitfaden für die Prozessmodellierung in ARIS enthält (vgl. *Feldmayer/Seidenschwarz* 2005, S. 25 f.). Referenzprozesse dienen darüber hinaus dem Prozess-Benchmarking. Als Best Practices liefern sie Anleitungen für die Prozessoptimierung.

Das Siemens-Referenz-Prozesshaus verdeutlicht unmittelbar die Probleme eines BPO, sofern es über reine IT-Dienstleistung hinausgehen soll. BPO wirkt bei hoher unternehmens- und geschäftsfeldspezifischer Standardisierung kontraproduktiv. Die Geschäftsprozesse müssten an die andersartigen Referenzprozesse des BPO-Dienstleisters adaptiert werden. Sie müssten aus der Systematik des „Prozesshauses" des Kunden herausgelöst werden und neu, entsprechend dessen Referenzmodellen, strukturiert und modelliert werden. Von der Schnittstellenproblematik abgesehen ist daher zu prüfen, ob die ausgelagerten Prozesse, nachdem sie an die Referenzprozesse des Dienstleisters angepasst wurden, noch mit den Geschäftsprozessen auf höherer Ebene kompatibel und konsistent sind. Dies gilt insbesondere bei marktorientierter top down-Modellierung, da hier die Kandidaten für das Outsourcing aus den übergeordneten Geschäftsprozessen hergeleitet und modelliert wurden.

Geschäftsprozesse, die potentielle Kandidaten für das Outsourcing darstellen, sind nicht notwendigerweise an den Best Practices eines Dienstleisters und dessen Referenzprozessen zu orientieren. Das Leistungsniveau eines Prozesses resultiert aus dem Gesamtzusammenhang der Prozessarchitektur und ist insbesondere im Kontext der vor- und nachgelagerten Geschäftsprozesse festzulegen. Bei Ausrichtung an Best Practice-Referenzprozessen ist daher eine Fehlsteuerung von Ressourcen nicht auszuschließen.

Werden Standards verändert, um einzelne Prozesse auszulagern, dann kann dies Rückwirkungen auf hierarchisch übergeordnete sowie vor- und nachgelagerte Prozesse haben. Outsourcing einzelner Geschäftsprozesse führt mitunter dazu, dass das gesamte Unternehmen einer Restrukturierung unterzogen werden muss. Mitunter eröffnet es nicht nur die Spielräume, sondern zwingt das Unternehmen, sein Geschäftsmodell grundlegend zu überarbeiten und neue Domänen aufzubauen. Beispielsweise hatte das Outsourcing des gesamten Fertigungsprozesses bei Unternehmen wie **Adidas**, **Benetton**, **Nike**, **Levis** oder **Cisco** (vgl. auch *Smith/Fingar* 2002, S. 132 f.) eine Neuorientierung der Unternehmensaktivitäten in den Entwicklungs-, Vertriebs- und Marketingprozessen zur Folge. Vor allem wird die Fähigkeit zur Integration der Wertschöpfungsketten mit den Outsourcing-Partnern zu einer der wesentlichen Kompetenzen.

7.3.3 Strategische Bedeutung des Geschäftsprozesses

Transaktionsspezifische Geschäftsprozesse zeichnen sich durch Investitionen in einen Geschäftsprozess aus, die für nachgelagerte interne oder externe Geschäftsprozesse strategisch bedeutsam sind. Für solche Prozesse existieren keine Referenzmodelle, so dass sie sich aus diesem Grund schon dem BPO entziehen. Die „strategische Bedeutung" besteht darin, dass die Prozessleistung dazu dient, den Branchenwettbewerb zu verändern oder kritische Erfolgsfaktoren zu unterstützen (vgl. *Picot u.a.* 2008, S. 72). Der Geschäftsprozess soll Differenzierungsvorteile gegenüber Wettbewerbern erzeugen und sich gerade von üblichen Geschäftsprozessstandards unterscheiden. Wird beispielsweise im Kontext des Produktentwicklungsprozesses ein Produktkonfigurator für den Customer Relation-Prozess entwickelt und gepflegt, der das Applikationswissen von Schlüsselkunden unterstützen soll, dann erscheint das Outsourcing angesichts der Spezifität des Kundenmanagements kaum erfolgversprechend. Spezifische Geschäftsprozesse, die Problemlösungskompetenz für Kunden leisten sollen, müssen der eigenen Kontrolle unterworfen bleiben. Für strategisch bedeutsame Prozessleistungen können weder Referenzprozesse noch Beschaffungsmärkte alternative Optionen sein. Schon die Geheimhaltung bzw. der Schutz vor Nachahmung schließt das Outsourcing der betreffenden Geschäftsprozesse weitgehend aus.

Am Beispiel der Sal. Oppenheim jr. & Cie KG lässt sich die unterschiedliche strategische Bedeutung einzelner Geschäftsfelder bzw. Geschäftsprozesse illustrieren (vgl. Abbildung 7.2).

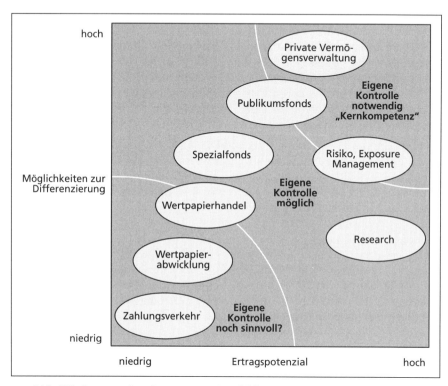

Abb. 7.2: Outsourcingeignung von Geschäftsprozessen nach strategischer Bedeutung (Quelle: *Kallewege* **2003, S. 21)**

Die private Vermögensverwaltung zählt nahe liegender Weise zur Kernkompetenz einer Bank. Allerdings wird hier auch das Risiko- bzw. Exposuremanagement dazu gezählt. Zwar gelten auch hier Standards (z.B. Ermittlung von Risikoklassen und Eigenkapitalunterlegung nach Vorschriften von Basel II bzw. Basel III), das risikostrategische Konzept will man indessen nicht aus der Hand geben. Allenfalls ließe sich methodische Hilfestellung extern beziehen. Bei den abwicklungsnahen Tätigkeiten hat die Bank keine Differenzierungsmöglichkeiten erkennen können. Da das Ertragspotential zudem niedrig war, und das Transaktionsvolumen der Bank nicht einmal 10 % des größten Wertpapier-Serviceleisters Deutsche Bank ausmachte, ließ sich ein Insourcing zu marktfähigen Preisen nicht darstellen (vgl. *Kallewege* 2003, S. 21 f.).

7.3.4 Interdependenz mit Kunden- und Lieferantenprozessen

Prozessinterdependenzen werden durch die organisatorische Integration unterschiedlicher Geschäftsprozesse hervorgerufen. Je interdependenter der auszulagernde Prozess mit anderen Geschäftsprozessen ist, die im Unternehmen verbleiben, desto höher sind die Transaktionskosten des BPO. Die organisatorische Integration des ausgelagerten Geschäftsprozesses kann daher das Outsourcing erschweren oder gar verhindern. Ein hoher Integrationsgrad, der z. B. durch teamartige Koordination durch Mitglieder von Kunden- oder Lieferantenprozessen entsteht, wirkt als Kostentreiber, wenn der auszulagernde Prozess von den interdependenten Prozessaktivitäten entkoppelt werden muss. Dagegen erleichtert eine bereits vorhandene Entkoppelung, z. B. durch Verrechnungspreise, das Outsourcing. Geschäftsprozesse, die eine hohe Kommunikationsintensität und -frequenz aufweisen, eignen sich daher nicht für das BPO. Die Kommunikationsintensität kann an der Zahl der Rückfragen gemessen werden, dem Einsatz von Abstimmungsteams oder an regelmäßig tagenden Koordinationsgremien. Anzahl und Komplexität der Interaktionen in den Schnittstellen erhöhen das Risiko des Outsourcings eines Geschäftsprozesses. Es steigt (vgl. *Dittrich/Braun* 2004, S. 90),

- je mehr und komplexere Schnittstellen der betreffende Prozess mit anderen internen Prozessen aufweist,
- je höher Datenvolumen und -frequenz sind,
- je weniger automatisiert und digitalisiert die Schnittstellen des Geschäftsprozesses sind,
- wenn es sich bei der Schnittstelle um Zweiwegkommunikation handelt,
- wenn die Schnittstellen Medienbrüche aufweisen.

Geschäftsprozesse, die diese Bedingungen erfüllen, sind oft im eigenen Unternehmen besser aufgehoben. Sie folgen ihren eigenen Routinen, werden von implizitem Wissen getragen und werden hinreichend gut beherrscht. Insbesondere, wenn das Outsourcing zu einem Leistungsniveau führt, das intern nicht oder nur in Ausnahmefällen nachgefragt wird, sind die Transaktionskosten aufgrund des Abstimmungsbedarfs für ein erfolgreiches Outsourcing zu hoch. Es wäre vielmehr zu prüfen, ob nicht eine Integration in vor- oder nachgelagerte Geschäftsprozesse unter Vermeidung der Schnittstellenproblematik effizienter ist. Dies trifft besonders für reziproke Interdependenz zwischen Teilprozessen zu (vgl. *Picot u. a.* 2008, S. 63).

Outsourcing interdependenter Geschäftsprozesse erfordert daher immer eine Neudefinition und -modellierung des Geschäftsprozesses, um den Integrationsgrad zu reduzieren. Dabei ist zu berücksichtigen, dass Abstimmungsprozesse über Unternehmensgrenzen hinweg nicht nur Transaktionskosten, sondern auch Qualitäts- und Zeitprobleme verursachen können.

Neben den Prozessinterdependenzen bilden **Ressourcen- und Marktinterdependenzen** Entscheidungskriterien für das BPO. Ressourceninterdependenzen führen durch das Outsourcing zu geringerer Auslastung und damit zu höheren Produktionskosten eines Geschäftsprozesses, sofern der betreffende Geschäftsprozess nicht auf einen Ressourcenengpass zugreift. In Engpasssituationen kann allerdings das BPO eine effiziente Alternative für die andernfalls notwendigen Kapazitätserweiterungen sein. Liegen Marktinterdependenzen vor, dann sind ebenfalls Opportunitätskosten zu erwarten. Beziehen neben dem ausgelagerten Beschaffungsprozess auch weitere interne Prozesse Inputgüter (Informationen, Material etc.) von demselben Lieferanten oder konkurrieren interne mit ausgelagerten Vertriebsprozessen um dieselbe Käuferschicht, dann führt das BPO zu entgangenen Synergiepotentialen. Das Prinzip „one face to the customer (supplier)" wird verletzt.

7.3.5 Vertrauen in den BPO-Dienstleister

Bei dem BPO handelt es sich oft um Transaktionen mit „unvollständigen" Verträgen, insbesondere wenn komplexere Geschäftsprozesse wie z. B. Logistik oder Kundenmanagement ausgelagert werden. Die Vertragsparteien gehen eine langfristige Austauschbeziehung ein, bei der zum Zeitpunkt des Vertragsabschlusses Leistungen und Gegenleistung nur unvollständig beschreibbar sind. Vertrauen in den BPO-Dienstleister und ein Transaktionsklima, das nicht auf Kontrolle angelegt ist, sind daher wichtige Voraussetzungen für ein nachhaltiges, erfolgsversprechendes BPO.

Auch die Auslagerung von Supportprozessen ist für den Kunden nicht ohne **Risiko**. Unsicherheiten in der Transaktionsbeziehung zwischen Outsourcing-Unternehmen und BPO-Dienstleister, seien sie parametrisch, d. h. durch die Umwelt, oder personell, d. h. durch den BPO-Dienstleister, bedingt, belasten die Geschäftsbeziehung. Das auslagernde Unternehmen gerät in ein Abhängigkeitsverhältnis. Der BPO-Dienstleister verfügt über eine Ressource, auf die sein Kunde angewiesen ist und die dieser nicht kurzfristig substituieren kann. So können Outsourcingentscheidungen im Rechnungswesen (z. B. Zahlungsverkehr) den Kunden bei Nicht-Leistung in ernsthafte Existenzprobleme bringen. Es entsteht ein asymmetrisches Abhängigkeitsverhältnis mit Hold-up-Gefahr. Die hohen Kosten der Überwachung des Outsourcing-Partners schließen eine permanente Kontrolle aus, zumal er nach der Auslagerung des Geschäftsprozesses kaum mehr über ein entsprechendes Steuerungs- und Kontrollpotential verfügen wird. Es besteht daher immer die Gefahr, dass der Dienstleister zu geringe oder schlechte Leistungsbeiträge erbringen könnte (Moral Hazard-Gefahr). Die Informationsasymmetrie eröffnet hier dem Dienstleister Spielräume, die er zu seinem Vorteil nutzen kann.

Die Messbarkeit der Prozessleistung und ihre genaue vertragliche Fixierung in Service Level Agreements ist immer eine notwendige, wenn auch nicht hinreichend vertrauensbildende Voraussetzung. Mangelnde Messbarkeit der Prozessleistung erhöht die Vertrauensvorleistung, die in das BPO-Projekt seitens des Kunden zu investieren ist. BPO erweist sich daher immer dann als problematisch, wenn nach Vertragsabschluss Anpassungen der Service Levels und der Preise vorgenommen werden müssen. Die ex post-Transaktionskosten sind kaum zu kontrollieren, da der Kunde im Allgemeinen nicht über Kostentransparenz verfügt und seine Einflussmöglichkeiten begrenzt sind. Der einmal eingetretene Kompetenzverlust durch Outsourcing kann nicht ohne weiteres durch Investitionen kompensiert werden. Auch für Supportprozesse wird implizites Wissen benötigt, das zu generieren Lernprozesse über einen längeren Zeitraum hinweg in Anspruch nehmen wird. Dies ist immer dann fatal, wenn standardisierte Geschäftsprozesse desinvestiert wurden, die unter veränderten Umweltbedingungen zu strategisch bedeutsamen Fähigkeiten hätten heranwachsen können.

7.4 Mischformen zwischen In- und Outsourcing

Die Auslagerung eines Geschäftsprozesses auf einen BPO-Dienstleister einerseits und die „Eigenerstellung" von Geschäftsprozessen andererseits sind nur extreme Ausprägungen der Koordinationsformen von Geschäftsprozessen. Neben den rein unternehmensinternen und den rein unternehmensexternen Varianten des BPO sind vor allem überbetriebliche **unternehmensübergreifende Kooperationsmodelle** denkbar. Die Gestaltungsmöglichkeiten unterscheiden sich u. a. nach der organisatorischen Integration, d. h. dem Ausmaß der Auslagerung der Verantwortung, Kontrolle und Risiken der Prozessabwicklung auf rechtlich selbständige Unternehmen. Verbunden damit ist die Spezifität der Transaktionen und der Standardisierungsgrad als Unterscheidungsmerkmal.

Dittrich/Braun (2004, S. 78 ff.) unterscheiden:

- **Distributed Process**: dieselben Prozesse werden organisatorisch verteilt für einzelne Geschäftsbereiche, Regionen etc. realisiert. Dezentrale Lösungen finden dann statt, wenn Supportprozesse an die sie unterstützenden Kernprozesse angebunden werden.

- **Functional Aligned Approach**: Zentralisierungen von Geschäftsprozessen finden unter dem Dach eines Geschäfts- oder Funktionsbereichs statt.

- **Funktional Shared Approach**: Die zentral konsolidierten und standardisierten Geschäftsprozesse werden auch auf dem externen Markt angeboten. Dabei können einzelne Teilprozesse bzw. Prozessleistungen (Shared Services) in unterschiedlichen Bereichen vollzogen werden; die Schnittstellendefinition und die Service Levels sowie Kundenkommunikation werden jedoch unter einheitliche Leitung eines Bereichs gestellt.

- **Independent Utility**: Zentralisierung und Verselbständigung der zentralisierten Geschäftsprozesse sollen die Prozesseigner in die Lage versetzen, im Wettbewerb mit externen Anbietern Prozessleistungen anzubieten. Funktions- bzw. Geschäftsbereiche sind in ihrer Wahl des BPO-Dienstleisters frei, ebenso wie der Leistungsanbieter, der auch externe Kunden akquirieren kann. Er kann auch die Leistungen einzelner Teilprozesse als Fremdleistungen beziehen.

- **Process Partnership**: Unternehmen mit ähnlichen oder gleichen Supportprozessen konsolidieren diese in einem gemeinsamen Ressourcenpool und gründen die Geschäftsprozesse in ein unabhängiges Unternehmen aus. Partnerschaften sind regional oder branchenspezifisch begrenzt.

- **Shared Utility**: Ein BPO-Dienstleister gründet mit einem oder mehreren Kunden ein gemeinsames Outsourcing-Unternehmen. Die Prozessstandardisierung muss unternehmens- bzw. branchenübergreifend definiert und gültig sein. Der Kunde kann allenfalls indirekt als Gesellschafter Einfluss und Kontrolle auf die Prozessleistung nehmen.

- **Full Service**: Der BPO-Dienstleister übernimmt den gesamten Geschäftsprozess und realisiert die Verbundeffekte. Der Dienstleister trägt das operative Risiko, verfügt über die eingesetzten Ressourcen und kontrolliert den Prozess.

- **A la Carte**: Das BPO-willige Unternehmen verteilt die Teilprozesse eines Geschäftsprozesses auf unterschiedliche Dienstleister, die durch entsprechende Prozessspezialisierung und hohe Kompetenz ausgewiesen sind. Die Standardisierungs- und Schnittstellenproblematik soll durch Wettbewerbsvorteile der Anbieter kompensiert werden.

Die vorgetragenen Varianten lassen sich in drei Gruppen klassifizieren:

- **Geschäftsprozess-Insourcing** umfasst die Varianten „Distributed Processes" und „Functional Aligned Approach",

- **Misch-oder Hybridformen** umfassen die Varianten „Functional Shared Approach", „Independent Utility", „Process partnership" und „Shared Utility",

- **Geschäftsprozess-Outsourcing** umfasst die Varianten „Full Service" und „A la Carte".

Effizienzhypothesen bezüglich der zu wählenden Organisationsform lassen sich anhand der oben diskutierten Einflussgrößen Transaktionsspezifität, Standardisierbarkeit, strategische Bedeutung, Interdependenz und Unsicherheit des Geschäftsprozesses formulieren. Für das BPO lassen sich unter Bezugnahme auf die Transaktionskostentheorie Normstrategien herleiten. In der Abbildung 7.3 geschieht dies am Beispiel der Kontextvariablen „Transaktionskostenspezifität" und „strategische Bedeutung".

Hoch spezifische Geschäftsprozesse und solche von hoher strategischer Bedeutung sind typische Kernprozesse, während es sich bei geringer Spezifität und strategischer Bedeutung um Supportprozesse handelt, deren Leistung auch über die Beschaffungsmärkte beziehbar ist. Hybride Geschäftsprozesse sind solche, bei denen sich das betreffende Unternehmen ein bestimmtes Maß an Governance-Potential über den Prozess erhalten möchte. Ursache dafür kann die Reduktion von Unsicherheit, mangelndes Vertrauen, Beherrschung von Interdependenzen und Kontrolle der Schnittstellen sein.

Geschäftsprozesse, die „Altlasten" darstellen, sind neu zu positionieren. Einerseits binden sie Ressourcen, andererseits stiften sie keinen signifikanten Wettbewerbsvorteil. Als Beispiel lassen sich Unterstützungsprozesse auf Basis selbst erstellter Software nennen, die ebenso fremd bezogen werden kann. Die Beanspruchung personeller, finanzieller und zeitlicher Ressourcen kann durch BPO zurückgeführt werden.

Demgegenüber bedeutet Neupositionierung, dass Leistungsprozesse am Markt verwertet werden. Unterstützungsprozesse können auch als Outsourcing-Angebot für externe Kunden entwickelt werden und somit in die Rolle eines Kern-

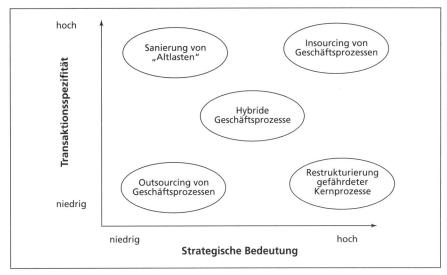

Abb. 7.3: Organisation von Geschäftsprozessen auf Grundlage von Transaktionskosten (Quelle: in Anlehnung an *Marighetti/Herrmann/Hänsler* 2001, S. 15)

geschäfts hineinwachsen. Zweckmäßigerweise profitieren sie von der Nähe
zur Kompetenz und Kernleistung des Unternehmens. Beispiele dafür sind die
Porsche Akademie oder die **IBM Business Consulting.**

Während sich zur Sanierung von „Altlasten" eher BPO anbietet, zielt die Restrukturierung von Kernprozessen auf die Stärkung der Verteidigungsfähigkeit
von Wettbewerbsvorteilen ab. Diese wird insbesondere durch die Entwicklung
intangibler Ressourcen erreicht. Die Prozessleistung soll sich nicht nur durch
Differenzierung schlechthin auszeichnen, sondern auch einen spezifischen
Kundennutzen stiften, der nicht einfach imitierbar und substituierbar ist.

8

Interorganisationale Geschäftsprozessnetzwerke

Inhaltsverzeichnis

Das Outsourcing von Geschäftsprozessen ist grundsätzlich für Supportprozesse konzipiert, wobei in der Regel Kostenmotive im Vordergrund stehen. Die Entscheidungen für „Make or Buy" werden dabei auf Produktions- und Transaktionskosten zurückgeführt. Im Folgenden wird untersucht, ob nicht auch **Kernprozesse** outsourcingfähig sein können und das „Outsourcing" strategische Funktionen und damit Folgen für die Stärkung der relativen Kompetenz eines Unternehmens haben kann. Dabei geht es allerdings nicht um „Wandel durch Outsourcing", sondern vielmehr um den „Wandel des Outsourcing" (*Friedrich* 2000, S. 297).

Die Grundregel, nach der Kernprozesse selbst erbracht werden müssen, führt dazu, dass BPO-Entscheidungen sich allein auf die Residualprozesse erstrecken können. Die einmal identifizierten Kernprozesse sind ausschließlich unternehmensspezifisch und nicht externalisierbar, andernfalls wird der Verlust von Wettbewerbsvorteilen riskiert. Diese Implikation beruht einzig auf der Prämisse, dass einerseits BPO als rein marktliche Transaktion definiert wird und die Kompetenz stiftenden Kernprozesse andererseits allein durch das Unternehmen kontrolliert werden. Wettbewerbsvorteile gründen definitionsgemäß auf unternehmensspezifischen tangiblen bzw. intangiblen Ressourcen. Damit liegen die Quellen strategischer Renten ausschließlich in den unternehmensinternen Geschäftsprozessen.

Im Folgenden wird zu untersuchen sein, ob nicht zwischen den Optionen „Make or Buy" hybride Koordinationsmuster entstehen können, die sich durch netzwerkartige Verknüpfungen von Geschäftsprozessen auszeichnen. Die Organisation von Austauschbeziehungen vollzieht sich demnach als Organisation von Geschäftsprozessen. Es ist daher zu prüfen, ob Unternehmen, deren Transaktionsprozesse weder durch Markt noch durch Hierarchie (z. B. vertikale Integration) koordiniert werden, nach den Mustern der internen Geschäftsprozessorganisation organisiert werden können. Ziele der interorganisatorischen Optimierung von Geschäftsprozessen könnten analog dem internen Geschäftsprozessmanagement Differenzierungsvorteile bzw. Kompetenzzuwachs sein.

Empirische Beispiele für das interorganisatorische Geschäftsprozessmanagement finden sich in den Geschäftsprozessen einer Supply Chain in der Automobilindustrie. Sie können auch in der Halbleiterindustrie, Biotechnologie, Film- und Musikindustrie, Finanzdienstleistungen, aber auch in der Luftfahrt, etwa bei der Star Alliance, beobachtet werden, bei der Prozesse wie Marketing, Code Sharing und Reservierung, Ticketing, Check-In und Passagierabfertigung gemeinsam abgewickelt werden. In der Automobilzulieferindustrie haben sich vor allem hierarchische Netzwerkstrukturen durchgesetzt, wie das Beispiel in Abbildung 8.1 zeigt. Die Supply Chain kennzeichnet die vertikale Integration von Geschäftsprozessen. Ebenso sind allerdings auch horizontale Kooperationen auf einer Stufe der Wertschöpfungskette denkbar. Unternehmen derselben Wertschöpfungsstufe integrieren kritische Geschäftsprozesse. Eine gemeinsame Organisation der Beschaffungsprozesse, z. B. durch Einkaufsportale, kann so die Einkaufsmacht stärken und dadurch Wettbewerbsvorteile entstehen lassen.

Prozessmanagement wird im Beispiel des **Supply Chain Management (SCM)** auf unternehmensübergreifende Strukturen übertragen. Die Koordination und Steuerung erstreckt sich auf alle „Geschäftsprozesse" der Wertschöpfungskette. Analog zu den internen Prozessen sind auch die Unternehmensgrenzen überschreitenden Geschäftsprozesse zu definieren, zu modellieren und zu integrieren. *Lambert* (2001, S. 108) schlägt folgende Schlüssel-SCM-Prozesse vor:

1. customer relationship management,

2. customer service management,

3. demand management,

4. order fulfilment,

5. manufacturing flow management,

6. procurement,

7. product development and commercialization, and

8. returns.

Die vernetzten Geschäftsprozesse werden im Rahmen des Supply-Chain Operations Reference-(SCOR-)Model in einem Prozessreferenzmodell standardisiert (vgl. auch http://www.supply-chain.org), das von mehr als 650 Unternehmen aus allen Branchen getragen wird. Das Modell soll (vgl. *Kuhn/Hellingrath* 2002, S. 106 ff.):

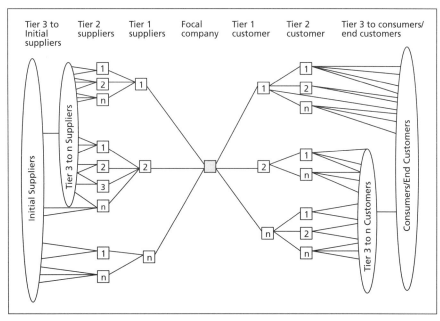

**Abb. 8.1: Struktur eines Supply Chain-Netzwerks
(Quelle: in Anlehnung an *Lambert* 2001, S. 103)**

1. eine Methodik anbieten, um strategische Geschäftsziele mit der operativen Produktions- und Logistikebene zu verbinden,

2. gemeinsame Definitionen, Prozesse und Kennzahlen gewährleisten, um die Kommunikation zwischen Kunden, Lieferanten und weiteren Partnern zu verbessern,

3. ein Evaluierungskonzept anbieten, um die Auswahl der Software-Tools zu unterstützen und die Implementierung sicherzustellen.

Unternehmensübergreifende Geschäftsprozesse werden den gleichen Planungsschritten unterworfen wie interne. In dem Referenzmodell werden auf vier Analyseebenen die Supply-Chain Operations analysiert und dekomponiert.

Im Sinne eines Supply Chain Managements (SCM) bezieht sich die Prozessorientierung sowohl auf interne (intraorganisationale) Unternehmensstrukturen als auch auf unternehmensübergreifende (interorganisationale) Strukturen. Letzteres wird dadurch charakterisiert, dass sich die Gestaltungs-, Koordinations- und Steuerungsaufgabe über die gesamte Wertschöpfungskette erstreckt, d. h. auf die Geschäftsprozesse aller an der Wertschöpfungskette beteiligten Unternehmen, und nicht nur auf unmittelbar vor- und nachgelagerte Wertschöpfungsstufen. Mithin muss das Supply Chain-Netzwerk als eine Einheit begriffen werden, die insgesamt dem Prozessmanagement unterworfen werden kann.

Die horizontale und vertikale Integration von Prozessen wie dem „Auftragsabwicklungs-", „Geschäftsbereitschafts-", „Produktentwicklungs-" und „Marktwahlprozess" sowie dem „Controlling"- und „Unternehmensentwicklungsprozess" (*Klaus* 1998, S. 439) über mehrere Unternehmen hinweg sind Beispiele für interorganisationales Prozessmanagement. Dieses setzt voraus, dass unternehmensübergreifende Geschäftsprozesse nicht durch Märkte entkoppelt, sondern durch kooperative Arrangements verknüpft sind.

Die Wertsteigerungen aufgrund der Senkungen von Transaktions- bzw. Prozesskosten bei den beteiligten Partnern sowie von Produktions- und Entwicklungskosten durch bessere Ausnutzung von Netzwerkpotentialen und Skaleneffekten sind allerdings nur dann erzielbar, wenn das betreffende Segment der Wertschöpfungskette als **ein** unternehmensübergreifender Geschäftsprozess organisiert ist. Eine auf Marktpreisen oder auf Verrechnungspreisen beruhende Koordination innerhalb der Wertschöpfungskette bildet dagegen immer Schnittstellen in einem integrierten, sich an der Geschäftsprozessorganisation orientierten Supply Chain-Netzwerk.

Die Integration von interorganisationalen Prozessen ist jedoch nicht nur für das Supply Chain Management, sondern auch für die diversen Formen von Unternehmenskooperationen, wie strategische Allianzen oder Joint Ventures die operative Basis, ohne die diese nicht funktionsfähig sind. So sind strategische Unternehmensnetzwerke in erster Linie immer auch operative Prozessnetzwerke.

Eine konsequente Integration von Geschäftsprozessen setzt eine überbetriebliche Prozessmodellierung voraus (vgl. *Kugeler* 2008, S. 480 ff.). Zunächst bedarf es einer einheitlichen Modellierungstechnik, um die Dokumentation der durchzuführenden Aktivitäten zu erleichtern. Die „Prozessobjektmigration" verlangt, dass die ausgetauschten Daten deutlich gekennzeichnet sind. Sie besitzen jeweils eine andere Bezeichnung bei Kunden und Lieferanten: z. B. Auftrag und Bestellung, Lieferung und Wareneingang. *Kugeler* (2008, S. 487) empfiehlt ferner, den Austausch von Push- und Pullinformationen zu unterscheiden, etwa durch die Bezeichnung Prozessobjekt „übermitteln" oder „abrufen". Schließlich empfiehlt er, das Kommunikationsmedium, die ausführenden Organisationseinheiten und die verwendeten Informationssysteme den zu interagierenden

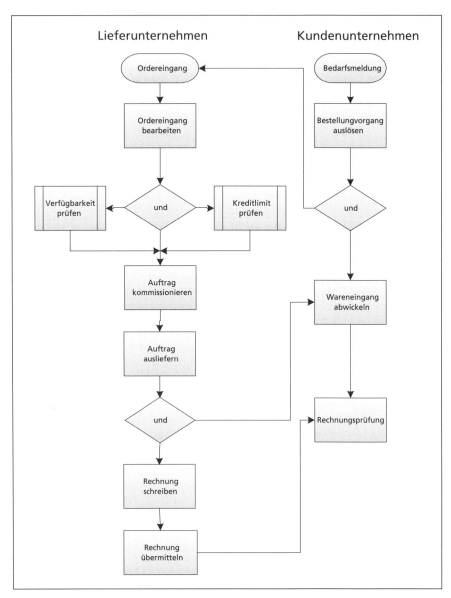

Abb 8.2: Prozessintegration der Supply Chain (in Anlehnung an
***Kugeler* 2008, S. 488)**

Aktivitäten zuzuordnen. Die Synchronisierung der Prozesse innerhalb der Supply Chain ist in Abbildung 8.2. angedeutet.

8.1 Unternehmensübergreifende Integration von Geschäftsprozessen

8.1.1 Vertikale Integration von Geschäftsprozessen

Die operativen Geschäftsprozessnetzwerke sind vor allem in der Automobilzulieferindustrie anzutreffen. Die netzwerkartigen Beziehungen des Supply Chain Managements entsprechen hier ihrem Wesen nach weitgehend dem Typ des strategischen Netzwerks. Dabei handelt es sich um ein langfristiges, zielgerichtetes Arrangement, bei dem sich die beteiligten Unternehmen auf Aktivitäten der Wertschöpfungskette spezialisieren und das in der Regel von einem fokalen Unternehmen („hub firm") strategisch geführt wird. Die **Position** eines Unternehmens im Netzwerk zeigt an, inwieweit es in der Lage ist, Einfluss auf die Operationen im Netzwerk zu nehmen und in seinem Sinne zu gestalten. Die Position wird durch die Fähigkeit dieses Unternehmens bestimmt, wichtige Ressourcen zu mobilisieren und zu kontrollieren. Auch besondere unternehmensspezifische Eigenschaften, wie z. B. Marktstellung oder Reputation können dem Unternehmen zu einer dominanten Position verhelfen. Strategische Führung bedeutet, dass dem fokalen Unternehmen mehr als allen anderen die Selektion der Partner, die Allokation von Ressourcen sowie die Gestaltung, Steuerung, Kontrolle und Evaluation der Prozesse im strategischen Netzwerk obliegt. Darüber hinaus gibt das fokale Unternehmen die strategische Stoßrichtung vor und vertritt das Netzwerk nach außen. In der Automobilindustrie erfüllen die Automobilhersteller diese Kriterien und können demzufolge als fokale Akteure eingestuft werden. Aufgrund ihres Marktzugangs sind sie es, und nicht die Zulieferunternehmen, deren Leistungen von den Kunden wahrgenommen werden. Die zentrale Stellung macht den OEM (Original Equipment Manufacturer) zu einem fokalen Unternehmen im Unternehmensnetzwerk. Die Rolle eines „Orchestrators" ergibt sich aus Position, Verbindungen und Interaktionen des Automobilproduzenten mit den Zulieferern einerseits und den Kunden andererseits.

8.1.2 Horizontale Integration von Geschäftsprozessen

Horizontale Verknüpfungen von Geschäftsprozessen finden sich vor allem in Coproduktionsprozessen. Unternehmen derselben Wertschöpfungsstufe nutzen gemeinsam dieselben Geschäftsprozesse, wobei es sich um Entwicklungs-, Beschaffungs-, Produktions- oder Vertriebsprozesse handeln kann. Diese Strategie setzt allerdings weniger auf die Nutzung komplementärer Kompetenzen als auf die Nutzung freier Kapazitäten. Beispiele sind die Entwicklung des Hybridantriebs durch Volkswagen, Audi und Porsche, die Motorenkooperation bei BMW und Toyota oder die Entwicklung bzw. der Bau des Van VW Touareg durch die Kooperation Volkswagen/Porsche. Die Netzwerkunternehmen verknüpfen mit der horizontalen gemeinschaftlichen Nutzung von Kapazitäten folgende Erwartungen (vgl. *Sydow/Möllering* 2004, S. 243):

- Hebung interner oder externer Skalenerträge und Realisierung von Prozessspezialisierungen,

- Kombination unterschiedlicher Kompetenzen und spezialisierter Geschäftsprozesse,

- Freisetzung von Kapital durch Rückzug aus Prozessspezialisierungen.

Unter Berücksichtigung des Kriteriums der Koordinationsrichtung handelt es sich bei Supply Chains in der Automobilindustrie um Koordinationsformen, die eher einem hierarchischen denn einem heterarchischen Netzwerktypus entsprechen. Die Verbindungen zwischen den Unternehmen stellen sich als ein Mix aus hierarchischen Beziehungen dar, die auf Machtdifferenzen basieren, und linearen, durchaus kooperativen Verbindungen, die Unternehmen verschiedener Wertschöpfungsstufen miteinander verknüpfen. Die Beziehungsstrukturen im Supply Chain-Management in der Automobilindustrie weichen daher von dem allgemeinen Verständnis strategischer Netzwerke insofern ab, als sie einen relativ hohen Anteil hierarchischer Beziehungen aufweisen. Besonders die Beziehungen zu den peripheren Mitgliedern der Supply Chain, d. h. zu Sublieferanten, verletzen in nicht unerheblichem Maße die für Unternehmensnetzwerke zentrale Annahme der kooperativen, langfristigen und vertrauensvollen gemeinsamen Zielverfolgung zum Nutzen aller Beteiligten (vgl. *Gaitanides* 1998). Vielmehr zeigt sich hier eine intensive hierarchische Einflussnahme seitens der fokalen Unternehmen (Hub-Firm), die sich auch in den Erfolgsunterschieden der Netzwerkmitglieder widerspiegelt. Somit können allenfalls die Transaktionsbeziehungen zwischen den OEM und den Systemlieferanten als Netzwerk im engeren Sinne beschrieben werden.

Beispiel Verbundunternehmen LOGEX
(vgl. Bickhoff u. a. 2003, S. 80 ff.; Ringle 2004, S. 45)

Bei der LOGEX handelt es sich um einen Verbund von Entsorgungsunternehmen in Süddeutschland, der eher einem heterarchischen Unternehmensnetzwerk entspricht. Jeder Partner, der dem Kooperationspool angehört, hat ein regional begrenztes Operationsgebiet für Entsorgungsdienstleistungen. Über die Kooperation in dem Unternehmensnetzwerk LOGEX können diese Partner Großaufträge akquirieren, die jeder einzelne Partner aus eigener Kraft nicht hätte erfüllen können (z. B. Entsorgungsdienstleistungen im gesamten süddeutschen Raum für eine Schnellrestaurant-Kette). Anschließend wird der Gesamtauftrag auf eine Teilmenge der an diesem spezifischen virtuellen Verbund mitwirkenden Unternehmen aufgeteilt. Nach Ende der Vertragslaufzeit löst sich der auftragsbezogene Zusammenschluss wieder auf, und es wird gegebenenfalls erneut versucht, mit einer bestimmten Teilmenge von Partnern aus dem Unternehmensnetzwerk einen Auftrag zu akquirieren.

Neben einer solchen Steigerung des gesamten Auftragsvolumens können die Unternehmen aufgrund ihrer Kooperationsaktivitäten in der LOGEX das individuelle Dienstleistungsportfolio erweitern, indem für Aufträge, die bestimmte, im eigenen Unternehmen nicht vorgehaltene Kompetenzen erfordern, ein geeigneter Partner aus dem Kooperationspool hinzugezogen wird. Eine solche Erweiterung des Dienstleistungspotentials umfasst auch die gemeinsame Entwicklung von Entsorgungslösungen sowie den Aufbau und Betrieb spezieller Entsorgungsanlagen durch eine Teilmenge aus dem Partnerpool.

8.2 Netzwerkkompetenzen durch interorganisationale Prozessintegration

Strategische Netzwerke bedürfen eines operativen Unterbaus, der die arbeitsteiligen Aktivitäten der beteiligten Unternehmen miteinander bündeln und verknüpfen kann. Dieses zu leisten, ist Aufgabe des interorganisatorischen Prozessmanagements. Dabei organisieren die betreffenden Unternehmen gemeinsam diejenigen Geschäftsprozesse, durch die ihre Austauschprozesse abgewickelt werden sollen. Die Integration der Geschäftsprozesse kann zunächst den Austausch von Gütern, Leistungen und Wissen im Sinne von „Exploitation" verbessern, was zur Reduzierung von Transaktionskosten führt. Darüber hinaus können Tauschroutinen zu innovativen Ressourcenkombinationen im Sinne von „Exploration" beitragen, wenn durch die Integration der Geschäftsprozesse eine zusätzliche, neuartige Leistungsfähigkeit entsteht, die die beteiligten Unternehmen allein nicht realisieren können.

Die Integration und Verknüpfung von Ressourcen über Unternehmensgrenzen hinweg setzt notwendigerweise die Integration einzelner Geschäftsprozesse der beteiligten Unternehmen voraus. Kooperation von Unternehmen verlangt gemeinsame Koordination bei Entwurf, Modellierung, Implementierung und gegebenenfalls auch Verbesserung der die gemeinsamen Unternehmensgrenzen überschreitenden Geschäftsprozesse.

Grundsätzlich ist also zu untersuchen, ob aus der interorganisationalen Prozessintegration Wettbewerbsvorteile entstehen können, die allein aus der Netzwerkkooperation resultieren. Es bleibt daher zu fragen, ob nicht auch unternehmensübergreifende Geschäftsprozesse Ressourceneigenschaft entfalten können, die Kooperationsrenten zu generieren in der Lage sind.

8.2.1 Der „Relational View" von Dyer/Sing

Entgegen der traditionellen Strategiekonzeption konstatieren *Dyer/Sing* (1998, S. 660 ff.) einen engen Zusammenhang von kooperativen Kernkompetenzen und relationalen, d. h. aus langfristigen, unvollständigen Vertragsbeziehungen resultierenden Renten. Unternehmenskooperationen wurden lange Zeit als Chance zur Wertaneignung gesehen (vgl. *Hamel* 1991, S. 99 f.). Danach dienen Kooperationen aus strategischer Perspektive vor allem dazu, sich fehlende

Kernkompetenzen vom Kooperationspartner anzueignen. Nicht transferierbare komplementäre Ressourcen sollen im Wege von Lernprozessen internalisiert werden. Kooperationen sind daher auch zu beenden, wenn ihr Zweck erfüllt ist, d. h. die Kompetenzen des Partners adaptiert sind (vgl. *Duschek/Sydow* 2002, S. 427). Dem steht allerdings entgegen, dass bei Auflösung einer Partnerschaft die gemeinsamen Geschäftsprozesse dekonstruiert, Schnittstellen geschaffen und Teilprozesse dezentral und in der Regel suboptimal modelliert werden müssen. Da die Entwicklung von erfolgskritischen Geschäftsprozessen pfadabhängig und idiosynkratisch begründet ist, können die Wettbewerbsvorteile aus interorganisationalen Routinen und Prozessen bei Auflösung des Geschäftsprozessnetzwerkes nicht ohne weiteres imitiert bzw. substituiert werden. Unternehmensnetzwerke sind als eine originäre institutionelle Organisationsform zu begreifen (vgl. *Duschek* 2002, S. 258). Relationale abnormale Renten entstehen aus den spezifischen Beiträgen der Kooperationspartner.

8.2.1.1 Determinanten von relationalen Renten

Dauerhafte, aus der interorganisationalen Vernetzung entstehende Wettbewerbsvorteile werden nach *Dyer/Sing* auf vier Determinanten zurückgeführt:

Beziehungsspezifische Investitionen

Unter Bezugnahme auf die transaktionsspezifischen Investitionen wie „site specifity", „physical asset specifity" oder „human asset specifity" wird die Co-Spezialisierung von Ressourcen als Quelle von Beziehungsrenten gesehen. Co-Spezialisierung bedeutet aber nichts anderes als gemeinsame Organisation der unternehmensübergreifenden Geschäftsprozesse. Sie sind danach hinsichtlich der räumlichen Allokation, der eingesetzten Routinen und Technologien sowie der Professionalisierung der Prozesseigner aufeinander abzustimmen und zu integrieren. Allerdings gibt es wesentliche Randbedingungen, die für eine Rentengenerierung notwendig sind. **Erstens** müssen hohe Investitionen in die Geschäftsprozesse vertraglich langfristig, z. B. durch Abnahmegarantien, abgesichert werden, um opportunistisches Verhalten eines Partners entgegenzuwirken. Je länger diese „safeguards" (*Dyer/Sing* 1998, S. 664) Bestand haben, desto höher wird der Kooperationsgewinn ausfallen. **Zweitens** sind die erzielbaren relationalen Renten aus den Geschäftsprozessen umso größer, je höher das Transaktionsvolumen ist. Mit zunehmender Prozessmenge und -standardisierung lassen sich demzufolge die beziehungsspezifischen Investitionen besser nutzen.

Routinen des zwischenbetrieblichen Wissenstransfers

In vielen Branchen werden Innovationen durch Wissenstransfer von Lieferanten und Kunden initiiert. Gegenstand sind Vorschläge und Ideen zu Produkt- und Prozessinnovationen. In Netzwerken spielt daher die Effizienz der Routinen zur Wissensverteilung eine herausragende Rolle. Als Beispiele für effizienten Wissenstransfer werden vor allem Biotech- und Pharma-Unternehmen genannt, die meist in regionalen Netzwerken organisiert sind. Der Wissenstransfer vollzieht sich im Rahmen der Abwicklung von Geschäftsprozessen zwischen den Netzwerkpartnern. Wechselseitiges Lernen und interaktives Problemlösen tragen dazu bei, auch die Struktur der Geschäftsprozesse selbst zu verändern und die Routinen zu verbessern. Das Design unternehmensübergreifender Geschäftsprozesse geben die Muster für Transfer, Neukombination oder Kreation von spezialisiertem Wissen ab. „Absorbtive Capacity" (*Dyer/Sing* 1998, S. 666) ist die Fähigkeit zur Aneignung impliziten Wissens durch interorganisationales Lernen bei der Durchführung von integrierten Geschäftsprozessen.

Das Design der institutionalisierten zwischenbetrieblichen Geschäftsprozesse muss daher darauf gerichtet sein, **Wissensaustausch** unter den Netzwerkpartnern zu fördern. Die Fähigkeit, von Partnern Wissen zu absorbieren, setzt interorganisatorische Kommunikationsprozesse und Interaktionsroutinen voraus, die es den Unternehmen erlauben, werthaltiges Know-how zu identifizieren und es über die Unternehmensgrenzen hinweg zu transferieren. Die Prozessorganisation hat dabei einerseits die Funktion, bezüglich der Teilung von Wissen Transparenz zu schaffen, andererseits die Anreize bereitzustellen, die Akteure motivieren, die für den Wissenstransfer notwendigen zentralen Ressourcen bereitzustellen. Neben formalen finanziellen Anreizen ist für den Wissensaustausch vor allem die Etablierung von informalen Reziprozitätserwartungen und -normen förderlich. Ebenso sind Sanktionsandrohungen für „Trittbrettfahren" geeignet, die Wissensverteilung zu unterstützen. Je mehr die Prozessbeteiligten durch Anreize dazu motiviert werden, Transparenz und Reziprozität des Wissenstransfers zu praktizieren, desto größer ist das Potential für die relationale Rentengenerierung.

Komplementäre Ressourcen- und Kompetenzausstattung

Komplementäre Ressourcenausstattungen liegen vor, wenn aus der synergetischen Ressourcenintegration der beteiligten Partner eine größere Rente erwächst als die Summe der Renten, die bei getrennter Nutzung der Ressourcenbestände erzielt werden würde (vgl. *Dyer/Sing* 1998, S. 666). Die Ressourcenbündelung und -kombination in einem gemeinsamen Geschäftsprozess lässt eine singuläre „Ressource" entstehen, die werthaltiger ist als die isolierten Ressourcen der Netzwerkpartner. Die Kopplung von Ressourcen potentieller Partner durch einen Geschäftsprozess setzt synergie-sensitive Ressourcen voraus, andernfalls können keine Kosten-, Zeit- oder Qualitätsvorteile durch deren Integration in einem Geschäftsprozess erzeugt werden. Die Prozesse der Partner müssen operativ und technologisch kompatibel sein, wenn eine wertgenerierende Ressourcenintegration gelingen soll. Anpassungen auf einen „gemeinsamen" Prozessstandard der zu integrierenden Partnergeschäftsprozesse sind daher notwendig. Ebenso ist auch die Kompatibilität der Prozesskulturen in der zu modellierenden grenzüberschreitenden Prozessarchitektur für die nachhaltige Rentengenerierung unabdingbar, insbesondere wenn die interorganisatorischen Geschäftsprozesse durch gemeinsame Prozessteams repräsentiert werden. Beispiele dafür finden sich vor allem in den unternehmensübergreifenden Produktentwicklungsprozessen (Simultaneous Engineering).

Effektive Governance-Strukturen

Führung und Kontrolle der kooperativen Geschäftsprozesse beeinflussen nicht nur die Höhe der Transaktionskosten, sondern auch das Ausmaß der Kooperationsbereitschaft. Es sind daher geeignete Netzwerkinstitutionen und -mechanismen zu schaffen, die den Akteuren Anreize für die Steigerung des Transaktionswertes bieten. Effektive Governance-Strukturen unterbinden opportunistisches Verhalten der Netzwerkpartner. Je spezifischer die Netzwerkressource, je stärker die Geschäftsprozesse der Netzwerkpartner cospezialisiert sind, desto höher sind die „sunk costs", wenn die Geschäftsprozesse dekonstruiert und alternative Austauschbeziehungen aufgebaut werden müssen. *Dyer/Sing* (1998, S. 669) diskutieren zwei unterschiedliche „**Schutzmechanismen**", um Opportunismus zu unterbinden. Neben der eher weniger effizienten Option, einen unabhängigen Dritten mit der Überwachung der Einhaltung der Vereinbarungen und Konfliktlösung zu beauftragen, wird auf die Selbstverpflichtung, die auf gegenseitiges Vertrauen und Einbindung des Partners baut, verwiesen.

Formale selbstverpflichtende Schutzmechanismen beruhen entweder auf finanziellen Sanktionen oder auf symmetrischen investiven Engagements. Gegenseitige Abhängigkeit findet insbesondere auf der Ebene der operativen Geschäftsprozesse statt, wie das Beispiel des Efficient Consumer Response (ECR) zeigt (vgl. Kapitel 6.2.4). Die Akteure sind durch das transaktionsspezifische Prozessdesign so eng in die Supply Chain eingebunden, dass einseitiges Hold-Up nahezu auszuschließen ist. Dabei spielen personelles Vertrauen und Reputation der Akteure eine wichtige Rolle. Da die Selbstverpflichtung dazu beitragen kann, Vertrauen zwischen den Akteuren aufzubauen, wird sie als effizientere Governance-Struktur gesehen als die Einbeziehung von Dritten zur Sicherung der Vereinbarungen zwischen Transaktionspartnern.

8.2.1.2 Mechanismen zur Sicherung der „relational rents"

Einmal generierte relationale Renten müssen vor Imitation und Substitution geschützt werden (vgl. auch *Duschek* 2002, S. 261). Die Verteidigung von Kooperationsrenten orientiert sich an den Determinanten, die bereits zu ihrer Erzielung beigetragen haben. Neben den Isolationsbarrieren, die bereits im Zusammenhang mit der Darstellung des RBV diskutiert wurden, werden folgende Imitationsbarrieren genannt (*Dyer/Sing* 1998, S. 671 ff.):

- „interorganizational asset interconnectedness"
- „partner scarcity"
- „resource indivisibility"
- „institutional environment"

Die **Verknüpfung von interorganisationalen Ressourcen** vollzieht sich in den interorganisatorischen Geschäftsprozessen. Sie bündeln Ressourcen der Wertschöpfungskette zu Leistungseinheiten und koordinieren deren Einsatz und Auslastung. Durch das Design der Geschäftsprozesse und ihre Vernetzung wird das Potential der Co-Spezialisierung bestimmt. **Lernen und Routinisie-**

rung der Vorgangsbearbeitung verstärkt die Co-Spezialisierung in einem rekursiven Prozess. Kontinuierliche Prozessverbesserungen basieren auf einer dynamischen Lernfähigkeit der beteiligten Netzwerkpartner. Lernfortschritte führen nicht nur zu höherer Spezifität der Geschäftsprozesse, sondern intensivieren auch die beiderseitige Prozessspezialisierung und -integration. Diese Co-Evolution in einem gemeinsamen grenzüberschreitenden Geschäftsprozess trägt dazu bei, die Geschäftsbeziehung zu stabilisieren, Transaktionskosten zu reduzieren und Opportunismus zu verhindern (vgl. *Duschek* 2002, S. 262 f.). Durch die co-spezialisierte Prozessentwicklung werden beziehungsspezifische Kernkompetenzen und einzigartige Wettbewerbsvorteile geschaffen, die auf Grund ihrer Pfadabhängigkeit kaum imitierbar sind. Darüber hinaus sichert das gemeinsame Prozessmanagement durch eine permanente Evaluation der zwischenbetrieblichen Geschäftsprozesse und die Weiterentwicklung der komplementären Ressourcenallokation die einmal erreichte Wettbewerbsposition ab. Das Prozesscontrolling überwacht dabei die Ausschöpfung vorhandener und die Erschließung neuer Potentiale der Kooperation. Dabei sind die Offenheit und der Vertrauenscharakter der Zusammenarbeit (vgl. *Duschek/Sydow* 2002, S. 429) unabdingbare Voraussetzung für die Co-Evolution des gemeinsamen Geschäftsprozessnetzwerks. Das Management des relationalen Geschäftsprozessnetzwerks bildet mithin die Basis für die Verteidigung der relationalen Renten.

Die **Knappheit an potentiellen Netzwerkpartnern** erschwert die Imitierbarkeit existierender kooperativer Kernkompetenzen. Je weniger potentielle Partner, die über komplementäre Ressourcen und über eine entsprechende „relational capability" verfügen, desto besser können die Kooperationsrenten gegenüber konkurrierenden Wettbewerbern verteidigt werden. Dabei handelt es sich nicht nur um Netzwerkpartner mit komplementären Ressourcen, sondern um deren Fähigkeit und Bereitschaft, diese in gemeinsamen Geschäftsprozessen zu allokieren und damit auf Verfügungsrechte zu verzichten. In den Zuliefernetzwerken der Automobilindustrie sind es die besonderen Fähigkeiten von Systemlieferanten (tier 1-Lieferanten), auf die das Merkmal der „partner scarcity" zutrifft.

Standardisierungen und die einschlägige IT-Unterstützung sowie das Workflowmanagement innerhalb des logistischen Wertschöpfungsnetzwerkes vereinfachen allerdings die Kompatibilität und Integration der Geschäftsprozesse der Partnerunternehmen. Dadurch werden sowohl der Markteintritt potentieller Partner als auch der Aufbau neuer Netzwerkbeziehungen erleichtert und gefördert. Auf die Bedeutung der IT-Unterstützung als „Enabler" wurde bereits im Zusammenhang mit Outsourcingentscheidungen hingewiesen.

Die **mangelnde Teilbarkeit von Ressourcen** ist eine weitere Imitationsbarriere. Die Trennung und Verteilung einer beziehungsspezifischen Ressource auf die Partnerunternehmen würde dazu führen, dass die Ressourcenvorteile und deren Nutzung in einem integrierten Geschäftsprozess nicht mehr aufrechterhalten werden können. Wird ein unternehmensübergreifender Geschäftsprozess fragmentiert und auf die beteiligten Unternehmen übertragen, dann treten nicht nur Schnittstellen- und Suboptimierungsprobleme auf, sondern auch die Spezifität des Geschäftsprozesses würde verloren gehen. Die Folge ist eine marktliche Entkoppelung der Netzwerkpartner. Beispielsweise verfügen desintegrierte Produktentwicklungsprozesse nicht mehr über innovatives Potential und Akzeptanz unter den Partnern, nachdem das unternehmensübergreifende Produktentwicklungsteam aufgelöst und die Teilprozesse einschließlich ihrer Eigner in die Geschäftsprozesse der beteiligten Partnerunternehmen wieder reintegriert wurden. Die Co-Evolutionseffekte können jedoch nicht geteilt und dezentralisiert werden.

Eine weitere Barriere besteht in den **institutionellen Rahmenbedingungen**. Sie können beispielsweise aus kulturellen Verhaltensregeln (z. B. in der Keiretsu-Organisation in Japan) oder aus regionaler Nachbarschaft (z. B. in der Automobilzulieferindustrie Baden Würtembergs oder Oberfrankens) entstanden sein. Kooperationen werden durch derartige institutionelle Bedingungen gefördert und die Integration der Geschäftsprozesse erleichtert. Relationale Renten lassen sich daher in einem entsprechenden Umfeld leichter verteidigen.

8.2.2 Netzwerkkompetenzen fokaler Netzwerkunternehmen

Fokale Unternehmen sind beispielsweise System- oder Modullieferanten in den Zulieferungsnetzwerken der Automobilindustrie oder Markenartikelhersteller in Systemen des Efficient Consumer Response (ECR). Sie übernehmen das Management der interorganisationalen Geschäftsprozesse, die weit über die Optimierung des Lieferprozesses zwischen fokalen und peripheren Unternehmen hinausgehen. Hinzu kommen die Organisation der Produktentwicklungsprozesse, die gemeinsame Investitionspolitik zum Ausbau der Stärken der beteiligten Wertschöpfungspartner, die Produktionsplanung beteiligter Fertigungsstätten sowie die Disposition von Lagerbeständen an Halb- und Fertigfabrikaten, Qualitätsmanagement, Personalentwicklung und -schulung sowie Auditierung der Prozesse hinsichtlich Qualität, Zeit und Kosten. Dabei sollen jeweils die in der Wertschöpfungskette vorhandenen Wettbewerbsstärken und Potentiale ausgeschöpft werden. Für die Sammlung, Verarbeitung und Verbreitung des für das Netzwerkmanagement notwendigen Wissens werden meist die strategischen Unterstützungsleistungen durch zentrale (fokale) Organisationseinheiten erbracht, um ein einheitliches Netzwerkmanagement zu gewährleisten. Netzwerk spezifische Praktiken und Tools werden daher zentral entwickelt und den Allianzpartnern zur Verfügung gestellt. *Sydow/Duschek* (2011, S. 214 f.) belegen dies am Beispiel der *StarAlliance*. Während die StarAlliance Service GmbH das Netzwerkmanagement in zentralen Aufgaben wie Ressourcenallokation, Steuerung und Kontrolle oder Bewertung unterstützt, übernehmen die dezentralen Einheiten das operative Geschäft, das sie zum Teil auch netzwerkweit ausüben.

Die unternehmensübergreifende Organisation und Integration der Wertschöpfungsprozesse zielen vor allem auf erhöhte Lieferbereitschaft, kurze Lieferzeiten und individualisierte Produktgestaltung im Rahmen eines auftragsgezogenen Fertigungsflusses. Gleichzeitig soll eine Senkung der Gesamtkosten erreicht werden, indem der Ressourceneinsatz (Materialbestände, Personal und Investitionen) in der Wertschöpfungskette abgestimmt wird und die über die Wertschöpfungskette induzierten, sich kumulierenden Schwankungen in den

Auftragsbeständen (Bullwhip-Effekt, vgl. *Kuhn/Hellingrath* 2002, S. 17 ff.) durch die Optimierung von Lagerbeständen und Durchlaufzeiten vermieden werden.

Die Informationssysteme und -technologien übernehmen bei der Prozessintegration die Rolle eines „Enablers" (vgl. *Kuhn/Hellingrath* 2002, S. 125 ff.), der die Partner in der Supply Chain untereinander verknüpft. Ohne integrierte Planung der Bedarfe, Kapazitäten und Bestände über die Knoten des Netzwerks hinweg (vgl. *Kuhn/Hellingrath* 2002, S. 29 f.) lassen sich weder die spezialisierten Geschäftsprozesse allokieren und synchron steuern, noch Kosten-, Zeit- und Qualitätspotentiale im Netzwerk erschließen.

Interorganisationale Geschäftsprozesse bündeln Ressourcen der Netzwerkpartner. Dadurch entstehen Ressourcen höherer Ordnung. Die damit beabsichtigte Rentenerzielung ist an die Effizienz der interorganisationalen Geschäftsprozesse geknüpft. Der wesentliche Erfolgsfaktor ist die Fähigkeit, Wissen unternehmensübergreifend zu integrieren. *Lorenzoni/Lipparini* (1999, S. 317) zeigen am Beispiel der italienischen Verpackungsindustrie, dass es einer „relational capability" bedarf, um Wissen über Unternehmensgrenzen hinweg zu integrieren. Diese Integrationsleistung wird in dem von ihnen genannten Beispiel von einem fokalen Akteur im Netzwerk erbracht. Er verfügt über besonders ausgeprägte Fähigkeiten zur Regulierung und Kontrolle des Ressourcentausches. Zu seinen Fähigkeiten zählen auch der Erhalt und die Weiterentwicklung der netzwerkspezifischen Kernkompetenzen. Allerdings bedarf es einer gemeinsamen Vertrauensbasis unter den Netzwerkpartnern: „Lead firms potentially can lower the overall coordination and production costs of a network through multiple, repeated, trust-based relationships with key suppliers" (*Lorenzoni/Lipparini* 1999, S. 333). Die relationale Rentengenerierung setzt formelle wie informelle Prozesse der Wissensaneignung und des Wissenstransfers eines fokalen Netzwerkbetreibers voraus. Damit wird das Management interorganisationaler Geschäftsprozesse zur wesentlichen Kompetenz eines fokalen Unternehmens, um das Netzwerkpotential hinsichtlich seiner Kompetenzentfaltung ausschöpfen zu können. Das Initiieren und der Ausbau eines Netzwerkes von integrierten Geschäftsprozessen bedürfen danach eines gewissen Ausmaßes an zentraler Steuerung und Kontrolle.

Die „Alliance Formation Capability" als die Fähigkeit, Netzwerke zu initiieren und zu gestalten, besteht in der Identifizierung geeigneter Partner, im Einsatz geeigneter Führungsinstrumente, in der Entwicklung von Routinen zur Wissensverteilung sowie in der Platzierung beziehungsspezifischer Investitionen (vgl. *Gulati* 1999, S. 308 und S. 399 ff.). Basis für diese Fähigkeiten ist das Lernen aus Netzwerkerfahrungen. Die „Alliance Formation Capability" beinhaltet die Fähigkeit zur Netzwerkentwicklung durch die Schaffung standardisierter Geschäftsprozesse und Routinen. Kontinuierliches Lernen zielt dabei auf die Verbesserung interorganisationaler Geschäftsprozesse.

Kooperationskompetenz verlangt folgende Fähigkeiten (vgl. *Hillig* 1997, S. 104):

- **Selbstorganisationsfähigkeit**

  Selbstorganisation wird hier als die Selbständigkeit bei der Gestaltung und Koordination von Prozessen und Strukturen, bei der Erzeugung von Ordnungsmustern sowie bei der Etablierung von Verhaltensregeln hinsichtlich der Steuerung von Austauschprozessen verstanden. Durch Spielräume (slack) im Rahmen prozessualer Vorgaben und Richtlinien können Entscheidungs- und Handlungsfreiräume den Akteuren innerhalb der Kooperationsbeziehung eingeräumt werden, die das Selbstkoordinationspotential erhöhen und Flexibilität fördernd wirken. Interorganisationale Geschäftsprozesse müssen sich durch Selbstkoordination weiterentwickeln können.

- **Beobachtungsfähigkeit**

Beobachtung soll nicht ergebnisorientiert, sondern prozessorientiert angelegt sein. Durch interorganisationale Offenheit, durchlässige Unternehmensgrenzen und Kommunikation entstehen Veränderungen in der Wahrnehmung. In Verbindung mit weiteren Kooperationskompetenzen werden die Voraussetzungen geschaffen, einen dynamischen Kooperationsprozess zu beobachten und gewonnene Erfahrungen in Prozesshandeln umzusetzen.

- **„Shared Understanding"-Fähigkeit**

Das eingeschränkte Denken in Funktionen wird nicht nur zugunsten eines unternehmensübergreifenden Prozessdenkens, sondern darüber hinaus auch zu einem gemeinsamen Kooperations- und Partnerschaftsverständnis entwickelt.

- **Fähigkeit zu Vertrauen**

Vertrauen dient als Stabilisierungspotential in den Beziehungen der Akteure untereinander. Es ermöglicht die Antizipation angemessener Gegenleistungen. Dies gilt insbesondere bei temporären Ungleichgewichten von Nutzen und Abhängigkeiten.

- **Konfliktfähigkeit**

Durch einen hohen Strukturierungsgrad der Geschäftsprozesse im Zuge der unternehmensübergreifenden Zusammenarbeit können bei unvorhergesehenen Umweltzuständen und Krisensituationen Zweifel an der Eignung der bisherigen Kooperationsstruktur aufkommen. Konfliktfähigkeit erhöht die Effektivität des Geschäftsprozessnetzwerks im Sinne des „Exploration"-Potentials. Konfliktaustragung hat dabei die Funktion, den Netzwerkpartnern zur Initiierung innovativer Routinen zu verhelfen.

Netzwerkkompetenz eines Unternehmens besteht mithin im Management interorganisationaler Geschäftsprozesse. Sie erstreckt sich sowohl auf die Modellierung und Steuerung des Geschäftsprozessnetzwerkes als auch die permanente Verbesserung der unternehmensübergreifenden Geschäftsprozesse als Teile des Netzwerkes.

8.3 Beispiel: Geschäftsprozessnetzwerke in der Automobilzulieferindustrie

Der Strukturwandel in der Automobilindustrie hat die Situation der Hersteller ebenso wie die der Zulieferer im letzten Jahrzehnt grundlegend verändert. Neben der Globalisierung des Wettbewerbs, die die Marktstrategien der Automobilhersteller nicht unbeeinflusst gelassen hat, war insbesondere die Individualisierung und Ausstattung der Fahrzeuge eine Folge wachsender Wettbewerbsintensität. So hat sich das Typen- und Ausstattungsangebot entsprechend den individuellen Kundenbedürfnissen differenziert. Die Variantenvielfalt war zudem von einer Verkürzung der Lieferzeit begleitet. Die Qualitätsanforderungen sind ebenfalls wettbewerbsbedingt gestiegen. Nicht zuletzt hat die Veränderung der Wettbewerbssituation eine Verkürzung der Produktlebenszyklen erforderlich gemacht.

Die strategische Entwicklung stellte komplexe Anforderungen an den Auftragsabwicklungsprozess und den Produktionsapparat. Die Modell- und Variantenvielfalt musste erhöht, die Durchlaufzeit verkürzt und die Produktionskosten gesenkt werden. Diese sich widersprechenden Anforderungen mussten durch eine Produktionsstrategie beherrscht werden, die auf zwei Elementen beruht:

1. einer auftragsgezogenen, nicht standardisierten Großserienfertigung mittels flexibler Fertigungsstrukturen und integrierter Prozesstechnologien, und

2. einer verringerten Fertigungstiefe und -komplexität durch „lean production" und Business Process Outsourcing, was den Aufbau von Prozessnetzwerken im Zulieferbereich notwendig machte.

Komplexere Architekturen der Zulieferprozesse in Netzwerken sind die zwangsläufige Folge der Entwicklung schlanker Fertigungskonzeptionen. Beides hat nachhaltige Konsequenzen für die Organisation der Belieferung, da besondere Anforderungen hinsichtlich der Lieferflexibilität entsprechend Programm und Rhythmus der Endmontage sowie hinsichtlich der Lieferzuverlässigkeit bezüglich Menge, Termin und Qualität zu erfüllen sind. Diesen Anforderungen wird durch die unternehmensübergreifende Integration der Lieferantenprozesse Rechnung getragen.

Integrierte Zuliefersysteme in der Automobilindustrie gelten geradezu als Prototyp für Netzwerkstrukturen. Die interorganisationale Integration der Geschäftsprozesse lässt sich weder als rein marktliche, noch als rein hierarchische Austauschbeziehung charakterisieren. Anstelle der Vielzahl unabhängiger Direktlieferanten sind integrierte Zuliefersysteme entstanden, die die einzelnen Lieferprozesse zu komplexen interdependenten Prozesssystemen verknüpfen.

Material-, Teil-, Komponenten-, Modul- und schließlich Systemlieferanten bilden einen arbeitsteiligen Wertschöpfungspool, dessen interne Koordination durch Zugriff auf die Ressourcen des spezialisierten Partners ermöglicht wird (vgl. *Hakansson/Snehota* 1989, S. 194). Komplexe Zuliefersysteme integrieren die vor- und nachgelagerten Organisationseinheiten der Wertschöpfungskette. Mit dem Übergang von der objekt- zur prozessbezogenen Arbeitsteilung erstreckt sich der Verantwortungsbereich der Lieferanten nicht nur auf die Bereitstellung von Zulieferteilen, sondern auch auf die Koordination von F&E-Prozessen, Fertigungs- und Logistikprozessen im eigenen Unternehmen mit denen von Sublieferanten und anderen Direktlieferanten. Kooperation wird dabei als effiziente Koordinationsform empfohlen und wechselseitiges Vertrauen als Basis der Transaktionsbeziehung unterstellt. Integrierte Zuliefersysteme sind als strategische Kooperationen zu begreifen, die Produktionskosten-, Transaktionskosten-, Innovations- und Flexibilitätsvorteile für die Partner des Prozessnetzwerkes bieten.

8.3.1 Zur Entwicklung von Transaktionsprozessen in Zuliefernetzwerken

Die Entstehung von Zuliefernetzwerken in der Automobilindustrie wird allenthalben anhand der Transaktionskostentheorie erklärt. Es findet sich wohl kaum ein Beispiel, in dem die Transaktionskostentheorie so erfolgversprechend angewendet wurde. Vielfältige Konzepte der vertikalen Prozessintegration haben Anwendung gefunden, wobei der „relationale", d. h. der langfristig exklusive Modellzyklusvertrag, die typische Form des Arrangements darstellt.

Die wachsende strategische Bedeutung, Häufigkeit, gegenseitige Abhängigkeit und nicht zuletzt auch Spezifität des Zulieferprozesses wird seitens der Automobilhersteller nicht mit weiterer vertikaler Integration beantwortet, sondern die ehedem hierarchisch disponierte Form der Leistungserstellung wird im Zuge der Fertigungstiefenoptimierung (Outsourcing) in eine eher marktliche, auf Kooperation basierende Integrationsform, d. h. in die Belieferung durch Systemlieferanten, überführt.

Die Desintegration aus Sicht des Automobilherstellers ist gleichzeitig von der Auflösung der Vertragsbeziehungen mit einzelnen Direktlieferanten begleitet, die nun innerhalb des Zuliefernetzwerkes sich positionieren und mit einem neuen Partner, dem Systemlieferanten, relationale Vertragsbeziehungen eingehen sollen.

Der Übergang vom System direkter Belieferung zu integrierter Belieferung im Rahmen eines auf der Geschäftsprozessintegration basierenden Zuliefernetzwerkes erfolgt in mehreren sich überlagernden Prozessen (vgl. *Gaitanides* 1997):

1. Phase Prozessdesintegration: Im Zuge des BPO von Entwicklungs-, Produktions-, Logistik- und sonstigen Koordinationsprozessen seitens der Automobilhersteller (Verringerung der Fertigungstiefe) vollzieht sich eine Enthierarchisierung der Leistungsbeziehungen („mehr Markt"). Diese Desintegration wird jedoch von institutionellen Sicherungen begleitet. *Dyer* spricht in diesem Zusammenhang von den sogenannten ‚safeguards': „trust", „reputation", „financial hostages" und „legal contracts" (*Dyer* 1996, S. 653).

2. Phase Prozessintegration: Die Externalisierung dieser Funktionen macht Integrationsbemühungen innerhalb der Zulieferorganisation notwendig, um die Transaktions- und Koordinationskomplexität beherrschen zu können. Systemlieferanten sind bestrebt, ihre Sublieferanten mittels (quasi-)hierarchischer

Steuerungs- und Kontrollmechanismen einzubinden („weniger Markt") und Einfluss auf faktorspezifische Prozessverknüpfungen zu nehmen. Die Einbindung der Sublieferanten in ein unternehmensübergreifendes Geschäftsprozessnetzwerk erleichtert die quasi-hierarchische Kontrolle. Die ursprünglichen Direktlieferanten müssen sich im Markt bzw. im betreffenden Netzwerk neu positionieren, ihre Geschäftsprozesse mit denjenigen der Systemlieferanten neu integrieren.

3. Phase der Prozessdesintegration: Die aus der Direktlieferantenposition entlassenen Sublieferanten müssen sich neu orientieren. Sie suchen nach neuen „Bezugsunternehmen" innerhalb oder auch außerhalb des betreffenden Netzwerkes. Dies bedeutet für sie einerseits transaktionsspezifische Desinvestition, um die Anzahl ihrer strategischen Optionen zu erhöhen, andererseits Bemühungen um selektive Prozessintegration mit den Geschäftsprozessen einzelner Systemlieferanten

4. Phase Prozessintegration: Die Übernahme von Funktionen seitens der Systemlieferanten verlangt Kooperation und gegebenenfalls Co-Spezialisierung der Geschäftsprozesse zwischen diesen und den Automobilherstellern. Co-Spezialisierung der Geschäftsprozesse erfordert bei den Systemlieferanten den Ausbau ihrer transaktionsspezifischen Investitionen und die Integration unternehmensübergreifender Geschäftsprozesse. Gleichzeitig ermöglicht die Externalisierung von Prozessen einerseits sowie Kooperation und Co-Spezialisierung mit Systemlieferanten andererseits den Abbau von hierarchischem Steuerungs- und Kontrollpotential bei den Automobilherstellern.

Der Schlüssel zur Erklärung der Entwicklung von Zuliefernetzwerken liegt in der **kooperativen Prozessspezialisierung** („interfirm specialization"). Interorganisatorische Prozessspezialisierung basiert auf transaktionsspezifischen Investitionen in einzelnen Stufen der Wertschöpfungskette, die „relationale Quasirenten" (*Dyer* 1996, S. 653; *Aoki* 1988) für die beteiligten Partner entstehen lassen.

Die Co-Spezialisierung erstreckt sich auf die Produkt- und die Prozessentwicklung. Co-Entwickler müssen die Prozesse der gemeinsamen Entwicklung, Co-Produzenten die logistischen Prozesse zur zeitlich abgestimmten Produktion und Lieferung von Komponenten beherrschen (vgl. *Schönsleben/Hieber* 2002, S. 56). Im Zuliefernetzwerk der Automobilindustrie sind dabei die in Abbildung 8.3 dargestellten Kooperationsfelder zu beherrschen.

8.3.2 Mehrdimensionalität der Netzwerkbeziehungen

Anhand einer Fallstudie (*Männel* 1996, S. 214 ff.) soll die Vielfalt möglicher Verknüpfungsvarianten innerhalb des Prozessnetzwerkes aufgezeigt werden. Sie illustriert, dass sowohl die Intensität der Integration des Geschäftsprozesses als auch die Art und Anzahl der unternehmensübergreifenden Geschäftsprozesse innerhalb des Geschäftsprozessnetzwerkes unterschiedlich sein kann.

Im vorgestellten Netzwerk umfasst die Geschäftstätigkeit eines Systemlieferanten Bereiche der Fahrzeuginnenausstattung. Es produziert und handelt mit

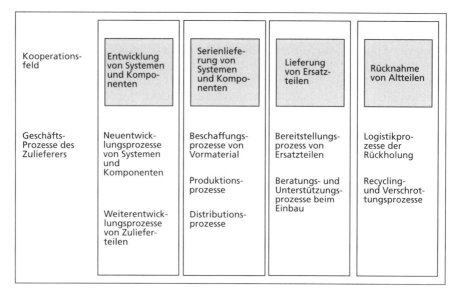

Kooperations-feld	Entwicklung von Systemen und Kompo-nenten	Serienliefe-rung von Systemen und Kompo-nenten	Lieferung von Ersatz-teilen	Rücknahme von Altteilen
Geschäfts-Prozesse des Zulieferers	Neuentwick-lungsprozesse von Systemen und Komponenten Weiterentwick-lungsprozesse von Zuliefer-teilen	Beschaffungs-prozesse von Vormaterial Produktions-prozesse Distributions-prozesse	Bereitstellungs-prozess von Ersatzteilen Beratungs- und Unterstützungs-prozesse beim Einbau	Logistikpro-zesse der Rückholung Recycling-und Verschrot-tungsprozesse

Abb. 8.3: Kooperationsfelder zwischen Automobilhersteller und Zulieferer (Quelle: in Anlehnung an *Freiling* 1995, S. 282)

einer Vielzahl von kundenspezifischen Modulen, die zumeist in der Nähe der Standorte der Automobilhersteller gefertigt bzw. montiert werden, um diesen qualitativ hochwertige Module Just In Time (JIT) liefern zu können. So verfügt das Unternehmen über 13 eigene Produktionsstandorte und 13 Lizenznehmer. Mit ca. 4.000 Beschäftigten erwirtschaftete es zum Erhebungszeitpunkt einen Umsatz von 500 Mio. €.

Die Kooperation des Systemlieferanten mit dem Automobilhersteller erfolgt auf Basis von Modellzyklusverträgen, die über die gesamte Laufzeit eines Fahrzeugmodells Gültigkeit haben. Die langfristigen Lieferverträge zwischen Systemlieferanten und Automobilhersteller beinhalten Entwicklungsaufträge, Lastenhefte, Terminpläne für die Projektabwicklungen, Einkaufsbedingungen, Kalkulationsrichtlinien, Qualitätsvereinbarungen und Budgetierung einzelner Kostenarten wie z. B. Werkzeugkosten.

Als System- und Entwicklungspartner übernimmt das Unternehmen eigenverantwortlich die Koordination mit Unterlieferanten, die ebenfalls auf Rahmenverträgen basiert. Dem Unternehmen stehen nicht sämtliche, für die zu liefernden Systeme notwendigen Kompetenzen zur Verfügung. Diese sucht es bei Sublieferanten sowie bei Zulieferern auf der gleichen Wertschöpfungsstufe zu komplementieren. Der Systemlieferant koordiniert jedoch nicht nur die Geschäftsbeziehungen zu den Sublieferanten, sondern organisiert auch für den Automobilhersteller die Beziehungen zu den Zulieferern auf gleicher Wertschöpfungsstufe des Netzwerkes. Die Integration der Netzwerkpartner folgt dem Interesse nach langfristiger Kundenbindung und Auftragsvergabe durch den Hersteller. Die Prozessintegration mit einzelnen Zulieferern ist unterschiedlich intensiv:

- **Reine Kaufverträge zum Bezug von Teilen und Komponenten**: Es existiert keine kooperative Zusammenarbeit, sondern Kaufteile werden im Rahmen rein marktlicher Austauschbeziehungen bezogen.

- **Lohnveredelung von Teilen und Komponenten, die an den Systemlieferanten zurück oder an andere Sublieferanten geliefert werden:** Die Integration von Geschäftsprozessen erfolgt über die Materialdisposition und -bereitstellung. Auf Seiten des Systemlieferanten besteht der Logistikprozess in der Materialbedarfsauflösung (Kommissionierung), Materialdisposition aufgrund eigener Terminplanung sowie in der zeitlich und mengenmäßig exakten Versorgung und dem Transport des Materials zum Standort des Lohnveredlers. Seine Kalkulation enthält keine Materialkosten.

- **Disposition und Bereitstellung von Teilen und Vormaterialien sowie gemeinsame Durchführung von Entwicklungsprojekten mit Sublieferanten:** Dabei kann die Entwicklung prozessintegriert in gemeinsamen interdisziplinär zusammengesetzten Prozessteams mit dem Ziel des Simultaneous Engineering oder durch eine Schnittstelle getrennt erfolgen. Im letzten Fall müssen klare Entwicklungsziele (Pflichtenheft) für den Entwicklungsprozess des Sublieferanten vorgegeben werden. Gemeinsame Wertanalyseteams sollen die Entwicklungs- und Produktionsprozesse vereinfachen, um die Kosten zu senken. Verflechtungen der Akteure betreffen auch die Prozessqualität und die Prozesssicherheit des Sublieferanten. Die Auditierung des Sublieferanten erstreckt sich auf das Qualitätsniveau des zu liefernden Systems bzw. Produkts sowie auf das Qualitätssicherungssystem des Sublieferanten. Im Vordergrund stehen zudem die Logistikprozesse hinsichtlich Liefertreue, -flexibilität und Falschlieferungen. Kontinuierliche Prozessverbesserungen sind ebenfalls Gegenstand der Kooperation. Sie betreffen Anpassungen der Lieferabrufmengen in regelmäßig rollierenden Lieferprognosen, Auditierungen und Qualitätsgesprächen. Die Geschäftsprozesse des Sublieferanten sind in das DFÜ-System des Systemlieferanten eingebunden. Die Integration der Auftragsabwicklungsprozesse stößt allerdings auf Probleme, wenn Systemlieferanten für mehrere Automobilhersteller tätig sind und dabei mit unterschiedlichen Formaten und Systemen konfrontiert sind.

- **Koordination mit anderen Direktlieferanten (Auftragsabwicklung, Produktentwicklung, Materialdisposition und Bereitstellung) und zeitlich synchrone Lieferung im Namen und auf Rechnung des Systemlieferanten an den Automobilhersteller:** Die Verflechtung der Geschäftsprozesse geht über die mit Sublieferanten hinaus. Die synchrone Anlieferung beim Automobilhersteller macht intensive Abstimmungen der Produktions- und Logistikprozesse notwendig. Die datentechnische Integration umfasst den Zugriff auf Herstellerdaten, um die Lieferprozesse zeitlich mit denen des Systemlieferanten und der Produktionsprozesse des Herstellers abzustimmen. Die Einhaltung der Standards des Herstellers wird vom Systemlieferanten ebenso gewährleistet wie die reibungslose Belieferung durch Hardware- und Softwareunterstützung. Kooperation bei der Qualitätssicherung ist vor allem bei der Reklamationsbearbeitung durch den Hersteller notwendig. Gemeinsam sind Prozessverbesserungen zu initiieren, da der Systemlieferant die Verantwortung für die qualitätsgerechte Auslieferung trägt, aber nicht über das notwendige Know How verfügt, um Prozesssicherheit und hinreichende Produktqualität zu gewährleisten. Kundenanfragen aber auch die Initiierung und Umsetzung von Produktinnovationen werden durch unternehmensübergreifende Teams vollzogen.

Die Verflechtungen der Geschäftsprozesse sind in der Abbildung 8.4 dargestellt. Entsprechend der Kooperationsintensität sind Entwicklungsprozesse, Auftragsabwicklungsprozesse, Produktions- und Logistikprozesse integriert oder weisen wie im Fall der rein marktlichen Koordination Schnittstellen innerhalb des Netzwerks auf.

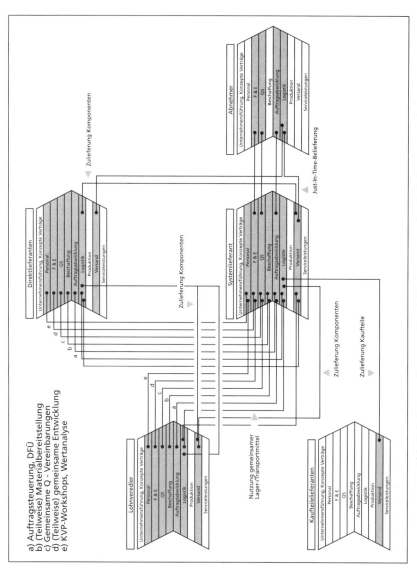

a) Auftragssteuerung, DFÜ
b) (Teilweise) Materialbereitstellung
c) Gemeinsame Q - Vereinbarungen
d) (Teilweise) gemeinsame Entwicklung
e) KVP-Workshops, Wertanalyse

Abb. 8.4: Integration von Geschäftsprozessen im Zuliefernetzwerk (Quelle: in Anlehnung an *Männel* 1996, S. 217)

8.4 Integration der interorganisationalen Geschäftsprozesse

8.4.1 Prozessintegration von Netzwerkunternehmen und Kundenunternehmen

Die Komplexität der Schnittstelle zwischen Netzwerkunternehmen und Kundenunternehmen ist von der Wertschöpfungstiefe, der Intensität und dem Zeitpunkt der Koppelung der Geschäftsprozesse abhängig. Dieser „Lock In"-Koppelungspunkt der Geschäftsprozesse unterschiedlicher Unternehmen ist maßgeblich für die Spezifität der Prozessintegration.

Durch die **Lock In-Tiefe** des Kundenprozesses in die Geschäftsprozesse des Zulieferers wird über die kundenspezifische Prozessspezialisierung entschieden. Die Verlagerung dieser Nahtstelle vom Kunden in die vorgelagerten Lieferantenprozesse steigert die Komplexität der Material-, Informations- und Kommunikationsprozesse. Je tiefer der Lock In in den Wertschöpfungsprozess des Lieferanten eingreift, desto früher setzt der „Individualisierungszeitpunkt" bzw. die Co-Spezialisierung ein und desto geringer sind die zeitlichen und dispositiven Spielräume der Prozessgestaltung des Lieferanten. Alternative Integrationsstufen der Lock In-Tiefe sind in Abbildung 8.5 dargestellt.

Dabei werden folgende Konfigurationen der Nahtstelle zwischen den Geschäftsprozessen unterschieden (*Meier/Hanenkamp* 2002, S. 122 f.):

Bedarfsbezogene Lieferung: die Lieferantenprozesse sind an Informationen über die aktuellen und künftigen Kundenbedarfe ausgerichtet. Der Kundenprozess des Lieferanten ist an die Teiledisposition des Kunden oder an den Abverkauf gekoppelt. Die Lieferung selbst erfolgt ohne Kundenauftrag. Die zu liefernden Produkte sind standardisiert und unspezifisch.

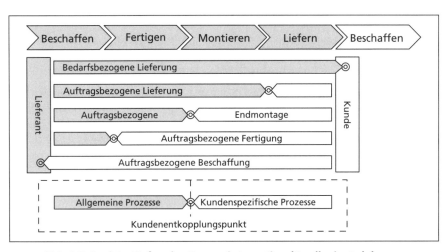

Abb. 8.5: Lock In-Tiefen der Prozessintegration (Quelle: in Anlehnung an *Meier/Hanenkamp* 2002, S. 122)

Auftragsbezogene Lieferung: ein Kundenauftrag initiiert die Lieferantenprozesse, deren Ergebnis die Lieferung eines Endproduktes ist. Die Schnittstelle zwischen den Kunden- und Lieferantenprozessen liegt beim Eingang des Kundenauftrags auf Seiten des Lieferanten. Er löst keine kundenspezifischen Prozesse beim Lieferanten aus, sondern setzt allgemeine, nicht individualisierte Fullfillment-Prozesse in Gang.

Auftragsbezogene Endmontage: beim Lieferanten wird durch den Kundenauftrag die Montage ausgelöst. Unter dem Stichwort „Mass Customization" werden kundenunspezifische Teile und Baugruppen zu einen kundenspezifischen Produkt konfiguriert bzw. montiert. Dies setzt weitgehende Modularisierung der Komponenten und Endproduktstrukturen voraus. Die Nahtstelle zwischen Kunden- und Lieferantenprozessen liegt vor der Endmontage, da die sich durch eine kundenindividuelle Prozessspezialisierung auszeichnet.

Auftragsbezogene Fertigung: eine kundenspezifische Fertigung wird durch den Kundenauftrag beim Lieferanten ausgelöst. Kapazitäts- und Materialeinsatz werden durch den Lieferanten kundenindividuell ausgelegt. Die Schnittstelle der Prozesse liegt im Vorfertigungsbereich. Co-Spezialisierung erfolgt durch eine kundenspezifische Ressourcen- bzw. Prozessanpassung des Lieferanten an den Auftrags- bzw. Beschaffungsprozess des Kunden.

Auftragsbezogene Beschaffung: die weitestgehende Eingriffstiefe in die Geschäftsprozesse des Lieferanten liegt hierbei vor. Die Geschäftsprozesse des Lieferanten einschließlich seiner Beschaffungsprozesse sind kundenspezifisch individualisiert. Die Geschäftsprozesse von Kunden und Lieferanten sind verbunden und an der Schnittstelle komplementär. Die damit einhergehende Co-Spezialisierung stellt höchste Anforderungen an die inhaltliche und zeitliche Abstimmung der Geschäftsprozesse.

Neben der Lock In-Tiefe hat der **Lock In-Zeitpunkt** Einfluss auf die Prozessintegration. Er kennzeichnet den Zeitpunkt im Verlauf des Prozessvollzuges, an dem der Lieferant von der kundenindividuellen Produktspezifikation informiert wird und die kundenspezifische Prozessspezialisierung erfolgen kann. Zwar existieren in aller Regel langfristige Rahmenverträge, die endgültigen Detailinformationen erhält der Lieferant aber erst durch die „Feinabrufe" bzw. die „produktionssynchronen Abrufe" (vgl. *Freiling* 1994, S. 289).

Eingriffstiefe und ein später Eingriffszeitpunkt erschweren die zeitliche Synchronisation der Geschäftsprozesse zwischen Zulieferer und Automobilhersteller. Der Lock In-Zeitpunkt gibt den Zeitpunkt an, zu dem die vollständige Spezifikation des Beschaffungsbedarfs dem Lieferanten übermittelt wird. Die Dispositionszeit zwischen Spezifikation und Liefertermin ist entscheidend für das notwendige Ausmaß der Prozessintegration. Just In Time-Belieferung (JIT) verlangt eine hohe Eingriffstiefe und einen frühen Eingriffszeitpunkt, wenn sie auf Basis einer weitgehenden Prozessintegration und nicht umfangreicher Lagerhaltung erfolgen soll.

Die **Lock In-Intensität** schließlich beschreibt den Detaillierungsgrad der Abrufspezifikation. Sie gibt somit das Ausmaß der Kundenspezifität der Geschäftsprozesse an, die mit der Auftragserfüllung verbunden ist. Vielfach lässt sich die Prozessanalyse und das Prozessdesign erst unter Berücksichtigung der Abnehmerspezifikation festlegen, die wiederum für die Durchführung des Geschäftsprozesses notwendig ist.

8.4.2 Typen der Prozessintegration von Netzwerkunternehmen

Zwischen dem rein marktlichen Austausch und der vertikalen Integration gibt es eine Reihe von möglichen Organisationsformen von Austauschprozessen zwischen Netzwerkunternehmen. Im Folgenden werden vier Varianten der Prozessintegration unterschieden – von relativ marktnahen bis zu vollkommener Integration der Geschäftsprozesse (vgl. *Kuhn/Hellingrath* 2002, S. 52 ff.):

Zukauf: Netzwerkpartner schließen sich zusammen, um einen Kundenauftrag gemeinsam zu erfüllen. Keines der Mitglieder des Kooperationsverbundes ist in der Lage, das Pflichtenheft des Auftrages in fachlicher, organisatorischer oder zeitlicher Hinsicht allein zu erfüllen. Es handelt sich vor allem um horizontale Kooperationen, bei denen die Kernprozesse der beteiligten Partnerunternehmen sich komplementär ergänzen.

Betriebsgemeinschaft: Die beteiligten Unternehmen errichten eine gemeinsame Abwicklungsstelle, bei der die Geschäftsprozesse zur Auftragserfüllung konzentriert sind. Die Unternehmen des Kooperationsverbundes können als Zulieferunternehmen auftreten. Objekte der institutionellen Verselbständigung sind Einkaufs-, Kundenkontakt- oder Logistikprozesse. Die Partner gehen durch die Auslagerung ihrer Geschäftsprozesse, auch wenn sie keine Kernprozesse sind, eine langfristige Bindung ein.

Beauftragung: Teilkomponenten eines Gesamtprojekts werden an einen dafür besonders kompetenten Netzwerkpartner exklusiv übertragen. Dieser organisiert die dazu notwendigen Geschäftsprozesse oder setzt entsprechende Outsourcing-Partner ein. Fachliche Spezialisierung und einschlägige Koordinationskompetenz zeichnen den Kooperationspartner aus. Häufig handelt es sich bei dieser Variante um vertikale Integration. Allerdings ist auch ein Kooperationsverbund unter Systemlieferanten bei fertigungssynchroner Kundenbelieferung denkbar.

Co-Spezialisierung: Kooperative Prozessspezialisierung beinhaltet die arbeitsteilige Organisation von abgestimmten, aufeinander bezogenen Kernprozessen. Entwicklungs-, Beschaffungs-, Logistik-, Produktions- und Kundenprozesse können dabei in arbeitsteiliger Spezialisierung organisiert sein. Nicht das Outsourcing von Supportprozessen, sondern die interdependente Konfiguration von Kernprozessen machen den Kooperationsverbund aus.

Während in den bislang diskutierten Varianten des Kooperationsverbundes die Koordination von Geschäftsprozessen im Vordergrund steht, geht es bei der wechselseitigen Spezialisierung und Prozessintegration darüber hinaus um eine einheitliche Konfiguration und um ein gemeinsames Modellierungskonzept der am Wertschöpfungsprozess beteiligten Kernprozesse. Prozessanalyse und -design der interagierenden Partnerunternehmen sind aufeinander abzustimmen und in einem gemeinsamen Wertschöpfungsprozess zu modellieren.

Die Bündelung und Integration von Geschäftsprozessen zu einer Leistungs-einheit erzeugt nicht nur Kostenvorteile, sondern lässt Differenzierungspoten-tiale aus der Ressourcenpoolung und demzufolge auch Kooperationsrenten erwarten.

Abbildung 8.6 illustriert die aufgeführten Kooperationsalternativen. Die unter-legten Prozesse symbolisieren Kernprozesse der Netzwerkpartner, die unter den Netzwerkpartnern geteilt bzw. gepoolt werden, um eine kundenspezifische Leistung zu erzeugen, die der einzelne Netzwerkpartner nicht anzubieten in der Lage ist.

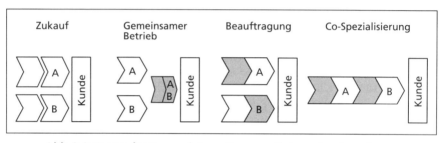

Abb. 8.6: Typen der Prozessintegration von Netzwerkunternehmen

8.5 Dimensionen der Integration von interorganisationalen Geschäftsprozessen

Die Funktion der Prozessintegration und Co-Spezialisierung liegt fraglos in der Entwicklung komplementärer Kompetenzen der Partnerunternehmen. Zur Ver-besserung der Prozessintegration bedarf es daher nicht nur ergebnisorientierter Optimierungsprogramme, die auf Prozessverbesserungen in Hinblick auf Zeit-, Kosten- und Qualitätsziele ausgerichtet sind, sondern auch Programme zur Ressourcen- und Organisationsentwicklung, die **relationale Kompetenzen** der Lieferanten dauerhaft stärken sollen (vgl. *Sydow/Möllering* 2004, S. 221). Dazu sind unternehmensübergreifende Routinen zu entwickeln und zu etablieren, mit deren Hilfe die Geschäftsprozesse zwischen Lieferanten und Netzwerkpartnern stabilisiert werden. Relationale Kompetenzen können aus der Prozessintegration unter folgenden Bedingungen entstehen (*Sydow/Möllering* 2004, S. 223):

- offene Weitergabe auch erfolgskritischer Informationen,

- Kooperation im Sinne kollektiver Handlungen, um das Trittbrettfahrerpro-blem zu lösen,

- Vermeidung ineffizienter Kommunikation in großen Netzwerken. Hierzu dienen die Schaffung einer Netzwerkidentität und die Etablierung von Netz-werkregeln, die Wissen und Verfügungsrechte von Wissen schützen, sowie die Implementierung von Knowledge Sharing-Routineprozessen.

„Bisher endet Effizienz an den Grenzen eines Unternehmens. Daher ist die Straffung firmenübergreifender Prozesse der nächste große Vorstoß in ein

Neuland, in dem sich Kosten reduzieren, Qualitätsstandards erhöhen und Geschäftsprozesse beschleunigen lassen" (*Hammer* 2002, S. 41)

8.5.1 Kostensenkung durch Prozessintegration

Kostenorientierte Steuerung des Geschäftsprozessnetzwerkes setzt bei der Senkung von Transaktionskosten an. Die Höhe der Transaktionskosten wird durch die Transaktionsspezifität, insbesondere die „asset specifity", bestimmt. Zum anderen sind die Koordinationskosten, insbesondere die Kosten der informationstechnischen Integration zu berücksichtigen. Mit zunehmender Integration („Spezifität") lässt sich die Summe aus Transaktions- und Prozesskosten im Vergleich zur marktlichen Transaktion reduzieren. **Transaktionskosten** umfassen Koordinations- und Informationskosten der Anbahnung, Vereinbarung, Kontrolle und Anpassung wechselseitiger Leistungsbeziehungen, die aus dem Leistungsaustausch zwischen Unternehmen resultieren (vgl. Kapitel 4.1.1). **Prozesskosten** umfassen die bei einmaliger Abwicklung eines Geschäftsprozesses direkt bzw. indirekt zurechenbaren Kosten. Während Prozesskosten durch unternehmensinterne Maßnahmen der Prozessgestaltung verursacht werden, entziehen sich die Transaktionskosten weitgehend der Disposition eines einzelnen Transaktionspartners. Sie sind durch die Organisation des grenzüberschreitenden Austauschs von Material- und Informationsflüssen maßgeblich bedingt (vgl. *Seuring* 2001, S. 116). Beide Partner bestimmen mithin durch ihr Verhalten die Höhe der Transaktionskosten. Je besser es ihnen gelingt, ihre miteinander korrespondierenden Geschäftsprozesse schnittstellenfrei zu verknüpfen, desto geringer sind die Transaktionskosten. Transaktionskosten entstehen danach durch die Organisation der Schnittstelle zwischen den aufeinander bezogenen Geschäftsprozessen der Netzwerkpartner. Transaktionskosten können mithin durch Prozesskosten substituiert bzw. gesenkt werden, wenn eine schnittstellenarme Prozessintegration zwischen Netzwerkpartnern gelingt.

Ressourcenpoolung bzw. Ressourcenteilung

Die Integration der Aktivitäten des grenzüberschreitenden Geschäftsprozesses kann durch Ressourcenteilung und -poolung erfolgen. Bei **Teilung** von Ressourcen verbleiben die Ressourcen in dem Unternehmen, das über die Ressourcen verfügen kann, sie können jedoch vom Partnerunternehmen genutzt werden. Technologische Entwicklungen eines Unternehmens können beispielsweise im Wege der Lizenzvergabe durch ein anderes genutzt werden. Die **Poolung** von Ressourcen besteht in der gemeinsamen Durchführung von Geschäftsprozessen. Die schnittstellenfreie Integration wird durch den gemeinsamen Einsatz und die Nutzung von Ressourcen, z. B. von Personal, Maschinen, Geräten und nicht zuletzt von Wissen erreicht. Beispiele hierfür sind Forschungskooperationen oder Joint Ventures (vgl. *Männel* 1996, S. 152).

Die **Co-Spezialisierung von Ressourcen** in Geschäftsprozessen der Entwicklung, Fertigung, Distribution, Ersatzteilversorgung und gegebenenfalls Entsorgung geht meist mit einer Fragmentierung dieser Prozesse nach Großkunden (Key

Accounts) einher. Durch die damit verbundene Transaktionsspezifität wird eine intensivere Einbindung der Schlüsselkunden in diese Geschäftsprozesse ermöglicht. Die transaktionsspezifische Clusterung von Aktivitäten in kundenspezifischen Geschäftsprozessen verbessert das Transaktionsklima und unterstützt die beiderseitige Vertrauensbildung.

Die **gemeinsame Modellierung** der Geschäftsprozesse durch die betroffenen Akteure bedingt schließlich auch eine gemeinsame Investitionsplanung, die sich an der geplanten Auslastung durch die kundenseitig nachgefragten Prozessmengen orientieren kann. Der Integration der Geschäftsprozesse folgt mithin integrativer Faktorkonfiguration und wechselseitigem Ressourcenzugang. Dabei ist die kunden- bzw. zulieferspezifische Faktorausstattung vor allem bei den nachgelagerten („downstream") Prozessen der Wertschöpfung anzutreffen, während in den vorgelagerten („upstream") Phasen die Co-Spezialisierung der Geschäftsprozesse zu Gunsten eines flexiblen Ressourceneinsatzes oftmals vermieden wird (Postponement-Konzept).

Co-Spezialisierung der Geschäftsprozesse bei nachgelagerten, kundennahen Geschäftsprozessen geht häufig mit dem Eigentumserwerb der eingesetzten Ressourcen (z. B. abnehmerspezifische Werkzeuge) durch Kunden (Automobilhersteller) einher und erhöht damit die gegenseitige Abhängigkeit bzw. verringert die Gefahr opportunistischen Verhaltens der Partner. Einerseits könnten Zulieferer kundenspezisches Wissen (z. B. CAD-Daten/Scanner-Daten) anderen Abnehmern weitergeben, andererseits könnte der Kunde Ressourcen (z. B. Werkzeuge) auf andere Zulieferer übertragen (vgl. *Freiling* 1995, S. 254). Die opportunistischen Handlungsoptionen der beteiligten Akteure schaffen somit gegenseitige Abhängigkeiten, die reziprokes Verhalten der Partner stabilisieren und dadurch Transaktionskosten senkend wirken.

Informationstechnische und kommunikative Integration

Personelle kommunikative Verflechtungen in Prozessteams wurden bereits ausgiebig diskutiert (siehe Kapitel 6.3). Interorganisatorisch zusammengesetzte Prozessteams haben einen signifikanten Einfluss auf das Prozessergebnis. Sie stellen ein adäquates Koordinationsinstrument dar, das geeignet ist, ex post-Transaktionskosten zu verringern (vgl. *Gaitanides/Stock* 2004, S. 447 f.).

Neben der personellen und organisatorischen reduziert die *datentechnische Integration* innerhalb der Geschäftsprozessnetzwerke Transaktionskosten. Durch die Kompabilität der Hardware, die Datenstandardisierung sowie die Verständigungsmöglichkeit der zu integrierenden Anwendungen unter den interagierenden Geschäftsprozessen werden Koordinationskosten reduziert. Zur datentechnischen Integration werden u. a. die Infrastruktur des Electronic Data Interchange (EDI) und Standards wie EDIFACT (EDI for Administration, Commerce and Transport) oder ODETTE (Organization for Data Exchange by Teletransmission in Europe) angeboten, wodurch die Integration der Informationssysteme und die Integration von unternehmensübergreifenden Geschäftsprozessen unterstützt wird.

Die vertikale Verknüpfung der unternehmensübergreifenden Geschäftsprozesse wird durch

- bessere Qualität der Datenübertragung,
- höhere Übertragungsgeschwindigkeit,
- gemeinsamen Datenzugriff der vor- und nachgelagerten Prozesse,
- einmalige Datenerfassung

erleichtert.

Beschaffungs- und Vertriebsprozesse, Entwicklungs- und Produktionsprozesse können unternehmensübergreifend ohne Medienbrüche vernetzt werden. Die direkte Weiterverarbeitung von Prozessinformationen unter den interagierenden Geschäftsprozessen kann so mit geringerer Fehlerquote, hoher Qualität und Eindeutigkeit des Informationsaustausches abgewickelt werden. Die Daten werden direkt zwischen den Bearbeitungsstationen der Geschäftsprozesse ausgetauscht. Gleichzeitig lassen sich die Koordinations- und Informationskosten erheblich senken. Über die Verknüpfung der Anwendungssysteme wird die symbiotische Integration der Geschäftsprozesse ermöglicht und gefördert (vgl. auch *Picot/Reichwald/Wigand* 1996, S. 300). Die unternehmensübergreifende Datenintegration bildet mithin einen „Enabler" für die Integration von Geschäftsprozessen. Die dabei notwendigen Absprachen über die verwendeten Datenformate und Standards an den Schnittstellen der Geschäftsprozesse sind eine wichtige Voraussetzung für die Prozessintegration.

Werden Geschäftsprozesse von mehreren Unternehmen gemeinsam vollzogen, wie das bei Kooperationen von Markenartikelhersteller und Handelsunternehmen der Fall ist, dann kann der Hersteller bei Einsatz entsprechender Warenwirtschaftsysteme auf die Scannerdaten des Handels direkt zugreifen und ihre Kunden-, Auftragsabwicklungs- und Produktionsprozesse mit den Geschäftsprozessen des Handels verknüpfen. *Neuburger* (1994, S. 64) zählt zu diesen integrierten unternehmensübergreifenden Geschäftsprozessnetzwerken auch die Rationalisierungsgemeinschaften.

Hinsichtlich der Informationsinfrastruktur des Netzwerkes lassen sich drei Schichten unterscheiden: Datensharing, Applikationssharing und Applikationskommunikation. Aus Sicht der Prozessintegration genügt es jedoch nicht, wenn bei der Prozessabwicklung im Rahmen der interprozessualen Interaktion auf gemeinsame Datenbestände zurückgegriffen wird. Vielmehr bedeutet Prozessintegration, dass die Informationsflüsse bei der Prozessabwicklung miteinander gekoppelt sind und ein Applikationssharing der interagierenden Geschäftsprozesse stattfindet. Das Schnittstellenmanagement zwischen den unternehmensspezifischen Geschäftsprozessen kann dann durch die Standardisierung der Anwendungssysteme ersetzt werden (vgl. *Rautenstrauch* 2002, S. 356).

Zwar vermag EDI die Koordinationskosten von vernetzten Geschäftsprozessen zu reduzieren, es sind jedoch erhebliche Investitions- und Betriebskosten mit der Nutzung verbunden. Für kleinere und mittlere Unternehmen bietet sich daher als Kommunikationsplattform das Internet basierte Web-EDI an. Da keine spezielle Anwendersoftware zu installieren ist, können auch diese

Unternehmen ihre Geschäftsprozesse durchgängig planen und mit denen der Partnerunternehmen verknüpfen. Im Web-EDI verbinden sich die Vorteile der Offenheit des Internets mit der Standardisierung des EDI (vgl. *Werner* 2002, S. 426). Ein geeignetes „unifiziertes" Webformular muss sich jedoch erst etablieren. Ein aussichtsreiches Format scheint mit XML (Extensible Markup Language) vorzuliegen.

Hohe Spezifität der Ressourcen, seien sie intangibler oder tangibler Art, verbessert die Kostentransparenz. Prozesskostenrechnung kann von der innerbetrieblichen auf die zwischenbetriebliche Ebene erweitert werden. Die Prozessarchitektur kann über mehrere Stufen der Wertschöpfungskette rekonstruiert und in kundenspezifischen Prozesskosten abgebildet werden.

8.5.2 Qualitätssicherung durch Prozessintegration

Systemlieferanten bzw. Automobilhersteller betreiben Netzwerkmanagement, indem sie Support für Kernprozesse der Lieferantenunternehmen leisten. Dies betrifft einerseits das Logistikmanagement, andererseits das Qualitäts- und Kostenmanagement der Netzwerkpartner. Netzwerksteuerung besteht mithin darin, die Systempartner beim Erreichen dieser Managementziele zu unterstützen. Zeit-, Kosten- und Qualitätsdruck wird über die verschiedenen Ebenen des Netzwerkes (tiers) weitergegeben. Bewertung bzw. Auditierung der Geschäftsprozesse betrifft daher nicht nur das eigene Unternehmen, sondern auch die vor- und nachgelagerten Wertschöpfungsstufen. Da die Produktkosten und die Produktqualität von den Prozesskosten und der Prozessqualität der interagierenden Geschäftsprozesse des Netzwerkes abhängen, sind die in dem Wertschöpfungssystem nachgelagerten Netzwerkpartner bestrebt, die Geschäftsprozesse ihrer Lieferanten zu kontrollieren.

Hinsichtlich der Prozessqualität gibt es Informationsasymmetrien zwischen Netzwerkpartnern und Lieferunternehmen. Die Abnehmer von Leistungen in Wertschöpfungspartnerschaften versuchen daher, Qualitätsunsicherheiten in Workshops zu qualitätsrelevanten Themen zu begegnen. Beispielsweise wird in KVP-Teams der Erfahrungsaustausch und Wissenstransfer organisiert. Kooperation hat Screeningfunktion, um zusätzliche direkte und indirekte Informationen zur Prozesssicherheit bei den Netzwerkpartnern zu erhalten.

Ob umgekehrt zertifizierte Qualitätsmanagementsysteme wie DIN ISO 9000 Normen hinreichende vertrauensbildende Funktion besitzen, scheint eher fraglich (vgl. *Vedder* 2001, S. 58). Das Zertifikat ist jedoch als Signal für Prozessqualität zu verstehen. Das Zertifikat verweist auf

- die Aktivitäten zur Erhöhung der Prozessqualität,
- den Einsatz qualitätsfördernder Verfahren,
- die Reputation des Anbieters (*Vedder* 2001, S. 64).

Ein Transaktionskosten senkendes Klima, Vertrauen und Verlässlichkeit der Netzwerkpartner bilden sich allerdings erst im Zuge der Koppelung von Geschäftsprozessen heraus.

8.5.3 Verkürzung der Bearbeitungs- bzw. Lieferzeiten durch Prozessintegration

Die Prozessintegration hat schließlich eine zeitliche Dimension. Wenn die Mitglieder der Star Alliance ihre Flugpläne aufeinander abstimmen, dann steht das Problem der zeitlichen Integration eines Netzwerkes im Vordergrund. Die zeitliche Verknüpfung von Wertschöpfungsprozessen ist abhängig von der Komplexität der Nahtstelle der Geschäftsprozesse. Neben logistischen Geschäftsprozessen sind auch Produktions- oder Entwicklungsprozesse Objekte zeitlicher Synchronisation.

8.5.3.1 Zeitsynchrone Abwicklung (JIT) in Entwicklungsprozessen

Die zeitliche Synchronisation der Geschäftsprozesse kann sich auf Entwicklungsprozesse, auf Versorgungsprozesse von Serienteilen, auf Kundendienstprozesse und schließlich auf Entsorgungsprozesse erstrecken. Der Grad der zeitlichen Synchronisation von Entwicklungsprozessen hängt von der Definition des Entwicklungsfeldes ab.

Die **JIT-Entwicklung** besteht in der Simultanität einzelner Prozesse und Subprozesse der Produktentwicklung. Der parallele Vollzug von Entwicklungsprozessen soll die Entwicklungszeiten verringern und dadurch Wettbewerbsvorteile schaffen. Die zeitliche Parallelität der Geschäftsprozesse erstreckt sich auf (vgl. *Freiling* 1995, S. 298):

- die Entwicklung von Produkten,
- die Erstellung bzw. Beschaffung von Aggregaten, die zur Produktion erforderlich sind
- die Erstellung und Beschaffung der erforderlichen Werkzeuge
- die spezifische Fortbildung von Personal.

Das Ausmaß der Prozessintegration ist davon abhängig, ob es sich um die Entwicklung eines Leistungskonzepts, eines Variantenkonzepts oder um die Durchführung des Entwicklungsprozesses handelt.

Im Fall der Entwicklung eines Leistungskonzepts werden durch den Hersteller Innovationsfelder definiert, auf denen die Zulieferer tätig werden sollen. Bereits in diesem Stadium findet die Entwicklungskooperation statt, in die beide Partner investieren.

Die **JIT-Komplettentwicklung** beginnt bereits im frühesten Stadium der Produktentwicklung. Sie weist die höchste Lock In-Tiefe auf. Der Entwicklungsprozess umfasst die Erstellung des gesamten Leistungskonzepts. Die Komplettentwicklung schließt die Ideengenerierung und die Erarbeitung eines Rahmenkonzepts ein. Prozessergebnis ist die Generierung und Bündelung von Ideen und deren Übertragung auf ein Anwendungsproblem. Im Sinne des „**Exploration-Konzepts**" ist von einem ressourcenorientierten Prozessentwurf auszugehen, um die im Frühstadium erforderliche Kreativität nicht zu blockieren (vgl. *Freiling* 1995, S. 296). Ein am **Exploitation-Konzept** orientiertes Prozessmanagement, das keinen „organizational slack" gewährt, läuft Gefahr, schon frühzeitig Entwicklungspotentiale und -alternativen zu verschließen. Allenfalls für extrem zeitkritische Projekte erscheinen restriktive Prozessstrukturen (im Sinne von Blue Prints), die sich an der Bearbeitungszeit orientieren, und ein zeitkritisches Prozessmanagement des Entwicklungsprozesses vertretbar.

Die **JIT-Variantenentwicklung** baut auf einem bereits existierenden Grobkonzept auf. Die Variantenentwicklung besteht in der Verfeinerung des Grobkonzeptes und Erarbeitung von zeitlichen und inhaltlichen Vorgaben für den Entwicklungsprozess. Die Generierung von Detailinformationen betrifft auch die zeitliche Abstimmung der Verfügbarkeit von Lieferleistungen. Der Variantenentwicklungsprozess ist mit Geschäftsprozessen der Unternehmen zu synchronisieren, die an der Variantenerstellung wie z. B. Teilelieferung oder Montageprozesse beteiligt sind.

Die **JIT-Abschlussentwicklung** besteht aus einer Vielzahl von Teilprozessen wie Planung des Umsetzungsprozesses, der Verfahrensentwicklung, Erstellung von Prototypvarianten, der Nullserienfertigung und schließlich dem Serienlauf. Die JIT-Abschlussentwicklung vollzieht sich in enger Abstimmung mit den zeitlichen Anforderungen des OEM und der Montagebetriebe. Die zeitliche Synchronisation wird hier durch das Zeitfenster verschärft, das durch simultane Abschlussentwicklungen weiterer Netzwerkpartner und durch den Eintritt in die Serienfertigung des OEM definiert wird.

Die Simultanität einzelner Entwicklungsprozesse ermöglicht eine stärkere Anbindung des Produktentwicklungsprozesses an die des Kunden und dadurch eine an den Kundenbedürfnissen stärker angepasste Problemlösung.

Die Beschleunigung der Entwicklungszeit wird mit zusätzlichem Koordinationsaufwand innerhalb und zwischen den Entwicklungsteams der Partnerunternehmen erkauft. Ferner ist die Pfadabhängigkeit der Teilprozesse eines Entwicklungsprojekts von frühen Entscheidungszeitpunkten dann besonders hoch, wenn Änderungskosten aufgrund von nicht geplanten Umweltbedingungen in späteren Phasen der Entwicklungskooperation anfallen. Sämtliche bereits initiierte Prozesse innerhalb des Netzwerkes können dann von exogenen Parameterveränderungen betroffen sein und bedürfen daher Anpassungen, die sich im Verlauf der Netzwerkprozesse fortsetzen. Die Inflexibilität pfadabhängiger Entwicklungsprozesse und gegebenenfalls damit verbundener sunk costs verschärft sich mit der zeitlichen Synchronisation der Geschäftsprozesse.

8.5.3.2 JIT-Konzepte bei der Serienlieferung

Die Varianten zeitlich synchroner Belieferung mit Serienteilen können ebenfalls nach dem Grad der Wertschöpfungstiefe unterschieden werden (vgl. *Freiling* 1995, S. 304 ff.). Entsprechend dem Grad der **zeitlichen Synchronisation** werden unterschieden:

- **JIT-Logistik:** Die Synchronisation beschränkt sich auf die vertriebslogistischen Prozesse.

- **JIT-Montage:** Die Synchronisation aller Prozesse ab Endmontage umfasst die Disposition von Fertigteilen, Montagevorbereitung, Montageprozesse und Endkontrolle.

- **JIT-Endfertigung:** Die Synchronisation beinhaltet alle Prozesse ab Endfertigung wie Arbeitsvorbereitung, logistische Teilprozesse oder Kontrolle der Endfertigung. Ebenfalls können kundenauftragsspezifische Beschaffungsprozesse integriert werden.

- **JIT-Produktion:** Die Synchronisation erstreckt sich auf alle Leistungserstellungsprozesse zwischen Zulieferer und OEM. Mit Eingang der Lieferspezifikation werden alle Prozesse auf den Liefertermin des Kunden ausgerichtet. Dies bedingt, dass schon zu Beginn der Wertschöpfung die kundenspezifische Variantenvielfalt erfasst und in den zu verkoppelnden Geschäftsprozessen berücksichtigt wird. Ebenso ergibt sich mit zunehmender Tiefe der Prozessintegration die Notwendigkeit, auch einzelne Zulieferprozesse der eigenen Lieferanten in die zeitliche Synchronisation mit dem OEM einzubeziehen.

- **JIT-Komplettdisposition:** Die Synchronisation umfasst neben den Produktionsprozessen auch die Organisation und Steuerung der Beschaffungsprozesse. Die Beschaffungslogistik unterliegt danach Anforderungen hinsichtlich der zeitlichen Synchronisation. Die Durchlaufzeitplanung von Beschaffungsprozessen erfolgt über mehrere Wertschöpfungsstufen hinweg. Der Komplettdisposition liegt letzthin die Vorstellung eines vertikal integrierten Prozessnetzwerkmanagements zu Grunde, das über eine netzwerkübergreifende Transparenz von Bedarfen, Beständen, Kapazitäten und Prozesszuständen verfügt (vgl. *Bretzke* 2005, S. 22).

Je weiter die zeitliche Synchronisation von nachgelagerten kundennahen zu vorgelagerten beschaffungsnahen Wertschöpfungsprozessen vorangetrieben wird, desto mehr müssen vordem entkoppelte Geschäftsprozesse aufeinander abgestimmt und einer integrierten Planung unterworfen werden. Zudem muss eine relative Konstanz der Umweltparameter unterstellt werden. Vertikale ebenso wie horizontale JIT-Prozessnetzwerke sind daher nicht nur mit hohem Koordinationsaufwand, sondern auch mit entsprechend hohem Prozessstrukturierungsaufwand verbunden. Nicht nur die Prozessschnittstellen, sondern auch die Leistungsmerkmale Qualität, Kosten und Zeit der Geschäftsprozesse im Geltungsbereich des Netzwerkes sind auf einander abzustimmen und anschlussfähig zu gestalten.

8.5.3.3 JIT-Konzepte im Kundendienstbereich

Die Bereitstellung von **Ersatzteilen** stellt Geschäftsprozesse vor besonders hohe Anforderungen hinsichtlich der zeitlichen Synchronisation. Aufgrund schwankender Bedarfsmengen und enger zeitlicher Restriktionen ist es besonders schwierig, Ersatzteile erst dann zu fertigen, wenn der Bedarf auftritt. Die zeitliche Synchronisation betrifft daher vor allem die vertriebslogistischen Prozesse, während die vorgelagerten Prozesse der Leistungserstellung durch Lagerbildung von der Bedarfsentwicklung entkoppelt sein können.

Neben der Ersatzteilbelieferung sind Serviceprozesse im Allgemeinen, Wartung und Instandhaltung im Speziellen denkbar. Diese Geschäftsprozesse müssen nicht auf den unmittelbaren Kunden des betreffenden Unternehmens (z. B.

OEM) gerichtet sein, sondern können sich auch direkt an den Endkunden der Netzwerkleistung wenden. Auch dabei ist zu prüfen, wie kundenspezifisch diese Prozesse zu organisieren sind.

8.5.3.4 JIT-Konzepte im Entsorgungsbereich

Auch die Rücknahme- und Recyclingprozesse stillgelegter Endprodukte kann innerhalb des Unternehmensnetzwerkes organisiert werden. Beispiele für Dekonstruktions- und Demontageprozesse finden sich vor allem in der Automobil- und Elektroindustrie (vgl. *Freiling* 1995, S. 313 ff.). Die Rücknahme unter JIT- Gesichtspunkten und Aufbau einer JIT- Rückhollogistik können allerdings nur unter dem Aspekt der Lagerkostensenkung in Betracht gezogen werden.

8.6 Grenzen der interorganisationalen Prozessintegration

Die Prozessintegration in Unternehmensnetzwerken basiert auf dem Grundgedanken, dass sich die Mitgliedsunternehmen eines Netzwerks in ihren Entscheidungen nicht von den verfügungsrechtlichen Partikularinteressen leiten lassen, sondern auf der Basis einer netzwerkweiten „Visibilität" ein unternehmensübergreifendes Gesamtoptimum anstreben (*Bretzke* 2005, S. 21). Der Austausch sensibler Daten und der Verzicht auf opportunistisches Verhalten sind Grundlage für die gemeinschaftliche, unternehmensübergreifende Vernetzung der Geschäftsprozesse. Die langfristigen vor dem Wettbewerb geschützten Geschäftsbeziehungen werden mit dem Marktmechanismus, Preisdruck und Mehrquellenversorgung kontrastiert und angesichts der Transaktionskosten für überlegen befunden. *Bretzke* (2005, S. 24) bemerkt allerdings zu Recht, dass die Vorteile der integrierten Bedarfs- und Kapazitätsplanung angesichts der unklaren Opportunitätskosten einer solchen Strategie weder logisch zwingend ableitbar noch empirisch nachweisbar sind. Das Problem besteht darin, dass es sich häufig nicht um isolierbare Lieferketten handelt, die über eine eigene Identität verfügen, sondern um überlappende, nicht konvergierende Netze:

„Glasgarn etwa geht über Glasgewebe in Laminate ein und wird damit zu einem Grundprodukt für Leiterplatten, die sich dann u. a. in der Fahrzeugelektronik von Automobilen wiederfinden. Dieses Glasgarn wird nun innerhalb der E-Glasproduktion auf denselben Kapazitäten gefertigt wie Glasfaser, die sich ihrerseits später unter anderem in Tapeten wiederfindet. Über die mögliche Konkurrenz um knappe Kapazitäten sind damit zum Beispiel die Automobilproduktion mit der Tapetenindustrie und die Produktion von Mobiltelefonen mit der Vliesstoffindustrie verbunden" (*Bretzke* 2005, S. 24).

Unternehmen, die mehreren Supply Chain-Netzen angehören, kommen, z. B. bei Lieferengpässen, in Konflikte, wenn externe Marktchancen zugunsten netzwerkinterner Lieferungen nicht genutzt werden können. Damit wird eine Reihe von Fragen aufgeworfen:

1. Wer entscheidet bei konkurrierenden Netzwerkmitgliedschaften über die Mitgliedschaft?
2. Werden Strafen bei mehrfachen Mitgliedschaften verhängt?
3. Wer ersetzt die Opportunitätskosten bei Verzicht der Wahrnehmung externer Marktchancen?
4. Wer löst die Zuteilungsprobleme bei Kapazitätsengpässen?
5. Wie wird die Rente aus der Prozessintegration auf die Netzwerkpartner verteilt?

Angesichts dieser Fragen relativieren sich die negativen Folgen von **Schnittstellen** zwischen den Geschäftsprozessen an den Unternehmensgrenzen, die durch die Prozessintegration überwunden werden sollen. Schnittstellen zwischen Geschäftsprozessen haben angesichts dieser Fragen die Funktion der Komplexitätsreduktion. Sie machen Entscheidungsfelder abgrenzbar und übersichtlicher. Schnittstellen zwischen einzelnen Wertschöpfungsstufen flexibilisieren zudem die Wertschöpfungskette und erleichtern ihre Anpassung an Veränderungen von Umweltbedingungen. Bei Modular Sourcing ist dem OEM häufig nicht bekannt, wer in vorgelagerten (upstream) Wertschöpfungsstufen als Zulieferer tätig ist, in welche Teile einzelne Module dort aufgelöst werden, und in welchen Stücklisten diese wiederum bei den verschiedenen zum Einsatz kommenden Sublieferanten bearbeitet werden. Da die Geschäftsprozesse alternativer Lieferanten auf einer Wertschöpfungsstufe in aller Regel nicht standardisiert und schon gar nicht identisch sind, können sich bei den einzelnen Sublieferanten Prozessmengen und Bearbeitungszeiten, mithin auch Lieferzeiten und Reichweiten unterscheiden (vgl. *Bretzke* 2005, S. 27). Die Forderung nach schnittstellenfreier Integration der Wertschöpfungskette wirft mithin kaum lösbare Planungsprobleme auf. Eine ganzheitliche Prozessmodellierung und -optimierung entlang der gesamten Wertschöpfungskette erscheint unrealistisch. Wenn allenthalben E-Technologien zur integrierten Planung von Supply Chains (SCP-Systeme) gefordert werden, die auf einer integrierten Informations- und Kommunikationstechnik entlang der Wertschöpfungskette aufbauen, um die Durchlaufzeiten zu reduzieren und auf Nachfrageschwankungen schneller reagieren zu können (vgl. *Müller* 2005), dann handelt es sich dabei um fiktive Erwartungen. Wie zudem Kooperation und Vertrauensbildung über mehrere Wertschöpfungsstufen geschaffen werden kann, wenn gegebenenfalls die Partner einander unbekannt sind, ist nur schwer nachvollziehbar.

Ein Ansatz zur Überwindung des **Planungsdilemmas** könnte darin liegen, überschaubare Netzwerkinseln bzw. Kernnetzwerke zu schaffen, die innerhalb ihrer Grenzen Prozessstandardisierungen und eine schnittstellenarme Kooperation realisieren. Netzwerke sind danach heterarchische Konglomerate aus Teilnetzen, innerhalb derer die Prozessintegration praktiziert werden kann. Dadurch kann einerseits Komplexität durch Implementierung eines schnittstellenarmen Prozesssystems aufgebaut, andererseits durch Standardisierung der Ablauf- und Kooperationsbeziehungen reduziert werden. Die Teil- bzw. Subnetzwerke können entweder vertikal („First Tier Supplier"-Netzwerk u.s.w.) oder horizontal verknüpft sein, wobei marktliche Koordinationselemente diese von Kooperationsproblemen entlasten können.

Das konstituierende Element eines solchen Kernnetzwerkes sind die kooperativen Kompetenzausprägungen. Netzwerkgrenzen sind theoretisch dort zu ziehen, wo die relationalen Grenzerträge gleich den koordinations- bzw. komplexitätsbedingten Grenzkosten bei zusätzlicher Aufnahme eines Netzwerkpartners sind. Praktische Selektion bzw. Grenzziehung wird sich an Kriterien wie Transparenz, Überschaubarkeit, Berechenbarkeit und Beherrschbarkeit der Prozesse innerhalb des Netzwerks orientieren. Die Prozessintegration wird damit zu einer Frage der Allokation von Prozessen, Ressourcen und Verantwortlichkeiten durch das Netzwerkmanagement (vgl. *Sydow/Möllering* 2005, 239 ff.). Kernprozesse eines Netzwerkes sind danach diejenigen, durch deren unternehmensübergreifende Integration dauerhafte Wettbewerbsvorteile entstehen. Interorganisationale Supportprozesse sind dagegen solche unternehmensübergreifenden Geschäftsprozesse, die integrierte Kernprozesse im Netzwerk unterstützen, bei denen die Prozessintegration aber keine zusätzlichen relationalen Wettbewerbsvorteile erzeugt und auch keinen gemeinsamen Wert generiert. Im Sinne des MBV ist allerdings nicht auszuschließen, dass die Integration von Supportprozessen Kostensenkungspotentiale erschließen kann.

Das oben zitierte Beispiel hat illustriert, dass sequentiell-interdependente Prozessketten einfacher zu integrieren sind als gepoolt-interdependente Prozesse, auf die mehrere Kundenprozesse unterschiedlicher Unternehmen gegebenenfalls unterschiedlicher Wertschöpfungsketten zugreifen können. Im Fall von Engpässen entstehen Verteilungsprobleme knapper Kapazitäten und Opportunitätskosten aus der Netzwerkmitgliedschaft. Prioritätsregeln müssten hierfür geschaffen werden, die allerdings nicht den Einsatz von Marktmacht und opportunistischen Strategien beseitigen könnten.

8.7 Ermittlung und Verteilung relationaler Renten aus interorganisationalen Geschäftsprozessen

Unternehmenskooperationen beschäftigen nun schon seit geraumer Zeit die betriebswirtschaftliche Forschung und Praxis. Ob es sich um Joint Ventures im Schiffsbau, Supply Chains in der Automobilindustrie, strategische Allianzen in der Luftfahrt oder Forschungskonsortien in der Halbleiterindustrie handelt, allen Kooperationsformen ist das Interesse der beteiligten Unternehmen an einer angemessenen Verzinsung ihrer eingesetzten Ressourcen gemeinsam.

Wie die kooperativ erwirtschafteten Renten verteilt werden, ist in Praxis und Theorie ein nach wie vor ungelöstes Problem. Einen ersten Zugang bietet hier das Wertmanagement. Ihrer Prämisse zufolge sollen den Ziel- und Entscheidungskriterien des Kapitalmarktes auch bei unternehmensinternen Entscheidungen Geltung verliehen werden. Die Ressoucenallokation soll innerhalb des Unternehmens nach Kriterien erfolgen, die auch die Entscheider am Kapitalmarkt zur Beurteilung der Werthaltigkeit eines Unternehmens anlegen. Es muss daher Anliegen einer wertorientierten Unternehmenssteuerung sein, die Bewertung der Aktivitäten eines Unternehmens, aber auch seiner Teilbereiche

(Geschäftsbereiche, Abteilungen, Projekte) an Indikatoren festzumachen, die auch die Wertsteigerung aus Sicht der Eigentümer befördern. Fokussiert das klassische Wertmanagement das investierte Kapital als Wertreiber, so geraten in seiner organisations- und steuerungstheoretischen Erweiterung die (inter-)organisatorischen Prozesse und Relationen in den Analysemittelpunkt. Voraussetzung für die interorganisatorische Wertgenese ist neben den spezifischen Ressourcen auch deren organisatorische Integration. Denn erst die interorganisatorische Prozessintegration kann die komplementären Potentiale der Partnerunternehmen in Fähigkeiten und Kompetenzen so umsetzen, dass eine zusätzliche abnormale Rente aus der Kooperation geschöpft werden kann.

8.7.1 Varianten relationaler Konfigurationen

Balancierte Reziprozität und formalisierte Kontrolle:
Das Beispiel Supply Chain

Supply Chains sind, wie dargelegt, zumeist durch eine dyadische Beziehungsstruktur gekennzeichnet. Bestimmend für den dyadischen Austausch ist die **balancierte Reziprozität**. Letztere beruht auf dem Austausch gleicher Werte innerhalb eines begrenzten Zeitraums. Die balancierte Reziprozität ist ihrem Wesen nach nicht so sehr durch solidarische Beziehungen geprägt, als vielmehr durch utilitaristische Kalküle der beteiligten Partner. Unter der Annahme, dass die Partner denselben Regeln und Motiven in ihrem Handeln folgen, erscheint hier Reziprozität als normatives Bindemittel unterschiedlicher Handlungsstrategien. Nur wenn man sich selbst im Laufe der Tauschbeziehung als verlässlich oder fair erweist, kann man auch von seinem Gegenüber erwarten, dass er sich reziprok verhält (vgl. *Göbel/Weber* 2005).

Folgt man *Sahlins* (1999, S. 155) „so ist die materielle Seite der Transaktion wenigstens ebenso entscheidend wie die soziale: Es gibt eine mehr oder weniger genaue Abrechnung, da die gegebenen Dinge innerhalb kurzer Zeit erstattet werden müssen". Da sich die Solidarität der Tauschparteien auf wechselseitig realisiertem Nutzen gründet, sind beide Parteien bemüht, ihre Beiträge monetär quantifizierbar zu machen. Kontrolle erfolgt hier zumeist direkt und formalisiert. Die Weisungs- und Kontrollbefugnisse sind mitunter vertraglich fixiert. Intention ist hier, den diskretionären Spielraum des Gegenübers soweit einzuschränken, dass das Verhalten prognostizierbar ist.

Am Beispiel des Supply Chain Management (SCM) konnte die Entstehung kooperativer Wertschaffung bzw. Rentengenerierung auf der Basis balancierter Reziprozität verdeutlicht werden. Eine Supply Chain, wie sie hier verstanden wurde, umfasst mehrere miteinander kooperierende Unternehmen, die in einem integrierten System von Geschäftsprozessen horizontal und vertikal zusammenarbeiten. Sie kann sich von Rohstoff- oder Teilelieferanten bis zum Endkunden erstrecken. Ein solches Netzwerk wird in der Regel aus einem oder mehreren fokalen Unternehmen initiiert, die auch das Netzwerkmanagement betreiben und Governance-Funktionen erfüllen. Aufgabe des integrierenden Netzwerkmanagements ist die Gestaltung, Koordination und Kontrolle der jeweiligen unternehmensinternen und unternehmensübergreifenden Geschäftsprozesse (vgl. *Cooper/Ellram/Gardener/Hanks* 1997, S.78). Im Kern des Verständnisses von SCM stehen zwei signifikante Entwicklungen:

„First, … process-orientation of business work activities de-emphasizes the functional structure within and between organizations. Second, … the perceptions of SCM as being more than just logistics. It can be the management of all business processes." (*Cooper/Lambert/Pagh* 1997, S.5) Neben der Gestaltung und Steuerung der Kernprozesse sind die prozessorientierte partnerschaftliche Zusammenarbeit und die Unterstützung durch die IT weitere Kennzeichen des SCM.

Die horizontale und vertikale Integration der „Auftragsabwicklungs-", „Geschäftsbereitschafts-" „Produktentwicklungs-" und „Marktwahlprozesse" sowie der „Controlling- und Unternehmensentwicklungsprozess" (*Otto/Kotzab* 2001, S.162 f.; *Klaus* 1998, S.439) sind die Hebel der Wertschaffung. Die Koordination von Geschäftsprozessen, die nicht durch Märkte entkoppelt, sondern durch kooperative Arrangements verknüpft sind, folgen der Logik balancierter Reziprozität. Sie beruhen zumeist auf den Austausch quantifizierbarer Ressourcen. Indem sich die Kooperationspartner wechselseitig ihrer utilitaristischen Tauschstrategien gewahr sind, basiert die Persistenz des kooperativen Arrangements letztlich auf der kurzfristigen Realisierung einer adäquaten Rentenerzielung.

Generalisierte Reziprozität und soziale Kontrolle: das Beispiel eines Forschungskonsortiums

Während bei der balancierten Reziprozität die sozialen Beziehungen vom Ressourcenfluss abhängen, ist es bei der generalisierten Reziprozität genau umgekehrt. Generalisierte Reziprozität – so *Sahlins* (1999, S.154) – „bezieht sich auf Transaktionen, die vermeintlich altruistisch sind und umfasst Transaktionen auf der Linie des gegebenen und, falls möglich und nötig, des erwiderten Beistands". Gegenseitigkeit zeigt sich hier oft erst langfristig, und Ausgeglichenheit resultiert, wenn überhaupt, erst als Resultat einer sachlich, sozial und zeitlich äußerst komplexen Transaktionsstruktur (vgl. *Kappelhoff* 1995). So liegt hier eine komplexe Beziehungsstruktur zugrunde, bei der zumeist mehrere Tauschparteien involviert sind. Die Verpflichtung zur Gegengabe läuft nicht direkt zwischen Ressourcennehmer und -geber, sondern über das Tauschnetzwerk selbst und seine Mitglieder. So bestehen etwa in Bankenkonsortien oder Innovationsclustern komplexe Tauschringe, bei denen vielfältige Ressourcen auf der Basis generalisierter Reziprozität getauscht werden. Da beispielsweise im Investmentbanking zumeist nur eine lose zeitliche und materielle Verbindung zwischen dem erwirtschaften Mehrwert und den realisierten Erlösen besteht (vgl. *Eccles/Crane* 1988), sind Formen wechselseitiger Verpflichtung, die über informelle debits und credits abgesichert werden, erfolgskritisch. Reziprozität stellt sich hier als generalisierte Norm dar, der sich alle Teilnehmer in ihrem Handeln bis zu einem gewissen Grad verpflichtet fühlen (vgl. *Göbel/Weber* 2005).

Kontrolle ist in relationalen Konfigurationen, die der balancierten Reziprozität folgen, als soziale Kontrolle zu begreifen. Sie zielt weniger auf den zeitnahen und äquivalenten Ausgleich von erbrachten Leistungen und realisierten Erlösen, sondern vielmehr auf die Einhaltung sozialer Normen und wechselseitiger Verpflichtungen (vgl. *Hess* 2002). Verhaltensfairness und Tauschgerechtigkeit treten hier an die Stelle von Wertäquivalenz und Rentenmaximierung. Indem sich die Tauschpartner als Mitglieder einer Wertegemeinschaft verstehen, überlagert hier die Verhaltenskontrolle die Ergebniskontrolle. Verortet wird die Verhaltenskontrolle auf der Gruppenebene: „all member firms have the responsibility of observing the conduct of all other members, even though this conduct may not affect the observing firm directly or immediately" (*Das/Teng* 2002, S. 449). Da Kontroll- und Sanktionsmacht hier nicht Personen zugeschrieben wird, sondern im System eingelagert ist, entfallen die durch formalisierte Kontrollverfahren entstehenden motivationalen crowding-out Effekte.

Im Unterschied zu dyadischen Supply Chains, die primär auf balancierter Reziprozität und formaler Kontrolle basieren, folgen komplexere **relationale Unternehmenskonfigurationen** einer anderen Logik der Rentengenerierung, der Tauschreziprozität und der interorganisationalen Steuerung der Prozesse. Am Beispiel von SEMATECH, einem Forschungs-, Entwicklungs- und Erprobungskonsortium in der Halbleiterindustrie, wird diese Logik offenkundig (vgl. *Browning/Beyer/Sheltler* 1995). Wie alle neuen Organisationen sind auch Unternehmenskonsortien bei ihrer Entstehung durch ein Höchstmaß an Unsicherheit im Hinblick auf Normen, Rollen, Strategien und Prozesse gekennzeichnet. Organisieren vollzieht sich als Prozess von Mehrdeutigkeit zur Struktur. Zusätzliche Dynamik gewinnt diese relationale Unternehmenskonfiguration durch die Simultanität von Kooperation und Konkurrenz. So sind bei der Gründung des SEMATECH-Konsortiums 14 Unternehmen beteiligt, die z. T. auf den gleichen Märkten als erbitterte Wettbewerber auftreten und so disparate Interessen verfolgen. Strukturelle Unschärfe gepaart mit hochgradiger Kompetivität bedingt eine Form der Kooperation, die auf die Entstehung einer Tauschmoralität setzt. Vorausgesetzt wird hier die wechselseitige Bereitschaft der Akteure, das Wohl der anderen Konsortialmitglieder bei ihren Handlungen zu berücksichtigen. Indem die Akteure in ihren Strategien (kurzfristige) Nutzenkalküle transzendieren und so vom „ihr" zum „wir" kommen, entsteht eine Wertegemeinschaft, die in einem reziproken und selbstverstärkenden Verhältnis steht. Verstärkt wird diese Wertgemeinschaft durch z. T. langfristige persönliche Beziehungen zwischen den maßgeblichen Akteuren. Im Falle von SEMATECH bestanden zwischen den leitenden Vertretern von Intel und AMD starke – auch private – Bindungen. Eine Exklusion von Mitgliedern oder die Hierarchisierung von Kooperationsbeziehungen ist im Rahmen einer solchen Werte- und Kooperationsgemeinschaft nicht legitimationsfähig. Indem alle Mitglieder bei der strategischen Ausrichtung des Konsortiums beteiligt werden, unterschied sich die Form der Ressourcenbereitstellung dort deutlich von der, wie sie innerhalb der einzelnen Mitgliedsfirmen üblich ist. So opferte Charlie Sprouk, der CEO von National Semiconductor, einen ganzen Sommer, um die Mitglieder der Halbleiterbranche zu einer tragfähigen Übereinkunft zu bewegen, die dann später in die Gründung des Konsortiums mündete. „His action was a pure gift because it conferred benefit on others, imposed a cost on him (his inattention to his company), and was voluntary" (*Browning/Beyer/Shetler* 1995, 130). Im Unterschied zum diskreten Markttausch handelte es sich hier um einen einseitigen Leistungstransfer, der die Gemeinschaftsbildung förderte. Ähnlich vorbehaltlos stellten IBM und AT&T Produktionstechnologien zur Verfügung, brachten Intel Methoden der Standardsetzung ein und erlaubte Semiconductor den Forschern des Konsortiums, ihre Fabriken für Testzwecke zu nutzen.

Nachdem wichtige Mitglieder in einseitige Vorleistungen getreten sind, entwickelt sich ein selbstverstärkendes Steuerungssystem, das auf die Pflicht zu reziprokem Verhalten als moralischen Imperativ setzt. „The result of this reciprocity was a group-based trust that allowed members to cooperate with the expectation that others will respond favorably" (*Browning/Beyer/Shetler* 1995, S. 131). Im Vertrauen auf die integrierende Kraft der Reziprozitätsnorm wurden die zentrifugalen Kräfte des Wettbewerbs so kanalisiert, das die beteiligten Personen und Organisationen sicher sein konnten, für ihre erbrachten Beiträge auch einen fairen Gegenwert zu bekommen. Diese „sequences of contributions" folgten nicht zwangsläufig der Logik balancierter Reziprozität, „in which inputs yield outcomes of a value equal to inputs for all parties" (*Browning/Beyer/Shetler* 1995, 144). In Anbetracht der komplexen Tauschstruktur ist allen Beteiligten vielmehr klar, dass i. d. R. der wertmäßige Ausgleich von Gabe und Gegengabe für jeden Einzelnen zeitlich nicht prognostizierbar ist, und daher ein Mindestmaß an Vertrauen in die anderen Tauschparteien und das Tauschsystem selbst zwingend nötig macht. Ein solch dynamisches System wechselseitiger Verpflichtungen ermöglicht die Akquisition und Integration vielfältiger materieller und immaterieller Ressourcen, so dass „SEMATECH did not wither or freeze for lack of new ideas and energy" (*Browning/Beyer/Shetler* 1995, S. 131).

8.7.2 Prozesskonfigurationen, Renten und Reziprozitäten: Ein Fazit

Die Genese und Verteilung von **Kooperationsrenten** in interorganisationalen Geschäftsprozessnetzwerken hängt maßgeblich von den relationalen Konfigurationen ab, in denen die beteiligten Organisationen eingebunden sind. In klassischen dyadischen Zulieferer-Abnehmer-Prozessen ist die Rentenentstehung und -verteilung zumeist relativ unproblematisch. Die einzelnen Geschäftsprozesse sind durch Märkte entkoppelt, vertraglich fixierbar und separat voneinander bewertbar. Die Kooperationsrente entsteht hier aus der Addition der Wertbeiträge unternehmensspezifischer Prozesse. Diesen Prozessen liegen make or buy-Entscheidungen zugrunde. Die Abwicklung dieser Geschäftsprozesse bedarf nicht kooperativer Arrangements, die gemeinhin mit der Institution eines Geschäftsprozessnetzwerkes verbunden sind.

In vielen Branchen sind es jedoch gerade die intangiblen und nicht transferierbaren Ressourcen, die aus der Integration von Geschäftsprozessen langfristig nachhaltige Wettbewerbsvorteile entstehen lassen. Das Beispiel SEMATECH verdeutlicht, dass Ressourcen und Kompetenzen generierende Geschäftsprozesse nicht durch Unternehmensgrenzen abgeschirmt sein müssen. In Unternehmenskonsortien, strategischen Allianzen oder Innovationsclustern bringen mehrere Kooperationspartner eine Vielzahl unterschiedlicher Kompetenzen und Ressourcen ein, die dann erst in ihrer Wechselwirkung zur netzwerkspezifischen Rentengenese maßgeblich beitragen. Wenn eine unternehmensbezogene Entkoppelung der Geschäftsprozesse und der aus ihnen resultierenden Renten zumeist unmöglich ist, wird – wie im Fall von SEMATECH – die interorganisationale Kooperation in Form einer eigenen Organisation institutionalisiert.

So wichtig die Entstehung von Netzwerkressourcen für die Entwicklung von Unternehmen oder gar ganzer Branchen ist, so schwierig ist die Verteilung der daraus resultierenden Renten. Nach wie vor stellt die gerichtsfeste Aufteilung von Gewinn, Kosten und Erlösen in Theorie (vgl. *Horvath* u. a. 2005) und Praxis eine noch ungelöste Frage dar.

Während in Zulieferer-Abnehmer Dyaden die Partner jeweils ihren Wertbeitrag aus einer optimierten Prozesskette einzeln und unternehmensspezifisch zurechnen können, ist eine isolierte Ermittlung des Value Added im Falle komplexer reziproker Prozessvernetzungen nicht möglich. Dies ist bei integrierten Geschäftsprozessen, die z. B. in interorganisationalen Prozessteams umgesetzt werden, der Fall. Auch wenn es sich für die beteiligten Partner um eine win-win-Situation handelt, bedeutet jede **Zurechnung von Wertbeiträgen** immer auch **Grenzziehung** zwischen ihnen. Im Sinne einer unternehmensübergreifenden Kooperation ist ein isoliertes unternehmensspezifisches Wertmanagement daher unter Umständen nicht zielführend bzw. erwünscht, da es opportunistisches Verhalten bzw. „adverse selection" bei den Partnern hervorrufen, wenn nicht gar provozieren würde. Ferner sind die üblichen Phänomene wie hidden information bzw. hidden action zu erwarten, da opportunistische Strategien zumindest kurzfristig für die beteiligten Partner erfolgsversprechender sein können. Die Analyse des Wertbeitrags integrierter interorganisationaler Geschäftsprozessmodelle kann demnach nicht bei dem Value Added des einzelnen Partnerunternehmens (Lieferanten) ansetzen, sondern muss als **Wertsteigerung der Supply Chain bzw. des Geschäftsprozessnetzwerkes** konzeptualisiert und erfasst werden.

Die Wertsteigerungen aufgrund der Senkungen von Transaktionskosten bzw. von unternehmensübergreifenden Prozesskosten sowie von Produktions- und Entwicklungskosten durch bessere Ausnutzung von Netzwerkpotentialen und -skaleneffekten ist allerdings nur über das Segment der Wertschöpfungskette zu ermitteln, das als **ein** unternehmensübergreifender Geschäftsprozess organisiert ist. Beispiel hierfür waren Entwicklungsprozesse im Simultaneous Engineering-Verfahren (vgl. *Schönsleben/Hieber* 2002, S. 56 f.). Allein eine marktliche oder auf Verrechnungspreisen beruhende Koordination innerhalb der Wertschöpfungspartnerschaft, die entsprechende Schnittstellen im interorganisationalen Geschäftsprozess aufweist, würde ein an den Unternehmensgrenzen orientiertes Wertmanagement ermöglichen.

Die Abbildung 8.7 verdeutlicht diese Problematik. Üblicherweise lassen sich bei den beteiligten Unternehmen die Beschaffungsprozesse einerseits und die Kundenprozesse andererseits, aber auch z. B. die jeweiligen Produktentwicklungsprozesse unternehmensbezogen identifizieren, abgrenzen und hinsichtlich ihres Wertbeitrages beurteilen. Diesen Geschäftsprozessen kann ein unternehmensspezifischer Wertbeitrag (Δ EVA) eindeutig zugerechnet werden.

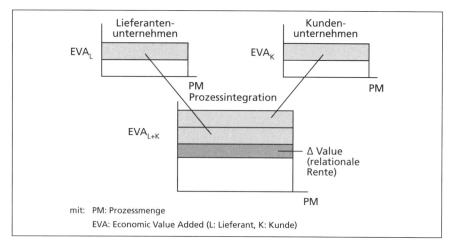

Abb. 8.7: Kooperative Rente durch reziprokes Prozessmanagement

Das Vorgehen versagt, wenn die Geschäftsprozesse der beteiligten Partner integriert und Schnittstellen nicht mehr identifizierbar sind. Bei einem Produktentwicklungsprozess müssten integrierte Prozessteams und gepoolte Ressourcen erst hinsichtlich Kosten und Leistungen zerlegt und die integrierten Geschäftsprozesse aufgelöst werden, um unternehmensspezifisch isolierte Prozesskostensätze zu ermitteln. Dies widerspräche freilich dem Konzept eines integrierten Prozessnetzwerkes.

Der Value Added einer reziproken Unternehmenskooperation kann daher nur als Δ EVA ausgewiesen werden, der den Wertzuwachs aller beteiligten Partnerunternehmen beinhaltet.

Er drückt aus, welche Wertsteigerung die Gesamtheit kooperierender Unternehmen aus ihrer Zusammenarbeit erzielt hat. Es handelt sich um die kooperative, relationale Rente aus unternehmensübergreifender Ressourcenpoolung bzw. Prozessintegration.

In der Praxis müssen aus Gründen der Erfolgsrechnung und der Rechnungslegung dennoch Zurechnungen der zusätzlichen Wertbeiträge vorgenommen werden. Allerdings verzichtet man dabei auf eine analytisch exakte Zurechnung. Erträge, die aus den integrierten Geschäftsprozessen resultieren, werden häufig prozentual aufgeteilt und Leistungen pauschal abgegolten. Erweist sich somit die Kostenverteilung in komplexen Kooperationsbeziehungen bereits als schwierig, so ist doch die konfliktarme Allokation der mannigfaltigen Erlöse und Benefits ein in Theorie und Praxis ungelöstes Problem.

Ein erster Zugang für die Problemlösung bietet möglicherweise das Prinzip der Reziprozität. Denn während auf Märkten mit vollständigen Verträgen, wie sie etwa die neo-klassischen Faktormärkte darstellen, die Persönlichkeit der Vertragspartner keine Rolle spielt, so ist dies auf Märkten mit unvollständigen Verträgen anders. Ob sich jemand utilitaristisch oder reziprok verhält, ist dort von zentraler Bedeutung, da die Leistung nicht durch Dritte erzwungen werden kann (vgl. *Brown* 2004). „In contrast to economic exchanges, the benefits from social exchange often are not contracted explicitly and it is voluntary to provide benefits" (*Das/Teng* 2002, S. 449). Ganz gleich, ob es sich um unvollständige Verträge, relationale Verträge (vgl. *MacNeil* 1978) oder self-enforcing agreements (vgl. *Telser* 1980) handelt, i.d.R. ist letztlich unklar, ob überhaupt auf eine Gabe eine Gegengabe erfolgt, in welcher zeitlichen Dimension sich dieser Tausch vollzieht und in welcher wertmäßigen Beziehung die eingesetzten Ressourcen und die realisierten Erlöse stehen. So mag **unconditional giving** auf den ersten Blick als singuläres altruistisches Phänomen erscheinen, für die Entstehung, die Funktionsweise und letztlich auch für den wirtschaftlichen Erfolg von SEMATECH war dieses Verhalten der „moral heroes" (*Fishkin* 1982) von zentraler Bedeutung. In Übereinstimmung mit aktuellen Untersuchungen der experimentellen Wirtschaftsforschung (z. B. *Fehr/Gächter* 2000) ist dieses Verhalten ein Beleg für die These, dass individuelles Verhalten häufig nicht primär utilitaristisch, sondern vornehmlich reziprok motiviert ist. „People repay gifts and take revenge even in interaction with complete strangers and even if it is costly for them and yields neither present nor future material rewards" (*Fehr/ Gächter* 2000, S. 159). Reziprozität und Utilitarismus stehen sich nicht als sich ausschießende Handlungsmotivationen gegenüber, sondern bewegen sich als „Mischtypen" auf einem Kontinuum zwischen den Extremen der reinen Gabe und des puren Handels. Die erbrachten Leistungen sind nur auf den ersten Blick freiwillig und selbstlos, haben aber bei genauerer Analyse einen obligatorischen und eigennützigen Charakter. Virulent wird im Konzept der Reziprozität als Urform des Vertrages die Gleichursprünglichkeit von Moral und Ökonomie (vgl. *Kappelhoff* 1995).

Angesichts dieser Gleichursprünglichkeit wird die Netzwerksteuerung zu einem ambiguitiven Unterfangen. Bestimmt, wie etwa bei dem Unternehmenskonsortium SEMATECH, generalisierte Reziprozität das Verhalten der beteiligten Netzwerkakteure, so bedarf es einer Steuerung, die verstärkt auf normgetriebene Verhaltenskontrolle setzt. Fairness und Gerechtigkeit im wechselseitigen Umgang sind dabei die bestimmenden Steuerungsparameter. So verstanden, dient interorganisatorisches Prozessmanagement auch dazu, ausreichend Raum und Gelegenheit zum moralischen Handeln zu schaffen und zu erhalten, damit die tauschsystemische Solidarität nicht unter einen kritischen Schwellenwert absinkt. So wichtig also die Aufrechterhaltung einer Moralordnung für den transaktionsarmen Austausch von Ressourcen ist, muss dennoch die Steuerung von Geschäftsprozessen immer auch den individuellen Nutzenkalkülen der einzelnen Unternehmen Geltung verschaffen, denn „relational long-term contracts may well introduce considerable inertia into the system" (*Brown/Falk/Fehr* 2004, S. 775). Wechselseitige Verpflichtungen gepaart mit hoher Interaktionsdichte können zu clanartigen Organisationsformen mit sozialen Abschottungstendenzen führen. Der Weg zu einem Netzwerkversagen in Form eines interorganisatorischen Lock Ins ist dann nicht mehr weit. Process Owner müssen hier in der Rolle eines „advocatus diaboli" fungieren, der die Rentabilitätsbestrebungen der einzelnen Netzwerkakteure unterstützt und die tauschsystemische Dynamik sicherstellt. Nur wenn es dem interorganisatorischen Geschäftsprozessmanagement gelingt, das selbstorganisierte Wechselspiel von moralischen Verpflichtungen und individueller Nutzenmaximierung dynamisch *und* persistent zu halten, können sich reziproke interorganisatorische Geschäftsprozessnetzwerke als umweltoffene Systeme in einer komplexen und dynamischen Umwelt behaupten.

Literaturverzeichnis

Abell, D. F. (1980), Defining the Business. The Starting Point of Strategie Planning, Englewood Cliffs.

Ackermann, I. (2004), Supply Chain Management: Unternehmensübergreifende Wertschöpfungspartnerschaften in der Automobilindustrie aus ressourcenbasierter Sicht, Lohmar-Köln.

Ahlert, D./Borchert, S. (2000), Prozessmanagement im vertikalen Marketing – Efficient Consumer Response (ECR) in Konsumgüternetzen, Heidelberg.

Ahlrichs, F./Knuppertz, Th. (2010), Controlling von Geschäftsprozessen, 2. A. Stuttgart.

Akerlof, G. F. (1982), Labor contracts as partial gift exchange, in: The Quarterly Journal of Economics XCVII. Jg., H. 4, S. 543–569.

Allweyer, Th. (2010), Geschäftsprozessmanagement, Strategie, Entwurf, Implementierung, Controlling, Herdecke/Bochum.

Allweyer, Th. (2009), BPMN 2.0, Business Process Model and Notation: Einführung in den Standard für die Geschäftsprozessmodellierung, 2. A. Norderstedt.

Allweyer, Th. (2008), BPMN Business Process Modeling Notation, Einführung in den Standard für die Geschäftsprozessmodellierung, Norderstedt.

Amit, R./Shoemaker, P. J. H. (1993), Strategic Assets and Organizational Rent, in: Strategic Management Journal 14. Jg., S. 33–46.

Ansoff, H. I. (1965), Corporate Strategy, New York.

Aoki, M. (1988), Information, Incentives, and Bargaining in the Japanese Economy, New York.

Bain, J. S. (1956), Barriers to New Competition – Their Character and Consequences in Manufacturing Industries, Cambridge.

Bain, J. S. (1968), Industrial Organization, 2. A. New York.

Ballwieser, W. (2000), Wertorientierte Unternehmensführung: Grundlagen, in: zfbf 52. Jg., S. 160–166.

Barney, J. B./Hoskisson, R. E. (1990), Strategic Competitive Advantage, Reading.

Barney, J. B. (1991), Firm Ressources as Sustained Competitive Advantage, in: Journal of Management 17. Jg., S. 99–120.

Barney, J. B. (1995), Looking Inside for Competitive Advantage, in: Academy of Management Executive 9. Jg., S. 49–61.

Barney, J. B./Arikan, M. (2001), The Resource-Based View: Origins and Implications, in: Hitt, R./Freeman, E./Harrison, J. S., The Blackwell Handbook of Strategic Management, Oxford, S. 124–188.

Bartz, M. (2006), Patientenpfade, Ein Instrument zur Prozessoptimierung im Krankenhaus, Berlin.

Bauer, H. H. (1991), Unternehmensstrategie und Strategische Gruppen, in: Kistner, H.-P./Schmidt, R. (Hrsg.), Unternehmensdynamik: Horst Albach zum 60. Geburtstag, Wiesbaden.

Becker, J./Meise, V. (2008), Strategie und Ordnungsrahmen, in: Becker, J./Kugeler, M./Rosemann, M. (Hrsg.), Prozessmanagement, Leitfaden zur Prozessorientierten Organisationsgestaltung, 6. A. Berlin/Heidelberg, S. 105–154.

Behlert, K. (1949), Vom Organisieren. Grundlagen der praktischen Organisationsarbeit, Stuttgart.

Behrends, Ch. (2001), Stichwort „Category Management (aus Handelssicht)", in: Diller, H. (Hrsg.), Vahlens Großes Marketing Lexikon, 2. A. München, S. 209–212.

Benner, M. J./Tushman, M. L. (2003), Exploitation, Exploration, and Process Management: The Productivity Dilemma Revisited, in: The Academy of Management Review 28 Jg., H. 2, S. 238–256.

Bickhoff, N./Böhmer, C./Eilenberger, G./Hansmann, K.-W./Niggemann, M./Ringle, C. M./Spreemann, K./Tjaden, G. (2003), Mit virtuellen Unternehmen zum Erfolg: Ein Quick-Check für Manager, Berlin u. a.

Binner, H. F./Schnägelberger, S. (2011), Prozessmanagement-Tools, Große Marktübersicht über den BPM-Software-Markt, in: zfo, H. 2, S. 121–124.

Böhnert, A. (1998), Benchmarking – Charakteristik eines aktuellen Managementkonzepts, Hamburg.

Böhrs, H. (1958), Grundfragen und Methoden der Bürorationalisierung, München/Bern.

Böhrs, H. (1974), Organisation des Industriebetriebes. 2., durchges. A. Wiesbaden.

Boos, F./Jarmai, H. (1994), Kernkompetenzen – gesucht und gefunden, in: HBM 16. Jg., H. 4, S. 19–26.

Bretzke W.-R. (2005), Supply Chain Management: Wege aus der logistischen Utopie, in: Logisitik Management 7. Jg., H. 2, S. 21–29.

Von Brocke, J. (2000), Business Process Management (BPM), in: wisu 39. Jg., H. 4, S. 502–506.

Brown, M./Falk, M./Fehr, E. (2004), Relational Contracts and the Nature of Market Interactions, in: Econometrica 72. Jg., H. 3, S. 747–780.

Browning, L. D./Beyer, J. M./Shetler J. C. (1995), Building Cooperation in a Competitive Industry: Sematech and the Semiconductor Industry, in: Academy of Management Journal 38. Jg., H. 1, S. 113–151.

Burger, A. (2009), Effizienzanalyse auf Prozessebene, Berlin.

Buzzel R. D./Gale B. T. (1989), PIMS-Programm: Strategien und Unternehmenserfolg, Wiesbaden.

Campion, M./Medsker, G./Higgs, A. (1993), Relations between Work Group Characteristics and Effectiveness: Implications for Designing Effective Work Groups, in: Personnel Psychology 46. Jg., S. 823–850.

Campion, M./Papper, E./Medsker, G. (1996), Relations between Work Team Characteristics and Effectiveness: A Replication and Extension, in: Personnel Psychology 49. Jg., S. 429–452.

Cannon, J./Perreault, W. (1999), Buyer-Seller Relationships in Business Markets, in: Journal of Marketing Research 36. Jg., November, S. 439–460.

Caves, R./Porter, M. E. (1977), From Entry Barriers to Mobility Barriers, in: Quarterly Journal of Economics 9. Jg., S. 241–267.

Champy, J. (1995), Reengineering im Management, Die Radikalkur für die Unternehmensführung, Frankfurt/New York.

Coase, R. (1937), The Nature of the Firm Economica 4. Jg., S. 386–405.

Coch, L./French jr., J. R. P. (1947), Overcoming Resistance to Change, in: Human Relations 1. Jg. S. 512–532.

Cohen, W. M./Levinthal, D. A. (1990), Absorptive Capacity: A New Perspective on Learning and Innovation, in: Administrative Science Quaterly 35. Jg., H. 1, S. 128–152.

Collins, D. J. (1991), A Ressource-Based Analysis of Global Competition: The Case of Bearings Industry, in: Strategic Management Journal 12. Jg., S. 49–68.

Cooper, M. C./Elram, C. S./Gardner, J. T/Hanks, A. M. (1997), Meshing Multiple Alliances. in: Journal of Business Logistics 18. Jg., H. 1, S. 67–89.

Cooper, M. C./Lambert, D. M./Pagh, J. D. (1997), Supply Chain Management: More than a New Name for Logistics, in: International Journal of Logistics Management 8. Jg., H. 1, S. 1–14.

Copeland, T./Koller, T./Murrin, J. (1993), Unternehmenswert, Methoden und Strategien für eine wertorientierte Unternehmensführung, Frankfurt/New York.

Dandel, S./Vialle, G. (1992), Yield-Management: Erträge optimieren durch nachfrageorientierte Angebotssteuerung, Frankfurt.

Das, T. K./Teng, B. (2002), Alliance Constellations: A social Exchange Perspective, in: Academy of Management Review 27. Jg. H. 3, S. 445–458.

Davenport, Th. H. (1993), Process Innovation, Reengineering Work Through Information Technology, Boston (Mass.).

Davenport, Th. N./Nohria, N. (1995), Case Management and the Integration of Labour, in: Sloan Management Review 36. Jg., Winter, S. 11–13 (deutsche Übersetzung: Der Geschäftsvorfall ganz in einer Hand – Case Management, in: Harvard Manager H. 1, S. 81–90).

De Jong, A./de Ruyter, K./Lemmink, J. (2004), Antecedents and Consequences of Service Climate in Boundary-Spanning Self-Managing Service Teams, in: Journal of Marketing 68 Jg., H. 2, S. 18–35.

Deeter-Schmelz, D./Ramsey, R. (2003), An Investigation of Team Information Processing in Service Teams: Exploring the Link Between Teams and Customers, in: Journal of the Academy of Marketing Science 31. Jg., H. 4, S. 409–424.

Dierickxs, L./Cool, K. (1989), Asset Stock Accumulation and Sustainability of Competetive Advantage, in: Management Science 35. Jg., H. 12, S. 1504–1513.

Diller, H. (1988), Key Account Management auf dem Prüfstand, in: Lebensmittelzeitung, Teil 1 bis 4, Nr. 30–31.

Diller, H./Haas, A./Ivens, B. (2005), Verkauf und Kundenmanagement – Eine prozessorientierte Konzeption, Stuttgart.

Diller, H./Ivens, B. S. (2006), Process Oriented Marketing, in: Marketing, Journal of Research and Management 2. Jg., H. 1, S. 14–29.

Dittrich, J./Braun, M. (2004), Business Process Outsourcing – Entscheidungsleitfaden für das Out- und Insourcing von Geschäftsprozessen, Stuttgart.

Dorsch, M./Swanson, S./Kelley, S. (1998), The Role of Relationship Quality in the Stratification of Vendors Perceived by Customers, in: Journal of the Academy of Marketing Science, 26. Jg., H. 2, S. 128–42.

Dow, D. (1993), Strategic Group Theory – 20 Years Later: What Do We Know and Where Are We Heading, Working Paper 2, University of Melbourne.

Duschek, S./Sydow, J. (2002), Ressourcenorientierte Ansätze des strategischen Managements, in: WiSt, H. 8, S. 326–431.

Duschek, S. (2002), Innovation in Netzwerken: Renten, Relationen, Regeln, Wiesbaden.

Dyer, J. H. (1996), Specialized Supplier Networks as a Source of Competitive Advantage: Evidence from the Auto Industry, in: Strategic Management Journal 17. Jg., S. 271–291.

Dyer, J. H./Sing, H. (1998), The Relational View: Cooperative Strategy and Sources of Interorganizational Competitive Advantage, in: Academy of Management Review 23. Jg., H. 4, S. 660–679.

Ebers, M./Gosch, W. (2001), Institutionenökonomische Theorien der Organisation, in: Kieser, A. (Hrsg.), Organisationstheorien, 4. A. Stuttgart u. a., S. 199–251.

Eccles, R. G./Crane, D. B. (1988), Doing Deals: Investment Banks at Work, Boston.

Erdmann, R. (1921), Grundlagen einer Organisationslehre, Leipzig.

Erlacher, G. H. (1908), Organisation von Fabrik-Betrieben, 3. neu bearb. A. Hannover.

Eulenburg, F. (1952), Das Geheimnis der Organisation. Ein Versuch über Arten und Formen, Bedingungen und Voraussetzungen, Zwecke, Folgen und Grenzen der Organisation, Berlin/München.

Fechtner, K. (1950), Handbuch der Betriebsorganisation, Nürnberg.

Fehr, E./Fischbacher, U. (2004), Social Norms and Human Cooperation, in: Trends in Cognitive Science 8. Jg., H. 4, S. 185–190.

Fehr, E./Gächter, S. (1998), Reciprocity and Economics: The Economic Implications of Homo Reciprocians, in: European Econonomic Review 42. Jg., H. 3–5, S. 845–859.

Fehr, E./Gächter, S. (2000), Fairness and Retaliation: The Economics of Reciprocity, in: Journal of Economic Perspectives 14. Jg., H. 3, S. 159–181.

Feldmayer, J./Seidenschwarz, W. (2005), Marktorientiertes Prozessmanagement – Wie Process Mass Customization Kundenorientierung und Prozessstandardisierung integriert, München.

Fischermanns, G. (2010), Praxishandbuch Prozessmanagement, Gießen.

Fiskin, R. (1982), The Limits of Obligation, New Haven.

Fleck, A. (1995), Hybride Wettbewerbsstrategien: Zur Synthese von Kosten- und Differenzierungsvorteilen, Wiesbaden.

Fließ, S. (2006): Prozessorganisation in Dienstleistungsunternehmen, Stuttgart.

Freiling, J. (1995), Die Abhängigkeit der Zulieferer – Ein strategisches Problem, Wiesbaden.

Freiling, J. (2001), Ressource-Based View und ökonomische Theorie: Grundlagen und Positionierung des Ressourcenansatzes, Wiesbaden.

Freiling, J. (2002), Strategische Positionierung auf Basis des Produktivitätsgrenzen-Ansatzes, in: Die Betriebswirtschaft 62. Jg., H. 4, S. 379–397.

Frese, E. (2005), Grundlagen der Organisation, 9. A. Wiesbaden.

Frese, E./Werder, A. von (1992), Bürokommunikation, in: Frese, E. (Hrsg.), Handwörterbuch der Organisation, 3. A. Stuttgart, Sp. 374–390.

Freund, J./Rücker, B./Henninger, Th. (2010), Praxishandbuch BPMN, München.

Friedl, B. (2004), Kostenrechnung, München/Wien.

Friedrich, S. A. (2000), Das neue strategische Outsourcing: A Resource Based View, in: Hinterhuber, H. H./Friedrich, S. A./Al-Ani, A./Handlbauer, G. (Hrsg.), Das Neue Strategische Management. Elemente und Perspektiven einer zukunftsorientierten Unternehmensführung, 2. A. Wiesbaden.

Fröhling, O./Baumöl, U. (1996), Informationsprozess-Controlling, in: Berkan, C./Hirschmann, P. (Hrsg.), Kostenorientiertes Geschäftsprozessmanagement, München, S. 141–146.

Frost, J. (2005), Märkte in Unternehmen – Organisatorische Steuerung und Theorien der Firma, Wiesbaden.

Gaitanides, M. (1983), Prozessorganisation. Entwicklung, Ansätze und Programme prozessorientierter Organisationsgestaltung, München.

Gaitanides, M. (1997), Integrierte Belieferung – eine ressourcenorientierte Erklärung der Entstehung von Systemlieferanten in der Automobilzulieferindustrie, in: Zeitschrift für Betriebswirtschaft 67. Jg., H. 7, S. 737–758.

Gaitanides, M (1998), Schöne heile Netzwerkwelt? Zur transaktionskostentheoretischen Rekonstruktion der Integration von Zuliefersystemen, in: Glaser, H./Schröder, E. F./v. Werder, A. (Hrsg): Organisation im Wandel der Märkte, Wiesbaden, S. 91–114.

Gaitanides, M./Diller, H. (1989), Großkundenmanagement. Überlegungen und Befunde zur organisatorischen Gestaltung und Effizienz, in: DBW 49. Jg., H. 2, S. 185–197.

Gaitanides M./Westphal, J. (1991), Strategische Gruppen und Unternehmenserfolg – Ergebnisse einer empirischen Studie, in: Zeitschrift für Planung, H. 1, S. 247–265.

Gaitanides, M./Scholz, R./Vrohlings, A. (1994), Prozessmanagement – Grundlagen und Zielsetzungen, in: Gaitanides, M./Scholz, R./Vrohlings, A./Raster, M. (Hrsg.): Prozessmanagement – Konzepte, Umsetzungen und Erfahrungen des Reengineering, München/Wien, S. 1–18.

Gaitanides, M./Stock, R. (2004), Interorganisationale Teams: Transaktionskostentheoretische Überlegungen und empirische Befunde zum Teamerfolg, in: zfbf 56. Jg., S. 436–451.

Gaitanides, M./Göbel, M. (2005), Controlling reziproker Unternehmenskooperationen, Konzeptionelle Überlegungen und empirische Evidenzen, in: Controlling 17. Jg. H. 8/9, S. 449–458.

Gaitanides, M./Göbel, M. (2006), Eigennutz oder Reziprozität? – Steuerung von Unternehmenskooperationen durch Prozessteams, in: Ringlstetter, M./Kaiser, S./Müller-Seitz, G., Positives Management, Zentrale Konzepte und Ideen des Positive Organizational Scholarship, Wiesbaden, S. 187–208.

Gasda, H. J. (2003), BHW-Processing für die private Baufinanzierung, in: Kaib, B. (Hrsg): Outsourcing in Banken, Wiesbaden, S. 75–88.

Gebert, D./Rosenstiel, L. von (2002), Organisationspsychologie, Stuttgart.

Gebert, D. (2004), Innovation durch Teamarbeit – Eine kritische Bestandsaufnahme, Stuttgart.

Geiger, D./Koch, J., (2008), Von der individuellen Routine zur organisationalen Praktik – Ein neues Paradigma der Organisationsforschung, in: zfbf 60 Jg., S. 693–712.

Gentner, A. (1999), Wertorientierte Unternehmenssteuerung – die Verbindung von Shareholder Value und Performance Management zu einem permanenten Führungs- und Steuerungssystem, in: Bühner R./Sulzbach, K. (Hrsg.), Wertorientierte Steuerungs- und Führungssysteme, Stuttgart, S. 43–63.

Gerpott, T. J./Wittkämper, G. (1995), Business Process Redesign, Der Ansatz von Booz Allen & Hamilton, in: Nippa, M./Picot, A. (Hrsg), Prozessmanagement und Reengineering. Die Praxis im deutschsprachigen Raum, Frankfurt a. M./New York, S. 144–164.

Ghemawat, P. (1991), Commitment. The Dynamic of Strategy, New York et al.

Giddens, A. (1984), Interpretative Soziologie. Eine kritische Einführung, Frankfurt a. M./New York.

Giddens, A. (1988), Die Konstitution der Gesellschaft. Grundzüge einer Theorie der Gesellschaft, Frankfurt a. M./New York.

Gouldner, A. W. (1960), The Norm of Reciprocity: A Preliminary Statement, in: American Sociological Review 25. Jg., H. 2, S. 161–178.

Göbel, E. (2002), Neue Institutionenökonomik – Konzeption und betriebswirtschaftliche Anwendungen, Stuttgart.

Göbel, M./Weber, C. (2005), Reziprozität in Interorganisationsbeziehungen. Eine qualitative Untersuchung in der Venture Capital Branche, Manuskript, Hamburg.

Ghoshal, S./Moran, P. (1996), Bad for Practice: A Critique of the Transaction Cost Theory, in: The Academy of Management Review 21. Jg., H. 1, S. 13–47.

Giddens, A. (1984), Interpretative Soziologie. Éine kritische Einführung, Frankfurt a. M./New York.

Giddens A. (1988), Die Konstitution der Gesellschaft. Grundzüge einer Theorie der Strukturierung, Frankfurt a. M./New York.

Grant, R. M. (1991), The Ressource-Based Theory of Competitive Advantage: Implications for Strategy Formulation, in: California Management Review 33. Jg., H. 3, S. 114–135.

Greiling, M. (2007) Patientenbehandlungspfade optimieren – Prozessmanagement im Krankenhaus, 2. A., Kulmbach.

Grün, O. (1997), Prozesscontrolling, in: Küpper, H. U./Trossmann, E. (Hrsg): Das Rechnungswesen im Spannungsfeld zwischen strategischem und operativem Management, Berlin, S. 285–302.

Grünewald, N./Pagenkemper, C. (2004), Qualitätsmanagement mit neuen Arbeitsformen, Renningen.

Gulati, R. (1999), Alliances and Networks, in: Strategic Management Journal 20. Jg., S. 397–420.

Heckl, D. (2010), Steuerung der Performance von Dienstleistungsprozessen, Berlin.

Hackman, J. (1988), The Design of Work Teams, in: Lorsch, J. (Hrsg): Handbook of Organizational Behaviour, Englewood Cliffs, S. 315–342.

Hackman, J./Oldham, G. (1980), Work Redesign, Reading.

Hackman, J. R./Wageman, R. (2005), A Theory of Team Coaching, in: Academy of Management Review 30, S. 269–287.

Hackman, J. R. (1969), Toward Understanding the Role of Tasks in Behavioral Research, in: Applied Psychology 31. Jg., S. 97–128.

Hakansson, H./Snehota, I. (1995), Developing Relationships in Business Networks, London/New York.

Hall, R. (1992), The Strategic Analysis of Intangible Resources, in: Strategic Management Journal 13. Jg., S. 135–144.

Hall, R. (1993), A Framework Linking Intangible Resources and Capabilities to Sustainable Competitive Advantage, in: Strategic Management Journal 14. Jg., H. 8, S. 607–618.

Hamel, G. (1991), Competition for Competence and Interparner Learning within International Strategic Alliances, in: Strategic Management Journal 12. Jg. Special Issue, Summer, S. 83–104.

Hamel, G. (1994), The Concept of Core Competence, in: Hamel, G./Heene, A. (Hrsg.), Competence-Based Competition, Chichester u. a., S. 11–33.

Hamel, G./Prahalad, C. K. (1994), Competing for the Future, Boston, Mass.

Hammer, M. (1997), Das prozesszentrierte Unternehmen, Die Arbeitswelt nach dem Reengineering, Frankfurt a. M./New York.

Hammer, M./Champy, J. (1994), Business Reengineering, Die Radikalkur für das Unternehmen, Frankfurt a. M./New York.

Hammer, M./Stanton, St. A. (1995), Die Reengineering Revolution, Handbuch für die Praxis, Frankfurt a. M./New York.

Hammer, M. (2002), Business Back to Basics: die 9-Punkte-Strategie für den Unternehmenserfolg, München.

Hansmann, H./Neumann, S. (2008), Prozessorientierte Einführung von ERP-Systemen, in: Becker, J./Kugeler, M./Rosemann, M. (Hrsg.), Prozessmanagement, Leitfaden zur Prozessorientierten Organisationsgestaltung, 6. A. Berlin/Heidelberg, S. 329–372.

Heckl, D. (2010), Steuerung der Performance von Dienstleistungsprozessen, Berlin.

Helfert, G. (1998), Teams im Relationship Marketing: Design effektiver Kundenbeziehungsteams, Wiesbaden.

Henderson, B. D. (1974), Die Erfahrungskurve in der Unternehmensstrategie, Frankfurt a. M.

Henning, K. W. (1934), Einführung in die betriebswirtschaftliche Organisationslehre. Berlin (5. neu bearb. A. u. d. Titel: Betriebswirtschaftliche Organisationslehre, Wiesbaden 1975).

Henning, K. W. (1975), Betriebswirtschaftliche Organisationslehre, 5. neu bearb. A. Wiesbaden.

Hess, T. (2002), Netzwerkcontrolling: Instrumente und ihre Werkzeugunterstützung, Wiesbaden.

Hilgert, M. (2010), Verortung von Unternehmensgrenzen auf Prozessebene, Berlin.

Hillig, A. (1997), Die Kooperation als Lernarena in Prozessen fundamentalen Wandels – Ein Ansatz zum Management von Kooperationskompetenz, Bern u. a.

Hinterhuber, H. H. (2004), Strategische Unternehmungsführung, II. Strategisches Handeln 7. A. Berlin/New York.

Hofer, C. W./Schendel, D. (1978), Strategy Formulation: Analytical Concepts, St. Paul.

Homburg, D./Sütterlin, S. (1992), Strategische Gruppen: Ein Survey, in: ZfB 62. Jg., S. 635–662.

Horvàth, A./Czichowsky, A./Eckert, S./Fischer, D./Jochen, M./Möller, K./Seiter, M. (2004), Unternehmensnetzwerke. Vorschlag eines begrifflichen Ordnungssystems, Manuskript, Stuttgart.

Horvàth, P. (2003), Controlling, 9. A. München.

Horvàth & Partners (Hrsg.) (2004), Balanced Scorecard umsetzen, 3. A. Stuttgart.

Horvàth, P./Mayer, R. (1993), Prozesskostenrechnung – Konzeption und Entwicklungen, in: Kostenrechnungspraxis 37. Jg., Sonderheft 2, S. 15–28.

Hostettler, S. (1997), Ecomonic Value Added (EVA), Darstellung und Anwendung auf schweizerische Aktiengesellschaften, Bern/Stuttgart/Wien.

Hunt, S. D. (1972), Competition in the Major Home Appliance Industry 1960–1970, Harvard University.

Imai, M. (1994), Kaizen – Der Schlüssel zum Erfolg der Japaner im Wettbewerb, München.

Jensen, O. (2000), Key-Account-Management – Gestaltung – Determinanten – Erfolgswirkungen, Wiesbaden.

Jensen, O. (2004), Key-Account-Management – Gestaltung – Determinanten – Erfolgswirkungen, 2. A. Wiesbaden.

Jost, H.-J. (2001), Der Transaktionskostenansatz in der Betriebswirtschaftslehre, Stuttgart.

Jost, H.-J. (2000), Organisation und Koordination: Eine ökonomische Einführung, Wiesbaden.

Joos-Sachse, Th. (2006), Controlling, Kostenrechnung und Kostenmanagement, 4. A. Wiesbaden.

Kallewege, H. (2003), Outsourcing am Beispiel von Sal. Oppenheim 2003, in: Kaib, B. (Hrsg.), Outsourcing in Banken, Wiesbaden, S. 15–28.

Kaplan, S. K./Norton D. P. (1996), The Balanced Scorecard, Translating Strategy into Action, Boston, Mass.

Kaplan, R. S./Cooper, R., (1999), Prozesskostenrechnung als Managementinstrument, Frankfurt a. M.

Kaplan, R. S./Norton, D. P. (2001), Die Strategie-fokussierte Organisation, Führen mit der Balanced Scorecard, Stuttgart.

Kaplan, S. K./Norton D. P. (2004), Der Weg von immateriellen Werten zum strategischen Erfolg, Stuttgart.

Kappelhoff, P. (1995), Soziale Interaktion als Tausch: Tauschhandlungen, Tauschbeziehungen, Tauschsystem, Tauschmoralität, in: Ethik und Sozialwissenschaft 6. Jg., H. 1, S. 3–13.

Karsten, F. (1924), Organisation und Leitung technischer Betriebe. Allgemeine und spezielle Vorschläge. Berlin.

Ketchen, D. J./Thomas, J. B./Snow, C. C. (1993), Organizational Configurations and Performance: A Comparsion of Theoretical Approaches, in: Academy of Management Journal, 31. Jg., S. 1278–1313.

Khandwalla, P. N. (1973), Effect of Competition on the Structure of Top Management Control, in: Academy of Management Journal 16. Jg., S. 255–295.

Kieser, A. (1994), Fremdorganisation, Selbstorganisation und evolutionäres Management, in: zfbf 46. Jg., H. 3, S. 199–128.

Kieser, A. (1996), Moden und Mythen des Organisierens, in: DBW 56. Jg., H. 1., S. 21–39.

Kieser, A. (1998), Über die allmähliche Verfertigung der Organisation beim Reden, Organisieren als Kommunizieren, in: Industrielle Beziehungen 5. Jg., H. 1, S. 45–75.

Kieser, A./Walgenbach, P. (2003), Organisation, 4. A. Stuttgart.

Kieser, A./Hegele, C./Klimmer, M. (1998), Kommunikation im organisatorischen Wandel, Stuttgart.

Kieser, A. (2001), Konstruktivistische Ansätze, in: Kieser, A. (Hrsg.), Organisationstheorien, 4. A. Stuttgart, S. 297–318.

Kirsch, W./Esser, W.-M./Gabele, E. (1978), Reorganisation – theoretische Perspektive des geplanten organisatorischen Wandels, München.

Klaus, P. (1998), Jenseits einer Funktionslogik: der Prozessansatz, in: Isermann, H. (Hrsg.), Logistik: Beschaffung, Produktion, Distribution, Landsberg/Lech, S. 331–347.

Klaus, P. (1998), Supply Chain Management, in: Klaus, P/Krieger, W. (Hrsg): Gablers Lexikon der Logistik – Management logistischer Netzwerke und Flüsse, Wiesbaden, S. 434–441.

Klein, J. A./Edge, G. M./Kaas, T. (1991), Skill-Based Competition, in: Journal of General Management 16. Jg., H. 4, S. 1–15.

Kleinaltenkamp, M./Rieker, S. (1997), Kundenorientierte Organisation, in: Kleinaltenkamp, M./Plinke, W. (Hrsg.), Geschäftsbeziehungsmanagement, Berlin, S. 161–218.

Kleinfeld, K. (1994), Benchmarking für Prozesse, Produkte und Kaufteile – Ein Weg zu permanenter Verbesserung im Unternehmen, in: Marktforschung & Management 38. Jg., H. 1, S. 19–24.

Klimmer, M. (2012), Unternehmensorganisation, eine kompakte und praxisnahe Einführung, 3. A. Herne.

Knupperts, Th./Feddern, U. (2011), Prozessorientierte Unternehmensführung, Prozessmanagement ganzheitlich einführen und verankern, Stuttgart.

Köhler, R. (2000), Organisation des Produktmanagement, in: Albers, S./Herrmann, A. (Hrsg.), Handbuch Produktmanagement: Strategieentwicklung – Produktplanung – Organisation – Kontrolle, Wiesbaden, S. 681–704.

Koller, H./Langmann, Ch./Untiedt, H. M. (2006), Das Management von Innovationsnetzwerken in verschiedenen Phasen, Erkenntnisse und offene Fragen, in: Wojda, F./Barth, A. (Hrsg.), Innovative Kooperationsnetzwerke, Wiesbaden, S. 28–80.

Kosiol, E. (1934), Organisation und Betriebswirtschaft, in: DBW 27. Jg., S. 81–85.

Kosiol, E. (1962), Organisation der Unternehmung, Wiesbaden.

Kosiol, E. (1969a), Aufgabenanalyse, in: Grochla, E. (Hrsg.), HWO, Stuttgart, Sp. 199–212.

Kosiol, E. (1969b), Aufgabensynthese, in: Grochla, E. (Hrsg.), HWO, Stuttgart, Sp. 222–232.

Kosiol, E. (1980), Grundprobleme der Ablauforganisation. in: Grochla, E. (Hrsg.), HWO, 2. völlig neu gest. A. Stuttgart, Sp. 1–8.

Krickl, O. Ch. (Hrsg.) (1994), Geschäftsprozessmanagement, Prozessorientierte Organisationsgestaltung und Informationstechnologie, Heidelberg.

Krüger, W./Homp, Ch. (1997), Kernkompetenz-Management, Steigerung von Flexibilität und Schlagkraft im Wettbewerb, Wiesbaden.

Kühl, S. (2001), Paradoxe Effekte und ungewollte Nebenfolgen des Qualitätsmanagement, in: Wächter, H./Vedder, G. (Hrsg.), Qualitätsmanagement in Organisationen, DIN ISO 9000 und TQM, Wiesbaden, S. 75–114.

Küpper, H. U. (1982), Ablauforganisation, Stuttgart/New York.

Kuhn, A./Hellingrath, H. (2002), Supply Chain Management – Optimierte Zusammenarbeit in Wertschöpfungsketten, Berlin/Heidelberg.

Kugeler, M. (2008), Supply Chain Management und Customer Relationship Management, in: Becker, J./Kugeler, M./Rosemann, M. (Hrsg.), Prozessmanagement, Leitfaden zur Prozessorientierten Organisationsgestaltung, Berlin/Heidelberg 6. A., S. 455–489.

Lambert, D. M. (2001), The Supply Chain Management and Logistics Controversity, in: Brewer, A. M./Button, K. J./Hensher, D. A. (Hrsg.), Handbook of Logistics and Supply Chain Management, Amsterdam u. a., S. 99–126.

Lee J./Lee, K./Rho, S. (2002), An Evolutionary Perspective on Strategic Group Emergence: a genetic Algorithm-based Model, in: Strategic Management Journal 23. Jg., H. 8, S. 727–746.

Lehmann, F. R. (2008), Integrierte Prozessmodellierung mit ARIS, Heidelberg.

Lewis, Th. G. (1994), Steigerung des Unternehmenswertes, Landsberg/Lech.

Lilienthal, J. (1914), Fabrikorganisation, Fabrikbuchführung und Selbstkostenberechnung, 2. A. Berlin.

Lorenzoni, G./Lipparini, A. (1999), The Leveraging of Interfirm Relationships as a Distinctive Organizational Capability: A Longitudinal Study, in: Strategic Management Journal 20. Jg., S. 317–338.

MacNeil, I. R. (1978), Contracts: Adjustments of Long-term Economic Relationship Under Classical, Neoclassical, and Relational Contract Law, in: Northwestern University Law Review 72. Jg., S. 854–906.

Männel, B. (1996), Netzwerke in der Zulieferindustrie: Konzepte – Gestaltungsmerkmale – Betriebswirtschaftliche Wirkungen, Wiesbaden.

Maleri, R. (1997), Grundlagen der Dienstleistungsproduktion, 4. A. Berlin.

Marighetti, L. P./Herrmann, A./Hänsler, N. (2001), Herausforderung an das Management von Wertschöpfungshetten, in: Marighetti, L.P./Jasny, R./ Herrmann, A./Huber, F. (Hrsg.), Management der Wertschöpfungsketten der Banken – Outsourcing, Reengineering und Workflow in der Praxis, Wiesbaden, S. 13–35.

Mason, E. S. (1939), Price and Production Policies of Large-Scale Enterprise, in: American Economic Review 29. Jg., S. 61–74.

Mc Gee, J./Thomas, H. (1986), Strategic Groups: Theory, Research and Taxonomy, in: Strategic Management Journal 7. Jg., S. 141–160.

McGee, J./Thomas, H. (1989), Strategic Groups: A Further Comment, in: Strategic Management Journal 10. Jg., S. 105–107.

McGrath, J. (1964), Social Psychology: A Brief Introduction, New York.

Meier, H./Hanenkamp, N. (2002), Komplexitätsmanagement in der Supply Chain, in: Busch, A./Dangelmaier, W. (Hrsg.), Integriertes Supply Chain Management – Theorie und Praxis effektiver unternehmensübergreifender Geschäftsprozesse, Wiesbaden, S. 109–128.

Meinhardt, S./Teufel, T. (1995), Business Reengineering im Rahmen einer prozessorientierten Einführung der SAP-Standardsoftware R/3, in: Brenner, W./Keller, G. (Hrsg.), Business Reengineering mit Standardsoftware, Frankfurt/New York, S. 69–94.

Mellerowicz, K. (1929), Allgemeine Betriebswirtschaftslehre. Bd. 1. Berlin/Leipzig (14. veränd. A. (1973).

Meyenberg, F. (1913), Einführung in die Organisation von Maschinenfabriken unter besonderer Berücksichtigung der Selbstkostenberechnung, 3. umgearb. und stark erw. A. Berlin 1926 (1. A. u. d. Titel: Organisation und Selbstkostenrechnung von Maschinenfabriken).

Miles, R. E./Snow, C. C. (1978), Organizational Strategy, Structure and Process, New York.

Milgrom, P./Roberts, J. (1992), Economics, Organization and Management, Upper Saddle River, New Jersey.

Minderlein, M. (1989), Markteintrittsbarrieren und Unternehmensstrategie, Wiesbaden.

Mintzberg H./Ahlstrand B. W./Lampel, J. (1998), Strategy Safari: A Guided Tour Through the Wilds of Strategic Management, New York.

Moon, M./Armstrong, G. (1994), Selling Teams: A Conceptual Framework and Research Agenda, in: Journal of Personal Selling & Sales Management 14. Jg., H. 1, S. 17–30.

Moon, M./Gupta, S. (1997), Examination the Formation of Selling Centers: A Conceptual Framework, in: Journal of Personal Selling & Sales Management 17. Jg., H. 2, S. 31–41.

Mooshake, R. (1933), Organisatorische und technische Umstellung einer Fertigung mit Hilfe neuzeitlicher betriebswissenschaftlicher Verfahren, dargestellt an dem Beispiel einer Fassfabrik, Würzburg.

Mühlen, M. zur (1999), Weitere Anwendungsgebiete und Entwicklungsperspektiven – Beyond Reengineering, in: Becker, J./Kugeler, M./Rosemann, M. (Hrsg.), Prozessmanagement – Ein Leitfaden zur prozessorientierten Organisationsgestaltung, Berlin, S. 283–325.

Napolitano, L. (1997), Customer-Supplier Partnering: A Strategy Whose Time Has Come, in: Journal of Personal Selling and Sales Management, 17. Jg, H. 4, S. 1–8.

Nasner, N. (2004), Strategisches Kompetenz-Management – Prozessorientierte Konzepte, Implementierungshinweise, Praxisbeispiele, München/Mehring.

Nayyar, P. (1989), Strategic Groups: A Comment, in: Strategic Management Journal 10. Jg., S. 101–103.

Neelsen, J. (1934), Der Aufbau der Organisation und der Fertigung als Voraussetzung der dauernden Wirtschaftlichkeit eines industriellen Unternehmens, Diss. Dortmund.

Neuburger, R. (1994), Auswirkungen von EDI auf die zwischenbetriebliche Arbeitsteilung und Kooperation – Eine transaktionskostentheoretische Analyse, in: Sydow, J./Windeler A. (Hrsg.), Management interorganisationaler Beziehungen: Vertrauen, Kontrolle und Informationstechnik, Opladen, S. 49–70.

Neumann, S./Probst, Ch./Wernsmann, C. (2008), in: Becker, J./Kugeler, M./Rosemann, M. (Hrsg.), Prozessmanagement, Leitfaden zur Prozessorientierten Organisationsgestaltung, 6. A. Berlin/Heidelberg, S. 299–323.

Newman, H. H. (1973), Strategic Groups and the Structure/Performance Relationsship: A Study with Respect to the Chemical Process Industries, Harvard Business School (Diss.).

Nippa, M./Picot, A. (1995), Prozessmanagement und Reengineering, Die Praxis im deutschsprachigen Raum, Frankfurt a. M./New York.

Nordsieck, F. (1931a), Grundprobleme und Grundprinzipien der Organisation des Betriebsaufbaus, in: DBW 24. Jg., H. 6, S. 158–162.

Nordsieck, F. (1931b), Aufgabenverteilung und Instanzenbau im Betrieb, DBW 24. Jg., H. 7, S. 204–210.

Nordsieck, F. (1934), Grundlagen der Organisationslehre, Stuttgart (2. überarb. A. u. d. Titel.: Rationalisierung der Betriebsorganisation 1955).

Nordsieck, F. (1972a), Betriebsorganisation. Betriebsaufbau und Betriebsablauf, 4. A. Stuttgart.

Nordsieck, F. (1972b), Betriebsorganisation. Lehre und Technik, Bd. 1 Textband, Bd. 2 Tafelband, 2. bearb. A. Stuttgart.

Ortmann, G. (1995), Formen der Produktion: Organisation und Rekursivität, Opladen.

Ortmann, G. (2004), Als Ob – Fiktionen und Organisationen, Wiesbaden.

Ortmann, G./Sydow, J./Windeler, A. (1997), Organisation als reflexive Strukturation, in: Ortmann, G./Sydow, J./Türk, K. (Hrsg.), Theorien der Organisation – Rückkehr der Gesellschaft, Opladen, S. 315–354.

Osterloh, M./Frost, J. (2006), Prozessmanagement als Kernkompetenz: Wie Sie Business Reengineering strategisch nutzen können, 5. A. Wiesbaden.

Osterloh, M./Wübker, S. (1999), Wettbewerbsfähiger durch Prozess- und Wissensmanagement – Mit Chancengleichheit auf Erfolgskurs, Wiesbaden.

Otto, A./Kotzab, H. (2001), Der Beitrag des Supply Management zum Management von Supply Chains – Überlegungen zu einer unpopulären Frage, in: zfbf 35. Jg, S. 157–176.

Ouchi, W. G. (1980), Markets, Bureaucracies and Clans, in: Administrative Science Quaterly 25. Jg., S. 129–141.

Ouchi, W. G. (1981), Theory Z, Reading, Mass.

Perry, M./Pearce, C./Sims, H. (1999), Empowered Selling Teams: How Shared Leadership Can Contribute to Selling Team Outcomes, in: Journal of Personal Selling & Sales Management, 14. Jg., H. 3, S. 35–51.

Petraf, M. A. (1993), The Cornerstone of Competetive Advantage: A Resource-Based View, in: Strategic Management Journal 14. Jg., S. 179–191.

Pfeffer, J. (1995), Incentives in Organizations. The Importance of Social Relations, in: Williamson, O. E. (Hrsg.), Organization Theory from Chester Bernard to the Present and Beyond, New York, S. 72–97.

Picot, A./Franck, E. (1995), Prozessorganisation. Eine Bewertung der neuen Ansätze aus Sicht der Organisationslehre, in: Nippa, M./Picot, A. (Hrsg.), Prozessmanagement und Reengineering. Die Praxis im deutschsprachigen Raum, Frankfurt/New York, S. 13–38.

Picot, A./Dietl, H./Franck, E. (2008), Organisation – Eine ökonomische Perspektive, 5. A. Stuttgart.

Picot, A./Reichwald, R./Wigand, R. T. (2003), Die grenzenlose Unternehmung: Information, Organisation und Unternehmensführung im Informationszeitalter, 5. A. Wiesbaden.

Poensgen, O. H. (1973), Geschäftsbereichsorganisation, Opladen.

Pongratz, H./Tamm, T./Wilbers, K. (2009), Prozessorientierte Wirtschaftsdidaktik und Einsatz von ERP-Systemen im kaufmännischen Unterricht, Aachen.

Porter, M. E. (1973), Consumer Behavior, Retailer Power, and Manufacturer Strategy in Consumer Goods Industries, in: Harvard Business School (Diss.).

Porter, M. E. (1979), The Structure within Industries and Companies Performance, in: Review of Economics and Statistics, 61. Jg., S. 219–227.

Porter, M. E. (1999) Wettbewerbsstrategie, 10. A. Frankfurt a. M.

Porter, M. E. (2000) Wettbewerbsvorteile, 6. A. Frankfurt a. M.

Prahalad, C. K./Hamel, G. (1990), The Core Competence of the Corporation, in: HBR, H. 3, S. 79–91.

Prescott, J. E./Kholi, A. K./Venkatraman N. (1986), The Market Share – Profitability Relationship: An Empirical Assessment of Major Assertions and Contradictions, in: Strategic Management Journal 7. Jg., H. 4., S. 377–394.

Priem, R. L./Butler J. E. (2001), Is the Ressource Based ‚View' a Useful Perspective for Strategic Management Research?, in: Academy of Management Review 26. Jg., S. 22–40.

Probst, G. (1987), Selbst-Organisation, Berlin u. a.

Prockl, G. (2001), Supply-chain-Management als Gestaltung überbetrieblicher Versorgungsnetze: eine Verdichtung von Prinzipien zur „Strukturation" von Versorgungsnetzen und Ansätzen zur theoretischen Hinterfragung, Hamburg.

Rasche, C. (1994), Wettbewerbsvorteile durch Kernkompetenzen: ein ressourcenorientierter Ansatz, Wiesbaden.

Raub, S./Büchel, B. (1996), Organisationales Lernen und Unternehmensstrategie – „Core Capabilities" als Ziel und Resultat organisationalen Lernens, in: zfo 65. Jg., H. 1, S. 26–31.

Rautenstrauch, Th. (2002), SCM-Integration in heterarchischen Unternehmensnetzwerken, in: Busch, A./Dangelmaier, W. (Hrsg.), Integriertes Supply Chain Management, Theorie und Praxis effektiver unternehmensübergreifender Geschäftsprozesse, Wiesbaden, S. 343–362.

Reckenfelderbäumer, M. (1998), Entwicklungsstand und Perspektiven der Prozesskostenrechnung, 2. A. Wiesbaden.

Redl, E. (1900), Organisation und Administration industrieller Unternehmungen, Leipzig/Wien.

Reed, R./DeFilippi, R. J. (1990), Causal Ambiguity, Barriers to Imitation, and Sustainable Competetive Advantage, in: Academy of Management Review 15. Jg., H. 1, S. 88–102.

Reger, R. K./Huff, A. S. (1993), Strategic Groups: A Cognitive Prespective, in: Strategic Management Journal 14. Jg., S. 4.

Ringle, M. (2004), Kooperation in Virtuellen Unternehmungen, Wiesbaden.

Rosemann, M./Schwegmann, A./Delfmann, P. (2008), Vorbereitung der Prozessmodellierung, in: Becker, J./Kugeler, M./Rosemann, M. (Hrsg.), Prozessmanagement, Leitfaden zur Prozessorientierten Organisationsgestaltung, 6. A. Berlin/Heidelberg, S. 45–103.

Rosenkranz, F. (2002), Geschäftsprozesse, Modell- und computergestützte Planung, Berlin/Heidelberg u. a.

Rosenstiel, L. von (2003), Grundlagen der Organisationspsychologie, 5. A. Stuttgart.

Rühli, E. (1994), Die Resource-Based View of Strategy, in: Gomez, P./Hahn, D./ Müller-Stewens, G./Wunderer, R. (Hrsg.), Unternehmerischer Wandel. Konzepte zur organisatorischen Erneuerung, Wiesbaden, S. 31–57.

Saatkamp, J. (2002), Business Process Reengineering von Marketingprozessen – Theoretischer Bezugsrahmen und explorative empirische Untersuchung, Nürnberg.

Sahlins, M. D. (1999), Zur Soziologie des primitiven Tauschs, in: Berliner Journal für Soziologie 9. Jg., H. 2, S. 149–178.

Sanchez, R./Heene, A./Thomas, H. (1996), Introduction, in: Sanchez, R./Heene, A./Thomas, H. (Hrsg.), Dynamics of Competence-based Competition: Theory and Practice in New Strategic Management, Oxford, S. 1–35.

Schael, Th. (1998), Workflow Management for Process Organizations, 2. A. Berlin/Heidelberg/New York u. a.

Schienstock, G. (1991), Managementsoziologie – Ein Desiderat der Industriesoziologie? Theoretische Perspektiven einer Soziologie des Managements, in: SOZIALE WELT, Zeitschrift für sozialwissenschaftliche Forschung und Praxis 42. Jg., H. 3, S. 349–370.

Schmelzer, H. J./Sesselmann, W. (2006), Geschäftsprozessmanagement in der Praxis, 5. A. München.

Schmelzer, H. J./Sesselmann, W. (2010), Geschäftsprozessmanagement in der Praxis, 7. A. München.

Schmidt, F. (2000), Strategisches Benchmarking, Lohmar/Köln.

Schnettler, A. (1961), Betriebsvergleich, Grundlagen und Praxis zwischenbetrieblicher Vergleiche, 3. A. Stuttgart.

Schnutenhaus, O. R. (1951), Allgemeine Organisationslehre. Sinn, Zweck und Ziel der Organisation, Berlin.

Schober, H. (2002), Prozessorganisation – theoretische Grundlagen und Gestaltungsoptionen, Wiesbaden.

Schönsleben, P./Hieber, R. (2002), Gestaltung von effizienten Wertschöpfungspartnerschaften im Supply Chain Management, in: Busch, A./Dangelmaier, W. (Hrsg.), Integriertes Supply Chain Management – Theorie und Praxis effektiver unternehmensübergreifender Geschäftsprozesse, Wiesbaden, S. 47–62.

Schramm, W. (1936), Die betrieblichen Funktionen und ihre Organisation, Berlin/Leipzig.

Schreyögg, G. (2003), Organisation, Grundlagen moderner Organisationsgestaltung, 4. A. Wiesbaden.

Schumacher, W. D. (1995), Barrieren bei der Umsetzung des Business Reengineering, in: Brenner, W./Keller, G. (Hrsg.), Business Reengineering mit Standardsoftware, Frankfurt/New York, S. 135–166.

Schwab, J. (2006), Geschäftsprozessmanagement mit VISIO, VIFLOW und MS Projekt, 2. A. München.

Schwalbach, J. (1989), Profitability and Market Share, Discussion Papers/Wissenschaftszentrum Berlin (IIMV), Berlin.

Schwarz, O. (2004), Die Anwendung des Markt- und Ressourcenorientierten Ansatzes des Strategischen Managements – Dargestellt am Beispiel des IPOs am Neuen Markt, Lohmar-Köln.

Schweitzer, M. (1964), Probleme der Ablauforganisation in Unternehmungen, Berlin.

Searle, J. R. (1969), Speech Acts. An Essay in the Philosophy of Language, Cambridge.

Seuring, S. (2001), Supply Chain Costing, Kostenmanagement in der Wertschöpfungskette mit Target Costing und Prozesskostenrechnung, München.

Servatius, H.-G. (1994), Reengineering Programme umsetzen – Von erstarrten Strukturen zu fließenden Prozessen, Stuttgart.

Smith, H./Fingar, P. (2002), Business Process Management, The Third Wave, Tampa.

Sommerlatte, T. (1996), Lernprozesse als Voraussetzung für optimale Geschäftsprozesse, in: Töpfer, A. (1996), S. 53–77.

Sommerlatte, T./Wedekind, E. (1990), Leistungsprozesse und Organisationsstruktur, in: Little A. D. (Hrsg.), Management der Hochleistungs-Organisation, Wiesbaden, S. 24–41.

Speck, M./Schnetgöke, N. (2000), Sollmodellierung und Prozessoptimierung, in: Becker, J./Kugeler, M./Rosemann, M. (Hrsg.), Prozessmanagement – Ein Leitfaden zur prozessorientierten Organisationsgestaltung, Berlin, S. 153–185.

Staehle W. H. (1999), Management, München.

Stegbauer, Ch. (2002), Reziprozität – Einführung in soziale Formen der Gegenseitigkeit, Berlin.

Stock R. (2003), Teams an der Schnittstelle zwischen Anbieter und Kundenunternehmen, Eine integrative Betrachtung, Wiesbaden.

Stock, R. (2004), Drivers of Team Performance: What Do We Know and What Have We Still Have To Learn?, in: Schmalenbach Business Review (SBR) 56. Jg., H. 3, S. 274–306.

Strack, R./Franke, J./Dertnig, S. (2000), Der Faktor Mensch im Wertmanagement, in: zfo 69. Jg., H. 5, S. 283–288.

Strack, R./Villis, U. (2001) RAVE™ – Die nächste Generation im Shareholder Value Management, in: ZfB 71. Jg., H. 1, S. 67–84.

Streening, H.-P. (1988), Prozessmanagement, Frankfurt.

Stümpfle, O. (1950), Die Grundsätze der betrieblichen Organisation, Berlin.

Sydow, J./Duschek, S., (2011), Management interorganisationaler Beziehungen, Netzwerke – Cluster – Allianzen, Stuttgart.

Sydow, J./Möllering, G. (2004), Produktion in Netzwerken – Make, Buy & Cooperate, München.

Szymkowiak, Th./Schulte-Terhart, M. (2004), Prozesskostenrechnung – Schluss mit dem Gießkannenprinzip, in: Lohn und Leistung, Zeitschrift für Arbeitswissenschaft Nr. 402/403/404, September, S. 2–28.

Theuvsen, L. (1996), Business Reengineering. Möglichkeiten und Grenzen einer prozessorientierten Organisationsgestaltung, in: zfbf 48. Jg., S. 65–82.

Theuvsen, L. (1997), Interne Organisation und Transaktionskostenansatz, Entwicklungsstand – weiterführende Überlegungen – Perspektiven, in: ZfB 67. Jg., H. 9, S. 971–996.

Tampoe, M. (1994), Exploiting the Core Competence of Your Organization, in: Long Range Planning 27. Jg., H. 6, S. 66–77.

Telser, L. G. (1980), A Theory of Self-Enforcing Agreements, in: Journal of Business 53. Jg., H. 1, S. 27–44.

Thiele, M. (1997), Kernkompetenzorientierte Unternehmensstrukturen: Ansätze zur Neugestaltung von Geschäftsbereichsorganisationen, Wiesbaden.

Thomas, H./Ventkatraman, N. (1988), Research on Strategic Groups: Progress and Prognosis, in: Journal of Management Studies 25. Jg., S. 537–555.

Thompson, J.P. (1967), Organization in Action, New York.

Töpfer, A. (1996), Geschäftsprozesse: analysiert, optimiert, Neuwied/Kriftel/Berlin.

Tuckman, B. (1965), Development Sequence Small Companies, in: Group and Organisational Studies 2. Jg., S. 149–427.

Ulich, E./Groskurth, P./Bruggemann, A. (1973), Neue Formen der Arbeitsgestaltung – Möglichkeiten und Probleme einer Verbesserung der Qualität des Arbeitslebens, Frankfurt a. M.

Ulrich, H. (1949), Betriebswirtschaftliche Organisationslehre, Bern.

Vahs, D. (2009), Organisation, Einführung in Organisationstheorie und Praxis, 7. A. Stuttgart.

Vedder, G. (2001), Informationsökonomische Analyse der Wirkung von QM-Zertifikaten, in: Wächter, H./Vedder, G. (Hrsg.), Qualitätsmanagement in Organisationen, DIN ISO 9000 und TQM, Wiesbaden, S. 51–74.

Wagemann, R. (1995), Interdependence and Group Effectiveness, in: Administrative Science Quarterly 40. Jg., S. 145–180.

Wagemann, R. (2001), How Leaders Foster Self-Managing Team Effectiveness: Design Choices Versus Hands-on Coaching, in: Organization Science 12. Jg., H. 5, S. 559–57.

Walgenbach, P. (1995), Die Theorie der Strukturierung, in: DBW 55. Jg., S. 761–782.

Walgenbach, P. (2001), Giddens Theorie der Strukturierung, in: Kieser, A. (Hrsg.), Organisationstheorien, 4.A. Stuttgart u. a., S. 355–375.

Wagner, K. W./Patzak, G. (2007), Performance Excellence, Der Leitfaden zum effektiven Prozessmanagement, München.

Walter, H. (2001), Optimierung von Wertschöpfungsketten bei Privatkunden, in: Marighetti, L.P./Jasny, R./Herrmann, A./Huber, F. (Hrsg.), Management der Wertschöpfungsketten der Banken – Outsourcing, Reengineering und Workflow in der Praxis, Wiesbaden, S. 39–50.

Weber, J./Schäffer, U. (2000), Balanced Scorecard & Controlling: Implementierung, Nutzen für Manager und Controller, Erfahrungen in deutschen Unternehmen, 3.A. Wiesbaden.

Weilbaker, D./Weeks, W. (1997), The Evolution of National Account Management: A Literature Perspective, in: Journal of Personal Selling and Sales Management 17. Jg., H. 4, S. 49–59.

Welge, K./Al-Laham, A. (2001), Strategisches Management: Grundlagen – Prozess – Implementierung, 3. A. Wiesbaden.

Werder von, A. (1996), Klassische Rationalisierung, strategischer Kurswechsel oder „Neue Zielharmonie"?, in: zfo 65. Jg., H. 4, S. 212–217.

Williamson, O. E. (1985), The Economic Institutions of Capitalism, New York.

Williamson, O. E. (1990), Die ökonomischen Institutionen des Kapitalismus: Unternehmen, Märkte, Kooperationen, Tübingen.

Williamson, O. E. (1991), Comperative Economic Organization: The Analysis of Discrete Structural Alternatives, in: Administrative Science Quaterly 36. Jg., S. 269–296.

Wolfensberger, F. (1925), Organisation der Maschinenfabrik. Ein Beitrag zur Betriebslehre. Berlin.

Wollnik, M. (1992), Organisationstheorie, interpretative, in: Frese, E. (Hrsg.), Handwörterbuch der Organisation, 3. A. Stuttgart, S. 1778–1797.

Wullenkord, A./Kiefer, A./Sure, M. (2005), Business Process Outsourcing – Ein Leitfaden zur Kostensenkung und Effizienzsteigerung im Rechnungs- und Personalwesen, München.

Zängerle, E. (1996), Supply-Chain-Management bei Bally, in: Töpfer, A. (Hrsg.), Geschäftsprozesse: analysiert, optimiert, Neuwied/Kriftel/Berlin, S. 89–113.

Zink, K. J. (1995), TQM als integratives Managementkonzept – Das europäische Qualitätsmodell und seine Umsetzung, München.

Stichwortverzeichnis